LE JUGEMENT DERNIER

LOUIS-JEAN FRAHIER

LE JUGEMENT DERNIER

Implications éthiques

sur le bonheur de l'homme

Mt 25, 31-46

« Recherches morales »
SYNTHESES

LES ÉDITIONS DU CERF
PARIS

1992

Nihil Obstat :	*Imprimatur :*
Bordeaux, le 10 février 1992,	Bordeaux, le 5 juin 1992,
R. BLOY, cens. dep.	P. GRENIE, vic. gen.

(29, boulevard Latour-Maubourg)
75340 Paris Cedex 07)

ISBN 2-204-04498-9
ISSN 1140-0803

À la mémoire de mes parents,
André et Bernadette Frahier.
Ils nous ont donné le Christ
en servant les malades.
Le Christ s'est donné à nous
dans leurs souffrances
et leurs maladies.

PRÉFACE

L'ouvrage dont je suis invité à rédiger la préface est le résultat d'un long et minutieux travail effectué pour l'obtention du doctorat en théologie à l'Institut catholique de Paris. Il ne s'agit donc pas d'une œuvre que l'on survolerait d'un coup d'aile ou dont on pourrait résumer les éléments en quelques lignes.

La question abordée est centrale. Il s'agit de se demander ce que les chrétiens peuvent et doivent comprendre, particulièrement d'un point de vue éthique, d'un texte très connu de l'Évangile : la description du jugement du Fils de l'homme dans l'évangile selon saint Matthieu (25, 31-46). Ce texte en effet nous entraîne en de multiples directions, soit que l'on privilégie sa portée eschatologique, soit que l'on développe ses implications morales, soit encore que l'on s'interroge sur « ces plus petits » dont « le roi » nous assure qu'ils s'identifient à lui…

La génération « théologienne » à laquelle j'appartiens s'est beaucoup intéressée à la péricope matthéenne du jugement universel. Nous étions portés à y lire, entre autres, l'expression imagée de la valeur de tout acte moral en vue du salut. Donner à manger, donner à boire, vêtir, accueillir, soigner, visiter les malades et les prisonniers, autant de gestes symbolisant l'attitude et les conduites d'humanité par lesquelles un chrétien rejoint son Seigneur, par lesquelles aussi un non-croyant réa-

lise quelque chose de l'Évangile qu'il ne connaît peut-être pas encore ou même qu'il refuse. Sens du concret ; convergence des démarches, qu'elles viennent d'un chrétien ou d'un non-chrétien ; découverte différée, *pour la majorité des hommes, de la révélation du Christ, possibilité* dès aujourd'hui *d'une action communément partagée au service de l'homme ; dialogue croyant - non-croyant ouvert sur la « surprise »... nous retrouvions dans la vaste composition matthéenne bien des convictions apostoliques sur lesquelles se fondait notre génération à son arrivée dans l'expérience ecclésiale (1960-1970).*

Il nous paraissait particulièrement important de déceler, dans l'Évangile même, qu'il n'est peut-être pas nécessaire d'être totalement conscient du Christ pour le servir dès ce monde et que l'amour concret de l'homme entraînant les actions les plus simples pouvait bien déjà s'appeler une « foi » susceptible d'accueillir le salut d'un Dieu qui vient souvent vers nous incognito. *Ainsi, dans la parabole du jugement du Fils de l'homme, Jésus ne prévoit-il pas explicitement la surprise saisissant ceux qui ne l'ont pas reconnu, au moment où, pourtant, ils accomplissaient ou n'accomplissaient pas les gestes de miséricorde et de justice envers ceux qui sont nus, affamés, en prison ou malades ? Ces lignes évangéliques pouvaient à bon droit établir une continuité théologale réelle, bien qu'implicite, entre les exigences morales et les obligations humaines de justice et d'amitié et la vie surnaturelle de la foi et de la charité.*

« Il y aura un jugement global et universel porté sur la vie terrestre des hommes, quelle que soit leur appartenance religieuse ou leur conscience de Dieu. Les œuvres, bonnes ou mauvaises, que nous aurons accomplies en direction de l'homme souffrant, pauvre, malade ou exclu, seront, de toute façon et par priorité, décisives pour l'appréciation que Dieu portera sur notre vie. Il dépendra finalement de tous ces gestes humains, universellement humains, que nous soyons accueillis ou non dans le Royaume de justice et de paix. » L'essentiel ne semble pas alors porter sur notre connaissance de la révélation de Dieu ou sur notre participation à la vie de l'Église. L'essentiel réside dans notre pratique des œuvres humaines bonnes ou mauvaises. Les non-chrétiens — pouvant être alors comptés pour « chrétiens anonymes » — sont donc concernés par cette lecture du texte de saint Matthieu, mais les chrétiens eux-mêmes sont, à leur tour, appelés à ré-évaluer, dans leur pratique, ce qui est essentiel d'après la parabole du Jugement dernier et ce qui ne l'est pas.

La lecture d'un autre texte du Nouveau Testament pouvait nous convaincre tout à fait de cette interprétation. « Quand des païens, sans avoir de loi, font naturellement ce qu'ordonne la loi, ils se tiennent lieu de loi à eux-mêmes, eux qui n'ont pas la loi. Ils montrent que l'œuvre voulue par la loi est inscrite dans leur cœur ; leur conscience en témoigne également ainsi que leurs jugements intérieurs qui, tour à tour, les accusent et les défendent. C'est ce qui paraîtra au jour où, selon mon Évangile, Dieu jugera, par Jésus-Christ, le comportement caché des hommes » (Rm 2, 14-16). Saint Paul évoque à plusieurs reprises ce temps au cours duquel « le Seigneur éclairera ce qui est caché dans les ténèbres et mettra en évidence les desseins des cœurs. Alors, chacun recevra de Dieu la louange qui lui revient » (1 Co 4, 6).

Le Jour du Seigneur, Jour du Christ ou Parousie, sera indissociablement résurrection et jugement. Tous les hommes sont concernés. Tantôt Paul met l'accent sur l'universalité de l'événement comme dans le texte de l'épître aux Romains cité plus haut, tantôt il évoque le jugement final du point de vue des seuls chrétiens comme en 2 Co 5, 10 (Traduction œcuménique de la Bible, Nouveau Testament, p. 534, note r). Si nous nous référons aux textes mentionnant le jugement auquel seront soumis tous les hommes, ceux-ci sont donc, dès aujourd'hui, universellement susceptibles d'accomplir, le plus souvent sans le savoir, des œuvres bonnes ou mauvaises qui déterminent leur destinée surnaturelle et éternelle.

Fondés sur ces prémisses, nous estimions trouver à bon droit dans le grand tableau du Jugement, de saint Matthieu, l'illustration la plus éclatante d'une thèse théologique, pastorale et missionnaire à plusieurs orientations. *Contentons-nous de les énumérer. Orientation du côté d'une théologie du salut rencontré implicitement dans le « prochain » que je sers d'un point de vue* en apparence *purement humain. Orientation du côté d'une anthropologie morale qui met en avant l'autonomie éthique des actes humains. Orientation vers une théologie de l'Église établissant nettement la différence de celle-ci (telle que la manifeste son statut historique) d'avec le Royaume de Dieu qui transcende de toutes parts une Église qui n'est que son signe passager, imparfait, voire contestable. Orientation vers une théologie de la société humaine autonome, dans laquelle peuvent déjà se vivre en plénitude, quoique imparfaitement, les actes les plus directement reliés à l'avènement du Royaume de*

Dieu. La parabole de Mt 25 a été l'un des textes les plus évoqués par toute une génération, et, à ce titre, le besoin d'une clarification s'est depuis longtemps fait sentir.

Dans ce contexte, il ne sera pas sans intérêt de noter que le concile Vatican II qui s'est référé souvent à Mt 25, 31-46 (sept fois) ne procède qu'avec une extrême retenue dans la production de ce texte. L'emploi le plus développé se trouve dans Gaudium et spes, *27, alinéa 2 : « De nos jours surtout, nous avons l'impérieux devoir de nous faire le prochain de n'importe quel homme et, s'il se présente à nous, de le servir activement : qu'il s'agisse de ce vieillard abandonné de tous, ou de ce travailleur étranger, méprisé sans raison, ou de cet exilé, ou de cet enfant né d'une union illégitime qui supporte, injustement, le poids d'une faute qu'il n'a pas commise, ou de cet affamé qui interpelle notre conscience en nous rappelant la parole du Seigneur : " Chaque fois que vous l'avez fait à l'un de ces plus petits de mes frères, c'est à moi que vous l'avez fait " (Mt 25, 40). »*

On ne peut pas dire non plus que le Jugement du Fils de l'homme figure comme l'une des références bibliques les plus fréquentes dans les documents ultérieurs du magistère. On le trouve toutefois à l'appui de cette phrase de Centisimus annus, *51 : « Aucun homme ne peut affirmer qu'il n'est pas responsable du sort de son frère » (voir aussi :* Centisimus annus, *57). Une telle réserve dans un contexte théologique et pastoral qui, de toutes parts, sollicitait Mt 25, 31-46, est une indication qui a fini par se faire entendre.*

On peut donc dire aujourd'hui que cette réserve a gagné en imposant plus de retenue dans le recours à ce texte. Le moment était dès lors venu de l'interroger à frais nouveaux sous la multitude d'aspects tant de sa présentation littéraire que de son usage herméneutique. Une telle recherche impliquait une investigation multiforme.

En effet, l'intérêt pour la scène du Jugement du Fils de l'homme ne date pas d'aujourd'hui. Elle a fait l'objet de commentaires si nombreux qu'il est difficile, voire impossible, d'en établir l'histoire tout au long des deux millénaires chrétiens. Cette histoire, pour autant qu'on s'y soit attaché, est d'autant plus surprenante et contrastée que le texte recélera toujours des énigmes délicates. Qui sont « toutes les nations » rassemblées pour le Jugement ? Qui sont « les petits, les frères » de Jésus ? Quel est le sens de « la surprise » de ceux auxquels s'adresse la parabole ? Ce texte est-il « christologique » de bout en bout ?

C'est déjà quelque chose, comme le fait le Père Louis-Jean Frahier, de repérer le genre littéraire apocalyptique, de révélation sur le temps de la fin ou « Maschal ». Il est également pertinent de saisir qu'il s'agit du Fils de l'homme (voir Livre d'Hénoch*) avec ses attributs tels que la « gloire », les « anges », le « trône », ce Fils de l'homme qui s'identifie au « Roi ». On a encore noté que le « rassemblement » caractérise l'action de Dieu réalisée par les anges, toutes expressions typiques de saint Matthieu.*

Le « rassemblement » a lui aussi la portée apocalyptique d'un « signe des temps ». « Toutes les races » accrédite l'expression classique de jugement universel. De même, le vocabulaire pastoral qui est si fortement présent dans le texte avec les termes techniques : « rassembler », « séparer », « à droite », « à gauche »... confirme la nature « discriminatoire » de l'acte solennel accompli par le Fils de l'homme.

Personne ne peut sous-estimer non plus les antécédents de cette péricope, et en particulier, le midrash *Tannaïm sur Dt 15, 9 : « Mes enfants, si vous avez donné à manger aux pauvres, je vous le compterai comme si c'était à moi que vous l'aviez fait. » Les œuvres de miséricorde (donner à manger à l'affamé, vêtir celui qui est nu, visiter les malades et les prisonniers...) constituent la mesure qui sera employée au jour du Jugement. Sur ce lien, les témoignages abondent. Citons, par exemple avec J. Jeremias (*Les Paraboles de Jésus, *Paris, Éd. du Seuil, « Livre de vie », 1968, p. 281), le livre des Morts égyptien : « J'ai satisfait Dieu en faisant ce qu'il aime : j'ai donné du pain à l'affamé, de l'eau à l'altéré, des vêtements à qui était nu. »*

Pourtant, quels qu'aient été les parallèles de cette péricope dans les littératures en circulation au Ier siècle, il est très difficile de ne pas y voir des traits provenant spécifiquement de Jésus. Aux yeux de J. Jeremias, l'identification de Jésus avec « les plus petits » (voir Mc 9, 37-41) ou encore l'expression « ces petits » (Mc 9, 42) relèveraient d'une couche primitive de la rédaction de l'Évangile.

Par ce premier sondage scripturaire, la péricope du Jugement du Fils de l'homme s'impose déjà à notre attention. Elle le ferait davantage encore par la richesse des commentaires, notamment patristiques, qu'elle a suscités sans interruption. Ceux-ci commencent très tôt, avec Justin et Irénée, qui s'y réfèrent contre les gnostiques. Le Christ, insistent les deux apolo-

*gètes, jugera toutes les nations parce qu'il est l'égal du Père. « [...] il n'y a qu'un seul Juge, qui envoie les uns et les autres [les hommes de toutes les nations] au lieu qui leur convient » (*Contre les hérésies, *IV, 40, 2). Pour l'évêque de Lyon, le Jugement est l'un des actes essentiels de Dieu sans lequel on ne peut rien comprendre du salut qu'il destine aux hommes par le Christ. « Car, si le Père ne juge pas, c'est qu'il n'a nul souci de nos actes, ou qu'il approuve tout ce que nous faisons. Du même coup, s'il ne juge pas, tous les hommes seront sur un pied d'égalité et se verront assigner un rang identique. Superflue est, dès lors, la venue du Christ. Celle-ci est même en contradiction avec l'absence d'un jugement de sa part » (*ibid., *V, 27, 1).*

Dans un contexte différent appelant donc une lecture distincte, Clément d'Alexandrie et Cyprien souligneront un siècle plus tard, dans cette même péricope, l'accent singulier sur les secours à porter aux « petits », qui sont, d'ailleurs, pour eux, les chrétiens en difficulté. En effet, se constituent bientôt distinctement deux interprétations de Mt 25, 31-46. La première fait apparaître « les nations » comme la désignation de tous les hommes *et les « petits » représentent* tous les hommes *dans le besoin. Le salut offert par le Juge du dernier Jour dépendrait alors des œuvres accomplies par* tous les hommes, *indistinctement et quels qu'en soient les bénéficiaires. Peu importerait alors l'appartenance à l'Église ou la référence au Christ des « petits qui sont ses frères ». Plus répandu, cependant, un autre point de vue compte des défenseurs prestigieux comme saint Augustin ou saint Jean Chrysostome. Ici la parabole est centrée sur l'Église. Les « nations » définissent les « païens ». Les « petits » et les « frères » sont alors les chrétiens qui ont besoin, parce qu'ils ont faim, soif, qu'ils sont nus, étrangers, malades ou en prison, des secours et du soutien de ceux qui, sans le savoir, viennent au secours du Christ lui-même. Jésus n'a-t-il pas dit à ses disciples : « Qui vous accueille m'accueille »... (Mt 10, 40-42) ?*

Comme on le voit, ce type d'interprétation n'a plus cours parmi nous. Cependant, son évocation nous permet de saisir la polymorphie de la lecture de cette péricope. Comme le suggère Philippe Gruson dans le numéro 124 de la revue Catéchèse, *p. 31-37, l'histoire de l'interprétation de notre texte constitue, à elle seule, une mise en perspective avec toute l'évolution des communautés dans leur environnement, du plus proche au plus lointain (voir S. W. Gray,* The Least of My Brothers, 25, 31-46. A History of Interpretation, *1989). Parvenus à cette observa-*

tion, la démonstration est faite de la complexité de l'approche requise par Mt 25, 31-46. Qu'on saisisse cette complexité dans la diachronie de l'histoire de l'interprétation, ou qu'on essaie de démêler l'écheveau des possibilités offertes aujourd'hui par les lectures du texte, un effort d'élucidation s'imposait. Louis-Jean Frahier y a consacré de nombreuses années.

Une préface évoque parfois le livre présenté, son auteur, le lien entre l'auteur et le préfacier. Ici, il semblera, à bon droit, qu'il ne s'agit rien de tout cela. Du moins directement. Pourtant, j'ai cru pouvoir ajouter, par ces pages peu dépendantes de l'ouvrage que vous allez lire, un motif supplémentaire à la justification du travail de Louis-Jean Frahier.

Pour conclure, je voudrais emprunter un registre différent de celui que j'ai utilisé jusqu'ici. L'ouvrage du Père Louis-Jean Frahier exprime bien davantage qu'une recherche intellectuelle. Le thème choisi, la manière de l'aborder et jusqu'à l'énergie de l'enquête trouvent leur source vive dans la vocation et la mission apostoliques de l'auteur, prêtre du diocèse de Bordeaux, étroitement associé à notre ministère épiscopal. Le souci du Père Frahier est de toujours lier ses études et ses recherches en théologie morale à son activité pastorale. Celle-ci se déploie surtout dans le soutien de l'apostolat des laïcs dans le monde rural de la Gironde. Son travail s'imposera d'autant plus qu'on y pressent sans cesse le poids des questions actuelles de l'apostolat, du discernement, du témoignage et de l'action, mais le Père Frahier ne s'enferme jamais non plus dans ces questions qu'il sait dominer et qu'en mettant en perspective, il traite avec une distance féconde.

Du point de vue de l'objet qu'il s'est assigné, le Père Frahier a eu raison de faire porter son choix sur un texte limité certes, mais ô combien ! significatif, depuis les origines de l'Église, de la pratique sociale et de l'interrogation éthique. Peu de textes ont une destinée aussi riche, donnant lieu à des débats, parfois à des conflits, se prêtant à des approfondissements multiples : salut des « infidèles », exhortation aux actes de miséricorde, jugement dernier et universel, spiritualité de l'action, « présence réelle » du Christ dans « les plus petits », implications éthiques... Ajoutons qu'il n'y a pas un seul de ces thèmes qui, au regard même de Mt 25, 31-46, ne soit discutable, c'est-à-dire sujet de discussion.

Est-ce à dire que l'impression retirée de cet ouvrage est celle d'une énigme ? Non. Mais le document sur lequel porte l'étude du Père Frahier est tellement riche qu'il explose en tous sens et qu'il faut donc beaucoup de méthode pour mesurer l'énergie, la luminosité et l'orientation de ces éclats. Telle est la force de l'Évangile ! Telle est aussi la profondeur de la réception de cette Parole qu'elle féconde les situations les plus variées et qu'elle transforme communautés et personnes jusqu'au plus profond de leur pensée, de leur cœur et de leur vie.

PIERRE EYT,
Archevêque de Bordeaux.

Le 31 mars 1992.

INTRODUCTION GÉNÉRALE

Le récit qui conclut le discours eschatologique dans l'évangile selon saint Matthieu a, depuis toujours, suscité un grand intérêt, même si la manière de l'interpréter a beaucoup changé. Cet intérêt ne s'est pas démenti jusqu'aujourd'hui : « texte capital, car c'est le drapeau de la théologie contemporaine [1]. » Le pasteur Alphonse Maillot commence ainsi son commentaire dans une publication destinée au grand public protestant. Les auteurs catholiques pourraient dire la même chose de leur côté.

Cet intérêt se manifeste d'abord, et cela retiendra notre attention tout au long de cette étude, dans les pratiques les plus quotidiennes du peuple chrétien : la citation (ou l'évocation) de Mt 25 sert souvent de référence pour éclairer les engagements ou pour conforter les prises de parole des pasteurs comme des fidèles. Elle est accueillie ou avancée avec d'autant plus de ferveur qu'elle aide les uns et les autres à rendre compte de ce qu'il y a de meilleur dans leurs existences : fonder leurs engagements au service des autres dans leur foi et leur amour du Christ sauveur. La multiplicité des références est telle dans la catéchèse, la prédication, les révisions de vie ou la théologie qu'il est impossible d'en faire un véritable bilan. On notera que cette fréquence et cette ferveur suscitent parfois une certaine condescendance vis-à-vis de ce que d'aucuns considèrent

1. A. MAILLOT, *Le Christianisme au XXe siècle*, 6 février 1969, p. 83.

comme un lieu commun ; au point qu'on entend parfois s'excuser ceux qui le citent.

La préoccupation éthique apparaît centrale dans cet ensemble multiforme de références qui s'attachent à donner sens et à conforter des pratiques très concrètes. On a pu parler à son sujet d' « évidence éthique » : évidence pour les commentateurs, évidence dans le texte lui-même puisque rien ne vient mettre en question la valeur des gestes exaltés par le Fils de l'homme-Roi.

Puisqu'elle se donne dès la première approche ecclésiale de ce texte, nous nous proposons d'interroger à nouveaux frais cette « évidence éthique » qui, dès qu'on y regarde de plus près, soulève une série de questions redoutables de plusieurs points de vue : herméneutique, théologique et éthique. Du point de vue herméneutique, elles sont au moins de deux ordres : le débat exégétique ne doit pas cacher, en effet, les fluctuations qui ont marqué l'histoire, car l'insistance actuelle quasi exclusive sur l'éthique est un phénomène relativement nouveau. Traditionnellement, ce récit intéressait d'abord la prédication du Jugement dernier ; il faisait partie d'une série de textes que les commentateurs avaient regroupés pour former un faisceau d'images et de symboles dont l'iconographie chrétienne porte de nombreuses traces. Les pratiques contemporaines manifestent un effacement très impressionnant de cette dimension essentielle du récit évangélique. Ce glissement, peu perçu, en tout cas peu analysé, est au cœur des débats herméneutiques à son sujet, ceux d'hier comme ceux d'aujourd'hui. Les questions théologiques s'articulent autour de la christologie, en particulier autour du fait que le récit attribue au Fils de l'homme une prérogative du Père (le Jugement eschatologique) et autour de la revendication par le Roi de ce qui (n')aura (pas) été fait aux plus petits. Les implications éthiques découlent de ce qui ressort de la lecture du récit et qui caractérise sa théologie : la surprise de tous les hommes au sujet de la signification de leurs actes.

Ce faisant, en interrogeant la pertinence de ces commentaires si nombreux dans nos conversations pastorales, nous tenterons d'établir les conditions de possibilité d'une telle prédication, et donc d'en réévaluer éventuellement les termes.

Le grand intérêt pour cette péricope se manifeste aussi par la violente polémique qu'elle suscite dans les milieux théologiques et exégétiques. D'une part, il y a cette vulgate herméneutique qui y voit essentiellement l'illustration de l'enseignement évangélique du double et unique commandement d'aimer Dieu et son prochain dans un engagement radical auprès des pauvres de ce monde. La pointe retenue est donc la dimension éthique universelle du christianisme, que le cadre eschatologique soulignerait définitivement. D'autre part, nul ne parvient à trancher dans son ordre le débat exégétique. Les données sémantiques sont systématiquement reprises de telle sorte que, avec beaucoup de nuances entre eux, un grand nombre d'exégètes contemporains proposent une nouvelle synthèse d'esprit plus ou moins particulariste : globalement ce texte concernerait les païens qui seraient jugés en fonction de leur attitude concrète vis-à-vis des chrétiens... Enfin Mt 25, 31-46 est l'objet de l'attention constante de beaucoup de théologiens, tant en christologie qu'en ecclésiologie ou en anthropologie...

Il est donc nécessaire de se défendre contre une conception par trop simpliste du panorama de la critique. Les lignes de fracture ne se réduisent ni à une opposition confessionnelle, ni statutaire (pasteurs contre érudits), ni méthodologique... Elles sont d'autant plus fortes que ces polémiques contemporaines poursuivent à leur manière des débats plus anciens, c'est-à-dire que leur problématique fondamentale est déterminée par des préoccupations dont on est peu conscient. Au fil des prises de positions, la question herméneutique est ramenée à un problème d'identifications : qui sont les divers protagonistes de la scène ? Si le personnage du Fils de l'homme-Roi est unanimement et rapidement identifié avec Jésus de Nazareth, on discute pour savoir qui sont les divers groupes humains : les nations rassemblées, puis divisées, et les petits frères. Un jeu subtil de combinaisons se met alors à fonctionner à partir de l'analyse du vocabulaire matthéen, des listes d'épreuves missionnaires pauliniennes, des prophéties isaïennes sur le Règne messianique... Finalement, cette herméneutique consiste à transformer ce récit en allégorie, comme Matthieu lui-même l'a fait à propos de deux paraboles du Règne en 13, 18-23 et 36-43. La principale faiblesse de cette manière de faire tient à ce qu'il ne s'agit pas, ici, d'une parabole au sens ordinaire et que, de toute façon, Matthieu n'a rien proposé de similaire. Ces résultats sont possibles par le jeu d'une déconstruction méthodique du texte, élément par élément ; ensuite, une hypothèse est reconstituée, c'est-à-dire un autre texte est produit.

Cela apparaît, au vu de l'ensemble de l'histoire de l'interprétation, comme le dernier avatar de la très ancienne tendance à faire éclater ce récit en deux thématiques. Et, comme dans les phases précédentes, il s'ensuit une prévalence de l'une au prix d'un effacement de l'autre suffisamment puissant pour que l'articulation qui structure le récit soit mise à mal : d'une part la figure eschatologique du Jugement dernier ; d'autre part le message éthique concernant le service des plus petits.

En fin de compte, nous serons conduit à constater que l'intérêt suscité par ce récit parmi les exégètes n'aboutit pas à une solution satisfaisante aux questions qu'ils soulèvent. La réflexion éthique exige que soient éclairées au préalable ces questions herméneutiques en mesurant quels sont les points véritablement en débat et en évaluant les enjeux et les présupposés ; ainsi pourra-t-on sortir d'oppositions qui se stérilisent mutuellement et proposer le cadre d'une lecture qui, tenant compte de tous les éléments du récit, établisse les conditions de possibilité d'une herméneutique globale de ce récit en tant que tel.

Notre hypothèse de travail est que, pour réaliser cela, le texte doit être abordé comme un ensemble structuré. Distinguer des dimensions différentes n'a pas d'autre fonction que de permettre de mieux les faire tenir ensemble selon la logique du récit lui-même ; il s'agira de la mettre en évidence. Par le fait même, nous prendrons position relativement à l'ensemble des hypothèses et des méthodologies en présence ; et, au-delà, dans cet autre débat qui concerne la place et le mode d'utilisation des textes bibliques en théologie morale.

L'éclatement du texte que produisent les différentes manières de le commenter sera au cœur de notre propre analyse, pour le dépasser. Il en va trop souvent comme si cela n'était pas perçu, alors qu'on a détruit l'articulation qui le constitue comme texte. Les conséquences sont pourtant déterminantes pour la manière de mener la réflexion éthique. On est donc renvoyé à un autre débat, méthodologique et épistémologique, concernant la place et les modalités du rapport concret à l'Écriture biblique dans l'élaboration de la théologie morale chrétienne [2]. Cette dernière

2. Voici comment E. HAMEL les présente de façon synthétique : « l'Écriture pose à la théologie morale une série de problèmes qui ne se laissent pas résoudre si facilement. Et tout d'abord pourquoi retourner à la Bible en théologie morale ? Pourquoi l'Écriture doit-elle en être l'âme ? L'Évangile du salut n'est-il pas écrit par l'Esprit dans le cœur des chrétiens (Jr 31, 33) ? Les normes morales n'ont-elles pas été “ imprimées ” par le Créateur dans la conscience des hommes (Rm 2, 15) ? Le recours à la Bible pour y rechercher des normes morales ne constituerait-il pas un doublet inutile ? Ne serait-il pas un besoin plus ou moins névrotique de sécurité, besoin de passer d'une autorité à une autre, d'une théologie de Denzinger à une théologie de la Bible ?

s'est toujours voulue en référence avec ce fondement de la foi, mais les modalités ont changé en fonction des pressions conjuguées de la situation sociale de l'Église avec les morales vécues, des points d'appui théoriques de la réflexion éthique, des principes d'interprétation de l'Écriture… Notre étude voudrait contribuer à cette réflexion générale sous un angle très particulier : celui de la référence à un texte précis du Nouveau Testament, à une époque déterminée, la nôtre.

Dégager les implications éthiques de ce récit suppose que nous l'abordions tel qu'il se donne, c'est-à-dire comme un tout organique, dont les différents éléments prennent sens d'abord les uns par rapport aux autres dans une structure narrative qui les fait tenir ensemble. Cela voudra dire que l'eschatologie et l'éthique sont à interpréter l'une par rapport à l'autre ; les implications éthiques supposent une réflexion sur les données théologiques dont elles découlent : au niveau théologique, Dieu comme Juge eschatologique ; au niveau christologique, la relation entre le Fils de l'homme et ses frères ; au niveau anthropologique, les œuvres de miséricorde [3]. Les implications éthiques du récit peuvent alors être dégagées dans le cadre d'une conception d'ensemble des rapports entre la Révélation chrétienne et l'éthique. En contrepartie, il n'est pas suffisant de s'arrêter à l'analyse littéraire, ni à son commentaire théologique : « implication » suppose un rapport de nécessité entre les différents aspects ; il convient de les honorer chacun pour sa part.

Une seconde série de questions concerne la façon de recourir à la Bible. Que cherchera le moraliste dans la Bible ? Le message moral du Nouveau Testament ne se situerait-il pas exclusivement au niveau de l'intentionnalité profonde, au niveau de la motivation et non à celui des comportements ? Doit-il y chercher une morale de type transcendantal seulement ou encore des normes de type catégoriel ? et quelle sera la valeur des normes de type concret que renferme le Nouveau Testament ? valeur permanente ou historique seulement ? Sont-elles des normes obligatoires ou simplement un idéal vers lequel on doit tendre ? » (« L'Écriture, âme de la théologie morale ? », *Gregorianum,* 1973, p. 417-418.)

3. Nous désignerons sous ce vocable traditionnel la liste des œuvres. Il n'a pas de fondement dans le texte, mais il a été à l'origine de beaucoup de commentaires, qui font en particulier des rapprochements avec la sixième béatitude et les aumônes : la miséricorde est à la fois pardon et aumône, et, en ces deux dimensions, source de la béatitude.

MÉTHODOLOGIE

Se proposer d'analyser les implications éthiques d'un récit biblique revient à prendre position de fait dans un vaste débat entre théologiens moralistes au sujet de l'utilisation de la référence au texte biblique dans l'élaboration de la réflexion éthique. Le propos de ce livre contribue au débat d'une manière fragmentaire et concrète, ce qui lui évite d'être enfermé dans des polémiques théoriques qui se révéleraient vaines si elles n'étaient nourries de la double pratique de la vie chrétienne et de la lecture de l'Écriture.

En quelque sorte, on se propose de réaliser ici une « leçon de choses », c'est-à-dire un exercice pratique et limité pour préciser un aspect particulier d'une réalité plus large, à savoir donner sens à cette partie par rapport à un ensemble plus vaste et donner un certain sens à l'ensemble grâce à la meilleure connaissance d'une partie. Pour cela, l'étude doit s'en tenir autant que possible aux données du texte pour en explorer les diverses virtualités. Cela suppose que plusieurs principes méthodologiques soient précisés *a priori* ; leur pertinence sera établie par la valeur des résultats qu'ils auront permis d'obtenir.

1. La référence aux textes bibliques dans la théologie morale, avant d'être un problème de méthode de travail, est une question d'épistémologie : peut-on et doit-on s'y référer ? La controverse est d'autant plus vive qu'elle engage un certain

nombre des questions les plus essentielles au débat théologique : les sources de la Révélation, la rationalité des études bibliques et leurs conclusions, la rationalité de la réflexion éthique.

On peut présenter la situation de la manière suivante (très simplifiée) : les principes herméneutiques qui furent longtemps en vigueur ne donnaient guère de pertinence à cette manière de formuler la question. Le texte biblique n'était pas abordé en lui-même, mais au sein et en fonction de la globalité de la tradition croyante qui naissait de lui et qui lui donnait sens. La Bible était une référence essentielle sous la forme très précise d'une réserve de justifications, de preuves ou d'illustrations, bref comme confirmation d'un discours dont la source première était la tradition vivante de l'expérience croyante.

En conséquence, trois courants de pensée peuvent être distingués : pour les tenants du premier, la Bible est la source essentielle, ou unique, de la Révélation : on ne conçoit de morale qu'à partir de ses textes et leurs commentaires ; pour le deuxième, la Bible participe de manière privilégiée à un ensemble de sources : on doit l'intégrer rationnellement dans une élaboration globale de la morale ; pour le troisième, la question ne se pose pratiquement pas dans la mesure où la théologie morale relève d'une stricte rationalité qui a presque totalement éliminé le rapport concret, sinon théorique, avec les textes bibliques.

Analyser un texte biblique particulier afin d'en dégager les implications éthiques montre clairement la place éminente que l'on reconnaît à la Bible dans toute réflexion chrétienne en matière éthique, ce qui correspond aux orientations de Vatican II [1]. Cependant les principes théologiques et méthodologiques qui la rendent possible doivent être précisés de telle sorte que la démonstration soit probante en fonction de ce récit particulier, et plus largement. On distinguera ici trois niveaux, étroitement liés les uns aux autres : l'analyse littéraire du récit est le préalable nécessaire qui conduira à prendre position dans le débat très ouvert concernant son interprétation exégétique ; la réflexion théologique sera déterminée par les conclusions de l'analyse littéraire ; dans la démarche éthique qui sera alors ren-

1. *Dei Verbum,* 24 ; *Optatam totius,* 16 : « on s'appliquera, avec un soin spécial, à perfectionner la théologie morale dont la présentation scientifique, plus nourrie de la doctrine de la Sainte Écriture, mettra en lumière la grandeur de la vocation des fidèles dans le Christ et leur obligation de porter du fruit dans la charité pour la vie du monde. »

due possible, « implications » marque du sceau de la logique les développements à faire.

Contrairement à ce que pourrait laisser entendre le sous-titre de ce livre, on s'éloignera assez nettement des principes, des orientations et des conclusions de la théologie narrative, même si, pour sortir des impasses dans lesquelles s'enferment habituellement les commentaires, la logique narrative de ce récit sera le fil conducteur de la lecture. On n'en fait pas pour autant une théorie générale sur la méthodologie des rapports de la Bible et de l'éthique. La méthode s'est imposée, ici, en fonction des particularités du texte.

D'autre part, notre procédure ne s'accorde pas avec les conceptions de la théologie narrative pour des raisons qui tiennent à ce qu'est la Bible et à ce qu'est l'éthique. Pour être strictement fidèle à la tradition de foi chrétienne, la réflexion éthique ne peut renoncer aux exigences de l'universel, et donc de la rationalité. Or c'est la pente naturelle de la théologie narrative que d'aller vers une morale de la communauté qui reçoit ces textes, une morale accessible aux seuls croyants, comme le soutient une des plus brillantes figures de cette école, Stanley Hauerwas [2]. L'éthique, à cause de son projet, est le lieu de la rencontre et de la confrontation entre les communautés chrétiennes et la société ambiante. Seule la référence à une rationalité commune la rend possible, et l'universel auquel on se réfère alors conforte la dynamique missionnaire de toute vie chrétienne.

Parmi tous les modes de transmission des valeurs, les récits tiennent une place très importante car ils donnent une dimension concrète et existentielle au discours éthique, comme par exemple l'hagiographie dans la tradition ecclésiale ; cependant ils ne peuvent assumer toutes les fonctions que les personnes

2. *« For Christian beliefs about God, Jesus, sin, the nature of human existence, and salvation are intelligible only if they are seen against the background of the church — i.e., a body of people who stand part from the " world " because of the peculiar task of worshipping a God whom the world knowns not [...] Yet what was original about the first Christians was not the peculiarity of their beliefs, even beliefs about Jesus, but their social inventiveness in creating a community whose like had not been seen before. [...] As Christians, we believe, we not only need a community, but a community of a particular kind of live well morally. [...] Such a community, we believe, must challenge our prideful pretentions as well as provide the skills for the humility necessary for becoming not just good, but holy »* (S. HAUERWAS et A. MACINTYRE (éd.), « Revisions, Changing Perspectives in Moral Philosophy », Notre-Dame, Indiana-Londres, p. 34-35.)

ou les sociétés en attendent : on doit aussi formaliser et justifier ces principes, ces valeurs ou ces normes de telle sorte qu'ils soient acceptés pour leur valeur propre et pas seulement par la force de l'autorité ou de la coutume. Le lien qui unit histoire et normes dans les présentations bibliques du Décalogue est, de ce point de vue, très instructif.

Bien qu'elle ne se réduise pas à un recueil de récits édifiants, la Bible comporte beaucoup de récits ; elle a donc un rapport constitutif avec le genre « récit » : elle est fondamentalement une « histoire racontée », des origines à la fin, celle des relations entre Dieu et les hommes, celle de la Rédemption des hommes par Dieu. Il s'ensuit qu'elle rassemble une grande diversité de récits, selon ce qu'ils rapportent : ceux des origines ne peuvent être simplement assimilés à ceux qui racontent, d'un point de vue religieux, les événements de l'histoire d'un peuple... quant à ceux qui concernent la fin... Or, à travers cette diversité, une unité se dessine fortement, celle de la révélation du Dieu unique qui sollicite des hommes qu'ils Le servent dans une existence croyante.

Un second type de pluralité doit alors être pris en compte : il y a plusieurs manières de concevoir cette histoire, il y a plusieurs « théologies » qui présentent cette unique Révélation, y compris dans le Nouveau Testament. Or, puisque, selon la tradition biblique, il n'y a pas de distinction entre les croyances et les manières de vivre en croyant, s'il y a plusieurs « théologies », il y a aussi plusieurs « morales » dont le principe unificateur est la foi au Dieu unique qui se révèle dans cette histoire. Cette pluralité indépassable constitue sans doute l'ultime garantie pour préserver de toute idolâtrie le mystère de Dieu.

Les rapports de la Bible et de l'éthique ne peuvent donc pas être simples. Pour les comprendre, on est renvoyé au rapport que la Bible entretient avec la communauté croyante qui s'y réfère. Ce rapport est double : d'une part, la communauté définit le canon biblique autant qu'elle la reçoit comme sa source fondatrice. Il n'y a pas de rapport de causalité unique ; il convient de tenir les deux en même temps. D'autre part, il y a un problème de double appartenance : elle a été produite et reçue dans une tradition religieuse particulière alors que, désormais, elle participe du patrimoine commun de l'humanité.

En conséquence, il est préférable d'éviter de se laisser enfermer dans une alternative trop figée au sujet du point de départ de la démarche éthique : soit la Bible, soit la réflexion rationnelle. Dans la mesure où l'on ne peut échapper à la définition d'un point de départ, celui-ci est à chercher du côté de la foi ecclésiale, ce qui fut la démarche des Pères de l'Eglise. Plus que comme un dilemme, les rapports Bible-éthique sont à envisager dans une dialectique [3] en les articulant dans cette matrice englobante qu'est la foi ecclésiale au Christ Sauveur.

2. Une éthique de la lecture. S'interroger sur les « implications éthiques » de ce récit peut paraître hors texte, en tout cas préjuger des conclusions de la lecture du texte menée pour elle-même, ce qui pourrait soulever bien des objections en regard des conceptions contemporaines du texte et de la lecture. Il convient donc d'honorer ce qu'on peut appeler une « éthique de la lecture », c'est-à-dire d'avoir vis-à-vis de ce récit une attitude herméneutique cohérente avec les conceptions selon lesquelles nous lisons, y compris les textes théologiques.

En effet, les transformations méthodologiques d'une discipline théologique ne peuvent rester sans conséquences sur les autres. Ainsi les mutations fondamentales qui ont touché les études bibliques ont-elles remis en cause beaucoup de manières de faire au sujet de la référence à un texte biblique ou à la Bible en général, en théologie comme en morale. Les nouvelles exigences de l'exégèse participent d'un courant culturel ambiant concernant la rigueur des études littéraires. On pourrait résumer cette évolution en disant qu'on est passé des « majeures », qui justifiaient des affirmations ou étayaient des raisonnements, à une analyse du texte en lui-même. Les études bibliques ont aussi pris une nouvelle dimension dans la mesure où le statut de l'Écriture dans les sources de la Révélation était réévalué dans les Églises protestantes au nom du principe de la *sola scriptura*, puis dans l'Église catholique, ainsi qu'en témoignent l'encyclique *Divino afflante Spiritu* (1943) et la constitution *Dei Verbum* (1965). En conséquence, les pratiques anciennes paraissent insuffisantes aux uns, alors que les nouvelles attitudes sont jugées quelque peu fondamentalistes par d'autres.

Nous suivrons dans cette étude les principes généraux suivants :

3. J. M. GUSTAFSON écrit à ce propos : *« there is a dialectic between more intuitive moral judgements and both scriptural and nonscriptural principles and values (recognizing that these latter two are not mutually exclusive) ; there is a dialectic between principles of judgement which have purely rational justification and which also appeal to the tradition expressed in scripture and developped in the Christian community »* (Ch. CURRAN et R. MCCORMICK (éd.), « Readings in Moral Theology », 4, p. 171-172).

— Lire ce texte dans sa consistance et sa particularité textuelle qui se donnent dans la résistance d'un objet : il s'agit d'un fragment cohérent qui forme un tout articulé, c'est-à-dire qu'il a du sens à sa seule lecture ; il doit être étudié comme tel. Comme fragment, catalyseur partiel, et néanmoins significatif, de la tradition croyante, il prend sens, aussi, dans un ensemble plus vaste selon une relation dialectique où le grand texte éclaire les extraits autant que chaque partie permet d'aborder l'ensemble ;

— Ne dégager de conclusions au niveau éthique qu'en respectant ce qu'exige la notion d' « implication », c'est-à-dire une nécessité logique liée à sa lecture. Ce respect interdit de le manipuler en le dissolvant trop vite dans une synthèse reconstituée des données scripturaires ou traditionnelles ;

— Mener cette lecture en nous interrogeant sans cesse sur les présupposés des auteurs comme sur les nôtres, tout en tenant compte explicitement de son statut de « texte révélé », au nom duquel nous le lisons.

3. S'en tenir au texte est donc la règle permanente qui dirigera l'ensemble de ces études.

Nous recevons ce texte à l'issue d'une longue histoire : commenté, interprété, représenté, il a nourri des générations de croyants, et la lecture que nous pouvons en faire est, pour une part, un héritage. La première approche du récit aura donc lieu à travers l'histoire de son interprétation. Bien que nous ne présentions que quelques sondages, cela permettra de mettre en évidence des lignes de fractures qui ne cessent, aujourd'hui encore, de marquer nos lectures spontanées, même si nous avons inversé certains facteurs.

Une seconde approche doit rigoureusement tenir compte du fait qu'il s'agit d'un fragment de l'évangile selon saint Matthieu, lui-même élément du corpus biblique. Sa lecture n'est possible qu'en rappelant en permanence cette caractéristique : il ne dit pas tout sur ce dont il traite ; il y a d'autres manières matthéennes ou bibliques d'en écrire. Il conviendra donc de le situer dans son contexte littéraire et thématique pour en préciser les aspects particuliers.

Mais ce fragment est une unité ; on ne peut le réduire à une série de *logia* arbitrairement réunis qu'on pourrait commenter indépendamment les uns des autres. Il s'agit d'un récit, sans parallèle synoptique dans sa structure comme dans la plupart de ses éléments. Il sera donc nécessaire de tenir compte des travaux exégétiques et des débats qu'ils génèrent, car il s'agit d'une approche essentielle aujourd'hui. Comme notre étude n'est pas d'abord exégétique, elle sera bien placée pour tenter une évaluation de ces travaux, y compris de leurs présupposés trop souvent inavoués ou inconscients.

Plusieurs controverses se nourrissent de la singularité de ce texte ; il ne serait pas légitime qu'il en perde sa consistance propre. Nous soulignons un seul des points en débat : celui de l'histoire de sa rédaction. L'état actuel laisse pressentir qu'il y en a certainement une et qu'elle « explique » peut-être certaines difficultés. L'absence de parallèle empêche de trancher définitivement cette question. Mais, quand bien même le pourrait-on, l'histoire de la rédaction n'aurait pas le dernier mot herméneutique, qui doit être cherché dans la structure de l'état canonique du texte.

S'en tenir au texte signifie donc une grande rigueur exégétique bien qu'il ne soit pas utile de reprendre ici tous les éléments d'un dossier largement traité par ailleurs. Il nous appartiendra de nous situer parmi toutes les hypothèses avancées et de proposer une analyse de la narrativité du récit en tant que telle, ce qui est trop souvent négligé. Il s'agira, surtout, de mettre en évidence la logique interne au récit pour dégager à partir d'elle les axes de la réflexion au niveau théologique puis éthique, ainsi qu'on le démontrera. Ce principe a guidé la construction d'ensemble de cette étude comme la manière de mener les analyses de chaque chapitre : expliciter une à une les différentes questions suscitées par la narrativité. Il interdit d'exposer tous les développements que ces questions pourraient justifier si elles étaient traitées pour elles-mêmes ; on s'en tient à ce qui est nécessaire à sa compréhension.

En conséquence, analyser ce texte comme un fragment induit que les développements théologiques et éthiques qu'il appellera resteront fragmentaires. Il ne s'agit pas d'en déduire « une » eschatologie globale, encore moins toute l'eschatologie ; de même pour la christologie ou pour l'éthique. Les résultats pourront alors sembler pauvres ou frustrants, quand d'autres horizons étaient entr'aperçus… La rigueur méthodologique est la garantie de la faisabilité de l'ensemble, et la première cause de frustration tient à la nature fragmentaire du récit, donc au sujet lui-même.

4. Une herméneutique qui veut s'en tenir au texte pour en analyser des « implications éthiques » doit tenir deux exigences

pour que son projet soit conduit de manière légitime : d'abord la rigueur de l'analyse littéraire, ensuite l'articulation du passage à une autre herméneutique. Pour cela les différents points doivent rester articulés à ce que révèle la lecture, à savoir que ce texte est d'abord théologique. C'est le sens de son intitulé habituel : « Le Jugement dernier ». Le détour que nous ferons n'est donc pas une simple description du paysage qui formerait le décor de la suite de l'analyse. Il constitue l'étape nécessaire qui établira les fondements de ces implications éthiques. Aussi la dissociation habituelle entre les dimensions eschatologique et éthique est-elle à éviter à tout prix car elle casse la dynamique propre à cette éthique.

Plus fondamentalement, est-il légitime de chercher ainsi à dégager de telles implications éthiques ? Un premier aspect de la réponse sera que c'est une pratique traditionnelle qui se poursuit encore : nous cherchons donc à montrer quelles sont les conditions de possibilité de cette démarche. Il est nécessaire d'aller plus avant dans la réponse. Une manière classique de dégager la « morale » d'un récit consiste soit à formuler quelque maxime, soit à élaborer à partir de lui une ou plusieurs attitudes exemplaires, c'est-à-dire à souligner tel trait et à le proposer comme modèle à imiter ; cela est d'autant plus facile que le récit est construit de telle sorte que ces attitudes puissent être perçues comme exemplaires. Réduire notre récit à un motif parénétique s'approche beaucoup de cette manière de procéder. Or son genre littéraire ne le permet pas. Il y a un écart infranchissable entre la situation de l'auditeur-lecteur et celle de l'humanité décrite alors : écart dans l'espace et le temps qui est une rupture, celle de la fin de l'histoire.

Une autre conception du récit et de son analyse se révèle nécessaire : notre étude voudrait en être une illustration concrète. Le principe majeur est que le récit doit être abordé comme un tout dynamique qui met en scène une « intrigue », selon l'expression de Paul Ricœur. La logique narrative y est plus déterminante que la recomposition de certaines « attitudes exemplaires ». Le rapport avec la situation des auditeurs-lecteurs concerne ce qu'ils auront fait, et qu'alors ils n'auront plus à faire. Deux éléments sont donc à distinguer et à tenir strictement ensemble : d'un côté, les œuvres de miséricorde qui sont à faire dans cette histoire ; d'un autre côté, la « surprise » qui manifestera qu'en faisant ces œuvres, ils posaient des actes dont une partie décisive de la signification ne pouvait que leur échapper. En conséquence, la question éthique doit être posée d'une manière différente : que signifie pour la responsabilité de l'homme, qui sait qu'il doit accomplir ces œuvres, devoir être ainsi surprise par le Jugement ? Dégager les implications éthiques d'un tel récit, c'est donc s'attacher d'abord à sa logique : ce n'est ni une parabole, ni une allégorie, ni une exhortation directe, mais un « récit eschatologique » qui, à travers sa narrativité, sollicite la foi de son lecteur.

5. Le plan de cet ouvrage est commandé par ces principes méthodologiques : la première partie explicite notre propre lecture et la situe par rapport à l'histoire de l'interprétation ; la deuxième partie s'attache à articuler les principaux fondements théologiques qui s'en dégagent, avant que la troisième n'explicite les principales implications éthiques qu'on peut en retenir.

L'histoire de l'interprétation est plus évoquée que réellement développée. À travers quelques sondages, nous analysons les termes du débat qui traverse toute l'histoire de l'Église jusquà nos jours, en nous intéressant particulièrement aux travaux exégétiques (chapitres I et II). Nous visons surtout à souligner les axes principaux du débat et les présupposés qui les expliquent. Cette première prise de contact avec le texte est prolongée par l'analyse de plusieurs éléments de son contexte : d'abord, d'un point de vue narratif, dans le grand récit dont il est extrait, l'évangile selon saint Matthieu, et dans le contexte immédiat des chapitres 24 et 25 (chapitre III), puis à travers deux éléments dont Matthieu traite à plusieurs reprises avec une originalité qui permet de mieux cerner le sens de ce fragment, les évocations de la Parousie et du Jugement d'une part, les divers critères des sentences de ce Jugement, d'autre part (chapitre IV). À partir de ces données, nous proposons une lecture de la structure narrative du récit qui mette en valeur son unité (chapitre V).

La narrativité du récit repose beaucoup moins sur une problématique de l'identification que sur une dialectique du rassemblement et de la séparation, du rapprochement et de l'éloignement à travers un processus discursif où les affirmations s'érodent progressivement. Le pôle de ces mises en mouvement, vers lequel (destinataire) et en fonction duquel (critères) ils se font, est la figurée dédoublée du Fils de l'homme qui agit et du Roi qui parle. Le face-à-face est inégalitaire (Fils de l'homme-hommes ; nations-plus petits), ce qui n'entraîne pas une totale passivité des nations jugées : face à une sentence étonnante, elles expriment une surprise qui appelle explication.

Qu'est-ce qui est surprenant en effet, sinon le fait que le Christ dise : « c'est à moi » ? Cette surprise est le ressort narratif du récit et toute lecture doit s'effectuer en fonction d'elle.

Sans la prétendre indemne de tout rapprochement avec les diverses hypothèses herméneutiques déjà proposées, on peut penser que la problématique est désormais dégagée des prédéterminations liées aux débats antérieurs.

Trois pôles émergent de cette lecture de Mt 25, 31-46 : ils sont d'abord de nature théologique, et plus particulièrement christologique, ce que la tendance à disjoindre eschatologie et éthique rend difficile à saisir. Pour situer à sa place dans la structure narrative la surprise qui en est le ressort, il est nécessaire de récuser cette disjonction plus ou moins consciente et de lire eschatologie et éthique l'une par rapport à l'autre par la médiation de la christologie.

L'eschatologie de Mt 25, 31-46 se comprend dans le cadre général de l'eschatologie chrétienne : celui qui l'énonce assume la double nature divine et humaine, et il accomplit dans sa Pâque le destin de l'homme appelé au Royaume, de telle sorte que la responsabilité de ce dernier se trouve fondée en dernière instance dans le mystère de la grâce. C'est la signification de la figure chrétienne de Dieu-Juge eschatologique : une volonté ultime de salut offerte et acquise pour toute la Création. La dimension éthique de cette eschatologie récuse tout faux-fuyant puisqu'elle situe la responsabilité de l'homme dans le quotidien, dans le *hic et nunc* de l'effectuation concrète de la liberté. Devant Dieu, celle-ci est réponse à son amour prévenant et vivifiant qui se réalise dans la relation à l'autre homme, susceptible de devenir un frère. Le Juge eschatologique, Fils de l'homme et Roi est non seulement l'arbitre souverain qui départage l'humanité, mais est aussi quotidiennement solidaire des plus petits (chapitre VI). Cette fraternité dans laquelle il se donne est le véritable lieu de la surprise eschatologique qui n'est ni dans la modestie des œuvres de miséricorde, ni dans leur nature : par elles, l'autre homme devient, dans sa vulnérabilité indépassable, non seulement un prochain et un semblable, mais le frère de celui qui est donné comme le Juge-frère de tous. Cette relation, dite dans le « c'est à moi » du Roi, doit donc être interrogée d'un point de vue théologique (chapitre VII), avant que soit montré comment les œuvres de miséricorde permettent de l'accomplir concrètement dans l'esprit même du Christ, interprète de la Loi (chapitre VIII).

L'interrogation sur l'éthique impliquée par ce récit (troisième partie) ne porte donc pas uniquement sur cette liste d'œuvres à accomplir, sur sa spécificité ou sur sa signification anthropologique ; elle doit intégrer les conséquences de la surprise, telle que la narration la manifeste : que signifie, d'un point de vue éthique, le fait que des œuvres, dont l'éthicité ne sera pas difficile à démontrer, puissent être l'objet d'une telle surprise ? Est-ce que cela ne revient pas concrètement à jeter un redoutable soupçon sur la responsabilité de l'homme ? En effet, de quoi peut-il répondre, s'il doit être surpris par leur signification dernière ? Parce qu'elle est au cœur de la dramatique de ce récit, la surprise eschatologique remet en cause toutes les évidences trop simples qui ont pour première « qualité » d'éviter d'entendre la question au prix d'une lecture partielle.

Toutes les implications éthiques de ce récit se déploient à partir de la tension entre la consistance éthique des œuvres de miséricorde et la surprise eschatologique qui articule ici les relations de la foi chrétienne et de la morale (chapitre XI). La requête d'universalité de tout projet éthique fonde l'exigence à établir la consistance éthique des œuvres de miséricorde ; celle-ci doit être dégagée, au-delà des exhortations traditionnelles à faire l'aumône, à partir de l'anthropologie dont la liste de Mt 25, 31-46 témoigne. Les « évidences » s'en trouvent déplacées ; la consistance n'en est que plus ferme (chapitres X et XI). Entre cette consistance et cette surprise s'insinue un autre enjeu, une autre implication tant éthique qu'anthropologique : la prise en compte des conséquences de la finitude. Elle est déjà inscrite dans la définition de l'éthique qui refuse de devenir une entreprise prométhéenne de maîtrise. Limitée de par la condition de l'homme et signe de cette condition limitée, la responsabilité éthique découvre dans la surprise eschatologique la reconnaissance positive de ces limites par le Juge Sauveur (chapitres XII et XIII).

Ainsi, l'implication éthique ultime de ce récit se dégage de son articulation intime, dans la surprise qui émerge à la jonction de l'eschatologie et de l'éthique. Finalement, il ne s'ensuit pas d'abord une menace pesant sur nos incapacités, mais une espérance qui, au-delà du solde du fait et du non-fait, remet la détermination de toute justice dans les mains de Celui qui « fait toutes choses nouvelles » (Ap 21, 5).

PREMIÈRE PARTIE

HÉSITATIONS HERMÉNEUTIQUES

CHAPITRE PREMIER

APERÇUS SUR L'HISTOIRE DE L'INTERPRÉTATION

Malgré l'importance de l'utilisation de Mt 25, 31-46 et la vivacité des débats qu'elle occasionne, le nombre des études qui ont été consacrées à l'histoire de son interprétation est très restreint. Au seuil de ce travail nous ne pouvons faire l'impasse sur celle-ci ni combler une telle lacune. Aussi devrons-nous nous limiter à une approche d'autant plus synthétique et programmatique qu'elle s'appuiera essentiellement sur une série de sondages [1]. Cette présentation comportera deux volets : dans le premier, nous recueillerons quelques commentaires de Pères de l'Église qui constituent à la fois le prolongement de ce qu'a été le milieu culturel du Nouveau Testament et le premier témoignage de foi à partir de lui ; une évocation de l'iconographie médiévale le conclura. Dans le second nous nous arrêterons à certains aspects du débat contemporain dans lequel notre récit est partie prenante, à l'exception des problèmes strictement exégétiques qui seront traités au chapitre suivant.

---

1. Voir la Bibliographie, p. 411. Outre nos propres études sur Augustin et sur Luther, nous pouvons renvoyer aux travaux de R. BRÄNDLE sur Origène et Jean Chrysostome. D'un point de vue statistique, nous sommes très redevable aux résultats de *Biblia patristica*.

Article 1
Mt 25, 31-46 DANS LES PREMIERS COMMENTAIRES CHRÉTIENS

A. L'exégèse patristique ne peut être abordée sans un minimum de précautions méthodologiques, dont l'axe essentiel pourrait être résumé ainsi : attention aux anachronismes ! le plus évident étant de demander à cette exégèse de trancher nos propres débats herméneutiques comme si nos problématiques étaient déjà les leurs, ce qui reviendrait à « poser aux Anciens des questions qui peuvent nous préoccuper mais qui leur étaient étrangères [2] ».

En premier lieu, cette exégèse est diversifiée dans les méthodes, dans les genres littéraires et dans les contextes historiques. La prédication suivie sur un livre biblique ou son commentaire systématique ne sont pas la même chose que des citations plus ou moins longues dans d'autres textes ; le dialogue entre les textes correspond à une logique essentiellement théologique fondée sur la conviction de l'unité des Écritures, dont la signification n'est accessible qu'en fonction du mystère du Christ ; enfin les préoccupations des auteurs ont beaucoup évolué en fonction de la situation de leurs communautés au sein du monde païen.

Concrètement pour un tel récit, une étude un peu systématique consisterait à le situer dans l'ensemble des représentations eschatologiques des auteurs et de leur époque ; on y trouverait des sources diversifiées, en particulier l'Apocalypse selon Jean ; on trouverait aussi des évolutions importantes entre la fin du IIe et le VIe siècle.

Cette investigation est limitée au simple repérage des types d'utilisation de notre récit. Nous verrons ainsi à quelles fins il était requis, combien les rapports à ce texte étaient divers et comment les questions qui nous embarrassent les ont concernés ou non.

B. Nous interrogeons un seul témoin : Irénée de Lyon dans l'*Adversus haereses* (cité *AH*) ; c'est aussi le premier grand témoin à invoquer. Les livres III, IV et V contiennent huit citations explicites d'un ou deux versets, à quoi on peut ajouter huit

2. G. PELLAND, p. 617, avec une bibliographie récente sur les problèmes de l'exégèse patristique.

autres textes où on trouve des réminiscences [3]. Hormis deux citations des versets 35-36, il s'agit toujours d'une référence au destin eschatologique, et deux fois sur trois au châtiment des anges et des hommes damnés. Pour être plus précis nous nous arrêtons à trois de ces textes.

En *AH* IV, 40, 2, Irénée invoque de manière précise Mt 25, 31-46 (puis Mt 13, 36-43) pour argumenter sur l'unicité de Dieu qui jugera tous les hommes : c'est Lui qui les séparera et qui a préparé pour les uns le Royaume qu'il accorde en héritage et pour les autres le feu éternel. *AH* IV, 17-18 concerne le sacrifice de la Nouvelle Alliance. À la fin de la démonstration, Irénée s'interroge sur ce qu'on peut offrir à Dieu et comment. Il fait un rapprochement entre les aumônes et l'eucharistie. Celle-ci est d'abord un don de Dieu : nous Lui offrons surtout notre action de grâces pour cela. Dans cet échange de grâces ce sont les hommes qui sont dans le besoin, mais Dieu attend nos dons pour pouvoir nous faire les siens en retour ; et nos dons sont les aumônes dont Mt 25, 31-46 dit la valeur salvifique. Enfin, en *AH* IV 30, 3, on aborde les relations des chrétiens avec le monde païen, en particulier sous l'angle des biens matériels qui sont bien sûr communs aux uns et aux autres. Irénée traite alors de l'impossibilité pour les hommes de porter un jugement définitif sur les hommes et sur leurs biens, car nous ignorons les *oikonomias* de Dieu ; de toute façon si les chrétiens utilisent ces biens sous forme d'aumônes, celles-ci leur donnent une justice qui contribue à la justification des donateurs.

Ces trois textes témoignent de trois lignes qui se retrouveront largement dans toute l'histoire ultérieure : le scénario du Jugement est l'objet du traitement le plus abondant et il est relativement autonome par rapport aux critères que sont les aumônes. Celles-ci ont une valeur théologique évidente, puisqu'elles participent de l'économie de la grâce dans ce qu'elle a de plus essentiel, le mystère du Salut. C'est par là que les deux thèmes se rejoignent sans qu'un auteur comme Irénée éprouve le besoin de l'expliciter.

3. Les citations : III, 3, 3 (41) ; 23, 3 (41) ; IV, 18, 6 (34) ; 28, 2 (34, 41) ; 30, 3 (35-36) ; 33, 11 (41) ; 40, 2 (34, 41) ; V, 35, 2 (41). Les réminiscences concernent l'expression *« to pur aiônos »* dont il précise parfois qu'il est préparé pour le diable et ses anges : IV, 27, 4 ; 28, 1 ; 40, 1 ; 41, 1 ; 41, 2 ; V, 26, 2 ; 27, 1 ; 28, 1. Il est justifié de voir en Mt 25, 41 une source de cette expression car, outre la particularité de la formule, le contexte y renvoie souvent clairement.

C. Aussi prudente que doive être l'utilisation des tables de la *Biblia patristica* [4], surtout d'un point de vue statistique, une mise en perspective confirme largement ce qu'on trouve dans l'*Adversus haereses,* à savoir que la majeure partie des occurrences relevées concernent les versets les plus directement touchés par les sentences eschatologiques : d'une part ce qui a trait à la séparation en deux groupes à droite et à gauche du Fils de l'homme (32-33 et 46) ; d'autre part les deux sentences qui révèlent le sort de chacun (34 et 41). Le verset 31 est beaucoup moins cité. Le grand nombre de textes portant référence aux versets 34 ou 41 correspond souvent aux simples mentions du « Royaume préparé » et du « feu éternel préparé pour le diable et ses anges ».

Notre récit est d'abord invoqué pour rappeler quel est l'enjeu de toute existence humaine : elle est appelée au salut qui a été donné en Christ, mais le risque de la damnation n'est pas éliminé pour autant, y compris pour les chrétiens. De tout le Nouveau Testament, c'est le texte le plus clair et le plus solennel sur cette séparation. En conséquence, soit elle est citée explicitement, soit elle fournit le vocabulaire puisque « le feu éternel » ne se retrouve qu'en Mt 18, 8 ; 25, 41 et Jude 7.

Les critères au nom desquels ce jugement sera porté sont, chez nos auteurs, infiniment plus larges que la liste des six œuvres donnée par Matthieu. Origène est explicite sur sa difficulté : « nous devons nous attacher également ou presque à toutes les vertus [5] » ; il propose donc une interprétation qui les situe dans une conception théologique et éthique globale qui ne les sous-estime pas cependant. Beaucoup d'autres ont une attitude similaire, mais en général elle est moins systématique ; le vocabulaire pour désigner les groupes d'hommes est aussi plus varié que dans Matthieu. L'essentiel à noter, et qui est conforme à la pointe de Mt 25, 31-46, est que le Jugement dernier portera sur ce qu'aura été concrètement l'existence de chacun, en particulier par rapport à la charité vécue en écho à la charité prévenante du Dieu Sauveur.

Lorsqu'il est question d'exhorter aux aumônes, le raisonnement est en général inversé. On ne part pas du récit du Juge-

---

4. *Biblia patristica,* vol. I - IV, Strasbourg.

5. *« Non enim hoc dicimus ut negligentius studeamus humanitatem, cum sit omnibus fidelibus praecipue observanda, sed ut omnia aequaliter aut ut pene aequaliter studeamus, ut propterea ex omnibus omnem benedictionem percipiamus in coelestibus in Christo Jesu »* (ORIGENE, *Commentarium in Matthaeum,* 72, PG 13, col. 1714).

ment pour les justifier : voyez comme c'est important. L'exhortation a valeur en elle-même, car la pratique des aumônes est importante dans les traditions éthiques de l'Antiquité [6]. La référence au Jugement eschatologique est donc un argument *a fortiori* pour parachever une parénèse qui ne pouvait surprendre personne.

Les objections auxquelles répondent les différents textes concernent moins la valeur des aumônes que la manière de les mettre en pratique. Par exemple, au IIᵉ et au IIIᵉ siècle, la question était posée de savoir si on pouvait faire de justes aumônes alors que les biens avec lesquels on les faisait étaient entachés des injustices du paganisme, soit parce qu'on les avait reçus en héritage de païens, soit parce qu'on les avait gagnés dans des relations économiques avec des païens. Objection un peu spécieuse qui n'est possible que dans une Église minoritaire dans le monde païen. Pour Augustin, l'enjeu est différent : les aumônes doivent être faites avec des biens amassés honnêtement, non volés, acquis par le travail [7]. Les temps ont changé ; le christianisme est en passe de devenir la religion du plus grand nombre… mais Irénée, Clément ou Augustin se retrouvent avec les mêmes arguments : l'argent est trompeur ; il faut donc savoir l'utiliser sagement (voir Lc 16, 9) et les aumônes sont, d'une certaine manière, une justice au-delà de la justice, d'où leur capacité à participer, dans le mystère du Christ, à la justification des donateurs.

Une autre objection souvent relevée concerne les destinataires de ces aumônes : peut-on les destiner à des personnes « indignes » ? Souci de ne pas gaspiller ses largesses ou d'en restreindre le champ ? En tout cas la préoccupation des Pères est beaucoup moins de répondre sur le fait qu'ils soient chrétiens ou non (question contemporaine) que de rappeler l'urgence et le scandale de trop de situations dans le voisinage quotidien. S'ils précisent, c'est d'abord en fonction de leurs auditoires de chrétiens pour lesquels la fraternité avec le Christ est importante. Ici encore ce que le Christ a voulu dire n'est pas un argument *a priori,* mais *a fortiori* : si le Christ dit qu'ils sont ses frères, comment pourrais-tu te dérober ?

---

6. Voir chapitre VII et p. 181 à 216.

7. Voir *In evangelium Johannis tractatu,* 50, 6 ; 1 *Enarrationes in Psalm,* 36, 11 ; 38, 12 ; 49, 12 ; 65, 20 ; *Sermo,* 18, 1-2 ; 178, 4 ; *De civitate Dei,* 21, 27, 1-2.

Certains commentaires plus systématiques s'interrogent sur la nature de cette fraternité du Christ, et progressivement cela va être intégré à la prédication, mais sans changer la nature profonde du raisonnement. Deux arguments émergent des textes que nous avons étudiés : à partir d'Origène, une ecclésiologie du Corps du Christ sert de médiation entre le corps souffrant des nécessiteux, le corps souffrant du Christ crucifié et le corps glorifié du Juge eschatologique. Elle est étayée par la citation d'Ac 9, 4 : « Saul, Saul, pourquoi me persécutes-tu ? » qui se trouve, par exemple, plus de quinze fois associée à Mt 25, 31-46 dans les textes d'Augustin [8]. De son côté, Jean Chrysostome insiste davantage sur la sotériologie : les nécessiteux, c'est la *Passio et Redemptio continuatae*. En eux, le Christ continue à être présent, il poursuit son œuvre de rédemption en provoquant la sollicitude des hommes [9].

Ces deux explications théologiques sont possibles parce que les aumônes ont gardé et même accentué la valeur pénitentielle qu'elles avaient dans le judaïsme. Elles furent associées très tôt aux démarches des catéchumènes comme signe de conversion et de pénitence, et aux démarches pénitentielles des baptisés pour leurs fautes quotidiennes. Elles furent par la suite d'autant plus intégrées à la pénitence canonique que celle-ci a été organisée en reprenant et en alourdissant les pratiques catéchuménales. La *misericordia* faite aux pauvres est d'abord un signe de conversion, un geste d'amour fraternel ; il ne faut pas chercher à plaquer ici une problématique du mérite ou de l'absence de mérite. Celui qui veut vivre dans la foi à son Seigneur se détourne des satisfactions égoïstes et sa conversion se traduit, entre autres, par une charité concrète.

L'horizon eschatologique n'est donc jamais très loin de tous ces commentaires ou de ces exhortations. En fait tous ces textes témoignent d'un contexte culturel proche de celui de Matthieu. À cause de leurs propres « méthodes », les Pères ont eu tendance à dissocier les deux éléments majeurs du Jugement et des œuvres ; dissocier ne veut pas dire opposer ou éliminer l'un au profit de l'autre ; mais les traiter plus ou moins séparément en fonction d'autres préoccupations que celle de la lecture d'un récit comme tel. Les aumônes prennent place dans un système éthique beaucoup plus vaste, comme saint Thomas le formalisera en IIa IIae, q. 32 à propos de la charité dont elles ne consti-

8. Voir L.-J. FRAHIER, *Revue des études augustiniennes,* 33, 1987, p. 81-83.

9. Voir R. BRÄNDLE, *Vigiliae christianae,* 31, p. 47-52.

tuent qu'un aspect [10]. Le Jugement eschatologique est l'argument indépassable pour en rappeler l'urgence impérieuse.

D. Une évocation allusive de l'iconographie du Moyen Âge ne peut que confirmer ces conclusions [11]. La représentation du Jugement dernier a été un des thèmes favoris des tympans romans et gothiques ; ils avaient une double fonction symbolique et pédagogique, sans compter d'autres, plus ou moins spirituelles. Ces œuvres étaient des commandes sous la responsabilité de clercs, témoins de la culture de leur temps : elles sont donc intéressantes car elles sont à la charnière de traditions savantes et populaires. Les sources possibles d'inspiration pour cette scène étaient variées, et pendant longtemps l'Apocalypse de Jean a fourni beaucoup d'images. Au début de l'âge roman, Matthieu devint la source scripturaire principale.

Si on s'arrête devant le tympan de Beaulieu-sur-Dordogne ou devant celui de Saint-Denis-en-France, on voit au centre un Christ assis sur un trône, entouré d'anges, les bras en croix, l'épaule droite découverte pour laisser voir les plaies ; derrière Lui, une croix rappelle quel fut le chemin qui le conduisit à la gloire. À Saint-Denis, douze personnages assis l'entourent ; on peut y reconnaître les Apôtres selon Mt 19, 28. Il tient dans chaque main un bandeau portant inscription à sa droite : *« venite benedicti Patris mei »* (Mt 25, 34), et à sa gauche *« discedite a me maledicti »* (Mt 25, 41). Dessous, des morts sortent de leurs tombeaux tandis que d'autres sont accueillis à droite aux portes du ciel, à gauche à celles de l'enfer. Les éléments venant de Mt 25, 31-46 s'attachent donc à évoquer la souveraineté du Juge qui sépare les humains sans évoquer au nom de quoi ils le sont. Les seules indications sont celles des inscriptions : bénis et maudits.

Le tympan de Saint-Lazare d'Autun libère la place occupée par les Douze pour y mettre des élus qui vénèrent leur Sauveur, tandis que Michel pèse des âmes et que des diables grimaçants tourmentent des damnés. La partition droite-gauche est toujours essentielle à la composition. C'est à Conques que les critères de cette partition sont clairement énoncés : *caritas, humilitas* se

---

10. Le commentaire de saint Thomas sera analysé au chapitre XI, article 1er, p. 314.

11. La première représentation connue de Mt 25, 31-46 est un bas-relief décorant le sarcophage d'un médecin, aujourd'hui visible au Metropolitan Museum de New York : au centre le Christ est assis et, de part et d'autre, les brebis et des boucs sont strictement séparés (Rogers Fund, 1924, 24. 240).

lisent encore facilement… et les vices et les vertus sont énumérés pour caractériser ce que fut la vie des « saints » ou des « pervers ».

Inutile de faire un inventaire exhaustif des tympans romans ou gothiques ; les éléments essentiels de l'influence de Mt 25, 31-46 sont tous rassemblés : le Fils de l'homme, crucifié, assis sur son trône de gloire, entouré par des anges ; la séparation des hommes à sa voix souveraine ; la radicalité de la destinée eschatologique. En revanche, le message proprement éthique évoque progressivement les vices et les vertus que les artistes gothiques représenteront parfois dans les voussures.

Jusqu'à la fin du Moyen-Âge et durant la Renaissance, ces principes généraux ne seront pas modifiés, même lorsque les panneaux peints remplaceront les ensembles sculptés. Nous connaissons au moins deux exceptions : *Le Jugement dernier* de Jean Bellegambe [12] et *Le Jugement dernier, les sept péchés capitaux et les sept œuvres de miséricorde* [13].

Le premier est un triptyque : sur le panneau central le Christ assis sur l'arc-en-ciel est placé en haut de la composition ; à sa droite il est écrit : *« venite benedicti »,* à sa gauche *« ite maledicti »* ; plus de la moitié du tableau représente un vaste paysage où les morts sortent de terre et sont pris en charge par des anges ou des démons. Le panneau de droite (gauche du Christ) représente l'enfer comme une tour de Babel en flammes où les sept péchés capitaux sont nommés et décrits par les tourments que chacun engendre dans ses excès. Le panneau de gauche (droite du Christ) décrit le paradis : six petits groupes d'élus sont conduits par des anges avec en commentaire un des stiques de Mt 25, 35-36 et, dominant le panneau, la béatitude des miséricordieux (Mt 5, 7).

Le second tableau se compose de trois bandes horizontales : dans la partie supérieure, le Fils de l'homme laissant voir ses plaies est assis sur l'arc-en-ciel ; il est entouré de Marie et de Jean agenouillés, et de deux anges musiciens ; à l'extrême droite Pierre introduit des élus au paradis ; à l'extrême gauche le diable précipite des damnés dans la fournaise. La partie infé-

12. L'auteur est né vers 1480 et mort vers 1535. Le tableau n'est pas daté ; il se trouve au Staatliches Museum de Berlin, Gemäldegalerie, numéro de catalogue 641.

13. Longtemps attribué à J. Bosch, il est attribué désormais à un « Maître anversois vers 1450-1500 » ; il se trouve au musée Maagdenhuis à Anvers (Belgique) sous le numéro 680 et il provient de la « chambre des pauvres » de la cathédrale d'Anvers.

rieure est divisée en deux rangs de sept panneaux : ceux de la droite du Christ représentent sept œuvres de miséricorde : les six de Mt 25, 35-36, plus l'ensevelissement des morts, selon la liste médiévale classique [14] ; dans chacun le Christ bénit une scène où un saint accomplit une des œuvres. Ceux de gauche représentent les sept péchés capitaux, et un diable apparaît en arrière-plan de chacun.

Cette apparition tardive des œuvres de miséricorde confirme nos conclusions antérieures : elles n'ont de place dans la composition iconographique du Jugement dernier, comme dans la théologie patristique ou médiévale, que dans la mesure où elles sont intégrées dans un système éthique plus vaste.

Article 2
MT 25, 31-46 DANS LA RÉFLEXION CHRÉTIENNE CONTEMPORAINE

Mt 25, 31-46 est une référence trop essentielle dans les milieux les plus divers, tant au niveau pastoral que théologique, pour que l'on puisse faire une évaluation détaillée des multiples usages auxquels il donne lieu. Néanmoins il n'est pas possible de les passer totalement sous silence, car cet ouvrage s'inscrit dans une préoccupation générale qui l'englobe. Aussi une présentation doit être rapidement esquissée en fonction de choix très limités. Trois axes complémentaires permettront de cerner les termes du débat afin d'en tenter une interprétation en prélude à l'exposé plus systématique des questions exégétiques du prochain chapitre. Le prédication, comme l'iconographie, est à la charnière des conceptions populaires et des analyses savantes. Une position extrême sera ensuite évoquée à travers un auteur, le Père Paul Gauthier, qui est révélateur de ce que fut tout un courant d'action pastorale contemporaine ; enfin, dans la sphère proprement théologique, Karl Rahner lui a accordé une place très importante dans sa synthèse théologique.

A. Le genre littéraire « homéliaire » est bien spécifique dans les instruments de travail au service de la catéchèse et de la prédication. Ces documents cherchent à concilier une relative simplicité et une exigence intellectuelle certaine tout en tenant compte des besoins du peuple chrétien. La série de recueils de

---

14. Sur la liste médiévale classique, voir chapitre XI, article 1er, p. 314.

textes [15] francophones ici étudiés a été éditée entre 1965 et 1980. Ces commentaires sont faits en lien avec la fête du Christ, Roi de l'Univers, qui clôt désormais l'année liturgique.

Le récit est présenté comme « décrivant » le Jugement dernier. Il s'agit d'un Jugement universel qui, au-delà des chrétiens, concerne le salut de tous les hommes. Peu est dit sur le fait d'un Jugement eschatologique ; quelques commentaires seulement pour souligner qu'il s'agira d'un tri, mais sans que cela donne lieu à des « menaces » ; il s'agit plutôt d'un avertissement, qui rappelle à chacun l'enjeu de son existence. Cette quasi-évidence de l'eschatologie revient en fait à en effacer les aspérités traditionnelles, car elle témoigne davantage d'une absence de préoccupation ou d'intérêt à son sujet que d'une réelle évidence.

L'herméneutique est toujours universaliste : le Fils de l'homme désigne, dans « les plus petits », tous les pauvres et les nécessiteux, quels qu'ils soient. La pointe de ces propositions d'homélies vise l'importance de la miséricorde envers les autres. Seuls deux auteurs se font l'écho du débat exégétique : leur interprétation est pastorale et universaliste, mais ils sont sensibles à un des arguments du débat, à savoir qu'en Matthieu « frères » désigne toujours les disciples. L'un d'eux propose deux commentaires de ce même récit, l'un dans le cadre du carême, l'autre du dernier dimanche ordinaire. Dans le premier, il voit la pointe du récit dans le salut des païens ; dans le second, un texte de consolation pour les chrétiens persécutés. Mais aucune des deux hypothèses ne lui paraît finalement satisfaisante d'un point de vue pastoral [16]. Il laisse donc ouverte la possibilité d'une autre prédication que celle induite par cette exégèse, car on ne saurait expliquer comment les bénis comme les maudits sont ignorants du Christ, si l'accueil des disciples en tant que tels est le critère du Jugement.

En fait, presque tous ces commentaires insistent sur la dimension concrète du « bien à faire », et cela très au-delà des seuls secours pour les nécessiteux. Les aumônes sont indicatives de relations fraternelles et du souci concret porté au prochain, mais elles ne sont plus préconisées comme elles pouvaient l'être dans les périodes antérieures. Nous avons là un reflet de l'évolution sociale sur laquelle nous aurons à revenir

15. Voir dans la Bibliographie les ouvrages de Th. MAERTENS et J. FRISQUE, G. MOTTE, J. FEDER et A. GORIUS, A. BRUNOT, L. DUCARROZ, R. HOUILLOT, Y. de MENGUA, J. PERRON, M. SEVIN, P. BOCKEL, A. SEVE.

16. Th. MAERTENS, *Guide de l'assemblée chrétienne*, t. III, 1969, p. 53-56 ; t. VII, 1970, p. 365-367.

ultérieurement [17] ; le propos a pris une connotation globale : « ces œuvres, c'est l'accomplissement de tous les préceptes » ; « aimer » revient le plus souvent pour les exprimer, alors que le texte les résume par « servir » ; d'autre part il n'est parlé qu'une seule fois de justice.

Seule l'expérience vécue permet de savoir ce que ces indications sont devenues dans les prises de parole… L'eschatologie en tant que telle n'intervient que sous le double trait de l'universalité et de l'exigence du message ; pour le reste, elle a laissé place à une prédication de la charité fraternelle. En revanche, ces textes paraissent très en retrait sur l'importance accordée aujourd'hui au service de la justice. Il se peut que les publics amateurs de cette littérature aient été moins spontanément portés sur cette dimension précise que sur des considérations plus générales.

La consultation des documents du magistère romain révèle que cette interprétation est reçue dans tous les milieux ecclésiaux. Si l'on s'en tient aux documents majeurs de la doctrine sociale où les références bibliques sont en général assez rares, on constate que les quelques citations de Mt 25, 31-46 portent toutes sur l'impérieux devoir du service fraternel, dans une perspective très universaliste. Le texte de *Gaudium et spes* est un bon exemple :

De nos jours, nous avons l'impérieux devoir de nous faire le prochain de n'importe quel homme et, s'il se présente à nous, de le servir activement : qu'il s'agisse de ce vieillard abandonné de tous, ou de ce travailleur étranger, méprisé sans raison, ou de cet exilé, ou de cet enfant né d'une union illégitime qui supporte injustement le poids d'une faute qu'il n'a pas commise, ou de cet affamé qui interpelle notre conscience en nous rappelant la parole du Seigneur : « Chaque fois que vous l'avez fait à l'un de ces plus petits de mes frères, c'est à moi que vous l'avez fait » [27, 2] [18].

17. Voir chap. IX et X p. 261 à 311.

18. Dans cette même ligne on trouve tout le faisceau de la théologie de la libération. On ne citera qu'un texte épiscopal : « L'Évangile est extrêmement exigeant. Il nous dit que le Christ identifie tout homme à lui-même : ce qui est fait au plus petit, au plus faible, au plus pauvre des hommes, c'est au Christ lui-même que cela est fait. C'est à moi que vous l'avez fait. Si nous avons foi dans le Christ et dans son Évangile, nous devons organiser notre vie sociale, politique, économique, en accord avec cette foi dans la dignité foncière du petit, du faible, du pauvre […] Chez nous, catholiques, les théologiens ont déjà approfondi l'identité qui existe entre le Christ et l'Eucharistie : “ Ceci est mon corps. ” Mais l'identification avec le pauvre, le petit, l'humilié ou l'opprimé, le malade, le faible, le pécheur, l'avons-nous quelquefois approfondie ? » (Don A. FRAGOSO).

B. À côté de cette interprétation très largement reçue, avec toute sa palette de nuances, un autre courant s'est appuyé largement sur ce texte pour faire de la pauvreté un quasi-critère sotériologique, en privilégiant la fraternité du Christ avec ces plus petits : s'ils sont les frères du Christ c'est qu'ils sont ses disciples et qu'ils sont sauvés à cause de leur pauvreté ; à la différence de ceux qui en font un argument particulariste distinguant croyants et non croyants, on oppose ici pauvres et riches. Ce courant n'est pas si original qu'il pourrait paraître ; il y a déjà eu des mouvements ainsi favorables à une Église des pauvres ; par exemple le courant franscicain a connu un tel débat entre les « spirituels » et les « conventuels » à la fin du Moyen Âge [19]. Cette position va de pair avec une dénonciation de la position dominante de l'Église ou des chrétiens, et prend, dans son opposition, des allures clairement sectaires.

La position du Père Paul Gauthier [20] s'inscrit dans le prolongement de cette tradition. Il intervient à la fin de Vatican II, pour que l'Église s'engage radicalement aux côtés des pauvres. Lui-même a fait ce choix de tout quitter pour partager la vie des Palestiniens chrétiens d'Israël. Dans ce contexte il accorde une place particulière à Mt 25, 31-46, et assimile les pauvres aux saints innocents : ils seraient sauvés parce qu'ils sont pauvres : « ne pourrait-on étendre ce baptême de souffrance aux innombrables saints innocents de l'humanité ? » (p. 45) ; « Jésus s'est, de faits et de paroles, identifié à ceux qui peinent et souffrent ici-bas hors de la cité des bien-vivants… » (p. 40). Il récuse bien sûr tout particularisme chrétien : « il a fallu un singulier rétrécissement des perspectives de la foi pour en arriver à interpréter ce texte comme signifiant seulement que ce que l'on fait à des chrétiens serait mis au compte du Christ » (p. 42) ; il développe son raisonnement en fonction d'une certaine conception de l'incarnation et de la souffrance rédemptrice : « en se faisant homme et en peinant comme homme dans le travail, Dieu a révélé la valeur corédemptrice de la peine du travailleur, comme toute souffrance humaine, mais avec une signification propre » (p. 54).

Une telle position opère un renversement de l'universalisme et réduit l'œuvre rédemptrice à une valorisation d'une certaine position sociale. Cette interprétation détourne chaque élément

19. Voir P. CHRISTOPHE, *Les Pauvres et la Pauvreté des origines au XVe siècle*, Paris, Desclée, 1985, p. 125-132.

20. P. GAUTHIER, *Consolez mon peuple, le concile et l'Église des pauvres*, Paris, Éd. du Cerf, 1965.

de la fonction qu'il occupe dans l'économie du texte. La pointe ne porte pas sur le salut des petits, mais de ceux qui sont rassemblés devant le Christ, quelle que soit la manière choisie pour les identifier. D'autre part, on semble se prévaloir du texte pour désigner quels sont les élus alors même que le récit récuse que les hommes puissent le faire (ils sont tous surpris). Enfin c'est accorder à ce récit une place qui manque de perspective par rapport à l'ensemble de Matthieu en oubliant son aspect fragmentaire.

Cette interprétation de Mt 25, 31-46 n'est donc défendable ni d'un point de vue exégétique ni d'un point de vue théologique. Son intérêt tient à ce qu'elle révèle certaines attentes du peuple chrétien.

C. Karl Rahner. Un des grands débats théologiques et pastoraux de ces dernières décennies a porté sur une des arêtes les plus essentielles de la pensée de K. Rahner, à savoir la théorie des « chrétiens anonymes », et Mt 25, 31-46 constitue une référence centrale de cette théologie. Il est donc nécessaire de l'évoquer pour ces deux raisons.

Rahner a élaboré une dernière synthèse de sa pensée dans le *Traité fondamental de la foi* [21]. Comme elle est postérieure aux polémiques, elle donne une perspective plus juste que les éléments présentés isolément. Il y résume clairement son projet : « exprimer à un premier niveau de réflexion le tout du christianisme, et en rendre compte en toute probité ». Rendre compte de la foi chrétienne a un sens très précis dans la seconde moitié du XXe siècle, car il s'agit de prendre au sérieux la question de Dieu dans son universalité et de la penser dans la particularité chrétienne. Il faut s'expliquer sur la possibilité pour tout homme d'être chrétien et sur la situation de tous les non-chrétiens par rapport à la proclamation du salut qui qualifie le christianisme. Les chrétiens prennent conscience de leur nouvelle situation sociale : la question classique du salut des non-croyants devient déterminante dans le contexte culturel de l'après-guerre.

L'anthropologie est donc au cœur de sa problématique, mais c'est d'une anthropologie théologique qu'il s'agit, ce que certains opposants ont un peu oublié, d'où certains malentendus.

21. K. RAHNER, *Traité fondamental de la foi,* Paris, Éd. du Centurion, 1983. Du même auteur un commentaire explicite de Mt 25, 31-46 : « Au service des pauvres », *Mission et grâce,* t. III, Tours, Mame, 1965, p. 83-112.

Quelle est la possibilité de relation entre Dieu et l'homme ? Seule, l'autocommunication de Dieu peut la rendre possible, et tout homme est susceptible en lui-même d'y répondre. C'est ce à quoi tendent, d'une part, sa démonstration sur l'expérience transcendantale et, d'autre part, sa christologie.

Dans un traité auquel on a reproché la rareté des citations scripturaires, Mt 25, 31-46 est cité deux fois : la première fois (p. 331) Rahner affirme d'abord la priorité de ce qui est vécu dans la foi par rapport à la réflexion théologique, ce qui le conduit à privilégier le vécu, même s'il n'est pas explicitement chrétien, pourvu qu'il soit l'œuvre « d'un homme éthiquement de bon vouloir ». L'amour « absolu » du prochain est le premier appel par lequel est rendue « quelque peu perceptible cette christologie anonyme » selon une référence globale à « Matthieu 25 ». C'est l'aspect « absolu » de cet amour qui l'intéresse ici, car le récit fonde la double dimension universelle et définitive de l'amour.

La seconde citation intervient à la fin du chapitre IX de la sixième étape, sur le « rapport personnel à Jésus-Christ » : le chapitre s'ouvre et se clôt par des considérations sur le christianisme anonyme. Seul Mt 25, 40 est cité pour souligner la dimension concrète de la rencontre du Christ dans l'autre puisque c'est lui-même qui dit « s'y laisser trouver anonymement [22] ». L'importance de Mt 25, 31-46 est donc davantage « stratégique » que quantitative dans la pensée de Rahner. Ce récit est la référence sur laquelle il construit une bonne partie de sa définition du « chrétien anonyme » : « l'homme justifié en dehors de la prédication du christianisme, [...] parce qu'il a accueilli l'autocommunication de Dieu qui culmine dans l'histoire en Jésus-Christ [23]. »

Cet accueil est réalisé concrètement parce qu'il y a en chacun une propension transcendantale à aimer, c'est-à-dire une nécessité pour exister d'aimer absolument. Or on ne saurait en avoir d'autre expérience concrète que dans un « amour absolu » du prochain, selon l'unité des deux commandements illustrée par Mt 25. Ainsi tous les actes humains ne prennent-ils leur signification ultime que parce qu'ils sont des actes d'amour, y compris dans un sens théologal.

Hans Urs von Balthasar a vivement reproché à cette thèse de se dissoudre dans une christologie unilatérale où l'Incarnation

22. K. RAHNER, *Traité fondamental de la foi*, p. 348.
23. B. SESBOÜÉ, « Karl Rahner et les “ chrétiens anonymes ” », *Études*, novembre 1984, p. 527.

serait seule prise en compte : « ici manquent clairement une théologie de la Croix [24] » et une conception trinitaire de l'amour. À « l'amour absolu du prochain » il donne un autre fondement que Mt 25 : « l'épreuve décisive » que constitue de don de sa vie dans le martyre par amour de l'amour du Christ crucifié, dont Mt 25 est une illustration [25]. Par sa construction synthétique, le *Traité fondamental de la foi* répond en bonne partie à l'objection, puisqu'il développe une théologie de la Croix avant de reprendre la démonstration sur la rencontre « anonyme » du Christ (p. 348).

Par beaucoup d'aspects la synthèse rahnérienne est donc symptomatique d'un large courant de l'Église catholique contemporaine, tant par son souci d'honorer de manière positive la question du salut des non-croyants, qui est la toile de fond de sa théologie fondamentale et qui est sa manière propre de traiter de l'eschatologie, que par la vigueur avec laquelle il articule sotériologie et effectuation concrète de l'amour. D'une certaine manière, il est le terme provisoire de cette histoire sur laquelle nous jetons pour conclure un regard d'ensemble.

Le contraste entre les commentaires patristiques et les interprétations contemporaines manifeste que l'articulation entre l'eschatologie et les critères du Jugement a, sous des modalités différentes, toujours été difficile ; dans les œuvres des Pères, on assiste souvent à deux types de prédication à partir du même texte, car ils ont quelque difficulté à voir dans les six œuvres de miséricorde le critère exhaustif de ce jugement ; la tendance se renforcera jusqu'au Moyen Âge où la place des aumônes est précisément déterminée dans l'ensemble du système moral. Aujourd'hui, on assiste à un mouvement différent, dont on ne peut pas dire qu'il soit strictement inversé, bien qu'il témoigne d'une difficulté analogue à articuler les deux aspects. La prédication sur le Jugement eschatologique est très estompée, et la réflexion théologique porte peu sur lui ; en revanche, les œuvres sont fortement mises en valeur comme une synthèse de tout ce qui concerne les relations de justice et d'amour entre les personnes. Cela ne veut pas dire qu'elles soient vraiment analysées pour elles-mêmes : elles sont prises comme l'expression de

24. Hans Urs VON BALTHASAR, *Cordula ou l'épreuve décisive*, Paris, Bauchesne, 1967, p. 86.
25. Voir chapitre VII, article 1er, p. 183.

ce que doit être l'amour concret des autres. Il s'agit d'un développement hypertrophique de la tendance intégratrice médiévale : à avoir été strictement situées dans un système éthique, elles finissent par le résumer. Tous les thèmes que nous devrons aborder sont donc déjà esquissés.

Les conflits d'interprétation ne tiennent pas tant à des problèmes méthodologiques qu'à la situation concrète de l'Église ; les enjeux théologiques et pastoraux n'en sont que plus lourds. Déjà, durant les premiers siècles, une évolution est très sensible en fonction des transformations de la situation sociale de l'Église. « La vulgate interprétative » contemporaine et l'importance quantitative de la référence à Mt 25, 31-46 ne se comprennent bien qu'en fonction du contexte ecclésial.

Après deux siècles d'affrontements entre la tradition chrétienne de l'Occident et une modernité issue d'elle, mais, en partie, construite contre elle, la guerre de 1939-1945 représente une fracture symbolique : une certaine expérience de la minorité s'est accompagnée de l'expérience, partagée, dans les pires conditions, de valeurs communes. Une même référence à l'universel ne pouvait qu'interroger à nouveaux frais le particularisme chrétien. En effet, un nouveau problème de frontière, c'est-à-dire d'identité et d'échanges, se posait : si les valeurs dans lesquelles les chrétiens se reconnaissent sont aussi partagées par d'autres qui ne se veulent pas chrétiens ; plus, si la prise de position au sujet de ces valeurs divise l'Église comme l'ensemble de la société, sur quels points de repère va se faire la reconnaissance ? autrement dit, si nos valeurs sont en partie communes, comment continuer à se prétendre une communauté de salut ?

Cette « crise d'identité » accompagna une remise en cause de l'ensemble des traditions morales qui, issues d'une histoire commune, étaient bousculées par de nouveaux modes de vie liés à l'urbanisation et au développement technique. En particulier, l'importance accordée traditionnellement à la sexualité dans la morale catholique était remise en question, tant en théorie qu'en pratique. D'autres dimensions de l'existence paraissaient au moins aussi essentielles, sinon plus, et c'étaient celles sur lesquelles on se trouvait en accord indépendamment des convictions religieuses, en particulier dans les domaines politique et social.

Le récit de Mt 25, 31-46 se trouvait ainsi au croisement de plusieurs lignes d'attente. D'une part, la séparation des deux groupes d'hommes se fait sur autre chose qu'un critère d'appartenance à une communauté croyante ; d'autre part, le critère énoncé concerne les relations humaines sans allusion explicite à la sexualité ; enfin, la surprise que manifestent tous les hommes souligne opportunément qu'entre les règles (trop) contraignantes des autorités morales (fussent-elles religieuses) et la détermination du salut ou de la damnation éternelle des individus, il y a un fossé infranchissable. En outre, la personne du Christ est centrale dans le récit, ce qui n'a pu qu'attirer l'attention sur lui à un moment où le christocentrisme devient un trait caractéristique de la spiritualité. On voit aussi comment la théologie de K. Rahner répercute ces préoccupations contemporaines, ce qui explique pour une part son succès et son influence, notamment dans la pratique pastorale.

Tous ces éléments combinés, et sans doute quelques autres, nous semblent expliquer à la fois le succès contemporain de ce texte et le type d'interprétation communément reçue : désormais sa lecture est effectuée sur l'horizon d'une préoccupation missionnaire bien particulière où l'aporie sur le salut des non-croyants cristallise la question des rapports universel-particulier. C'est dans ce contexte que s'est développé un débat très vif entre spécialistes de l'exégèse. Les termes du débat ne sont pas neufs, Origène notait déjà que le sujet était « dangereux [26] »… mais la méthodologie en a été profondément renouvelée. Le prochain chapitre est consacré à analyser, du point de vue exégétique, les termes et les enjeux contemporains de la discussion. Aussi « scientifiques » que se veuillent ces études, elles ne sont pas étrangères à cette ambiance culturelle globale : leurs auteurs en sont des acteurs privilégiés.

26. PG 13, col. 1712, n° 70.

CHAPITRE II

BILAN EXÉGÉTIQUE

Les plus récentes études sur Mt 25, 31-46 proposent une analyse des différentes interprétations avancées. Celle de D. Marguerat accentue les traits des protagonistes du débat, ce qui met en évidence les enjeux et les tendances [1]. C'est lui qui dénomme ces deux écoles d'interprétation comme étant « universaliste et parénétique » ou « restrictive et paraclétique » (pour cette dernière nous dirons aussi « particulariste »). Leur opposition s'exacerbe au niveau exégétique, et, à travers les arguments « scientifiques », se poursuit une discussion beaucoup plus ancienne que le renouvellement des méthodes ne parvient pas à trancher dans la mesure où, sous une autre forme, elle reste prisonnière des mêmes présupposés. C'est pourquoi, après avoir enregistré les points d'accord et de désaccord, il faudra souligner les présupposés de cette problématique.

1. D. MARGUERAT, *Le Jugement dans l'évangile de Matthieu,* Genève, Éd. Labor et Fides, 1981, en particulier p. 482-487. L'établissement du texte grec ne soulève pas de problèmes particuliers. Nous citons l'édition de Sœur Jeanne d'Arc, Matthieu, Paris, 1987, p. 151-152.

Article 1
LES POINTS D'ACCORD

A. Sur la forme et le genre littéraire.

Bien que ce récit soit quelquefois appelé « la parabole du Jugement dernier » ou « *the parable of the sheeps and the goats*[2] », l'ensemble des auteurs considèrent que seuls les versets 32a-33 relèvent du genre littéraire parabolique au sens strict[3] qui caractérise les péricopes qui précèdent (24, 45—25, 30). En effet, alors que chacun de ces trois récits commence par une formule qui désigne sans ambiguïté ce genre littéraire[4], celui-ci s'ouvre par une annonce en clair de la venue eschatologique du Fils de l'homme proche de celle de 24, 30. On ne peut donc le considérer comme relevant de la même forme littéraire. La métaphore du berger illustre un des aspects de la scène, qui est par là privilégié dans la narration : l'acte de séparation des hommes en deux groupes tout à fait distincts[5].

Quel est alors le genre littéraire de ce récit ? Il s'agit de la conclusion en langage clair, bien qu'imagé, d'un discours commencé en 24, 2 et qui comporte un dialogue initial (2-3), un enseignement en style direct sur les événements à venir (4-44), et des paraboles (24, 45—25, 30). Le récit de conclusion prolonge les enseignements du chapitre 24, comme le manifeste la proximité de 24, 30-31 avec 25, 31-32a.

---

2. Voir par exemple : J.-C. INGELAERE, A. T. CADOUX, J. R. DONAHUE, G. E. LADD, J. A. T. ROBINSON, R. C. OUDERSLUYS…

3. *Parabolè* recouvre des réalités assez diverses en Matthieu à l'image de l'hébreu *mashal*. En particulier Matthieu l'applique pour une « parabole » au sens strict (13, 24-33) et un récit nettement allégorique (en particulier, 22, 1-14) ; et il donne des commentaires allégoriques de paraboles (13, 18-23 ; 36-43). Nous l'entendons ici au sens strict de récit ou d'image illustrant un geste ou une situation, dans une forme littéraire assez rigide, et non selon la pratique d'un certain nombre d'auteurs anglo-saxons qui, en fait, utilisent *parable* pour traduire *mashal*.

4. 24, 45 : interrogation rhétorique ; 25, 1 : formule classique « il en sera du Règne des cieux » (*omoiôthèsetai*, voir 11, 16 ; 13, 24 ; 18, 23 ; 22, 2 ; ici seul emploi au futur) ; 25, 14 : il en va comme pour *ôsper*.

5. Matthieu n'emploie pas habituellement *ôsper* pour introduire les paraboles, sauf en 25, 14. Il s'en sert pour expliquer un élément de parabole (13, 40), ou comme simple comparaison (12, 40 ; 24, 27.37). Il l'utilise une fois pour établir un parallélisme entre l'attitude du Christ et celle à laquelle sont appelés les disciples (20, 28).

L'objet de cet enseignement permet d'en comprendre la nature : il concerne les événements de la fin, et plus particulièrement l'avènement glorieux du Fils de l'homme. Il s'énonce donc dans une tension fondamentale entre une description du présent qui est le temps de la vigilance, et une annonce de l'événement parousiaque dont on sait seulement qu'il viendra sûrement, en surprenant chacun par sa soudaineté et sa nature.

Le langage de l'annonce ne peut donc être qu'imagé, et l'exubérance des images a pour fonction principale de désigner la distance et la tension entre ce futur et le présent du destinataire du discours.

C'est là une des caractéristiques de la littérature apocalyptique. L'ensemble des auteurs multiplie les points de rapprochement entre Mt 25, 31-46 (et plus largement Mt 24), les prophéties d'Isaïe, de Joël... et les textes apocryphes d'Hénoch, des *Testaments des douze Patriaches...* Si l'accord est difficile à envisager sur la nature exacte de ces influences (qui influence qui ? et en quoi ?), chacun s'accorde à reconnaître au moins une connivence entre ces divers milieux et écrits.

À propos du genre littéraire de Mt 25, 31-46, on peut donc dire ici qu'il y a un assez large accord sur le fait qu'il s'agit d'un « maschal » dans lequel l'annonce du Jugement eschatologique par le Fils de l'homme est partiellement faite à l'aide de représentations de l'apocalyptique juive ; dans cette annonce se trouve inséré un élément de type parabolique.

B. Sur le contenu.

Les commentateurs soulignent à la fois la coloration apocalyptique et le trait matthéen.

Les versets 31-32a sont un assemblage d'images dont l'apocalyptique a usé avec abondance :

— Le thème de la venue du Fils de l'homme ou du médiateur céleste est une donnée classique de la Parousie apocalyptique. Dans les milieux juifs, elle est toute tendue par l'attente messianique. Le texte fondateur semble être ici Dn 7 et l'idée se trouve déjà exprimée en termes très proches en 24, 30 ;

— La gloire accompagne habituellement de son aura les théophanies, car il s'agit normalement de la gloire de Dieu. La Parousie sera le temps privilégié de la manifestation de cette gloire, car elle signifiera l'établissement définitif de la domination de Dieu sur toutes choses. Elle a été ajoutée dans la traduction de Dn 7, 14 de la Septante ;

— Le trône de gloire est lié à ces événements dans la mesure où la Parousie sera associée au Jugement eschatologique. Ce trône est celui de Dieu qui juge souverainement et définitivement toutes choses, et les justiciables se tiennent normalement devant lui [6] ;

— Les anges constituent traditionnellement la cour céleste. Ils exécutent la volonté de Dieu dans cet éon ou y transmettent ses messages. L'angélologie s'était beaucoup enrichie dans les cercles apocalyptiques, car la multiplication des intermédiaires soulignait la transcendance du Dieu unique.

Bien qu'elle fasse un usage intense de ces images et de quelques autres, l'apocalyptique n'en est pas à l'origine : tous ces éléments ont en général un profond ancrage dans la tradition biblique, et plus largement proche-orientale. Les apocalypticiens leur assurent un développement tout à fait remarquable, qui donne aux théophanies décrites dans cette littérature une exubérance beaucoup plus grande que dans les théophanies bibliques, somme toute plus sobres.

Tous ces éléments de Mt 25, 31-32a ne sont en rien propres à ce récit, ni en eux-mêmes, ni dans leur association; chacun d'eux se retrouve plusieurs fois ailleurs dans l'évangile de Matthieu. Le thème de la venue du Fils de l'homme est le trait dominant des chapitres 24-25, et le vocabulaire employé se retrouve en 10, 23 ; 16, 27-28 ; 24, 30 et 26, 64. La gloire accompagne la venue eschatologique en 16, 27 et 24, 30, et le trône de gloire est mentionné dans un contexte semblable en 19, 28. Quant aux anges, ils accompagnent le Fils de l'homme en 13, 39.49 ; 16, 27 et 24, 31.

Dans ces versets, comme dans tous ceux que l'on peut rapprocher d'eux, Matthieu opère un mouvement qui le distingue radicalement des écrits apocalyptiques juifs. Ce qui est clairement attribut de Dieu est accordé non moins clairement au Fils de l'homme dans sa Parousie. Ainsi la gloire est-elle rapportée

6. Ce trône se trouve particulièrement évoqué dans le *Livre des similitudes* d'Hénoch, 45, 3 ; 51, 3 ; 55, 4 ; 61, 8 ; 62, 2-5 ; 69, 27-29, par exemple : « Le Seigneur des Esprits [l'aura fait asseoir] sur Son trône glorieux, l'esprit de justice se sera répandu sur lui [...] Ce jour-là, tous les rois se lèveront, ainsi que les puissants, les grands, les maîtres de la terre. Ils le verront et sauront qu'il siège sur Son trône glorieux. Devant Lui sera rendue la justice, et aucune parole vaine ne sera prononcée devant lui... » (Hénoch, 62, 2-3). Alors que le judaïsme le réservait exclusivement à Dieu, Hénoch y fait donc asseoir, par délégation, le fils d'homme, l'Élu. C'est une évolution que Matthieu enregistre à sa manière, sans qu'il soit possible de dire qui influence l'autre. Il suffit ici de noter cette proximité de point de vue.

clairement au Fils de l'homme : « Sa gloire », alors qu'en 16, 27 il s'agissait encore de la gloire du Père ; en 19, 28 comme en 25, 31, c'est son trône de gloire. Quant aux anges, ils seront tous avec lui, ce qui n'est pas étonnant puisqu'en 13, 41 ; 16, 27 et 24, 31 il est déjà dit que ce sont « ses » anges.

Il y a donc un accord de fond des critiques pour reconnaître à la fois l'enracinement apocalyptique de ces versets et le travail rédactionnel et théologique de Matthieu pour conférer au Fils de l'homme les attributs traditionnels de Dieu ; et ce, dans un dépouillement des descriptions qui, tout en étant un retour aux sources vétérotestamentaires, n'est sans doute pas étranger à la confession de foi christologique elle-même.

Article 2
LES DÉSACCORDS

Ces points d'accord ne sont pas négligeables, mais ils représentent assez peu de chose en comparaison de ce qui est en débat : il y a d'abord des hypothèses contradictoires sur l'histoire de la rédaction ; on ne peut que les mentionner rapidement. Il y a ensuite les discussions au sujet de la signification de deux mots, pour déterminer de « qui » il s'agit : les nations et les frères. Enfin, quelques analyses concernent les œuvres de miséricorde.

A. Sur la rédaction.

Plusieurs indices manifestent qu'elle est le résultat d'une histoire rédactionnelle complexe, mais l'absence de parallèle synoptique rend la recherche particulièrement difficile :

— La titulature de l'acteur principal est très riche, mais peu coordonnée : les dénominations se suivent sans que cette diversité soit justifiée dans la narration : « Fils de l'homme », dont l'action de Juge est comparée au tri du berger ; « Roi » employé de manière absolue, qui renvoie au « Royaume préparé depuis la fondation du monde » ; « Fils » d'un Père dans lequel on reconnaît sans difficulté Dieu : « Seigneur » dans l'interpellation des bénis et des maudits ;

— L'élément parabolique est bien isolé dans le récit : il n'est plus fait allusion au berger ni aux animaux. L'acte de séparation radicale, à forte coloration apocalyptique, l'insère dans la narration ;

— Au verset 32 on passe de toutes les nations à la prise en compte des individus : « les uns des autres » ; la métaphore garde une dimension collective, mais le reste du dialogue se situe nettement au niveau des individus ;

— La rédaction du verset 40 est particulièrement laborieuse : « à l'un, de mes frères, de ces plus petits » laisse facilement entendre que l'apposition a pu être interpolée.

Face à ces constatations, beaucoup se sont essayés à reconstituer l'histoire de la rédaction… En particulier en tentant de mesurer l'importance du travail rédactionnel de Matthieu. L'absence de parallèle oblige à s'en tenir à des évaluations statistiques, dont la relativité habituelle est aggravée par cette absence. Par exemple, un hapax matthéen ne peut être qu'un indice de la réception d'une tradition. Rien n'empêche un auteur de varier son vocabulaire… et s'il est vrai qu'ailleurs il emploie d'autres mots pour exprimer une réalité comparable, il n'y a aucune preuve contraignante de la nature de son travail. En revanche, l'emploi fréquent d'une tournure dans les textes sans parallèle synoptique est plutôt indicatif d'une manière spécifique à un auteur… Il n'est donc pas surprenant que ces tentatives de reconstitution historique aboutissent à des résultats très différents, sinon contradictoires : la part de subjectivité des hypothèses est en effet toujours considérable.

En conséquence, nous renonçons définitivement à établir l'histoire de la rédaction de Mt 25, 31-46, et nous utiliserons avec une grande prudence toutes les études qui se sont donné cet objectif. En revanche nous tiendrons compte du fait que, même si elle nous échappe en grande partie, il est vraisemblable qu'il y a une histoire, et qu'elle est sans doute une clef pour comprendre certaines tensions de l'histoire de l'interprétation.

B. Qui sont les « ethnè » ?

L'interprétation parénétique et universaliste a tendance à y voir toutes les nations, tous les peuples de la terre, tous les hommes sans distinction. Le Jugement eschatologique ne sera-t-il pas le jugement de tous les hommes et de chacun ? C'est bien ce que semble indiquer le passage, déjà relevé, du collectif « toutes les nations » à l'individuel « les uns des autres » à l'intérieur du verset 32. Depuis longtemps cette position ne fait plus l'unanimité. Elle est devenue aujourd'hui franchement problématique au nom d'arguments qu'il convient d'évaluer.

L'argument contraire peut se résumer de la manière suivante : Matthieu n'utilise jamais en ce sens l'expression *« panta ta ethnè »* ni même le mot *ethnos,* fidèle en cela à la tradition linguistique du domaine biblique en général [7]. Vérifions ces arguments.

Matthieu utilise huit fois *ethnos* au pluriel. La plupart de ces emplois sont clairs : ils désignent les peuples païens envisagés comme un tout, soit en les distinguant des juifs (4, 15 ; 10, 5.18 ; 20, 19), soit d'une manière générale (6, 32 ; 20, 25) plus difficile à préciser, ce qui n'est pas étonnant étant donné la polysémie du mot. La connotation politique de nation organisée n'est pas tout à fait absente (4, 15 ; 20, 25). La citation d'Is 42, 1-4 en 12, 18-21 comporte deux occurrences supplémentaires, selon un texte quelque peu différent de celui de la Septante. Tant le texte hébreu que la Septante entendent le mot d'une manière très universaliste, puisque le jugement annoncé est mis en relation avec l'œuvre du Créateur (Is 42, 5) ; la traduction de la Septante de *ethnè* rend *goîm* en 42, 1d et « les îles » en 42, 4c [8].

Les observations des critiques de l'interprétation classique de Mt 25, 31-46 ne sont donc pas sans fondement : *ethnos* désigne habituellement des païens, c'est-à-dire des non-juifs non chrétiens, car rien n'indique qu'ils aient entendu ou accueilli l'Évangile.

Au verset 32, l'expression *« panta ta ethnè »* doit être considérée comme telle. Matthieu l'emploie quatre fois (24, 9.14 ; 25, 32 ; 28, 19) toujours dans un contexte eschatologique : elle désigne, dans la période des événements de la fin de l'histoire, le champ de la mission, y compris en 24, 9 où la persécution est présentée dans une dimension missionnaire. *« Panta ta ethnè »*

---

7. Voir en particulier J. WINANDY, « La Scène du Jugement dernier », *Sc. Eccl.,* XVIII, 1966, p. 178 : « ce qu'il importe pour l'instant de noter, c'est que le terme de “ nations ”, *ethnè,* ne saurait désigner que les peuples étrangers à Israël, les *goyim,* les gentils ou païens. Employé au pluriel, comme il l'est ici, le mot n'a jamais d'autre sens, pas plus dans la Septante que dans le Nouveau Testament. Voir *Theologisches Wörterbuch zum Neuen Testament,* art. “ *Ethnos* ”, t. II, p. 362-370 ».

8. Dans la citation Matthieu modifie la phrase qui précède en hébreu comme en grec : il remplace *« thè epi tès gès »* par *« ekballè eis nikos »,* ce qui modifie dans un sens messianique la pointe de la citation, en appuyant moins sur l'universalisme que sur la souveraineté absolue du Jugement.

désigne donc l'ensemble des peuples non chrétiens, sans introduire de distinction entre juifs et païens, ce qui permet donc de les inclure dans cet ensemble qui semble moins différencié que ce qu'indique le seul *« ta ethnè »*. Seul 25, 32 ferait-il exception ? au nom de quoi ?

Par rapport aux différentes occurrences de *« panta ta ethnè »,* on peut faire trois rapprochements synoptiques :

— 24, 14 est très proche de Mc 13, 10 : les deux versions affirment la nécessité d'une mission auprès de « toutes les nations » qui est clairement synonyme de *oikoumenè*, que l'on peut comprendre soit au sens de monde habité, soit d'humanité. Les persécutions et les procès seront des occasions de porter témoignage face aux païens ;

— En 24, 9 Matthieu a complété le *« hypo pantôn »* de Mc 13, 13 par *« hypo pantôn tôn ethnôn »,* dans un contexte de persécution ;

— En 21, 13 Matthieu supprime la mention qu'il trouve en Mc 11, 17 qui cite Is 56, 7 selon la Septante : « Ma maison sera appelée maison de prière pour toutes les nations. » Dans ce passage la nature proprement universaliste de la formule ne peut guère se discuter. Pour Marc elle rappelle que l'universalisme du Dieu de Jésus a des racines dans la tradition vétérotestamentaire ; pour Matthieu, au contraire, l'économie du Temple ne concerne qu'Israël, et c'est l'Église qui a la charge de l'annonce de l'Évangile à toutes les nations. Ce que Matthieu a supprimé en 21, 13, il l'a gardé en 24, 14 où le contexte missionnaire était conforme à sa conception [9].

On peut conclure de cela dans les deux sens : soit on ne retient que la suppression en Mt 21, 13 pour renforcer l'hypothèse restrictive ; soit on souligne que Matthieu connaissait une autre signification de l'expression dans la tradition marcienne, qu'elle ne le satisfaisait pas en 21, 13, mais qu'il pouvait l'utiliser ailleurs sans que cela soit pour lui une innovation invraisemblable.

9. Luc emploie deux fois *« panta ta ethnè »* dans des versets qui lui sont propres : en 21, 24 il annonce la dispersion dans toutes les nations des habitants de Jérusalem qui auront survécu à sa destruction par les « nations ». *« Panta ta ethnè »* désignent ici les païens en général. En 24, 47, le Ressuscité annonce la rémission des péchés « à toutes les nations à commencer par Jérusalem. Vous en êtes les témoins » : ici, sans équivoque, il s'agit de l'humanité tout entière rachetée par le Christ, selon une géographie symétriquement inversée par rapport à celle donnée en Ac 1, 8 : « vous serez alors mes témoins à Jérusalem, dans toute la Judée et la Samarie, et jusqu'aux extrémités de la terre. »

Une des conclusions qui est avancée à partir de la comparaison avec les trois autres emplois matthéens serait que *« panta ta ethnè »* désigne ici des non-chrétiens (le débat est ouvert sur la présence des juifs), qui sont le champ de la mission universelle que le Christ matthéen confie à son Église, mission qui ne saurait aller sans opposition.

Une étude précise de l'emploi de *« ta ethnè »* dans la Septante montrerait sans doute que la notion est moins déterminée que ne le voudraient certains : nous avons vu qu'il servait à traduire *goîm* ou « les îles » au sens de peuples lointains, et donc païens, ailleurs il traduit *'ammïm* [10].

Les trois autres emplois indiquent une relation entre les nations et l'Église ; ils concernent les événements juste avant la fin, et notre récit est dans le cadre de l'événement parousiaque du jugement à proprement parler. Mt 24, 14 indique, après l'annonce de la mission à toutes les nations : « et alors viendra la fin. » N'est-ce pas un indice que, la fin étant accomplie et la Parousie et le Jugement venant, ce contexte absolument inédit peut justifier que *« panta ta ethnè »* ait ici un sens nouveau, et unique ?

Au total, il n'est pas possible de trancher la question de manière définitive sur une base aussi simplificatrice qu'une alternative. L'usage vétérotestamentaire de l'expression sert à distinguer les juifs des non-juifs, avec des connotations soit missionnaires, soit menaçantes de persécutions.

L'usage matthéen appelle un jugement prudent qui tienne compte de chaque contexte : passe-t-on si vite du couple juifs-non-juifs à celui de chrétiens-non chrétiens ? Or c'est ce que fait, sans plus de considérations, l'hypothèse particulariste. Le verset 32a évoque un thème eschatologique bien connu qui est à prendre en compte en tant que tel : le rassemblement des nations pour le Jugement. Trois remarques suffiront à le montrer :

1. La dimension judiciaire est clairement indiquée par l'adverbe *emprosthen,* dont on a déjà dit la valeur technique. Le verbe *sunachthèsontai* est un passif sans complément d'agent

10. Voir L. Cope : *« Though the evidence thus tends to support the narrower Jewish meaning of the term, it is also true that in the LXX* ethnè *is used to translate* ammim *where that term clearly includes Israel [...] Thus we gain little help for understanding the term from linguistic considerations »,* Mt 25, 31-46, « The Sheep and the Boats reinterpreted », *Novum Testamentum,* XI/1-2, 1969, p. 37.

(Dieu ou les anges, peu importe au fond), habituel dans les scènes eschatologiques de jugement, dès l'Ancien Testament [11] ;

2. Que le Jugement eschatologique chez Matthieu soit universel, nul ne le conteste : « personne n'y échappe : ni les juifs auxquels Jean-Baptiste s'adressait (Mt 3, 1-12), ni les chrétiens qui se réclament de leur Seigneur (7, 21 s.), ou qui ont déjà été appelés à participer à la noce (22, 11-14). Les païens y comparaîtront également (11, 21 s. ; 12, 41 s.) [12]. »

Dans l'explication allégorique de la parabole du bon grain et de l'ivraie, Jésus indique d'une part que « le champ est le monde » et d'autre part que « la moisson est une fin du monde » (13, 38-39) : le champ de la mission et celui du Jugement eschatologique ont la même dimension universelle. Cela ne veut pas dire que Matthieu présente une vision unique et harmonisée du scénario du Jugement. Au contraire, et en cela il est fidèle à la manière de faire des apocalypticiens, « [who] offer [...] rather multiple images [13] ;

3. Dans l'Ancien Testament ce thème est bien connu, et il est à la base des développements qu'on trouve dans l'apocalyptique. En Is 66, 18b et en Jl 4, 2, « rassembler toutes les nations » a une claire portée universaliste dans la manifestation de la gloire de Dieu ou dans le jugement des nations qui rendront compte de leur attitude vis-à-vis d'Israël. Comme dans l'apocalyptique, ce jugement des nations les oppose au peuple élu, et les juifs du Ier siècle discutaient du sort eschatologique qui leur serait réservé. Mais ils étaient sûrs qu'elles n'y échapperaient pas.

En conclusion, la cohérence et l'aspect brillant des démonstrations des tenants d'une interprétation renouvelée dans un sens restrictif ne peuvent laisser indifférent ; le poids des différents arguments doit être réévalué en fonction d'un contexte méthodologique en certains points discutables. Une des grandes

11. En 24, 31, ce sont les anges qui rassembleront *(episunaxousin)* les seuls élus après la manifestation universelle du signe du Fils de l'homme. *Episunapsô* est employé aussi dans le *logion* sur Jérusalem (23, 37 et parallèle Lc 13, 34) et apporte une autre nuance : il s'agit plus du rassemblement d'un groupe turbulent ou d'une foule indisciplinée (voir Mc 1, 35 ; Lc 12, 1 ; 17, 37) que d'une convocation de type judiciaire toujours quelque peu solennelle. La pointe de ces deux versets n'est pas la même et, ici, 24, 31 ne peut être pris comme référence pour 25, 32a.

12. J.-C. INGELAERE, « La " Parabole " du Jugement dernier », *Revue d'histoire et de philosophie religieuses,* 50, 1970, p. 34. L'ensemble du travail de D. Marguerat le démontre suffisamment.

13. J. R. DONAHUE, « The " Parable " of the Sheep and the Goats : a Challenge to Christian Ethics », *Theological Studies,* 47, 1986, p. 11.

faiblesses de l'hypothèse est qu'elle donne lieu à une grande variété de propositions de solutions qu'il faut rappeler en quelques mots.

Les diverses hypothèses proposées.

L'imagination a été largement sollicitée. Nous en résumons les axes principaux, alors même que ces hypothèses dépendent pour une part des choix faits sur d'autres points, en particulier sur l'identification des *elachistoi*, et que bien des nuances sont avancées par chaque auteur.

1. Une première solution a été rarement proposée, qui consiste à privilégier la connotation politique de nation : ce seront toutes les nations de la terre, en tant que nation, qui seront jugées sur leur pratique de la charité. Il est clair que cette interprétation [14] suppose une lecture très singulière du passage du collectif au pluriel et du neutre au masculin au verset 32 ;

2. L'hypothèse la plus fréquemment avancée est que toutes les nations désignent les gentils, les païens, et cela selon une perspective plus ou moins clairement missionnaire [15].

Les uns insistent sur l'opposition entre les deux groupes (nations vs disciples [16]) et les épreuves des prédicateurs, les autres gardent une perspective universaliste dans la mesure où on considère que la Parousie n'interviendra que lorsque la mission universelle sera achevée. Aussi l'opposition entre chrétiens et païens sera-t-elle périmée… puisque tous auront été évangélisés (voir 24, 14) en accomplissement de l'envoi en mission [17] (28, 19). Certains auteurs y incluent explicitement les juifs [18] ;

3. Une dernière série d'hypothèses soutient qu'il ne peut s'agir que de chrétiens puisque le discours s'adresse aux disciples et selon une perspective cohérente avec certaines préoccupations de Matthieu. On viserait alors soit l'attitude générale des chrétiens entre eux (Cerfaux), soit l'attitude des responsables chrétiens vis-à-vis des petits dans la communauté chrétienne (Maddox), soit l'attitude des disciples vis-à-vis de leurs ministres (Michaels, Minéar…).

---

14. Voir T. F. Glasson, A. Maillot…

15. A. W. Argyle, A. Duprez, J. Radermakers, G. E. Ladd, G. Theissen, M.-A. Chevalier…

16. J. Rennes, L. Cope, J. M. Court, J. R. Donahue, M. D. Goulder, D. R. A. Hare et D. J. Harrington, J.-C. Ingelaere, S. Légasse, J. Winandy, J. Manek…

17. V. P. Furnish (cité par G. E. Ladd, p. 195).

18. Voir L. Cope, J. Manek…

Pour autant on ne voit pas au nom de quoi il faudrait se limiter à ne les concevoir qu'en fonction de la mission future. N'est-ce pas introduire dans le récit une dimension qu'il n'a pas de lui-même [19] ?

Une telle conclusion n'est possible qu'au nom de principes méthodologiques et de présupposés à expliciter. Il est prudent de s'en tenir à un bilan plus mesuré que celui que croient pouvoir retenir les tenants d'une hypothèse restrictive. La polysémie de *ethnos* est importante ; il n'est pas toujours possible d'en préciser exactement toutes les nuances, surtout quand l'auteur n'a pas cherché à fournir d'indications pour cela. Or il semble bien que cela soit le cas dans notre récit : ne cherche-t-on pas à lui faire dire coûte que coûte des choses qui correspondent plus à nos centres d'intérêt qu'à ceux de l'auteur [20] ?

C. Les frères du Fils de l'homme.

L'interprétation la plus habituelle des versets 40 et 45 voit dans « ces plus petits mes frères » les hommes et les femmes victimes des situations de détresse dont six aspects élémentaires sont donnés par les antithèses. Le récit est ainsi perçu comme une mise en application concrète des aspects les plus radicaux de l'évangile matthéen, tant dans le Sermon sur la Montagne que dans le commentaire du Décalogue (22, 36-40). Le commandement d'amour est au-delà de toutes les frontières, et il sera le fondement du Jugement eschatologique.

La contestation s'organise autour des trois éléments de l'expression du verset 40 : *« eni toutôn tôn adelfôn mou tôn elachistoi »,* « à l'un, de mes frères, de ces plus petits », selon un même principe méthodologique qui analyse chaque mot en fonction des autres emplois de Matthieu, et ailleurs.

« Eni toutôn » : il est compris en un sens faible, comme un démonstratif de portée assez vague dans l'interprétation classique et plusieurs auteurs supposent qu'une expression sémitique se trouve derrière cette tournure [21].

19. D. Marguerat parle à ce propos de « corps étranger », dont l'origine dans la tradition exégétique récente semble bien remonter à l'étude de J. R. Michaels, qu'il n'y a pas lieu de suivre en tous points comme nous le verrons. Voir D. MARGUERAT, p. 504 n. 62.

20. Voir J. ZUMSTEIN, *La Condition du croyant dans l'évangile selon Matthieu,* Fribourg-Göttingen, coll. « Orbis biblicus et orientalis », 1977, p. 339.

21. Voir JÉRÉMIAS, *Les Paraboles de Jésus,* Mappus, Le Puy, 1962, p. 207 (en allemand voir L. COPE, p. 39).

Cet aspect est contesté de plusieurs points de vue qui tendent à la conclusion qu'il faut lui donner une valeur numérique forte : le Roi désigne par là un groupe de personnes bien distinct dans la mise en scène du Jugement ; « désigne », les montre du doigt. Cela présuppose en fait qu'il faut isoler des groupes protagonistes, et le seul indice textuel de cette constitution de groupes se trouve dans ce sens fort de *« eni toutôn »*. Ils s'opposent aux *ethnè,* et sont les victimes auxquelles le Juge rend justice... Un véritable scénario, selon nos conceptions modernes [22]...

Elachistoi : ce superlatif ne se retrouve que deux autres fois, en Mt 2, 6 et 5, 19. Il ne qualifie pas alors des personnes en tant que telles, mais le clan de Bethléem, par rapport aux autres clans d'Israël et certains commandements de la Torah. La comparaison n'est donc guère possible avec Mt 25, 40.45. En revanche 5, 19 est construit de la même manière. La formule permet de marquer une certaine insistance sur ce qu'elle désigne : elle n'isole pas les plus petits commandements des autres, puisque le *logion* appelle à les mettre en pratique au même titre que ceux que l'on considère comme plus grands !

On retrouve cette construction au verset 10, 42 à propos de certains parmi les disciples, mais le superlatif a disparu. Or ici il s'agit bien de poser une distinction [23], comme en 18, 6.10.14.

Il convient donc de préciser qui sont ces petits dans l'évangile de Matthieu. Les péricopes concernées sont Mt 10, 40-41 et 18, 5-10. L'ensemble des études convergent vers la conclusion qu'il s'agit toujours des disciples de Jésus, et plus particulièrement ceux qui présentent une certaine vulnérabilité dans leur foi ; jamais, semble-t-il, des disciples pauvres ou dans une quelconque détresse humaine [24].

Les mêmes résultats sont obtenus au sujet de « mes frères » dit par Jésus en Matthieu. Il s'agit des disciples, en un sens fort : ceux qui font la volonté du Père (12, 50 ; voir 7, 21). Une difficulté grammaticale surgit ici : quelle est la nature de ce génitif ? l'interprétation classique y voit une simple apposition ;

22. L. COPE, p. 37 ; J. LAMBRECHT, « The Parousia Discourse, Composition and Context in Mt 24-25 », dans : M. Didier (éd.), *L'Évangile selon Matthieu,* Gembloux, Duculot, 1972, p. 397 ; S. LÉGASSE ; J. WINANDY, p. 119 ; ...

23. Les trois emplois lucaniens d'*elachistos* ne visent que des choses « en général », sans que l'on puisse en tirer de conclusions particulières.

24. Voir J.-C. INGELAERE, S. LÉGASSE, J. WINANDY...

la critique en fait un élément déterminant pour renforcer la notation particulariste de la formule [25]...

Diverses hypothèses sont proposées qui ne s'accordent que sur le fait de récuser que l'expression « mes frères » puisse avoir une portée universelle.

Les diverses hypothèses critiques.

Quatre courants principaux peuvent être dégagés [26] :

D'abord l'expression « à l'un, de mes frères, de ces plus petits » désigne les disciples de Jésus en général. Ils sont opposés globalement aux nations selon une perspective plus ou moins missionnaire [27].

Un deuxième courant y voit de manière particulière les pauvres de la communauté, présentés, à cause de leur vulnérabilité (Lambrecht), à la sollicitude soit de ceux qui sont plus riches qu'eux dans la communauté (Cerfaux), soit des responsables communautaires (Maddox, Minéar).

Un troisième groupe de commentateurs s'est rallié aux analyses reprises par Michaels, selon lesquelles les détresses décrites en Mt 25, 35-45 concernent au premier chef les épreuves rencontrées par les prédicateurs itinérants. Étant donné le contexte missionnaire, on est tenté de faire reposer le Jugement eschatologique des nations sur l'hospitalité qu'elles leur auront accordée [28].

Enfin une dernière hypothèse insiste sur la pauvreté ou la fragilité des communautés chrétiennes face aux nations, et prend une coloration qui court le risque du sectarisme, même si l'on s'en défend [29].

D. La liste des œuvres de miséricorde.

La nature du débat est ici différente. Il ne s'agit plus à proprement parler d'identifier les personnes désignées par un voca-

---

25. J. JÉRÉMIAS, *Les Paraboles de Jésus,* coll. « Le livre de vie », 85-86, 1968, p. 280.

26. Sans compter les interprétations relevées par G. E. LADD (p. 195-197) parmi les commentateurs « évangélistes » qui voient dans les « petits frères » les juifs convertis lors de la grande tribulation. Cette position suppose beaucoup de présupposés étrangers au Nouveau Testament.

27. A. W. ARGYLE, R. E. BROWN, M. D. GOULDER, A. LOISY, J. RENNES...

28. J. R. MICHAELS, L. COPE, J. M. COURT, A. DUPREZ, G. E. LADD, J. LAMBRECHT, S. LÉGASSE, J. MANEK, R. C. OUDERSLUYS, J. RADERMAKERS, G. THEISSEN...

29. M.-A. CHEVALIER, J.-C. INGELAERE...

bulaire trop indéterminé. Les six gestes qui consistent à donner à manger ou à boire, à vêtir ou à loger l'étranger, à visiter le malade ou le prisonnier servent à décrire les tribulations des petits frères, et peuvent aider à préciser qui ils sont. Mais l'attention des commentateurs est surtout retenue par la recherche d'une éventuelle source, c'est-à-dire par l'originalité de cette liste en tant que liste puisque chacun des gestes est plus ou moins souvent cité dans le corpus biblique, seul ou associé à l'un ou à l'autre. Le regroupement des six est unique. Or il a une consistance très forte en Mt 25, 31-46 puisqu'il y est répété quatre fois.

Si certains pensent pouvoir reconstituer une éventuelle source [30], tous sont d'accord pour reconnaître que nous sommes en présence d'un morceau unique dans sa composition actuelle. Nous faisons seulement écho à l'hypothèse de J. Ramsey Michaels [31] qui opère un rapprochement entre les six œuvres de Mt 25, 31-46 et les épreuves de Paul en 1 Co 4, 11 et 2 Co 11, 23-29 : le vocabulaire est assez largement commun et on retrouve cinq situations de détresse (faim, soif, dénuement, maladie et prison). Ce n'est pas un parallèle strict, mais, dans une énumération beaucoup plus large, Paul reprend la plupart des indications de Matthieu. De même en 1 Co 4, 11 : « À cette heure encore, nous avons faim, nous avons soif, nous sommes nus, maltraités, vagabonds. »

Le lien théologique entre ces textes se trouve en Mt 10, 42 où l'offrande d'un verre d'eau fraîche à un disciple est accueillie par Jésus comme faite à lui-même. On se retrouve donc ici dans le contexte de l'interprétation la plus restrictive de notre récit, celle qui y voit le jugement des païens en fonction de leur accueil des missionnaires chrétiens. Quelles que soient les diverses variantes, cette interprétation des œuvres tend à privilégier les destinataires dans leur qualité de missionnaires chrétiens et ne s'arrête guère aux situations de détresse elles-mêmes ; d'ailleurs Matthieu en évoque un plus petit nombre que Paul, mais ce ne serait pas important car *« the reason of*

30. Voir la tentative de C. F. BURNEY, « St Matthew 25, 31-46 as an Hebrew Poem », *Journal of Theological Studies,* 1913, p. 414-424.

31. J. Ramsey MICHAELS, « Apostolic Hardships and Righteous Gentiles, A Study of Mt 25, 31-46 », *Journal of Biblical Litterature,* 84, 1965, p. 27-37. Il est suivi par un certain nombre de ceux qui interprètent Mt 25, 31-46 de façon restrictive : G. HAÜFE, L. COPE, J.-C. INGELAERE, R. J. MADDOX, R. C. OUDERSLUYS...

their absence in Matt. 25 can only be conjectured[32] ». Mise en perspective avec l'ensemble de la tradition biblique ou des documents du Proche-Orient ancien, cette interprétation aboutit donc à un point de vue très réducteur.

Article 3
LES PRÉSUPPOSÉS DU DÉBAT EXÉGÉTIQUE

L'étude de ce dossier peut sembler conduire à une impasse : chacun avance des arguments qui mettent à mal ceux des autres sans qu'un point de vue s'impose. Que tant de travail ne produise pas de meilleurs résultats incite à interroger les principes méthodologiques mis en œuvre et les présupposés théologiques qui guident les auteurs.

A. D'un point de vue méthodologique.

L'absence de parallèle synoptique a déterminé la méthodologie des auteurs. Elle se caractérise par l'évaluation de l'intégration littéraire du vocabulaire dans l'ensemble d'un évangile et par la détermination de sources éventuelles. Ces procédures méritent d'être analysées pour elles-mêmes afin de préciser à la fois leur intérêt, leurs présupposés et donc leurs limites.

Un premier type d'investigation consiste en une série de calculs statistiques sur le vocabulaire employé : dans quelle mesure est-il ou non fréquent dans l'ensemble de cet évangile ? dans les autres ? se trouve-t-il plutôt dans des passages propres ou communs ?... après quoi on se sent autorisé à conclure au sujet de l'origine ou de la signification d'une expression, d'une phrase ou d'une péricope.

S'il est indéniable que ces règles ont une rigueur certaine, il est aussi clair qu'on ne doit jamais perdre de vue la fragilité intrinsèque de l'argumentation. D'autant plus qu'une approche trop systématique peut difficilement intégrer cette dimension essentielle à la production littéraire qu'est la liberté créatrice. Toute l'exégèse biblique montre comment les différents auteurs ont agi avec le langage religieux qu'ils recevaient de la tradition. L'étude précise du vocabulaire biblique n'est donc pas dévaluée par une telle prudence, mais il ne faut pas se laisser

32. J. R. MICHAELS, p. 33.

abuser sur sa fonction, sa signification et les possibilités qu'elle ouvre. L'objectivité apparente de la comptabilisation arithmétique ne saurait protéger de toutes les manipulations d'utilisation. Elle doit nécessairement être située dans un contexte plus large par lequel pourra être menée une approche plus globalement sémantique et théologique.

Dès ce premier point apparaît donc comme déterminante la préoccupation de retrouver les étapes de la rédaction d'un texte comme principe majeur de son interprétation. L'absence de parallèle ou même de texte quelque peu proche rend la tâche très délicate. Les indications sont essentiellement de deux natures : d'une part, le repérage du vocabulaire, d'autre part, les aspérités du récit lui-même. La fragilité des arguments disponibles explique sans peine que l'on aboutisse à des reconstitutions historiques très différentes qui vont de l'attribution de l'ensemble du récit à Jésus lui-même à une composition originale du dernier rédacteur matthéen. Autant dire que toutes les positions ont trouvé à se justifier, surtout qu'elles supposent d'autant plus une prise de position sur l'ensemble de la rédaction de Matthieu.

En second lieu, même si elle se révélait possible, cette reconstitution pourrait engendrer de graves illusions : celle de croire, en particulier, que la clef de l'interprétation d'un récit se trouve dans son processus d'élaboration. La mise en évidence de sources combinées « explique » certaines « difficultés » du texte, mais il ne faut pas oublier que c'est cette explication qui était recherchée et qu'en conséquence la force du désir peut compenser la faiblesse de certains arguments. Pour Mt 25, 31-46, les conclusions de la plupart des auteurs enregistrent les « difficultés », pressentent une histoire, mais renoncent à la restituer. Néanmoins, on ne peut que constater les conséquences sur le travail de lecture : on ne cesse pas de le fractionner. Toutes ces investigations aboutissent à ce qu'on perde de vue le texte comme unité signifiante dans un ensemble littéraire plus vaste. Autrement dit, on court le risque de privilégier l'avant-texte ou les éléments du texte au texte lui-même comme récit structuré. Or, même si elles la rendent possible ou plus facile, aucune de ces analyses ne peut se substituer à la lecture du récit comme tel.

En conséquence la base sur laquelle nous développerons notre réflexion théologique et éthique sera la lecture du récit dans sa structure que nous situerons dans l'ensemble de l'évangile de Matthieu.

Ce bilan des études exégétiques confirme les conclusions du chapitre précédent : la base de l'interprétation repose sur l'identification des personnages mis en scène, soit que l'on tienne le reste pour acquis, soit que l'on considère cet aspect comme celui dont tout le reste dépendrait.

L'accord est vite acquis sur le fait de savoir si le Fils de l'homme, le berger, le Roi et le Seigneur sont une même personne et s'il s'agit du Christ Jésus. Peut-être trop vite, car l'attribution au Fils de l'homme de prérogatives aussi clairement divines et l'identification du Fils de l'homme avec Jésus de Nazareth ne vont pas de soi dans le contexte juif du Ier siècle... quant au rapport entre le Roi et ses frères, il est toujours aussi problématique. Plus que vraiment analysé théologiquement, il est affirmé en termes d'identification.

La détermination des groupes humains est plus discutée. Elle semble être devenue pour beaucoup le point névralgique de l'interprétation, en particulier celle des petites frères. Étant donné l'ampleur prise par cet aspect, il faut s'interroger sur ce qu'il signifie.

Certains auteurs, à la suite de Robinson, interprètent l'ensemble du récit comme une allégorisation de la parabole initiale du berger séparant son troupeau avant la nuit. L'interprétation allégorique ne ferait donc que poursuivre le mouvement amorcé dans l'histoire de la rédaction. D'autres, qui ne suivent pas une telle hypothèse, ne la mettent-ils pas de fait en pratique ? En effet il nous semble qu'axer toute l'interprétation sur la détermination des nations et des petits frères n'est pas autre chose que procéder à une allégorisation du récit ; c'est-à-dire, selon l'étymologie du mot allégorie, à déployer sur un récit donné une autre signification, en réorganisant les données par des processus qui lui sont étrangers : concrètement, le récit laisse indéterminée l'identité des hommes ; la déterminer, c'est ajouter quelque chose au récit. S'en tenir à ce seul aspect, c'est en négliger l'essentiel.

Ces trois séries de remarques ont montré sur quoi reposent les incertitudes des hypothèses : d'une part, les principes méthodologiques ont une fragilité propre ; d'autre part, ils reposent sur des présupposés qui se laissent analyser : ils sont une étape de l'histoire de l'interprétation de la Bible. Ils ne se dégagent pas de certains *a priori* et participent d'un contexte culturel et théologique d'où ils reçoivent, pour une part, leurs questions.

B. D'un point de vue théologique.

Trois présupposés peuvent être dégagés à partir de l'histoire de l'interprétation en général et du débat exégétique.

Le premier est déjà exprimé par les Pères de l'Église, sous la forme d'une admiration de la miséricorde divine qui ne doit pas induire en erreur : les aumônes constituent un critère de jugement surprenant de modestie. En conséquence, on les replace dans un système éthique plus vaste, où elles perdent la vivacité du trait qui caractérise le récit de Matthieu.

Même s'ils semblent renverser les centres d'intérêt, les commentaires contemporains poursuivent un traitement de même nature : finalement la liste des œuvres de miséricorde n'est pas abordée pour elle-même mais comme le signe d'autre chose, fût-ce le principe évangélique majeur du double commandement d'aimer.

Le deuxième présupposé est proprement confessionnel : l'interprétation universaliste de ce récit semble contredire le principe fondamental du protestantisme : le salut par la foi seule. Comme finissent par le dire certains auteurs protestants, il n'est pas possible que Matthieu contredise Paul à ce point, quels que soient leurs accents particuliers. Le récit du Jugement eschatologique est à la fois trop solennel, et donne lieu à des commentaires apparemment si évidents dans le sens d'un éventuel salut par les œuvres, qu'il est indispensable de trouver une parade. Celle-ci se couvre des vertus de l'objectivité scientifique (à condition de ne pas y regarder de trop près) et de la tradition patristique, ce qui est d'autant plus facile que l'on ne cite que les auteurs qui vont dans le bon sens !

Un autre présupposé se trouve lié à la préoccupation contemporaine au sujet du salut des non-croyants. Apparemment l'interprétation universaliste permet de répondre à une question étrangère, en l'état, aux premiers chrétiens. Si « toutes les nations » sont rassemblées et que le critère concret du Jugement eschatologique semble ne pas prendre en compte la dimension de foi, alors ce récit peut contribuer à une annonce libérale, sinon libératrice, de l'Évangile. La théologie de Karl Rahner et sa vulgarisation en sont un bon exemple.

Les principes méthodologiques de l'exégèse contemporaine viennent donc renforcer, avec leur technicité, les présupposés de lecture qui précédaient largement leur apparition. Il n'y a pas à s'en étonner. Le type d'exigences culturelles et théologiques, dont témoigne l'usage de l'exégèse historico-critique, n'a pas rompu brutalement avec tous les modes de pensée antérieurs. Le questionnement n'est pas totalement renouvelé par le changement de méthode, et, dans le cas particulier de Mt 25, 31-46, on retrouve, sous des formes plus ou moins neuves, la même tendance à la disjonction entre eschatologie et éthique.

Les deux premiers présupposés ont tendance à survaloriser le Jugement eschatologique au détriment des œuvres de miséricorde, puisqu'elles ne peuvent, en tout état de cause, être suffisantes soit par rapport à la foi, soit par rapport à l'ensemble d'un système éthique. Il y a eu beaucoup de manières de les marginaliser, et l'hypothèse particularisante et paraclétique apparaît provisoirement comme le dernier avatar du phénomène : le texte ne vise pas à exalter leur pratique, mais à soutenir les victimes chrétiennes qui sont, à travers elles, reconnues comme frères du Christ, donc sauvées.

Le troisième présupposé joue en sens inverse. Le cadre théologique perd de son importance ; il est la toile de fond estompée d'une question très actuelle concernant les relations présentes entre chrétiens et non-chrétiens dans un contexte de société sécularisée et de crise d'identité des Églises. L'engagement commun est le lieu de la fraternisation dans le service d'autrui. L'effacement de tout critère croyant dans un tableau universel permet un ferme plaidoyer pour une orthopraxie que chacun justifiera ensuite à sa manière. Mais l'essentiel serait désormais ailleurs.

Forcer ainsi le trait apparaîtra injuste à certains, en particulier on récusera que l'hypothèse universaliste n'ait aucune perspective eschatologique. C'est pourquoi nous avons dit qu'il s'agissait d'un effacement relatif et d'insistances plus ou moins marquées. Ce sont ces lignes de force qu'il convient de retenir ici, car à travers elles on perçoit au mieux la tendance à la disjonction entre les éléments du récit et, même si les deux sont quelque peu présents, ils ne sont pas vraiment analysés l'un par rapport à l'autre dans le cadre de la dynamique narrative de Mt 25, 31-46. C'est à instaurer cela que nous nous attachons maintenant.

CHAPITRE III

MATTHIEU 25, 31-46 DANS LE RÉCIT MATTHÉEN

Après avoir précisé les premiers enjeux des débats que suscite l'interprétation de Mt 25, 31-46 au sujet des méthodologies en cause, on doit maintenant s'attacher à en reprendre les principaux éléments contextuels. Ainsi sera respecté un des traits constitutifs de notre récit, à savoir qu'il s'agit d'un fragment d'un texte plus vaste.

Un fragment entretient avec son contexte deux sortes de rapports : le premier doit situer ce fragment dans l'ensemble des processus narratifs, car il s'agit d'abord d'une étape dans un développement organisé (chapitre III) ; le second le mettra en relation avec les autres fragments de l'évangile de Matthieu qui traitent des mêmes questions (chapitre IV).

Article 1
APERÇUS D'ENSEMBLE

Il n'est pas possible ici de traiter systématiquement et en détail de l'organisation de l'évangile de Matthieu. Il nous faut donc privilégier une approche grâce à laquelle la place particulière de Mt 25, 31-46 pourra être saisie dans l'économie d'ensemble.

Nous venons de voir qu'un des enjeux des débats herméneutiques était de déterminer qui sont « toutes les nations » rassemblées devant le Fils de l'homme : incluent-elles les chrétiens ? incluent-elles les juifs ? Or un des paradoxes majeurs de cet évangile est d'être celui qui est le plus attentif à expliciter comment Jésus de Nazareth accomplit les Écritures juives alors même que les polémiques ne cessent de s'intensifier jusqu'au drame final. À l'opposition des responsables juifs correspond la vigueur des paroles de Jésus qui annonce la fin de l'élection d'Israël et la prédication de l'Évangile à « toutes les nations » (Mt 28, 19).

En conséquence, c'est en fonction de cet élément de l'intrigue du récit que nous situons notre fragment dans son contexte narratif.

1. Repérages généraux.

Une première lecture de l'ensemble de l'évangile met en évidence trois grands ensembles assez clairement déterminés : un prologue dans lequel sont rapportées l'origine et l'enfance de Jésus (1-2), un long exposé des faits et des dits de Jésus durant ce qu'on appelle son ministère (3-25), puis le récit de sa condamnation, de sa mort et de sa résurrection (26-28).

De ce point de vue, le récit du Jugement eschatologique constitue le terme de la section concernant le ministère de Jésus. Tout ce qu'il a enseigné, tout ce qu'il a fait, tout ce qu'il a suscité va se nouer et se dénouer désormais dans un événement unique qui le concerne personnellement. Ce qu'il a dit aux autres et ce qu'il a fait pour les autres, pour le corps des autres, il va l'assumer désormais dans l'épreuve de la souffrance de son propre corps, du rejet, de la mort et de cet accomplissement inouï que constitue sa résurrection.

Autrement dit, notre récit est le dernier dans lequel Jésus parle de ce qu'il en est du corps des autres avant qu'un autre récit dit par d'autres ne dise ce qu'il en fut de sa propre expérience corporelle.

Cet achèvement des enseignements concerne la fin de l'histoire sans constituer lui-même le terme du temps. En conséquence, entre ce qu'il annonce et ce qui se réalisera, s'ouvre un temps nouveau que sa mort et sa résurrection qualifient de manière déterminante celui de la foi, de la fidélité et de la vigilance.

Le récit du Jugement eschatologique n'est donc pas seulement celui d'une scène exceptionnelle décrite de manière particulièrement solennelle. Il est placé dans l'évangile de Matthieu comme une borne, il indique une scansion de la narration, ce qui suppose qu'on lui accorde une attention toute particulière déjà de ce seul point de vue.

Qu'il soit placé au terme de la section « Ministère » appelle donc qu'on s'arrête davantage à l'organisation de cette section. Ici commencent de nouvelles difficultés, qui dépassent le cadre de ce travail. En effet, il faudrait démontrer que ce qui apparaît en première lecture est suffisant. Or cela est l'objet de beaucoup de controverses littéraires, lesquelles sont redoublées par les hypothèses historiques et sociologiques concernant la rédaction de cet évangile.

Un des traits caractéristiques de Matthieu consiste dans les regroupements qu'il a faits tout en gardant bien des éléments de la charpente originelle de Marc. On en vient donc à mettre en évidence l'alternance de cinq ensembles d'enseignements (5, 1—7, 27 ; 10, 1-42 ; 13, 1-52 ; 18, 1-35 24, 1—25, 46) et de sections où dominent les récits. Les *incipit* de ces enseignements permettent de parler de « discours », mais on relève facilement qu'il y a d'autres enseignements regroupés ailleurs ou parsemés entre les divers récits…

Il n'est pas utile de s'arrêter plus longuement sur cette question, car, de fait, ces regroupements existent, quelle que soit la fonction structurante qu'on leur reconnaisse. Leur importance tient pour une part au travail rédactionnel de Matthieu dont ils témoignent : il a redistribué ses sources il les a modifiées selon les orientations de sa théologie qui s'y découvre assez clairement, enfin il y ajoute un certain nombre de péricopes qui lui sont propres, comme notre récit.

On retiendra en particulier que Mt 25, 31-46 est la conclusion du cinquième et dernier de ces regroupements. Cela renvoie à cette autre péricope qui ouvre le premier de ces « discours » : les Béatitudes que Matthieu a, aussi, fortement remaniées. Les points de correspondance entre ces deux péricopes seront analysés plus bas, car ils constituent une base fondamentale pour l'interprétation de Mt 25, 31-46 [1].

De toutes les propositions de « plan » de l'évangile de Matthieu, il en est une que nous ne pouvons passer sous silence : c'est celle qui privilégie la prise en compte des données com-

1. Voir chapitre IV, article 2, p. 110.

munes avec Marc, en particulier à partir de Mt 14, 1. Le parallélisme entre les deux évangiles qui est très net à partir de là invite à mettre en évidence comment tout l'évangile matthéen tend à susciter un acte de foi explicite dans la reconnaissance du Fils de Dieu en Jésus de Nazareth. C'est par excellence l'expression de la foi chrétienne selon Matthieu qui la reprend chaque fois qu'il la trouve dans sa source marcienne [2] et qui l'ajoute dans la solennelle réponse de Pierre (Mt 16, 16).

L'expression ne se trouve pas en Mt 25, 31-46, scène qui ne décrit pas une confession de foi à proprement parler. Néanmoins, ce récit présente une synthèse de la christologie matthéenne en ce qu'il reprend plusieurs des autres titres essentiels dans lesquels la foi chrétienne s'est exprimée : Fils de l'homme, Pasteur, Roi, Seigneur. Davantage encore que les données du vocabulaire, c'est l'économie même du récit qui le manifeste, en ce qu'elle accorde au Fils de l'homme les prérogatives divines du Jugement eschatologique, comme nous aurons à y revenir [3].

Jésus de Nazareth est le Messie promis et attendu par le peuple juif. Et pourtant ce dernier ne l'a pas accueilli ni reconnu. L'un des axes majeurs de cet évangile est de proclamer que ce refus signifie que quelque chose s'arrête dans l'élection d'Israël… et que, désormais, « le Royaume de Dieu […] sera donné à un peuple qui en produira les fruits » (Mt 21, 43).

2. La rupture entre Jésus et les juifs : du « laos » à « panta ta ethnè » ?

Ce « passage » est cependant étonnant et dramatique, car il signifie l'échec de la prédication aux juifs dont le Jésus matthéen affirme qu'elle est l'axe prioritaire de sa mission (15, 24) et de celle qu'il confie aux Douze dans le prolongement de la sienne (10, 5-8). Échec dramatique, car c'est en lui qu'est cristallisée l'inévitable opposition suscitée par la prédication du Royaume qui conduit Jésus à la Croix ; ainsi sont accomplies mystérieusement les Écritures juives qui annoncent donc, selon Matthieu, leur propre dépassement (12, 14-21).

Cet axe narratif du premier évangile est tellement essentiel qu'il est présent dès le prologue matthéen. Déjà, le titre de Roi des juifs » révèle son ambiguïté : personne ne conteste

2. Sauf en Mc 3, 11 où il est dit que les esprits impurs se prosternaient devant lui.

3. Voir chapitre v, article 1er, p. 127.

que ce soit un titre messianique, au contraire, puisque c'est une tradition davidique qui sert à identifier le lieu de sa naissance ; cela suscite en même temps la violente réaction d'Hérode qui représente ici l'ensemble du monde politique et religieux juif (ce qui ne manque pas d'ironie de la part de Matthieu). Jalousie, fourberie, absence de scrupules et violence caractériseront la montée en puissance de l'opposition future, alors que des non-juifs (les mages) montrent le grand intérêt que suscite cet enfant, intérêt accueilli avec bienveillance par celle qui préfigure l'Église à venir, « Marie, sa mère » (2, 10). Finalement c'est aux marges de la « terre d'Israël » (2, 21) que Joseph installera sa famille.

Les premières oppositions.

La première mention des guérisons opérées par Jésus est donnée dans un « sommaire » où une tension est instaurée entre ce qui est dit des lieux et destinataires de la prédication (Galilée, « leurs synagogues ») et l'évocation de ceux qui sollicitent des guérisons (le peuple, *laos,* c'est-à-dire les juifs [4], mais aussi « toute la Syrie », d'où cette énumération contrastée : « Galilée et Décapole, Jérusalem et la Judée, et au-delà du Jourdain » (4, 25). La prédication aux juifs suscite une renommée qui dépasse largement les milieux juifs et Jésus leur fait bon accueil. En conséquence les foules auxquelles Jésus adresse le Sermon sur la Montagne (5, 1 ; 7, 28 ; 8, 1) sont assez bigarrées.

La distance entre Jésus et « leurs scribes » est donc présente dès le début du récit du ministère. Les antithèses (5, 21-48) et bien des éléments de ces trois chapitres en posent les fondements que le sommaire conclusif explicite : les « foules » accueillent d'autant plus favorablement ces enseignements qu'ils sont comparés à ceux de « leurs scribes » (7, 28-29).

La section suivante est ouverte par trois récits de guérison (8, 2-15) qui posent sous une autre forme les éléments de l'opposition en germe. Dans le premier il s'agit d'un lépreux (8, 2-4), c'est-à-dire de quelqu'un qui est strictement marginalisé par la Loi de Moïse : Jésus l'envoie se soumettre aux prescriptions de réintégration de cette même Loi. Le deuxième récit valorise solennellement la foi d'un païen (qui plus est un officier

4. *Laos* désigne toujours le peuple juif dans les quatorze emplois de ce mot par Matthieu (1, 21 ; 2, 4.6 ; 16.23 ; 13, 15 ; 15, 8 ; 21, 23 ; 26, 3.5.47 ; 1.25.64).

romain) : Jésus la compare à celle des membres d'Israël (8, 5-13). Aucun rejet ni aucune polémique n'a encore eu lieu pour expliquer cette remarque acerbe : en fait l'annonce de l'ouverture universelle du Royaume promis en Abraham ne peut aller qu'avec le rejet de ceux qui considèrent comme un droit d'être les seuls « héritiers du Royaume ». Dans le troisième récit (8, 14-15), Jésus délivre la belle-mère de Pierre de sa fièvre.

Chacune de ces guérisons réintègre dans la vie commune quelqu'un qui en était écarté pour son appartenance à une catégorie sociale que le judaïsme mettait plus ou moins à l'écart. Ainsi, dès le début, dans l'enseignement comme dans les gestes de Jésus, la perspective matthéenne assume la rupture historiquement consommée au moment de sa rédaction. Elle présente les diverses séquences en fonction de ce qu'elles révèlent de l'avenir, à savoir le destin de l'Église ballottée dans les épreuves comme le fut son Seigneur. Le récit de la tempête (8, 23-27) qui menace la barque où sont réunis les disciples avec Jésus pris dans le sommeil (de la mort) puis « réveillé » (ressuscité) peut donc être situé ici : la puissance inouïe dont le Seigneur fait montre est, pour ceux qui sauront la reconnaître, un gage dans les épreuves futures.

Les récriminations explicites ne vont pas tarder à s'exprimer. D'abord, dans le secret des cœurs, à l'occasion de la guérison d'un paralysé au cours de laquelle le pardon des péchés est jugé blasphématoire (9, 3) ; ensuite à travers des questions scandalisées par l'appel de Matthieu, le collecteur d'impôts (9, 9-13), puis au sujet du jeûne. Pour cette dernière, les pharisiens sont rejoints par les disciples de Jean-Baptiste qui n'arrivent pas à entrer dans les nouvelles perspectives du Royaume (9, 14-17 ; voir 11, 2-19).

Chacun de ces faits et gestes de Jésus vise à susciter la foi de ses interlocuteurs ; la série est donc conclue sur le constat des attitudes divergentes, lourdes des oppositions à venir : « Les foules s'émerveillèrent et dirent : “ jamais rien de tel ne s'est vu en Israël ! ” Mais les pharisiens disaient : “ c'est par le chef des démons qu'il chasse les démons ” » (9, 33b-34).

Ces oppositions n'empêcheront pas que la nouveauté de la Révélation soit proclamée.

Les premiers signes d'opposition à Jésus consistent à ne pas croire et donc à ne pas se convertir, et Tyr et Sidon, villes païennes, seront traitées avec moins de rigueur que les villes galiléennes (11, 20-24). Au-delà, un complot naît du « scandale » suscité par la prédication de Jésus : de la dénonciation de blasphémer à celle d'agir au nom de Béelzéboul (9, 34 ; 12, 24), l'indignation des pharisiens les conduit à vouloir et à organiser sa mort (12, 14).

Les trois synoptiques mettent cette décision des juifs en lien avec une guérison faite un jour de sabbat (Mt 12, 9-14 et parallèle Mc 3, 1-6 et parallèle Lc 6, 6-11 ; Lc 14, 1-6) : c'est l'attitude vis-à-vis des pratiques de la loi mosaïque, et donc de l'identité et de l'élection d'Israël, qui est en cause. En proclamant une interprétation nouvelle, Jésus se situe dans la continuité de Moïse puisqu'il propose un commentaire nourri de références internes à la Loi. Ce faisant, Matthieu ne cesse de montrer comment il accomplit avec une réelle liberté ce qui y était annoncé.

Ainsi en est-il lorsqu'il parle en « paraboles ». Matthieu justifie par deux fois cette manière de faire comme accomplissant les Écritures. En 13, 10-17, il explicite la citation d'Isaïe 6, 9-10 qui est sous-jacente à la tradition de Mc 4, 12. La révélation des mystères du Royaume est réservée à ceux qui croient en celui qui les manifeste et qui se convertissent à sa parole. Les autres ne peuvent percevoir le sens caché de ces histoires qu'on ne peut comprendre qu'en fonction de lui. Paradoxalement, ce sens caché est inscrit au cœur même de la tradition que les pharisiens prétendent défendre et qui leur échappe.

C'est que, d'autre part, les mystères du Royaume excèdent cette tradition comme le disait le « prophète » dans le psaume 78, 2, cité en 13, 35 : « J'ouvrirai la bouche pour dire des paraboles, je proclamerai des choses cachées depuis la fondation [du monde]. » Jésus est porteur d'une révélation qui s'enracine directement dans la sagesse créatrice. L'expression « la fondation [du monde] » se retrouve une autre fois en Matthieu (25, 34) où elle évoque justement la plénitude de l'économie divine : le Royaume proclamé par Jésus est coextensif à toute l'œuvre de la création et dépasse en cela le seul mystère d'Israël.

Cette argumentation est propre à Matthieu pour lequel l'autorité de Jésus ne s'explique que dans le mystère de Dieu. Pour celui qui croit qu'Il est le Fils de Dieu, les paraboles sont non seulement un moyen codé pour proclamer le Royaume, mais le codage est lui-même révélateur de sa mission. Autrement dit, au-delà de l'exhortation à croire, elles sont la manifestation annoncée que la plénitude de la Révélation est faite en et par Jésus.

Aucun refus de croire, fût-ce celui de sa propre patrie (13, 53-58), aucune opposition ne pourront l'empêcher puisque, à leur insu, les opposants œuvrent à l'accomplissement des Écritures et à la plénitude de la Révélation : Matthieu le fait déjà dire à Jésus en 10, 26 dans un contexte d'annonce de persécutions : « rien n'est voilé qui ne sera dévoilé, rien n'est secret qui ne sera connu ».

La décision de faire mourir Jésus (12, 14) et la prédication sous forme de paraboles marquent donc, dans le premier évangile, une étape qui ne sera pas remise en cause ; ce refus conduira Jésus à la mort, comme le préfigure la mort de Jean-Baptiste (14, 1-12) ; il signifie aussi que le peuple élu (représenté surtout par les pharisiens) s'exclut en tant que tel de l'accomplissement de ses Écritures.

La consommation de la rupture.

La tension ne cesse de monter chapitre après chapitre : Jésus sollicite la foi de ses disciples et les exhorte à une fidélité nouvelle à la lumière des événements qu'il annonce : sa condamnation et sa mort.

À partir de son entrée à Jérusalem (21, 1-11), les conséquences du refus de croire sont exposées de manière dramatique : les controverses portent directement sur l'autorité de Jésus (21, 10-11.15-16.23-27 ; 22, 15-22.23-33.34-40.41-46) et les paraboles sur l'attitude des juifs à son endroit (21, 28-32.33-46 ; 22, 1-14). La conséquence de ce refus est qu'Israël est dépossédé : « en vérité, je vous le déclare, collecteurs d'impôts et prostituées vous précèdent dans le Royaume de Dieu » (21, 31) ; « le Royaume de Dieu vous sera enlevé et il sera donné à un peuple qui en produira les fruits » (21, 43) ; « la noce est prête, mais les invités n'en étaient pas dignes. Allez donc sur les places et convoquez tous ceux que vous rencontrerez » (22, 8-9).

Finalement cette mise à l'écart est sanctionnée par une série d'invectives particulièrement violentes au sujet « des scribes et des pharisiens » (Mt 23). Une grande partie de ce chapitre est propre à Matthieu, le reste a été profondément modifié pour tracer la ligne de séparation définitive qui s'est accomplie : Israël a refusé son Messie au prix d'une hypocrisie, d'un aveuglement et d'un endurcissement incompréhensibles en regard de la fidèle compassion de Dieu envers Jérusalem (23, 37).

Peut-on dire qu'il s'agit du jugement d'Israël en Matthieu ? Si on veut en faire un parallèle au récit conclusif du discours suivant, c'est sans doute abusif. Cette longue apostrophe est davantage l'aboutissement de la rupture que les chapitres précédents ont racontée et qui sera concrétisée dans la condamnation et la mort de Jésus. Le discours des chapitres 24-25 est de nature différente, comme son analyse va le montrer. Il ne porte plus sur le présent, mais sur un avenir dont Jésus va dire que, par principe, il n'est pas connaissable dans cette histoire.

Plus précisément, le chapitre 23 entérine le refus du peuple *(laos)* d'Israël, ce qui lui fait perdre ses prérogatives de peuple élu au profit d'un autre « peuple » *(ethnos)* (21, 43). Matthieu emploie ici le singulier de ce mot qui a alors un sens plutôt général, ce qui laisse entendre que désormais nul ne pourra plus se prévaloir d'une élection du type de celle d'Israël : c'est la fidélité de chacun, plus qu'une appartenance particulière, qui sera en cause.

Par rapport à l'interprétation de *« panta ta ethnè »* en Mt 25, 32, on peut retenir que si l'expression au pluriel désigne en général tous les non-juifs, elle perd à partir de là une bonne partie de sa signification : « Israël rejette son Messie ; en conséquence Dieu rejette Israël et le réduit à n'être plus qu'un peuple comme les autres [5]. » L'Église n'est pas un nouvel Israël au sens où elle pourrait se prévaloir des prérogatives de l'ancien [6]. Le jugement eschatologique sera un jugement personnel où chacun sera considéré en fonction de son agir propre, selon des critères qui ne sont pas de l'ordre de l'acte de foi explicite mais en relation avec la nature même de la révélation annoncée par Jésus : ce qui est en cause « depuis la fondation du monde ». De ce point de vue, la consommation de la rupture entre Jésus et l'Israël historique est en elle-même une forme de Jugement dans lequel ce dernier devient un peuple comme les autres, c'est-à-dire que ses membres n'ont plus de particularité à faire prévaloir et qu'au Jugement eschatologique ils seront rassemblés parmi toutes les autres nations non juives à l'origine et où se côtoient désormais des chrétiens et des non-chrétiens.

La conséquence théologique de cette nouvelle situation est que, désormais, il n'y a plus aucune sécurité eschatologique liée à une élection, y compris pour les chrétiens qui sont exhortés en permanence par Matthieu à vérifier la qualité de la mise en pratique de leur foi : rien n'est acquis *a priori*.

L'horizon eschatologique est définitivement renouvelé par la prédication du Royaume, et son accomplissement par le Fils de

5. M. QUESNEL, *Jésus-Christ selon saint Matthieu, synthèse théologique*, Paris, Desclée de Brouwer, coll. « Jésus et Jésus-Christ », 47, p. 159.
6. Voir Mt 22, 10-14.

l'homme. Loin de conforter un groupe de privilégiés, il devient un dramatique avertissement et un ultime appel à la foi par le discernement, la fidélité et la vigilance.

Article 2
LE CONTEXTE IMMÉDIAT (Mt 24-25)

La délimitation formelle de ce disscours est déterminée par l'*incipit* (24, 1-2) et la conclusion narrative (26, 1). En 24, 4 commence une série d'enseignements donnés par Jésus au sujet des « événements de la fin », en réponse à une question des disciples réunis autour de lui sur le mont des Oliviers. Il se présente donc comme un second Sermon sur la Montagne dont il partage plusieurs caractéristiques. Avec lui prennent fin les enseignements de Jésus, avant que ne commence le long récit de la Passion, où tout ce qui a été enseigné va se réaliser dans son corps. Ces derniers enseignements concernent la fin de l'histoire sans en être le terme. L'écart entre la question initiale des disciples et les réponses de Jésus s'explique par là. Alors que la chute du sanctuaire est annoncée, la perte de ce lieu se révèle nécessaire pour être à l'écoute de la signification d'une autre perte, celle de Jésus. Finalement, cet enseignement de Jésus sur la fin du temps, à la veille de la perte de son corps, renvoie à un autre type de présence corporelle dans les besoins des frères du Fils de l'homme. Il est donc indispensable de situer la péricope de conclusion par rapport à chaque élément de cet ensemble.

La structure du discours.

Trois versets narratifs (24, 1-3) rattachent ce discours à la longue admonestation du chapitre 23 qui est adressée aux foules et aux disciples dans le Temple de Jérusalem. Le discours eschatologique est prononcé hors du Temple, puisque la rupture est consommée entre Jésus et son peuple. Seuls les disciples sont autour de lui, et, à leur admiration sur l'architecture du Temple, il répond de manière générale sur les destructions à venir. D'où la double question des disciples sur la date et les signes annonciateurs des événements de la fin.

Le discours qui suit est la réponse de Jésus à ces deux questions. Il dissocie d'abord les douloureux événements qui ne manqueront pas d'ici la fin de l'histoire, et l'imminence de cette fin. En effet, à proprement parler, ils ne sont pas les signes de la Parousie, car ce signe appartient en propre au Fils de l'homme. D'autre part cette dissociation va de pair avec l'impossibilité de connaître la date de cet avènement : aussi Matthieu met-il en valeur l'attitude spirituelle fondamentale que nécessite l'épreuve des délais et de la durée : la vigilance active.

On peut donc distinguer trois « sections » dans ce discours : (B) la persévérance dans les épreuves avant la fin ; (C) les événements de la Parousie ; (D) la vigilance dans l'épreuve de la durée. Le récit du Jugement eschatologique conclut et prolonge la dernière section. Il reprend aussi des éléments de la section C et répond ainsi à la question initiale.

En conséquence, nous proposons le plan suivant :

A. La narration et le dialogue introductifs (24, 1-3).
24, 1-3 : « Quand cela sera, et quel sera le signe de ta Parousie et de la fin du monde ? »

B. La persévérance dans les épreuves avant la fin (24, 4-28).
4-5 : première mise en garde contre les faux christs ;
6-8 : premières violences : commencement de la fin ;
9-14 : première tribulation : les épreuves de la communauté face aux nations et aux faux prophètes ;
15-22 : violences en Judée : grande tribulation ;
23-28 : seconde mise en garde contre les faux christs et les faux prophètes.

C. Annonce de la Parousie (24, 29-44).
29-31 : l'apparition du Fils de l'homme ;
32-36 : caractéristiques de la Parousie : proche, sûre et inconnue ;
37-44 : appel à la vigilance, risques de l'insouciance.

D. La vigilance dans l'épreuve de la durée (24, 45—25, 30).
45-51 : parabole des deux serviteurs ;
25, 1-13 : parabole des dix vierges ;
14-30 : parabole des trois serviteurs (dite « des talents »).

E. Récit conclusif (25, 31-46).
31-46 : le Jugement eschatologique.

A. La narration et le dialogue introductifs (24, 1-3).

Le dialogue introductif entre les disciples et Jésus est situé par Matthieu hors du Temple de telle manière que ses constructions peuvent être regardées avec un certain éloignement, depuis le mont des Oliviers. Cela souligne la distance définitive que Jésus vient de prendre avec les juifs et leurs symboles institutionnels : il en annonce la ruine dans une formule neutre qui peut désigner aussi bien la ville tout entière que son Temple.

Cette prise de distance le rapproche des seuls auditeurs qui, désormais, lui restent fidèles, les disciples auxquels l'ensemble du discours est clairement adressé. Leur question porte sur deux aspects différents de la parole de Jésus : ils demandent d'abord la date à laquelle les événements annoncés arriveront, puis quelle sera la nature du « signe de ta Parousie et de la fin du monde ». Cette modification, introduite par Matthieu par rapport à Marc, laisse entendre que, pour les disciples, la destruction de « tout cela » pourrait faire partie des événements annonciateurs de la Parousie de Jésus et de la fin du monde, elles-mêmes liées.

Cette nouvelle formulation fournit deux indications précieuses sur la signification de ce discours : la mention de « sa » Parousie indique qu'elle dépasse le cadre d'une simple prophétie sur la ville puisqu'elle suppose la foi en la glorification du Ressuscité ; cela souligne la portée christologique de l'ensemble du discours. D'autre part, la réalisation partielle des prophéties de Jésus au sujet de Jérusalem démontre son autorité, et appelle une juste interprétation : la défaite juive n'est pas la fin de tout ; il y a des délais que nul ne connaît sur cette terre ; or ceux-ci ne sont pas un démenti de la parole de Jésus, mais un ultime appel à la fidélité. Il est donc essentiel de ne pas se tromper sur l'interprétation des événements historiques, et de garder l'attitude spirituelle fondamentale pour ces temps d'attente : la vigilance.

La conclusion que constitue le récit du Jugement se situe par rapport à ce dialogue initial. Le temps des signes est révolu, et, ne pouvant révéler la date de sa Parousie (« quand ? » voir 24, 36), Jésus insiste sur le fait qu'elle concernera toute l'humanité et qu'elle révélera le lien mystérieux qui unit le présent des hommes : « chaque fois... » et l'avenir du Fils de l'homme : « lorsque... »

B. La persévérance dans les épreuves avant la fin (24, 4-28).

La deuxième section, qui suit de près la source marcienne, évoque trois types d'épreuves, liées aux divers événements douloureux de l'histoire politico-religieuse : apparition de faux christs et de faux prophètes qui abuseront les élus eux-mêmes ; les guerres et les violences en général, et plus particulièrement celles qui s'abattront sur la Judée (Jérusalem n'est pas nommée) ; les persécutions dont les « nations » seront responsables.

Ces épreuves seront de trois sortes : (a) les violences et les guerres (6-8 et 15-22) entourent (b) les persécutions (9-14) qui seront le fait de toutes les nations auxquelles l'Évangile sera annoncé. Ces malheurs susciteront (c) l'apparition de faux christs et de faux prophètes (4-5 ; 11 ; 23-26) qui viennent perturber les disciples dans leur confiance dans le seul Seigneur. Enfin les versets 27-28 font transition avec l'annonce positive de la Parousie.

On distingue donc ici cinq séquences :

a) 4-5 : première mise en garde contre les faux christs, ceux qui se présenteront au nom de Jésus-Christ. Ce sont des disciples qui égarent leurs frères ;

b) 6-8 : première annonce des violences, d'abord guerrières mais aussi cosmiques. Malgré les apparences, ce n'est pas la fin, mais seulement « le commencement des douleurs » ;

c) 9-14 : première tribulation : les nations persécuteront l'Église qui en sera profondément affectée. Les scandales, la haine, les trahisons, l'abandon de la loi *(anomia)* mettront à l'épreuve la fidélité des disciples. Certains seront fidèles jusqu'à la fin et l'Évangile sera annoncé à toutes les nations.

Cette séquence est la plus profondément remaniée par Matthieu :

— La persécution par la synagogue est devenue une persécution par toutes nations ;

— Les versets 10-12 sont propres à Matthieu, et concernent les difficultés internes de la communauté ;

— La séquence est encadrée par deux mentions de *« panta ta ethnè »* : au verset 9 comme persécutrices ; au verset 14 comme destinataires de l'Évangile. Elle a donc une place particulière pour l'interprétation de cette expression.

b') 15-22 : violences en Judée à la suite de « l'abomination de la désolation » selon l'expression daniélique. Matthieu est très proche de Marc : il précise seulement que cette abomination est « établie dans le lieu saint », allusion à la déchéance du

Temple après 70, et il ajoute une mention du sabbat, ce qui correspond à des préoccupations judéo-chrétiennes.

On notera qu'il y a une progression entre ces quatre séquences : les trois premières tendent vers la fin (14) ; la quatrième est une sorte de paroxysme (une grande tribulation, 21), mais il y a encore un délai ;

a') 23-26 : ce dernier délai est encore occasion de mention de faux christs et de faux prophètes ; ces trois *logia* en font quatre mentions (v. 23.24.26 [2]), c'est dire la tension extrême, source d'enthousiasme incontrôlé et d'égarements de toutes sortes y compris parmi les élus. Car on sera proche de la Parousie, mais celle-ci ne pourra en rien se confondre avec ces émotions révélatrices, mais trompeuses.

Les persécutions et la mise en garde contre les faux christs sont donc au centre de cette section : elles sollicitent une persévérance attentive [7] puisque tout semble inviter au reniement. En conséquence, la destruction de Jérusalem perd beaucoup de l'importance qu'elle avait en Marc, y compris dans la péricope qui la concerne le plus directement (15-22). La péricope marcienne est réorientée dans le sens de l'annonce d'une nouvelle tribulation encore plus douloureuse que celle déjà connue à cette occasion, mais qui sera alors la dernière.

Quant à l'avènement du Fils de l'homme, il ne faut pas le confondre avec tout cela qui appartient à la confuse histoire des hommes, car il ne surgira pas d'elle comme un fruit mûr, mais il fera une irruption soudaine et évidente comme l'éclair qui embrasse tout l'horizon (26-27). Le monde qui s'interrompra ainsi est celui de la mort dont sont porteuses toutes les épreuves décrites jusque-là.

La scène du Jugement ne fait aucune allusion directe à ces événements de violence. L'élément commun à cette section est la mention de « toutes les nations ». On peut donc essayer de préciser dans ce contexte ce que l'expression signifie en Matthieu. Parce qu'elles sont persécutrices (v. 9) et destinataires de l'Évangile (v. 14), beaucoup d'auteurs en concluent qu'elles ne peuvent désigner que des gentils (c'est-à-dire des non-juifs, selon le sens de *ethnos* dans la tradition biblique) et des non-

7. La multiplication des exhortations dans cette section ne peut laisser de doute sur son sens : « que personne ne vous égare » (4) ; « ne soyez pas troublés » (6) ; « qu'ils fuient » (16) ; « qu'il ne descende pas » (17) ; « priez » (20) ; « ne le croyez pas » (23 et 26) ; « ne partez pas » (26). C'est à la fidélité que Jésus appelle les siens : « celui qui aura tenu ferme jusqu'à la fin, celui-là sera sauvé » (13).

chrétiens, ce que confirmerait 28, 19. N'est-ce pas une interprétation à trop courte vue ? Toute cette section repose sur une tension entre les disciples et diverses adversités qui les touchent directement ou indirectement, mais qui ne leur sont pas spécifiques, sauf les persécutions. Elles sont le fait de païens (24, 9, 14b), mais la pointe est moins là que dans l'universalité de l'opposition (24, 14a) et des bouleversements auxquels nul n'échappera.

C'est en ce sens que nous croyons devoir remettre en cause l'interprétation proposée par nombre d'auteurs contemporains. Cette universalité de l'opposition intègre donc la rupture consommée avec le peuple juif. Désormais, on se situe au-delà. Le contexte littéraire de 24, 9-14 prolonge et confirme la dynamique narrative qui le précède : l'attention est portée sur l'horizon le plus vaste possible, et c'est là le sens fondamental de l'expression.

En conséquence, on peut conclure sur une interprétation qui soit ouverte aux dimensions de l'annonce de l'Évangile à tous, c'est-à-dire qui soit large, et suffisamment souple pour tenir compte des potentialités d'une telle expression. Toutes les nations (juive et non juives) sont susceptibles de persécuter les chrétiens (24, 9), car c'est à tous les hommes qu'est destiné l'Évangile, et donc qu'il doit être proclamé (24, 14 ; 28, 19) ; et tous (chrétiens et non-chrétiens) seront rassemblés pour la Parousie et le Jugement eschatologique.

C. La Parousie, révélée et cachée (24, 29-44).

La partie centrale du discours (29-44) est la réponse la plus directe à la double question de 24, 3 : Quand ? « Aussitôt après la détresse de ces jours-là. » Les événements cosmiques qui marqueront la fin se produiront avec la soudaineté et l'évidence de l'éclair (28-29) après que se sera réalisé tout ce qui a été annoncé par Jésus (5-28), et que Matthieu a recueilli de la tradition.

Trois séquences structurent cette section :

29-31 : description de la Parousie dans la tradition apocalyptique. Après les versets 27 et 28 qui invitent une première fois à renoncer à connaître la date : ce sera comme l'éclair, après la tribulation… avec des bouleversements cosmiques qui n'en sont pas le signe spécifique. Celui-ci est directement ordonné au Fils de l'homme, et alors il n'y aura aucune hésitation : « toutes les tribus de la terre » sauront d'évidence le reconnaître. La venue du Fils de l'homme sera accompagnée du rassemblement des élus.

32-36 : la parabole du figuier et les *logia* qui la suivent réaffirment solennellement le message eschatologique jusqu'alors implicite : la Parousie du Fils de l'homme est certaine et proche ; elle sera soudaine, inattendue et de date inconnue. Ces cinq traits caractéristiques sont indépassables, même pour « le Fils » qui n'en sait pas plus.

37-44 : l'appel à la vigilance s'enracine dans le délai inévitable et dans la surprise impliquée par ces cinq traits. Pour voir le Fils de l'homme en gloire (30b) il faudra être resté éveillé, s'être tenu prêt, ce qui ne permettra pas d'éviter la surprise, mais de pallier ses conséquences les plus funestes. Les enseignements descriptifs alternent avec des comparaisons suggestives : l'irruption du Déluge, le maître de maison et le voleur, mais les uns et les autres visent d'abord l'attitude des hommes face aux événements. L'attente eschatologique a donc un enjeu éthique essentiel. Elle n'est pas une fuite quiétiste dans le futur, mais une attitude active dans le présent. C'est en fonction d'elle que se déterminera le destin eschatologique de chacun. Cela se fera par une séparation radicale, annoncée une première fois aux versets 40-41, et objet central de la fin du discours.

Ces événements provoqueront un bouleversement total de toutes choses et il est évident que ce que vit la communauté matthéenne n'est pas de cette nature. Elle n'a donc pas à s'inquiéter du cours actuel des événements car ce qui arrivera alors sera tout à fait inédit : il s'agira d'un nouvel ordre des puissances qui gouvernent ce monde (29e), la fin de l'ordre du temps et de l'histoire (29b, c, d), puisque jour et nuit perdront leurs astres symboliques. Alors seulement « apparaîtra le signe » de la fin qui sera celui du Fils de l'homme, le seul dont il faille tenir compte et qui marquera la fin de tous les faux signes antérieurs, événementiels ou cosmiques. Ce sera un signe envoyé d'ailleurs, surprenant, non déductible, et néanmoins clairement compréhensible. L'insistance christologique se poursuit donc, quelle que soit l'interprétation que l'on fasse de cette expression difficile [8].

8. S'agit-il d'un signe évidemment propre au Fils de l'homme, la croix en particulier, comme l'a souvent compris la tradition ecclésiale, ou du Fils de l'homme lui-même (le signe qu'est le Fils de l'homme, génitif épexégétique) ? Peu importe au fond puisqu'il est d'abord de nature christologique et que sa caractéristique essentielle sera d'être dépourvu de toute ambiguïté, et que toutes les tribus de la terre le reconnaîtront spontanément comme tel.

Mt 24, 29 introduit dans le temps historique et cosmique une rupture qui correspond à la Parousie du Fils de l'homme. À partir de là, l'enseignement au sujet de la Parousie devient positif et insiste sur la portée universelle de l'événement puisque, à la lamentation de toutes les tribus de la terre, succède un rassemblement des élus venus de tous les horizons : « des quatre vents, des extrémités des cieux jusqu'aux autres extrémités » (31b).

Le récit de conclusion est évidemment très proche de ces versets, en particulier des versets 30b-31. On y retrouve la venue du Fils de l'homme sur les nuées, la gloire, ses anges et un rassemblement des hommes. Mais il y a aussi des différences sensibles : la puissance, la trompette liturgique, le rassemblement des seuls élus de tout l'univers ne se trouvent pas en 25, 31-32a ; le trône de sa gloire et le rassemblement de toutes les nations ne figurent pas sous cette forme en 24, 30b-31. L'essentiel est cependant commun : il s'agit de la Parousie du Fils de l'homme qui n'est autre que celle de Jésus-Christ, comme indiqué dès 24, 3. On peut ici remarquer que ce titre christologique n'apparaît dans le discours que dans cette partie centrale (27-44) et au début du récit de conclusion (25, 31), c'est-à-dire dans les péricopes qui décrivent le plus directement les événements parousiaques. Quand il s'agit d'évoquer la période qui les précède il n'est fait allusion qu'au Christ (24, 24).

Les versets 32-36 indiquent les trois traits caractéristiques de cette Parousie : elle est proche ; elle est certaine, mais nul n'en connaît ni le jour, ni l'heure. Les versets 27-28 avertissent déjà qu'elle sera aussi soudaine que l'éclair et aussi évidente que la présence des vautours autour d'un cadavre.

Cette tension entre l'annoncé et le caché, le certain et l'incertain est spécifique de ce temps de l'attente, qui est celui de l'épreuve de la fidélité. Deux comparaisons évoquent les exigences que fait naître cette ignorance invincible : l'une (37-41) est prise dans l'histoire de Noé : ils ne surent pas et ils furent surpris ; l'autre (42-44) est plus parabolique : il en ira comme d'un maître de maison qui ignore l'heure du voleur et qui ne se prépare point à se défendre.

Ces versets 37-44 articulent donc cette méconnaissance et cet appel à la vigilance en reprenant un élément déterminant de ce que produira la Parousie : une radicale séparation entre les hommes (voir 24, 30b-31). Cette articulation avènement-méconnaissance-séparation-vigilance dominera la quatrième section (24, 45—25, 30) et le récit de conclusion.

Il est donc clair que pour Matthieu l'essentiel de cet enseignement de Jésus ne cherche pas à satisfaire une curiosité plus ou moins saine du point de vue de la foi, mais à rappeler aux disciples que, dans ces conditions inconfortables, ils doivent rester fidèles à leur Seigneur jusqu'à sa Parousie. C'est à cela que répondent les deuxième et quatrième sections du discours.

D. La vigilance dans l'épreuve de la durée (24, 45—25, 30).

La quatrième section du discours reprend sous un autre aspect l'exhortation à la fidélité : l'incertitude de la durée appelle cette vigilance qu'évoquent les trois paraboles que Matthieu a regroupées à la suite des enseignements des versets 37-44.

25, 1-13 est la seule des trois à être référée au Royaume des cieux. Comme les autres paraboles qui évoquent des noces, celle-ci a une saveur messianique très forte : « voici l'Époux ». la pointe (24, 13) est une reprise de la fin de la section centrale : « vous ne savez ni le jour ni l'heure » (voir 24, 42 : « jour », 44 : « heure »). Il convient donc de se tenir prêt et pour cela d'être « raisonnable », c'est-à-dire prévoyant puisque le retard de l'Époux a été annoncé comme pouvant être long. La veille est une attitude active et responsable, que les deux autres paraboles servent à expliciter : celles du serviteur fidèle.

La première et la troisième paraboles ont en commun plusieurs éléments formels : relation maître-serviteur ; longue absence du maître ; liberté d'action des serviteurs ; retour inopiné du maître ; mêmes formules de reconnaisance (serviteur fidèle ; heureux-joie ; établir sur les biens), ou de condamnation (« là seront le pleur et le grincement des dents ») ; la récompense est une augmentation de la responsabilité confiée, et donc un plus grand partage du pouvoir du maître.

24, 45-51 : la parabole des deux serviteurs. Le bon serviteur est celui qui s'acquitte de la tâche confiée de « donner la nourriture en son temps » à chacun dans la maisonnée. Le mauvais abuse des biens et des personnes et, par là, outrepasse ses droits vis-à-vis de ses compagnons de servitude : il prend donc la place de son maître. Le ressort narratif est le retard du maître et l'ignorance de son retour.

25, 14-30 : la parabole des trois serviteurs ; chacun reçoit une responsabilité différente, proportionnée à ses capacités. La tâche confiée porte sur les biens à faire fructifier. Ce service n'est pas que distribution ou surveillance, il doit être productif.

Les symboles et les rapports jouent sur le registre de la profusion (on accorde en général au talent une valeur de six mille francs-or, qu'il s'agit de doubler !). Plus que les masses monétaires, c'est l'empressement qu'ils manifestent qui est en cause.

La construction très soignée de ces paraboles permet de repérer plusieurs traits spécifiques.

1. Chacune déploie une situation d'absence et de retard qui met à l'épreuve la vigilance des protagonistes.

2. Elles mettent en présence des serviteurs ou des vierges, c'est-à-dire des personnes dépendantes ou fragiles face à un homme capable de les commander, de juger : le maître d'un grand domaine dont il peut s'absenter ou l'époux d'une noce fastueuse. Cette fragilité n'entame en rien leur responsabilité personnelle face à leur destin.

3. Comme c'est inévitable dans des paraboles, ce qui est dit de la vigilance reste très formel : c'est une attitude active. Il s'agit en effet de bien accomplir la tâche reçue, ce qui est à la fois bonne gestion et réelle fructification ; cela implique une certaine prévoyance ; il faudra rendre des comptes de l'ensemble. La première des paraboles « montre que la responsabilité du croyant devant Dieu n'est pas dissociable de l'attitude dont il aura témoigné envers ses semblables [9] ».

4. Ces personnes sont les sujets d'une parole de jugement qui opère une séparation radicale entre elles : les unes sont l'objet d'une reconnaissance gratifiante ; les autres d'une condamnation et d'un rejet sans appel.

5. La pointe des paraboles est explicitement dans la dimension eschatologique de ces paroles de jugement : « Heureux... », « il l'établira... » (24, 46-47), « entre dans la joie de ton maître » (25, 21.23), « là seront le pleur et le grincement des dents » (24, 51b et 25, 30b).

6. Les qualificatifs de chacun sont révélateurs de la dimension éthique de la vigilance : les uns sont bons, fidèles et avisés ; les autres mauvais, paresseux et inutiles.

Il n'est pas difficile de reconnaître dans ces traits quelques points caractéristiques du récit de conclusion qui les suit ; mais aussi des différences importantes :

1. La structure fondamentale du récit du Jugement est comparable à celle de ces paraboles : le Fils de l'homme-Roi est face à l'humanité rassemblée ; il lui transmet souverainement

---

9. D. MARGUERAT, *Le Jugement dans l'évangile de Matthieu,* Genève, Éd. Labor et Fides, 1981, p. 536.

les sentences en fonction desquelles elle sera radicalement divisée.

2. Une différence importante concerne la forme littéraire : il ne s'agit pas d'une parabole, mais d'une description insérant un petit élément métaphorique.

3. Dans le récit du Jugement, l'absence s'efface au profit de la seule venue et de la mise en présence qui constituaient la finale et la pointe des paraboles.

4. Le récit du Jugement eschatologique radicalise l'enseignement des paraboles, tant au niveau de la séparation que de la valeur de ses critères, qui ont désormais un contenu concret. Mais il n'y a aucune surprise dans les paraboles : la vigilance ou l'insouciance sont récompensées selon leur valeur morale et religieuse bien connue.

5. Le service auquel appellent les paraboles précédentes est explicité : les six gestes de miséricorde sont résumés au verset 44 par le verbe *diakonein* : c'est en cela que consiste la veille agissante.

Nous pouvons résumer sans difficulté ces simples remarques en disant que le récit du Jugement dernier doit être considéré comme relativement autonome par rapport à cette série de paraboles : il constitue d'abord la conclusion de tout le discours. S'il s'inscrit dans une certaine continuité par rapport à elles, il opère aussi un décrochage très sensible tant au niveau de la forme littéraire (ce n'est pas une parabole) que du contenu : l'attente est achevée. Ce qui venait en conclusion de chacune des paraboles est ici l'essentiel du récit. D'autre part l'exhortation formelle à la vigilance active reçoit enfin un contenu dans l'énumération des œuvres de miséricorde.

E. Récit conclusif.

La dynamique narrative de Mt 24-25 repose sur un retournement radical : à une question des disciples qui veulent une information sur la date et le signe de reconnaissance de sa Parousie, Jésus répond de deux manières : d'une part, nul ne connaît la date de la Parousie, sans que cela la rende moins certaine ; d'autre part, les événements précédant la fin seront tellement dramatiques qu'on pourra les confondre avec la fin elle-même. D'où les mises en garde qui parcourent tout le discours : « tenez ferme, sans vous laisser abuser et sans vous laisser endormir. »

À la question chronologique initiale : « quand… ? », Jésus

répond de deux manières dans le récit conclusif : par une annonce de ce qui se passera « lorsque le Fils de l'homme viendra » et par la révélation des critères du Jugement : « quand t'avons-nous vu ? » Si la section B tend à récuser la question initiale et ses présupposés, la section D prépare à recevoir la réponse nouvelle : la vigilance à laquelle elle exhorte renvoie au présent des disciples dont la question pouvait être une fuite dans un avenir hypothétique ; ce présent est le lieu de leur responsabilité, puisqu'il ne cesse d'être ordonné au Fils de l'homme : d'où la séparation définitive qui aura lieu alors.

L'annonce de la Parousie est donc d'abord l'occasion d'une exhortation de Jésus à ses disciples. Le récit du Jugement vient sceller l'enjeu eschatologique de ce temps de l'attente et des épreuves, puisque c'est sur cette persévérance prudente et sur cette vigilance active que portera le Jugement. Le discours et sa conclusion mettent ainsi en lien de manière fondamentale la foi des disciples et l'exigence éthique qui en découle. C'est là une des arêtes les plus vives de l'évangile selon Matthieu.

Cette exhortation adressée aux disciples ne doit pas faire perdre de vue quelle est la véritable dimension de ces événements. Elle est cosmique et universelle. La pointe ne tend pas à dissocier les disciples des autres hommes pour leur donner une quelconque assurance ou consolation. Au contraire, elle situe leurs épreuves dans l'ensemble des épreuves de l'humanité, qui seront donc pour eux épreuve de leur fidélité à la Parole du Maître, soit en résistant aux séductions des faux christs, soit en affrontant une opposition plus directe dans la persécution.

Ces analyses n'invitent pas à accepter une interprétation particulariste de Mt 25, 31-46. Elle n'est déjà pas aussi assurée par l'analyse du récit que certains le croient. Il apparaît maintenant qu'elle ne correspond guère à l'insistance christologique que Matthieu ajoute à la tradition des *logia* eschatologiques du Seigneur. La Parousie marquera la fin du temps des épreuves et de l'attente, et elle aura son évidence propre (24, 27-31). Elle sera aussi le moment où « le Fils de l'homme rendra à chacun selon sa pratique » (16, 27).

En outre, le récit de 25, 31-46 n'est pas la seule évocation du Jugement eschatologique en Matthieu. Il faut donc en avoir une conception fragmentaire, en ce sens qu'il ne dit pas tout ce que Matthieu veut transmettre au sujet de quelque chose qui transcende toute image et tout récit. 24, 27-31 rappelle dans ce discours qu'il y a d'autres éléments dont il faut tenir compte. Pour une part, ils sont complémentaires ; pour une part, ils sont contradictoires. Chacun a un message propre à donner. De cela il ne faudrait pas conclure trop vite que chacun concerne une partie de l'humanité, les uns les gentils, les autres les disciples, et s'interdire de voir que chacun peut avoir une portée générale, tout en insistant sur une dimension particulière.

CHAPITRE IV

MATTHIEU 25, 31-46 DANS SON CONTEXTE LITTÉRAIRE

L'importance que Matthieu accorde au Jugement eschatologique peut être évaluée de plusieurs manières. On a noté depuis longtemps le très grand nombre de péricopes dans lesquelles le travail rédactionnel a ajouté cette touche. L'approche la plus simple est donc quantitative : ainsi Marguerat relève que si on découpe l'évangile de Matthieu en cent quarante-huit péricopes [1] « pas moins de soixante sont nettement touchées par ce motif », alors qu'une comparaison sur les mêmes bases en donnerait dix sur quatre-vingt-douze chez Marc et vingt-huit sur cent quarante-six chez Luc.

Cette indication souligne la nécessité de situer dans l'ensemble matthéen la manière dont les événements de la fin et la « récompense eschatologique » sont traités en Mt 25, 31-46. La variété des représentations est une nouvelle invitation à ne pas isoler ce récit de son contexte.

1. Selon l'édition grecque du Nouveau Testament de Nestlé et Aland (voir D. MARGUERAT, *Le Jugement dans l'évangile de Matthieu,* Genève, Éd. Labor et Fides, 1981, p. 13).

Article 1
PAROUSIE ET JUGEMENT ESCHATOLOGIQUE DANS L'ÉVANGILE DE MATTHIEU

A. La pluralité des représentations matthéennes.

1. Les finales des discours matthéens.

Bornkamm [2], parmi d'autres auteurs, a fait remarquer combien le travail rédactionnel de Matthieu tend à placer l'enseignement donné par Jésus sous le signe de l'eschatologie. Dans les « discours » où ce travail est particulièrement important et évident on trouve dans chaque finale une note eschatologique très nette. La plus évidente, et la plus proche de Mt 25, 31-46, est l'avant-dernière péricope du Sermon sur la Montagne (7, 21-23).

Cette évocation du Jugement est un dialogue entre Jésus, qui prononce le discours, et « beaucoup », dans lesquels on reconnaît sans difficulté des disciples. Ils interpellent Jésus comme le *Kurios* (voir Mt 25, 37.44) au sujet de l'entrée dans le Royaume des cieux. Le critère de justification qu'ils invoquent est la fécondité surnaturelle de leur ministère (prophétie, exorcismes, miracles) accompli au nom du Seigneur. À quoi Jésus oppose un critère plus vaste qui renvoie à l'ensemble des chapitres 5-7 : « faire la volonté de mon Père qui est dans les cieux ». Au centre de ces deux dialogues il y a donc une incompréhension sur les critères de la sentence, et ces critères sont dans les deux cas centrés sur un « faire ».

Quatre autres finales de discours ont ainsi une claire dimension eschatologique, même si certaines peuvent sembler moins explicites. 10, 42 promet une récompense à celui qui aura donné à boire à un disciple. Nous avons déjà rencontré ce *logion* dans les études consacrées à notre péricope, et nous aurons à y revenir encore.

La parabole du filet (13, 47-50) est la dernière du « discours des paraboles ». Elle est propre à Matthieu qui y accole une explication de type allégorique sur la « fin du monde » dont l'acte essentiel est la séparation des justes et des mauvais, et la

2. G. BORNKAMM, « Enderwartung und Kirche im Matthäusevangelium », *WMANT*, 1, 5e éd., 1968, p. 13-21 ; cité par D. MARGUERAT, p. 32-37.

condamnation de ces derniers. Le message commun de ces paraboles vise la capacité irrépressible de croissance du Royaume. La parabole du filet (13, 41-50), comme l'allégorisation de la parabole de l'ivraie, déplace l'accent : la profusion caractéristique du Royaume n'est pas dépourvue d'ambiguïté : elle appellera un tri eschatologique, « à la fin ».

Le « discours » du chapitre 18 regroupe des *logia* de formes variées, où les enseignements sont éclairés par un grand nombre de comparaisons, mais seule la dernière péricope (18, 23-35) est une parabole au sens strict. Elle s'achève par une parole de jugement (35) qui met en garde les disciples au sujet de leurs relations fraternelles : le pardon du Père n'est pas sans rapport avec le comportement des disciples entre eux (voir Mt 6, 15).

Enfin les invectives du chapitre 23 contre les scribes et les pharisiens sont aussi sous le signe de l'eschatologie : les sept malédictions, formes inversées des Béatitudes, le sont par nature. La finale du discours consomme la rupture entre Jésus et le judaïsme. Il va disparaître de la vue comme la ville sera vidée, jusqu'à sa venue glorieuse qu'a préfigurée l'entrée solennelle à Jérusalem (23, 39 ; voir 21, 9).

Le procédé littéraire de Matthieu est donc évident. Plus que d'un motif rhétorique, il s'agit d'abord d'une opération à portée théologique. La référence à l'eschatologie confère à l'ensemble des enseignements de Jésus une portée définitive. D'une part, ils engagent le destin ultime de chaque homme, en premier lieu, des disciples. D'autre part, ils sont donnés avec une autorité qui ne vient pas des hommes, puisque celui qui les profère se met en scène comme un acteur décisif du Jugement dernier.

Au-delà de ces constatations, il convient d'élargir l'horizon, puisque ce procédé se retrouve dans bien d'autres péricopes matthéennes. C'est un trait fondamental du premier évangile que d'être ainsi placé sous le signe de l'eschatologie.

2. *Les scènes explicites de Jugement en Matthieu.*

Parmi les nombreuses allusions au Jugement eschatologique faites par Matthieu, beaucoup ne font référence qu'à la sentence de salut ou de condamnation, et à leurs critères, dont on traitera à l'article suivant. Ainsi apparaît déjà une donnée essentielle de sa conception du Jugement : il s'y opérera une séparation radicale. De ce point de vue, Mt 25, 31-46 met en scène une indication présente tout au long de l'évangile.

Cependant ce n'est pas la cohérence des représentations de la Parousie ou du Jugement qui caractérise l'ensemble des indications de Matthieu. Autant son travail rédactionnel ajoute ou souligne l'enjeu eschatologique des enseignements de Jésus et de la réponse des hommes, autant il ne se préoccupe guère d'harmoniser des détails de mise en scène qui sont presque contradictoires si on les rapproche. Vérifions-en les divers éléments avant de tirer quelques conclusions sur l'eschatologie de Matthieu, en particulier à propos de Mt 25, 31-46.

19, 28 : le temps de la fin est ici désigné par un mot rare dans le Nouveau Testament : *paliggenesia,* la régénération, « le renouvellement cosmique attendu dans l'éon à venir [3] » ; fin d'un monde et commencement d'un nouvel ordre des choses, comme l'indique aussi 24, 28 s., conformément aux représentations juives. Le bouleversement sera présidé par le Fils de l'homme qui jugera au nom de Dieu, assis sur le trône de sa gloire, selon un motif de la tradition hénochienne [4]. L'originalité de ce *logion* par rapport à 25, 31 réside dans le fait que les Douze sont associés à cette fonction de juge, et ce en rapport direct avec les douze tribus d'Israël. Le regard est ainsi orienté vers une compréhension du Royaume comme nouvel Israël, nouveau peuple élu eschatologique, « régénéré », renouvelé pour retrouver la ferveur des origines ; de ce fait, la capacité de « jugement » des Douze se comprend mieux comme un acte de gouvernement au sens large que comme un acte strictement judiciaire. *Krinein* permet les deux sens, et le *logion* joue sur les deux sens permettant à la fois d'associer et de distinguer la situation eschatologique du Fils de l'homme et des Douze : à ceux qui l'ont suivi en tout, Jésus renouvelle sa promesse ; ils seront dans la gloire avec lui.

20, 20.23 développe sans doute la même image de l'association des disciples à la gloire du Fils de l'homme. L'attitude de Jésus instaure une distance entre l'association à son abaissement et la promesse eschatologique, d'une part, et la réalisation de celle-ci, d'autre part. Si l'humiliation est le fait des hommes,

3. D. Marguerat, p. 463. On ne retrouve ce mot dans le Nouveau Testament qu'en Tt 3, 5 à propos du baptême. Dans le contexte de Mt 19 il indique à tout le moins la rupture radicale qu'impliqueront les événements de la fin par l'établissement d'un ordre des choses complètement nouveau, une nouvelle Création, selon la nature même de certaines espérances juives contemporaines.

4. Voir 1 *Hén.* IX, 4. XLV, 3. LV, 4. LX, 2. LXI, 8. LXII, 2. LXIX, 27, 29. LXXI, 7.

la glorification sera donnée par le Père selon des dispositions qui échappent en ce monde. Mais « la formulation de cette parole (19, 28) ne doit pas être pressée [5] ».

L'explication de la parabole de l'ivraie (13, 36-43) évoque l'activité du Fils de l'homme dirigeant l'action de « ses anges » : comme en 24, 30, ils font le rassemblement, puis le tri ; la révélation du Fils de l'homme sera évidente pour toutes les tribus de la terre et le rassemblement ne concernera que les seuls élus.

Une autre série de différences apparaît avec les mentions de témoins lors du procès eschatologique : les hommes de Ninive et la Reine du Midi (12, 41-42) « se lèveront et condamneront cette génération » ; le Fils lui-même (10, 32-33) se déclarera ou reniera chacun en fonction de l'attitude que chacun aura eue « devant les hommes ».

On pourrait tenter d'harmoniser toutes ces données en un grandiose scénario. Pas plus pour les éléments descriptifs de la Parousie que pour ceux du Jugement nous n'en trouverions une velléité chez Matthieu. Ce n'est donc pas ainsi qu'il faut approcher ces récits, y compris Mt 25, 31-46. Quand on mesure l'ampleur du travail rédactionnel, on doit tenir le plus grand compte du fait qu'il n'ait pas cherché à réaliser de telles harmonisations. On ne peut conclure qu'une seule chose : cela ne devait pas lui importer beaucoup ! C'est donc ailleurs qu'il faut chercher la pointe de son eschatologie : voilà une indication précieuse pour guider l'analyse de Mt 25, 31-46 qui est le récit de Jugement le plus développé, le plus construit et sans doute le plus travaillé par Matthieu [6].

B. La venue du Fils de l'homme et le Jugement eschatologique.

Ces deux thèmes ne sont pas toujours liés dans la littérature contemporaine du Nouveau Testament, ni dans le Nouveau Testament lui-même. Marc et Luc, en particulier, les présentent de manière autonome dans plusieurs péricopes.

L'importance des remaniements rédactionnels matthéens est telle qu'il n'est guère possible de trouver dans cet évangile de texte qui annonce la venue eschatologique du Fils de l'homme sans que lui soit lié le thème du Jugement. La seule occurrence

5. D. MARGUERAT, p. 465.

6. Cette conclusion rejoint les analyses de Ch. PERROT, « La Venue du Seigneur », *Le Retour du Christ*, Bruxelles, Publications des facultés universitaires Saint-Louis, 1983, p. 17-50.

serait 26, 64 où le parallèle est très étroit entre les trois synoptiques. Au çours de la comparution de Jésus devant le Sanhédrin, Jésus répond à la question décisive du grand prêtre sur sa messianité par une annonce solennelle de son destin glorieux de Fils de l'homme : « Tu l'as dit. D'ailleurs, je vous dis, désormais [que] vous verrez le Fils de l'homme siégeant à la droite de la Puissance et venant sur les nuées du ciel. »

Nulle référence ici au thème du Jugement eschatologique. Néanmoins on peut noter d'une part que cette parole de Jésus, à un moment aussi solennel, ne pouvait être transmise qu'avec beaucoup de fidélité, et d'autre part que le contexte judiciaire est bien présent tant par les circonstances concrètes du procès de Jésus que par la mention du siège royal qui implique toujours l'exercice du pouvoir judiciaire (voir 19, 28).

1. Le travail rédactionnel de Matthieu.

Les remaniements matthéens tendent tous à associer ces deux thèmes de la Parousie et du Jugement, comme on peut l'analyser assez facilement à travers plusieurs textes. Nous en retiendrons trois : 16, 27-28 ; 19, 27-30 ; 24.

Mt 16, 27-28. Entre la confession de foi de Pierre et la première annonce de la Passion, d'une part, et la transfiguration, d'autre part, les versets 22-28 rapportent une série de *logia* sur la condition des disciples de Jésus profondément solidaires du destin de leur Maître. Le parallèle synoptique est relativement strict, sauf dans les derniers versets où Matthieu supprime Mc 8, 38, parallèle à Lc 9, 26a, qui présente un prolongement eschatologique à l'enseignement précédent : les disciples porteront leur croix comme Jésus a porté sa croix, car, « alors » le Fils de l'homme aura envers ses disciples la même attitude que celle qu'ils auront eue par rapport à Lui dans leur existence terrestre.

Les remaniements matthéens vont dans plusieurs sens. D'une part, ils précisent les données concernant les événements eschatologiques avec l'évocation d'une rétribution de chacun, ce qui implique clairement une évaluation et un jugement. D'autre part, il remplace les éléments supprimés par une mention très large « selon sa conduite », ce qui met en cause l'ensemble de l'existence de chacun. Pour cela Matthieu utilise une citation du Ps 61, 13. Cela soulignait déjà la fonction judiciaire du Fils de l'homme qui va venir dans la gloire de son Père et qui rétribue par lui-même. La modification de la fin de Mc 9, 1 renforce ce trait en transformant l'expression sur « le Royaume de Dieu venu en puissance » en une venue du Fils de l'homme en son Royaume : le soulignement du thème du Jugement eschatologique dans un contexte de Parousie va donc de pair avec une « concentration christologique » comme en Mt 25, 31-46.

Mt 19, 27-30. Cette péricope concerne aussi le destin des disciples, à l'occasion d'une remarque de Pierre consécutive aux *logia* de Jésus sur la difficulté pour les riches d'entrer dans le Royaume de Dieu. Le parallèle synoptique est très proche, puisque Luc simplifie la version de Marc en supprimant la double mention des champs que l'on a quittés « à cause du Christ » (Mc 10, 29) et une répétition de cette liste en Mc 10, 30b ; il ajoute cependant la mention de la « femme ». Matthieu est proche des détails de Marc, tout en supprimant lui aussi la répétition de Mc 10, 30b.

C'est dans ce qu'il ajoute que Matthieu est le plus original. Il complète d'entrée la remarque de Pierre par un concret : « qu'aurons-nous donc ? » ce qui la transforme en quasi-revendication. En conséquence la réponse de Jésus précise à la fin du verset 29 « recevoir plusieurs fois plus » par « hériter une vie éternelle » (voir 5, 5 ; 25, 34).

Les versions de Marc et Luc n'entrent pas dans les détails au sujet de qui fera cela. Matthieu complète donc la réponse de Jésus par une introduction qui donne une grande solennité à sa réponse : « En vérité, je vous dis : vous qui m'avez suivi, lors de la régénération, quand le Fils de l'homme siégera sur le trône de sa gloire, vous siégerez aussi sur douze trônes, pour juger les douze tribus d'Israël » (28).

Le temps de la consommation eschatologique est ici désigné par Matthieu comme la « régénération ». Il y aura concomitance entre cette régénération et la session glorieuse du Fils de l'homme. Il ne s'agit plus ici de la gloire de son Père, comme en 16, 27 mais de sa gloire propre comme en Mt 25, 31-46. Enfin les Douze seront associés étroitement à l'œuvre eschatologique du Fils de l'homme, y compris dans sa fonction de Juge, comme ils ont été associés étroitement à son destin messianique. Matthieu reprend la symbolique du chiffre douze mettant en relation les Apôtres et les tribus d'Israël, selon une tradition connue aussi de Luc (22, 30). On retrouve donc dans cette péricope le même courant qui s'exprime plusieurs fois en Matthieu sur l'annonce prioritaire et le rapport privilégié des premiers disciples avec le peuple d'Israël (voir 10, 6 ; 15, 24).

Mt 24 : l'annonce de la Parousie [7]. Matthieu emploie *parousia* uniquement dans ce chapitre 24 (quatre fois). On le trouve dès le verset 3 dans le dialogue inaugural du dernier discours de Jésus. À l'annonce de la destruction du Temple, les disciples réagissent par une question sur la date et le signe de la Parousie de Jésus et de la fin du monde, les deux étant liées [8].

La mention suivante de *parousia* au chapitre 24 se trouve au verset 28 où elle est présentée comme semblable à l'éclair : elle embrasera tout l'horizon, tout l'univers, il n'y aura donc pas moyen de lui échapper, selon l'indication du verset 27 : comme l'éclair, elle peut être autant attendue, prévisible avec l'orage qui monte que l'instant de sa fulgurance est subit, soudain, surprenant. Ainsi sera l'avènement glorieux du Fils de l'homme, une irruption bouleversante et inéluctable.

Les versets 30-31 reviennent sur le signe du Fils de l'homme qui avait été demandé à Jésus dès le verset 3 ; le rédacteur l'ajoute à sa source ainsi qu'une mention du geste de pénitence accompli alors par toutes les tribus de la terre, selon le texte de la Septante sur Za 12, 12-14 que Matthieu étend à toute la terre [9]. Il n'est pas dit exactement en quoi ce signe consistera, il est seulement annoncé, dans des mentions propres à Matthieu, que toutes les nations de la terre seront mises en cause : elles verront le Fils de l'homme et se frapperont la poitrine en signe de pénitence. Le Fils de l'homme viendra avec *ses* anges (les anges, seulement en Marc) dans le fracas des trompettes. Ce sont les anges qui rassembleront dans tout l'univers les élus. Cela suppose qu'il y aura eu un jugement général pour les désigner. L'universalité de l'événement est évidente car rien ne permet ici de restreindre la portée de toutes les tribus de la terre, au contraire.

Les versets 37-41 illustrent la surprise et la soudaineté de la Parousie en rappelant ce qui se passa lors du déluge, autre événement à dimension universelle : toute la génération de Noé fut engloutie dans son imprévoyance. Le sauvetage de Noé et des siens dans l'arche est une image du salut des élus qui seront ainsi épargnés de la catastrophe à venir. La pointe est une invitation aux disciples de ne pas se laisser prendre par surprise dans la nécessaire méconnaissance générale. Les versets 40-41

7. Nous complétons rapidement les analyses de l'article précédent.

8. *« Sunteleia tou aiônos »* est propre à Matthieu parmi les évangélistes, le seul autre emploi dans le Nouveau Testament est en He 9, 26.

9. Matthieu emploie alors le même verbe *kopsontai* que la Septante en Za 12, 10 et 12.

donnent en conclusion une coloration de jugement, puisqu'ils indiquent qu'un tri sera alors fait, sans que les critères de ce monde puissent le justifier dans l'instant : la surprise ne portera pas seulement sur le moment de la Parousie mais aussi sur la sentence. D'où les appels à la vigilance qui vont suivre (24, 44 — 25, 30).

On peut ajouter à ces notations au sujet du chapitre 24 l'acclamation contenue en 23, 39. Luc la connaît en l'état et elle est pratiquement identique à celle de l'entrée triomphale de Jésus à Jérusalem en 21, 9 : « béni celui qui vient au nom du Seigneur », qui est une citation du Ps 117, 26. Ici elle semble être un élément du triomphe parousiaque, bien que le contexte soit relativement imprécis.

Ces rapides analyses montrent combien et comment les deux thèmes de la venue eschatologique du Fils de l'homme et du Jugement dernier ont été systématiquement mis en relation par le travail rédactionnel de Matthieu. Il nous appartient maintenant d'en préciser les traits d'une manière plus systématique. Par bien des aspects ils ne sont pas vraiment originaux, mais leur multiplication en Matthieu leur donne une consistance particulière.

2. *La description de la Parousie dans Matthieu.*

Cet essai de synthèse ne doit pas entraîner d'illusions. Il n'est pas question de tenter ici la reconstitition d'un éventuel scénario selon Matthieu [10]. Il convient plutôt de relever les traits essentiels qui sont épars dans l'ensemble de son évangile.

Seul parmi les évangélistes, Matthieu appelle « Parousie » la venue glorieuse du Fils de l'homme à la fin des temps. Paul la désigne aussi par ce mot, surtout dans les deux lettres aux Thessaloniciens (neuf emplois), de même que Jc, 2 P et 1 Jn. Le mot évoque d'abord la présence, le fait d'être là, et donc l'arrivée, la venue de quelqu'un. Sa traduction par « avènement » oriente l'interprétation vers la signification royale de cette arrivée : ce Fils de l'homme intronisé publiquement dans le Royaume de Dieu, qui est son Royaume, accomplit par là les espérances du messianisme royal et la tradition daniélique

10. Au mieux pourrait-on essayer de situer les différents remaniements rédactionnels par rapport aux autres témoignages dans le Nouveau Testament, dont on sait qu'ils manifestent une nette évolution des représentations. Voir Ch. PERROT, « La Venue du Seigneur », *Le Retour du Christ*.

(Dn 7) reprise par Jésus à son compte lors de son procès (24, 64).

La Parousie est toujours annoncée de manière certaine, ferme. Il n'y a jamais l'indication d'un doute quelconque. Le Fils de l'homme viendra sûrement (voir 16, 27), comme il est déjà venu (5, 17 ; 9, 13 ; 10, 34-35...) et cette venue sera un repère chronologique fondamental dans le cours des temps et le destin de l'humanité (voir 10, 23 ; 16, 28 : un avant est évoqué, sinon un après).

Cette certitude va de pair avec l'impossibilité d'en connaître la date. Avec ses conséquences concrètes pour les disciples (appel à la vigilance), c'est l'objet central de l'enseignement des chapitres 24-25. Les images évoquent la soudaineté et l'incertitude de la date. Les événements qui précéderont cette venue seront dramatiques pour tous, en particulier pour les disciples qui seront menacés par les erreurs et les persécutions. Mais aucun élément permettant de faire des calculs n'est fourni, surprenante sobriété quand on met en regard les textes apocalyptiques contemporains... Le Père seul connaît cette date (24, 36).

Cette soudaineté évoque l'éclair qui surgit de l'orage qui monte, prévisible et incalculable (24, 27). Même les signes donnés par Jésus ne seront en rien explicites puisque beaucoup seront surpris dans leurs occupations quotidiennes comme la génération de Noé (24, 37-39). La venue du Fils de l'homme peut donc être dite à la fois certaine, soudaine et imprévisible.

La plupart des indications visent un événement de portée universelle. La question de 24, 3 réunit la Parousie du Fils de l'homme et la fin du monde. Le renouvellement qui se produira alors sera celui de « toutes choses » (19, 28) et toutes les tribus de la terre verront le Fils de l'homme (24, 30) et les élus seront rassemblés de toute la terre (24, 31). Les images vont dans le même sens : l'éclair qui illumine tout le panorama (24, 27), le déluge qui extermina toute la génération contemporaine de Noé (24, 37 s.)

Cette note universaliste de la Parousie est partout présente dans les évocations matthéennes, même en 19, 28 où le contexte du particularisme du jugement d'Israël ne concerne pas, semble-t-il, la Parousie elle-même. Tout cela correspond aux parallèles synoptiques.

En conclusion de son analyse sur les destinataires des paroles de Jésus sur le Jugement eschatologique, Marguerat souligne combien ce thème se trouve dans le contexte interne du débat ecclésial : « Israël et les disciples sont les seuls destinataires de la menace du Jugement dans le premier évangile [...]. Le Jugement n'est pas pour le Christ matthéen un argument à usage missionnaire ; il s'adresse à un peuple [Israël] et à une communauté [l'Église], pour déchiffrer les conséquences de leur comportement à l'égard du Christ et de son enseignement [11]. »

La prédication du Jugement eschatologique, dans sa portée universelle, est une évidence non discutée ; elle concerne les interlocuteurs privilégiés de Jésus, mais elle n'est pas faite pour elle-même. Elle sert le projet fondamental de l'annonce évangélique du Royaume et l'appel à la conversion et à la foi au Christ.

Les divers éléments de mise en scène appartiennent tous à « un langage établi » dans la tradition apocalyptique, selon l'expression de Marguerat [12]. Presque tous se retrouvent dans la péricope 24, 26-35. D'abord un bouleversement de l'ordre cosmique troublera l'organisation du temps, sinon y mettra fin. Il n'y aura plus le soleil ni la lune ni les étoiles pour rythmer la succession des journées. On retombera donc dans l'indistinction des ténèbres originelles, ce qui signifie bien que ce monde sera en train de se dissoudre. Le Fils de l'homme viendra alors sur les nuées du ciel selon la tradition daniélique (Dn 7, 13 ; voir Mt 26, 64). Que le Fils de l'homme vienne ainsi du ciel indique clairement qu'il exerce alors une mission divine.

24, 30 précise qu'il viendra « avec puissance et grande gloire ». Cette gloire est normalement celle de Dieu, du Père (voir 16, 27) mais ici cela n'est pas indiqué, ce qui tend à renforcer la nature divine de sa mission ; en 25, 31, il est dit qu'il s'agit de « sa » propre gloire, ce qui achève de le désigner comme un personnage divin. Puissance renvoie aussi à Dieu : en 26, 64, le mot est employé par Jésus pour éviter de prononcer le Nom divin.

Les anges seront les auxiliaires du Fils de l'homme dans son œuvre de rassemblement eschatologique : ici, ils réunissent les élus, au son de la grande trompette ; ailleurs, ils opèrent le tri consécutif au Jugement eschatologique (13, 36-43). En Mt 25, 31 (comme en 16, 27), ils forment son escorte solennelle. Cela dit, ils ne connaissent pas plus que le Fils de l'homme la date de ces événements (24, 36).

La venue du Fils de l'homme donnera lieu à une vision par

11. D. MARGUERAT, p. 47.
12. D. MARGUERAT, p. 17 s. et 83 s.

tous les hommes. Cette vision est essentielle, semble-t-il, à la représentation que Matthieu se fait de la Parousie. Il s'agit d'un véritable face-à-face de chacun (16, 27-28) avec le Fils de l'homme, comme cela semble implicite dans le récit de Mt 25, 31-46. Elle suscitera des gestes de pénitence chez tous. Quelle est l'importance du fait de cette vision ? Elle indique la dimension concrète de la rencontre qui n'est pas sans rapport avec les débats contemporains dans le judaïsme sur la destinée des hommes après leur mort ; on peut aussi la rapprocher du fait que le témoignage des disciples sur le Ressuscité repose sur le fait qu'ils l'ont vu. Le privilège de quelques-uns deviendra alors la situation de chacun : ils le verront dans sa gloire de Fils de l'homme ressuscité, celui qu'ils ont (vu) crucifié.

Selon 23, 39, cette vision suscitera une acclamation de la part des disciples, dans les termes même de celle qui fut adressée à Jésus lors de l'entrée solennelle à Jérusalem, d'après le Ps 117, 26. Il n'y a pas à chercher une harmonisation avec les gestes de pénitence de 24, 30. Les deux acclamations encadrent les événements de la mort et de la résurrection, jusqu'à ce que celle-ci atteigne sa plénitude de manifestation dans la Parousie. Entre les deux, se déploie le temps de l'épreuve, le temps de la foi, qui est aussi le temps de l'Église dans sa pérégrination terrestre.

Mt 24, 30-31 n'évoque pas le trône ni la session du Fils de l'omme à la droite du Père, et il ne suppose un Jugement eschatologique que dans la mise en œuvre par les anges d'une sentence qu'appelle le choix des élus (24, 31). Les textes qui mentionnent la session du Fils de l'homme se répartissent en deux séries :

La première évoque la session du Fils de l'homme à la droite de Dieu. La réponse de Jésus au grand prêtre (26, 64) combine des éléments de Dn 7, 13 (la venue sur les nuées) et du Ps 109, 1 (Septante). Ce psaume est déjà cité en 22, 44 par Jésus lui-même pour mettre fin aux polémiques avec ses adversaires au sujet de son autorité et donc pour fonder celle-ci sur la prophétie de David qui reconnaissait que le Messie était son Seigneur. Cette session du Fils de l'homme est donc d'abord manifestation de la victoire glorieuse du Crucifié, et indication de sa messianité et de sa divinité ; ensuite la succession des deux citations en 26, 64, la session puis la venue indiquent que celui qui est révélé lors de la Parousie dans la plénitude de sa gloire victorieuse vient exercer le pouvoir de juger qu'implique le fait qu'il siège. Le même verbe *kathèmai* est employé par Matthieu en 27, 19 pour Pilate dans le cadre du procès de Jésus et en 19, 28 pour les Douze. Dans le *logion* 26, 64 la notation judiciaire vient en second, comme conséquence de la glorification.

La seconde série indique clairement cette fonction de Juge eschatologique : en 19, 28 d'abord le fait de siéger est explicitement lié à l'acte du Jugement eschatologique, auquel le Fils de l'homme associera les Douze pour ce qui concerne le jugement d'Israël. C'est en ce sens que se comprend la demande de la mère des fils de Zébédée et la réponse que lui fait Jésus (20, 20-23) et aussi 25, 31-46. Le trône sur lequel siège le Fils de l'homme n'est pas celui du Père : c'est le sien propre (19, 28), celui de sa gloire (25, 31).

Les différentes images qui servent à l'évoquer sont soit la comparution judiciaire qui insiste sur l'idée de séparation, soit la procédure de remise de compte qui souligne la menace de condamnation, soit des évocations directes du châtiment éternel.

Ces divers éléments se caractérisent par une remarquable sobriété. Matthieu, comme les autres évangélistes, simplifie considérablement le riche réservoir d'images de ce genre littéraire. L'apocalyptique n'est pas le seul genre littéraire à subir un tel traitement lors de leur reprise dans le genre évangile.

Comment évaluer ce processus de simplification littéraire autrement qu'en en saisissant l'enjeu théologique ? La nouveauté radicale de la foi chrétienne est d'introduire dans l'espérance apocalyptique un déjà là inouï et imprévu sous cette forme. L'attente eschatologique chrétienne ne se fonde plus seulement sur la Parole des Pères, des prophètes ou de leurs porte-parole anonymes plus récents, mais sur l'événement du Verbe fait chair, comme le dira finalement l'évangile de Jean. La tension vers l'avenir n'est plus tension vers une rupture radicale qui suppose un regard négatif sur le présent au profit de l'avenir promis. Elle est autant célébration d'un déjà là qu'attente de nouveauté. Non qu'il n'y ait plus de nouveauté à attendre, au contraire nouveauté et surprise il y aura, mais elles seront l'épanouissement, l'accomplissement du Règne qui s'est approché. Autrement dit, c'est tout le statut de la promesse qui est bouleversé par l'irruption du Fils de l'homme dans l'histoire de Jésus de Nazareth.

C'est pourquoi, dans tous ces textes, comme en Mt 25, 31-46, le phénomène théologique majeur consiste à donner à Jésus-Fils de l'homme un maximum d'attributs reconnus traditionnellement à Dieu. Mais ce Fils de l'homme venant à la fin des temps n'est plus un personnage céleste dont on ignore le mystère, c'est ce Fils de l'homme souffrant et crucifié, honteusement « maudit » des hommes sur le bois de la Croix et que ses disciples ont dit ressuscité ; c'est Dieu lui-même qui vient à nouveau à la rencontre de l'humanité comme il est déjà venu en la personne de Jésus. La gloire eschatologique du Fils de l'homme est bien réelle, mais la mémoire du Crucifié ne saurait se satisfaire des trop riches enluminures de l'imagination apocalyptique qui n'entrevoyait que de très loin la nature du drame, dont la véritable gloire est la gloire de la Croix.

Le thème du Jugement eschatologique se retrouve, directement ou par allusion, à de nombreuses reprises, dans l'évangile de Matthieu qui utilise pour ce faire un « langage établi » à son sujet.

Les traits principaux que nous avons relevés dans notre analyse peuvent se résumer en cinq points :

— Le Jugement eschatologique est une évidence qui n'a pas à être justifiée. Elle coïncidera avec l'avènement glorieux du Fils de l'homme et marquera la fin de ce siècle ;

— Il aura à la fois une portée cosmique, et donc universelle, et une dimension personnelle. Mais la prédication du Christ matthéen s'adresse essentiellement aux juifs et aux disciples ;

— Le langage utilisé est aux couleurs de l'apocalyptique, mais il apparaît singulièrement dépouillé ;

— Les fonctions du Juge eschatologique sont attribuées avec insistance au Fils de l'homme, dans lequel on reconnaît Jésus dans sa gloire de ressuscité ;

— Toutes ces évocations du Jugement sont en fait des appels à la foi au Christ, à la vigilance, au discernement, à la fidélité, d'où les fréquentes mentions des critères qui fondent le verdict et sa récompense qui est toujours d'ordre eschatologique.

Article 2
LES CRITÈRES DU JUGEMENT ESCHATOLOGIQUE DANS L'ÉVANGILE DE MATTHIEU

Les critères du Jugement eschatologique ne sont pas davantage unifiés que ne le sont les diverses représentations. Ils sont disséminés dans tout le récit évangélique, hormis les deux premiers chapitres et le récit de la passion et de la Résurrection. Il ne saurait donc être question ici d'en entreprendre une étude exhaustive, car cela reviendrait à entreprendre une étude systématique de cet évangile. Mettre en évidence cette variété permettra d'évaluer combien les critères contenus en Mt 25, 31-46 sont originaux.

Les différentes sentences de Jugement visent dans l'évangile de Matthieu soit les disciples, soit les juifs. Deux types de critères s'y rattachent : la référence croyante en Christ et la dimension concrète de l'agir humain comme agir croyant. Ces deux axes ne sont pas indépendants l'un vis-à-vis de l'autre. Les Béatitudes, qui introduisent le premier discours matthéen, donnent aux enseignements évangéliques une forte coloration eschatologique en les plaçant sous le signe du Royaume promis. Elles nous serviront de porche d'entrée.

A. Les Béatitudes.

Comme les dialogues de Mt 25, 31-46, le poème des Béatitudes présente une structure formelle très élaborée, qui souligne la solennité de ces deux textes qui encadrent les enseignements de Jésus que Matthieu a regroupés en cinq « discours ». Comme eux encore, il semble énumérer une série d'attitudes morales sans qualification théologique propre (hormis pour la dernière, qui rompt d'ailleurs la structure formelle) et leur ouvrir une espérance eschatologique sans commune mesure apparente : « le Royaume des cieux est à eux. » Ces attitudes ne sont pas sans rapprochements plus ou moins faciles avec les œuvres de miséricorde : pauvreté, faim, soif, miséricorde, et persécution qui conduit en prison…

Il est indéniable que les Béatitudes exaltent autant les victimes de l'histoire humaine que le Jugement ceux qui les soulagent. La comparaison avec les Béatitudes lucaniennes (Lc 6, 20b-26) permet de mesurer l'ampleur du travail rédactionnel de Matthieu. Luc garde la connotation sociale des situations mises en cause. Matthieu n'évacue pas totalement cette dimension, mais il souligne que la factualité de ces œuvres suppose l'attitude spirituelle correspondante.

D'autre part, Matthieu ne connaît que des Béatitudes alors que Luc connaît une série parallèle de malédictions, qui évoquent la seconde sentence. La dimension religieuse des Béatitudes matthéennes se découvre facilement à l'analyse, comme l'a montré avec beaucoup de détails le travail de J. Dupont [13].

La quatrième béatitude selon Matthieu reprend les deux premières œuvres du Jugement : « Heureux ceux qui ont faim et soif de la justice : ils seront rassasiés. » La formule lucanienne a gardé des accents prophétiques : « heureux vous qui avez faim maintenant, vous serez rassasiés. » Les réminiscences isaïennes en ont été repérées depuis longtemps [14]. Plusieurs de ces oracles visent la restauration d'Israël, ce qui donne aux Béatitudes leur caractère d'annonce eschatologique de renversement de situation. Chez Isaïe comme chez Luc, c'est leur souffrance seule qui est prise en considération ; ce ne sont ni la piété ni la vertu des pauvres qui sont mises en avant mais leur situation sociale. La reprise matthéenne infléchit donc ces données traditionnelles, en donnant à la faim et à la soif une portée nettement métaphorique.

Mt 25, 31-46 prend en compte ces besoins dans leur matérialité la plus concrète ; cette béatitude en fait la base métaphorique de la tension constitutive de l'homme dans l'accomplissement de sa relation aux autres. Là où Luc s'en tient à une misère révélatrice de tant d'autres, Matthieu propose un couple de totalité qui suggère l'ouverture radicale de l'homme à quelque chose de plus radical et plus profond, qu'il nomme « justice ». Sa valeur est telle que, pour elle, certains sont persécutés, comme d'autres (les mêmes ?) le sont à cause du Christ.

D'autre part nous relevons dans la septième béatitude un autre point qui indique la cohérence de la conception matthéenne des critères du jugement : *eirènopoios* est un mot rare dans la Septante (Pr 10, 10), alors qu'il est bien attesté dans la littérature grecque. Mais plus que vers une signification fondée dans ces parallèles qui sont à consonance politique (« mettre fin à un état de guerre ») ou morale (« pacifique, aimant la paix »), J. Dupont penche vers une interprétation fondée sur la tradition rabbinique où l'expression « faire la paix » est bien documentée, ainsi que plusieurs autres très proches : elles visent « un service que l'on peut rendre à des amis ou des époux en les ramenant à une bonne entente qu'ils ont eu le malheur de perdre [15] ». L'expression recouvre donc une attitude très concrète, à

13. J. DUPONT, *Les Béatitudes*, Paris, Gabalda, 3 vol., 2e éd., 1958-1969.

14. Is 26, 19 ; 29, 18-19 ; 49, 7-13 ; 55, 1-3 ; 58, 6 ; 61, 1-3 ; 65, 13 ; 66, 10…

15. J. DUPONT, *Les Béatitudes*, vol. III, p. 643.

réaliser dans les relations avec ses proches. Il ne s'agit pas seulement d'un vague état d'esprit, mais d'un « faire », maître mot dans la critériologie matthéenne du Jugement[16].

On retrouve donc, au cœur du message des Béatitudes matthéennes, ces deux notions essentielles à cet évangéliste : « faire la justice » ; elles sont déployées à nouveau dans les deux contextes suivants.

B. Dans les annonces de Jugement d'Israël.

Toutes les péricopes où intervient l'annonce du Jugement eschatologique sont de nature polémique. L'essentiel du contentieux porte sur les refus de croire en sa mission et en celle qu'il confie à ses disciples. Cela détermine une nouvelle étape dans l'histoire du salut, car la prétendue fidélité d'Israël à sa tradition n'est qu'un refus de la Bonne Nouvelle qui désormais est destinée et reçue par les païens. Le *logion* de conclusion du récit de la demande de guérison faite par le centurion de Capharnaüm (8, 5-13) est très révélateur de cette nouveauté. Le dialogue ne prête pas de lui-même à polémique, car le Romain exprime seulement sa foi, son humilité et son respect des coutumes juives. Le parallèle lucanien ne contient d'ailleurs qu'une exclamation admirative de Jésus : « Je vous le dis, pas même en Israël je n'ai trouvé pareille foi » (Lc 7, 9b). Matthieu y ajoute un *logion* provenant de la source Q, que Luc situe dans une mise en garde envers ceux qui se prévalent d'une commensalité avec Jésus comme d'une garantie de salut (Lc 13, 22-30). Ce travail rédactionnel en Mt 8, 10-12 manifeste clairement son intention polémique, puisque le dialogue avec le centurion n'exigeait pas cette conclusion.

La suite immédiate de l'évangile rapporte plusieurs polémiques où l'attitude de ses contemporains juifs est prise à partie par Jésus. Directement quand il s'agit des villes de la région du lac de Galilée (11, 20-24) ou de sa génération qui ne le reconnaît pas (12, 38-42), ou indirectement à travers ses disciples (10, 40-42). La violence des sentences prononcées par Jésus est remarquable, car il oppose le refus de croire des juifs soit à la bonne volonté qu'il présuppose chez les villes païennes de Tyr et Sidon, soit à Sodome dont le châtiment sera moins dur que

16. Nous n'analysons pas ici la cinquième béatitude sur les miséricordieux, car au sens strict c'est la tradition ecclésiale qui a opéré le rapprochement avec les six gestes de Mt 25, 31-46 qu'elle a insérés dans la liste des œuvres de miséricorde.

celui de Capharnaüm. Or Sodome était pour les rabbins le symbole même de la corruption, de la perversité et du péché... Reprenant le raisonnement suivant la confession de foi du centurion, 12, 41-42 exalte la foi des païens de Ninive « convertis à la prédication de Jonas » ou celle de la reine du Midi venue rendre hommage à la sagesse de Salomon. Lors du Jugement, ce sont ces non-juifs qui se lèveront pour condamner la génération qui n'a pas su reconnaître la mission de Jésus.

Ce n'est pas un critère précis de jugement qui se dégage de ces versets, sinon celui de la nécessaire adhésion à la personne et au message de Jésus pour ceux qui se veulent les enfants d' « Abraham, Isaac et Jacob » (8, 11). Leur fidélité les a conduits jusqu'à la table du Royaume des cieux. Il est révélateur que, pour poser cette charnière dans son récit entre le temps des scepticismes et celui des refus ouverts et des polémiques, Matthieu ait choisi un *logion* de portée eschatologique aussi manifeste. L'élection d'Israël est ici en cause, et à travers elle la fidélité de Dieu à son Alliance. Par son refus, Israël laisse le champ libre pour un peuple nouveau; qui rassemblera tous ceux qui croiront, d'où qu'ils viennent, à l'image du centurion romain, symbole de la puissance étrangère occupante et honnie.

Entre la demande du centurion et les condamnations des villes du lac, Matthieu a placé son discours sur la mission apostolique (10, 1—11, 1). Les versets 10, 5-7 semblent « contredire » le *logion* de 8, 10-12 puisqu'ils donnent une priorité à l'annonce auprès « des brebis perdues de la maison d'Israël ». Ces versets sont presque entièrement propres à Matthieu et reflètent largement un travail rédactionnel. Les brebis perdues désignent le peuple, ceux qui suivent les mauvais bergers et qui sont égarés par eux. Le Jésus matthéen ne prend pas facilement son parti du refus de croire de son peuple et voudrait lui éviter la condamnation lors du Jugement (23, 37-39). Le constat qu'il est conduit à faire, surtout dans le contexte des années 70-80, est à la fois celui du rejet massif et d'un certain nombre de conversions personnelles [17]. C'est à ce refus que fait essentiellement écho 10, 13-15, selon une tradition de la source Q : les villes qui auront refusé d'accueillir les pacifiques messagers de l'Évangile auront un sort moins supportable que Sodome et Gomorrhe lors du Jugement. Ce *logion* étend donc à la mission

17. Sur la communauté matthéenne et la rédaction de Matthieu, voir section « Contexte littéraire et contexte social », p. 121.

des disciples ce que Jésus dit de sa propre mission : elle ne connaîtra guère de succès, et le manque de foi justifiera la même condamnation, comme le précise l'annonce des persécutions, « le disciple n'est pas au-dessus du maître » (10, 24) et comme le résume la conclusion du discours : « qui vous accueille, m'accueille moi-même, et qui m'accueille, accueille celui qui m'a envoyé » (10, 40).

Ces *logia* annoncent le jugement d'Israël à cause de son refus de croire. Matthieu précise-t-il davantage ce critère de Jugement, autrement dit, reproche-t-il aux juifs d'être infidèles à leur propre Loi ? Cela est implicite dans l'argument fondamental selon lequel Jésus accomplit les promesses messianiques. Leur fidélité à la Loi est donc une « hypocrisie » : ils détournent les textes de la Loi de leur véritable signification en multipliant les interprétations selon des critères formalistes (voir 23 !) et ils ne font pas réellement ce qu'ils disent. C'est ce second point qui est l'objet d'une référence au Jugement, car elle contrevient à un principe majeur de l'évangile de Matthieu pour lequel il importe bien davantage de vérifier quels sont les faits que les dits. La parabole des deux fils (21, 28-32) l'exprime de manière imagée, et il est difficile de ne pas voir une allusion à Israël sous les traits d'un fils…

Jésus dénonce donc le privilège qu'Israël se reconnaissait au nom de son élection : il échapperait au Jugement eschatologique, ou, du moins, il bénéficierait d'une miséricorde toute particulière de la part de son Dieu. Matthieu est sans équivoque. Israël sera jugé et condamné pour n'avoir pas cru que Jésus est le Messie, ce qui est le sommet de l'accomplissement de la Loi et des Prophètes. Un peuple nouveau se constitue donc dans la foi autour de Lui et devient le nouveau dépositaire des promesses : Jésus lui reconnaît-il un privilège semblable à celui que s'accordait Israël ? Échapperait-il au Jugement qui vient ?

C. Dans les annonces du Jugement des disciples.

Une première série de textes répond au critère précédent concernant le refus de croire d'Israël : les disciples seront jugés sur leur fidélité au Christ dans l'épreuve suprême que constitueront, pour eux, les persécutions. Le discours apostolique y revient par deux fois en les plaçant sous un horizon eschatologique explicite. Après avoir dénoncé ceux qui n'accueilleront pas les missionnaires, Jésus leur annonce que ce refus ira jusqu'aux procès et aux mauvais traitements. Ces procès seront en ce monde les lieux du témoignage de l'Esprit, « qui parlera en vous » (10, 20) et ne font que renvoyer à cet autre procès, dans lequel les autres trouvent leur signification eschatologique, et qui se tiendra devant le Père des cieux (10, 32-33).

Les enseignements sur les conditions pour suivre Jésus (16, 24-28), que rapportent les trois synoptiques après la confession de foi de Pierre et la première annonce de la Passion (16, 13-23), sont très importants dans la tradition évangélique puisqu'on en trouve cinq mentions parallèles ; nous les connaissons sans doute d'après deux sources distinctes, la source Q et la source de Marc. Nous en retenons seulement les traits utiles pour notre propos dans ce qui est commun aux trois synoptiques, puis dans ce qui est propre à Matthieu.

Ces *logia* expriment avec une grande force ce qu'est la condition du véritable disciple dans la tradition la plus ancienne. Suivre le Christ, c'est prendre concrètement le même chemin de vie que lui, jusques et y compris dans le drame de la Croix, qui n'est pas seulement une image des difficultés de la vie, mais qui est le symbole d'une fidélité sans concession, quel que soit le prix à payer. Pour cela des expressions radicales et des oppositions fortes sont accumulées : sauver-trouver et perdre ; gagner et ruiner ; se renier… Ce refus de toute compromission n'a de sens qu'en fonction de l'eschatologie. C'est parce que suivre fidèlement Jésus, mort et ressuscité, a un enjeu déterminant et total qu'il ne peut tolérer un quelconque moyen terme. La référence au Jugement est cohérente avec ce message ; on la trouve dans les trois synoptiques (Mt 16, 27 ; parallèle Mc 8, 38 et parallèle Lc 9, 26), Marc et Luc gardant ici le début du *logion* que Matthieu a placé dans le discours du chapitre 10 au sujet de l'attitude de Jésus lors du Jugement, qui sera symétrique à celle que les hommes auront eue envers Lui.

Deux particularités de la rédaction de Matthieu nous intéressent ici. D'une part ces versets sont adressés aux disciples avec lesquels Jésus se trouve depuis 16, 13, alors que Marc et Luc les adressent soit à la foule alors convoquée (Marc), soit à tous (Luc). Cette nuance matthéenne indique que ces paroles concernent très directement l'Église, communauté de ceux qui « veulent » suivre le Christ, et donc que les paroles suivantes sur le Jugement concernent cette Église qui n'échappe pas au sort commun. Cela confirme que la prédication sur le Jugement n'a pas d'abord une visée missionnaire ou menaçante : « le Christ matthéen ne va pas énumérer devant les foules incroyantes les conditions préalables à l'adhésion à sa personne. Il décrit au contraire comment se concrétisent toujours à nouveau la confession de foi du disciple, celui qui a perçu la véritable identité du Fils de l'homme (16, 16)[18]. » D'autre part, après l'évocation de la venue glorieuse du Fils de l'homme (v. 27a), Matthieu ajoute une citation du Ps 61 (62), 13 : « alors il rétribuera chacun selon sa conduite. » *Praxis* est un mot rare dans le Nouveau Testament (six emplois) ; c'est son seul usage matthéen, que ne justifie pas la Septante qui donne *erga*. Il souligne que le faire par lequel chacun réalise son destin ne peut se confondre avec le simple dire ou la velléité, ni même avec la bonne fin apportée à ce faire, comme pourrait le laisser entendre *ergon*. Ainsi retrouve-t-on cette constante matthéenne selon laquelle la foi, suivre Jésus, c'est un faire qui ne se réduit pas à un catalogue de convictions affichées, mais à une mise en pratique pour sa propre part de ce que fut l'attitude humaine du Christ. Autrement dit accomplir les Écritures comme le Christ, selon l'esprit du Christ.

Le Sermon sur la Montagne est certainement l'ensemble de péricopes où on peut le mieux saisir cet aspect de l'évangile matthéen. Les Béatitudes situent d'entrée ces enseignements dans une perspective eschatologique. Elles fixent aussi l'attention sur la réalisation concrète de la justice, en articulant le « faire » et l'intention morale de ce « faire ». Par la suite, « faire » scande tout le discours, particulièrement avec deux péricopes qui encadrent le corps de ces enseignements regroupés par le travail rédactionnel de Mt : 5, 17-20 (« celui qui les fera et les enseignera, celui-là sera déclaré grand dans le Royaume des cieux », 19b) et 7, 21-23 (« entrera dans le Royaume des cieux, mais qui fait la volonté de mon Père qui est dans les cieux », 21b). Le critère de l'entrée dans le Royaume des cieux comporte un aspect de pratique concrète qui vise le plus petit commandement, la volonté du Père du Fils de l'homme, « la Loi et les Prophètes », comme l'explicite ultérieurement la parabole des deux fils (21, 28-32) ; toutes ces expressions sont équivalentes. Les disciples ne peuvent se croire protégés par leur seule attitude intellectuelle ou spirituelle de foi : celle-ci doit se traduire en actes, et ces actes sont ceux qui répondent à la volonté de ce Dieu en qui on dit croire. Les croyants sont bien soumis au Jugement, et celui-ci sera établi en fonction de ce qu'ils croient : il n'y a pas d'autre privilège

18. D. MARGUERAT, p. 87.

eschatologique pour eux que d'en avoir reçu la révélation dans le Christ et d'avoir donc pu s'y convertir consciemment.

Telle est donc cette justice qui « abonde plus que celle des scribes et des pharisiens », celle que Jean et Jésus accomplissent dans la scène de son baptême, car elle qualifie la mission du Baptiste « venu dans le chemin de la justice » (21, 32) : elle est soumission fidèle et accomplissement actif de la volonté du Père telle que celle-ci est communiquée par la tradition biblique [19]. Les antithèses de Mt 5, 21-48 sont une illustration de la manière dont il convient d'accomplir cette Loi. Les pharisiens avaient une tradition herméneutique précise pour la concrétiser. Jésus en a dénoncé le risque de formalisme ; sa propre herméneutique recentre tout autour d'un accord profond entre l'intention intime et un faire explicite, pour que soit possible l'ouverture fondamentale à laquelle chacun est appelé dans la rencontre de Dieu. Chacune des antithèses en est, sur les commandements particuliers, une illustration. « Vous donc, vous serez parfaits comme votre Père céleste est parfait » (5, 48) [20].

Accomplir la justice sur laquelle tout homme sera jugé n'est donc pas remplir un devoir pour assouvir sa bonne conscience (ou soulager sa mauvaise conscience...) ; c'est entrer dans la vérité de la relation avec Dieu sur le chemin de la « perfection ». Ce dépassement de tout légalisme est illustré aussi dans cette rencontre apparemment non réussie avec un homme jeune et pieux (19, 16-22) [21]. Comme dans les antithèses l'enjeu de ce dialogue est de savoir ce qu'il en est de la pratique de la Loi, exposée à travers son résumé qu'est le Décalogue, et de la perfection devant Dieu : « que me manque-t-il encore ? — Si tu veux être parfait... » La réponse est encore un appel à une plus grande authenticité. D'une part le Décalogue n'est pas dévalué puisque Jésus lui-même en élargit la perspective par son résumé selon Lv 19, 18 : « tu aimeras ton prochain comme toi-même. » Il y a donc là une première ouverture. La seconde

19. *Dikaiosunè* est une notion familière à Matthieu qui l'emploie sept fois (3, 15 ; 5, 6.10.20 ; 6, 1.33 ; 21, 32). P. BONNARD la décrit comme étant « une soumission fidèle à la volonté de Dieu » (*L'Évangile selon saint Matthieu, Commentaire du Nouveau Testament,* Neuchâtel, Delachaux et Niestlé, 2e éd., 1970, p. 40) ; il s'agit donc d'abord d'une qualité humaine, celle du disciple fidèle qui répond activement au dessein de Dieu. C'est donc pleinement une qualité de Jésus qui « accomplit la Loi et les Prophètes » (5, 17) ; mais le mot n'est jamais employé au sujet de Dieu.

20. Voir chapitre VIII, article 2 : « La justice du Royaume dans le Sermon sur la Montagne », p. 227.

21. Voir chapitre VIII, article 2 : « Suivre le Christ », p. 230.

demande amène une réponse de Jésus conforme à l'enseignement du Sermon sur la Montagne : « Si tu veux être parfait, va, vends tout ce que tu possèdes, donne-le aux pauvres, et tu auras un trésor dans les cieux. Puis viens, suis-moi ! » Le chemin de la perfection, c'est bien se mettre à la suite de Jésus, et pour cela se débarrasser de tout ce qui encombre le voyageur pour en faire profiter les pauvres. On n'est donc pas loin des œuvres de Mt 25, 31-46, bien que le lien entre la suite ascétique de Jésus et les œuvres de miséricorde ne soit pas affirmé de la même manière.

« Qui donc peut être sauvé ? » (19, 25). La question des disciples n'est pas rhétorique. L'évangile ne fait-il pas éclater toute possibilité de mettre en pratique un tel critère de justice et de perfection ? Une première réponse consisterait à rappeler que la critériologie du Jugement n'est pas unifiée par le dernier rédacteur matthéen. Il ne faudrait pas déduire des analyses précédentes qu'on pourrait en dégager de nouvelles lois. La réponse est donnée par Jésus lui-même : « Aux hommes c'est impossible, mais à Dieu tout est possible » (19, 26). Plusieurs *logia* matthéens indiquent que c'est Dieu qui « rend possible » l'entrée dans le Royaume selon ces principes ; d'une manière générale on peut appeler cette attitude la « miséricorde ».

Déjà, dans la dernière antithèse, le commandement de l'amour des ennemis était justifié par l'imitation de l'attitude miséricordieuse du Père « qui fait lever son soleil sur les méchants et sur les bons » (5, 45). Deux paraboles propres à Matthieu éclairent cette miséricorde : le débiteur impitoyable (18, 23-35) et les ouvriers de la onzième heure (20, 1-16). La conclusion de la première met un rapport clair entre l'attitude des hommes et celle de Dieu : « c'est ainsi que mon Père céleste vous traitera, si chacun de vous ne pardonne pas à son frère du fond du cœur » (18, 35). La pointe de la parabole est une invitation pressante à vivre le pardon dans les relations intracommunautaires. La miséricorde de Dieu, elle, n'a pas besoin d'être explicitée : elle est une donnée première de la foi, du visage paternel de Dieu que le Christ révèle. Le Juge eschatologique rendra sa sentence selon la justice, mais celle-ci ne va pas sans une radicale miséricorde, qui n'a pas à se justifier, même si elle est parfois très surprenante selon nos comptes humains.

C'est aussi le message de la parabole des ouvriers de la onzième heure. Tout le récit est dominé par les initiatives que prend le maître de maison pour embaucher des journaliers à sa vigne. La remise des salaires, le soir venu, est une image claire du Jugement. Elle se déroule selon une logique qui échappe aux raisonnements des hommes, d'où la protestation des premiers embauchés qui crient à l'injustice. Pourtant il n'y a pas d'injustice, puisqu'ils sont réglés selon les accords convenus. La miséricorde de Dieu n'est pas injuste, mais sa justice transcende nos calculs humains, car elle est de l'ordre de la surabondance.

Exactement comme celle à laquelle appelait Mt 5, 20, la justice de Dieu, parce qu'elle est miséricorde et amour, est de l'ordre du surcroît. « Cherchez d'abord le Royaume et la Justice de Dieu, et tout cela vous sera donné par surcroît » (6, 33). Ceux qui vivent de cette miséricorde participeront à la Béatitude du Royaume de miséricorde (Mt 5, 3-10).

D. Conclusion.

Il n'est pas possible de construire une synthèse de tous ces éléments qui révèlent à la fois l'importance première du thème du Jugement, et l'aspect relatif d'un certain nombre de détails, y compris dans la description des critères, qui, en fin de compte, n'appartiennent qu'à la justice miséricordieuse du Père. C'est en fonction d'elle qu'on peut appréhender la cohérence profonde de Matthieu et, ensuite, faire le rapport avec la liste de Mt 25, 31-46.

Le premier trait majeur de cette critériologie est que les hommes seront jugés selon la réponse qu'ils auront donnée à un appel de Dieu qui n'est pas une loi extérieure ni à Lui-Même, ni aux hommes. Le sens de l'appel évangélique à suivre le Christ pour en devenir disciple est d'entrer dans une démarche spirituelle semblable à celle du Père. En cela, le message du Christ matthéen est profondément cohérent avec la tradition vétérotestamentaire, où la loi de sainteté disait déjà : « Soyez saints, car Je suis saint, moi le Seigneur votre Dieu » (Lv 19, 2).

Le deuxième trait appelle à une reconnaissance dans la foi de Jésus comme Messie attendu. Le critère est opposé aux juifs, peuple de la promesse, dans une polémique qui refuse de prendre son parti de leur rejet et qui le situe dans son enjeu eschatologique. Aux chrétiens il est un appel à la radicalité de l'acte et du témoignage de foi jusques et y compris dans la persécution. En revanche, l'absence de foi n'est pas reprochée aux païens, qui sont pourtant susceptibles d'accueillir l'Évangile pour la plus grande joie du Christ.

Le troisième trait consiste dans le fait que cette relation avec Dieu est engagée dès ici-bas dans les relations avec les hommes. La logique du double commandement d'amour s'inscrit aussi profondément dans la spiritualité de l'Ancien Testament, car c'est dans l'amour des autres que se vérifie la véritable fidélité au Dieu de l'Alliance ; cela ne relativise pas l'exigence monothéiste, mais lui donne toute son ampleur. Elle ne peut se satisfaire d'être une fidélité cultuelle, formelle. Elle doit se déployer dans toute l'existence, selon le premier principe dégagé.

Le quatrième trait est le caractère nécessairement concret, pratique de cette mise en œuvre, là aussi selon une conception juive de la vérification des intentions à travers les gestes réellement posés.

Le cinquième trait est le dépassement de toutes les limites dans lesquelles s'enferme le légalisme. Si le critère du Jugement se règle en définitive sur l'attitude de Dieu, si cette relation à Dieu s'inscrit aussi dans les relations avec les autres, si cela est vécu dans le concret des actes faits, alors il ne peut plus y avoir de critères formels définitifs. Dans la fidélité à sa situation, chacun est appelé à aller toujours au-delà dans l'amour de Dieu et dans l'amour du frère.

L'originalité formelle de la liste des œuvres de miséricorde ne suffit pas à dire combien elles correspondent à l'esprit profond de la sotériologie et de l'anthropologie matthéennes. La visée est clairement universaliste, c'est-à-dire qu'elle assume toutes les situations possibles par rapport au Christ. Son insistance sur la réalisation concrète et sur la justice fait de la proclamation du double commandement d'aimer le chemin et le principe de l'accomplissement de toute vie devant Dieu. Cette liste n'est donc pas un critère de Jugement à part, pour une catégorie mise à l'écart, mais une manière essentielle de synthétiser l'esprit de la Loi du Royaume.

CONTEXTE LITTÉRAIRE ET CONTEXTE SOCIAL

1. Comme conclusion du cinquième discours matthéen, le récit du Jugement en reprend les thèmes majeurs et en assume la dynamique profonde : l'impossibilité de connaître la date de la Parousie est aussi totale que la certitude et l'universalité de sa venue sont assurées. En conséquence la Parousie coïncidera avec le Jugement de tous les hommes qui auront à rendre compte de la vigilance avec laquelle ils auront assumé leurs responsabilités fraternelles.

Cet enseignement sur la fin correspond à celui proclamé dès le prologue du premier discours matthéen, dans les Béatitudes : la promesse initiale de bonheur est renouvelée comme devant être accomplie en plénitude lors de cette Parousie-Jugement. C'est la même promesse, la même remise en cause des évidences humaines et des valeurs sociales. Finalement, c'est la même référence essentielle au Christ dans la dernière béatitude (persécution « à cause de moi ») et dans le Jugement (« c'est à moi »).

L'originalité fondamentale de ce récit ne se trouve pas davantage dans sa théologie du Jugement, une fois que l'on a compris et admis qu'il fallait, avec Matthieu, faire son deuil de tout scénario cohérent. Le trait essentiel est la conjonction de la Parousie et du Jugement qui exprime de la manière la plus solennelle que la souveraineté de Dieu repose sur le Fils de l'homme-Christ.

C'est donc la christologie qui lui assure sa cohérence matthéenne et son originalité. Dans un écartèlement inhérent à tout l'enseignement du premier évangile, et à travers lui de l'herméneutique de la première Alliance : la plus souveraine majesté va de pair avec la plus extrême déréliction personnelle (Passion) et la plus intime solidarité avec les plus petits qui sont « mes frères ». L'originalité ne se trouve pas tant alors dans les œuvres évoquées, même si, comme telle, on ne connaît pas de liste vraiment parallèle, que dans l'imputation que le Fils de l'homme en fait à lui-même.

À partir de là se profilent déjà les trois orientations en fonction desquelles nous aurons à établir les fondements théologiques majeurs de ce texte : la théologie du Jugement eschatologique, la christologie et l'anthropologie théologique des œuvres de miséricorde.

2. Cette analyse du contexte littéraire de Mt 25, 31-46 permet-elle d'entrevoir ce qu'il en est de son contexte communautaire ? n'y aurait-il pas là une clef pour interpréter ce récit qui a une dimension sociale si forte ?

Pour ce faire, il faudrait développer plus avant une étude historique et sociologique de l'ensemble de Matthieu, sinon du Nouveau Testament [22]. Cela excéderait évidemment les limites

22. L'essentiel de ces analyses était acquis lorsque nous avons eu connaissance du travail de R. E. Brown et J. P. Meier sur Antioche et Rome. Notre point de vue est très limité par rapport à cette synthèse, mais il correspond bien à cette hypothèse selon laquelle la rédaction matthéenne est « une œuvre

de ce travail. Nous ne pouvons pas cacher une certaine hésitation devant les méthodes et les résultats déjà produits. Les éléments sur lesquels on élabore de telles hypothèses sont très ténus par rapport à l'ambition du projet, et les résultats souvent fragiles ; il suffit pour s'en convaincre de voir à quelles conclusions contradictoires aboutissent les essais d'histoire de la rédaction de Mt 25, 31-46 ou les études plus exhaustives sur l'ensemble du milieu matthéen ; on s'en tient donc à une réserve certaine.

Cependant, de ces chapitres, nous pouvons retenir quelques traits dont la modestie est redoublée par le fait que Mt 25, 31-46 soit sans parallèle synoptique ; seuls quelques indices internes sont disponibles. Tout d'abord, alors qu'il faut renoncer à reconstituer un « scénario » matthéen du Jugement eschatologique, des traits propres à Matthieu laissent entendre une forte activité rédactionnelle de sa part qui, d'une manière restant à déterminer, correspond à la situation de sa communauté : conjonction de Parousie et du Jugement, importance de la christologie, dimension pratique du critère du Jugement… sans parler des indices proprement linguistiques. Cette manière de rassembler dans le même évangile des *logia* au contenu plus ou moins divergent et de les soumettre à une forte vision d'ensemble, qui leur donne une cohérence à un autre niveau, est typique de la rédaction matthéenne, comme on l'a vu à propos des sentences eschatologiques en particulier.

Qu'en conclure en fonction de notre péricope ? Des courants divers divisaient l'Église dans et pour laquelle l'évangile était composé afin d'en assurer ou d'en (re)construire l'unité autour de ce qui en était l'élément vital : la foi au Christ.

---

de synthèse et d'intégration » : « Il faut voir dans l'évangile de Matthieu une réponse théologique et pastorale à une crise d'identité et de fonctionnement dans l'Église d'Antioche : crise de nature sociale et culturelle autant que théologique. Une communauté chrétienne, d'abord soumise à une stricte régulation judéo-chrétienne, venait de souffrir le traumatisme d'une rupture avec certains des symboles religieux et des structures institutionnelles les plus vitales du judaïsme : le Temple, la ville sainte de Jérusalem, et la synagogue locale. Cette perte allait de pair avec celle de l'Église de Jérusalem, la mère vénérée, la source des liens les plus étroits avec le passé juif et les origines chrétiennes. Les libéraux comme les modérés avaient perdu leurs héros : Pierre et Paul. Tous ces changements majeurs survenus dans un intervalle de temps relativement court avaient provoqué une crise d'identité : qu'est-ce que l'Église, et comment se définit-elle en face à la fois des juifs et des païens ? » R. E. BROWN et J. P. MEIER, *Antioche et Rome*, Paris, Éd. du Cerf, 1988, p. 85.

Première conséquence pour Mt 25, 31-46, où, dès la première lecture, on a relevé les indices d'une histoire rédactionnelle complexe, comme la tension entre l'universalité du rassemblement et la particularité des « petits frères » : de même que dans l'ensemble du premier évangile, c'est la christologie qui noue la rédaction actuelle.

Deuxième conséquence : les clivages internes à la communauté sont traités sous un angle théologique plutôt que socio-économique. Ce trait général de Matthieu apparaît nettement quand on le compare à la rédaction lucanienne. La signification des œuvres de miséricorde ne doit pas être faussée par nos préoccupations contemporaines. La dernière rédaction matthéenne a décidé de l'orientation universaliste du récit, comme le montrent des textes propres à Mt en 24, 14 ou 28, 20. Il est possible que, dans un état antérieur de la rédaction, et pour un ou des groupes de la communauté matthéenne, le point de vue particulariste ait été dominant. De là proviendrait, par exemple, l'insertion des « frères » (25, 40). Christologique, elle ne pouvait être éliminée mais elle doit être lue désormais en fonction de la visée d'ensemble de la rédaction finale qui est clairement universaliste (voir 28, 20). De là proviennent aussi, depuis les origines, les hésitations des commentateurs qui doivent faire face à deux aspects difficilement compatibles.

Troisième conséquence, qui confirme la deuxième, les œuvres de miséricorde sont présentées selon leur mise en pratique : cela correspond au souci permanent de Matthieu de rappeler quelle devait être l'attitude des chrétiens au niveau éthique, pris qu'ils étaient dans les incertitudes de leur identité par rapport au judaïsme et au paganisme.

Ces remarques fragmentaires ne prétendent rien prouver, par elles-mêmes, pour notre travail. L'esprit du premier évangile implique que, s'il est une dimension sociale à honorer, ce soit davantage celle du lecteur. Le prochain chapitre propose donc la synthèse en fonction de laquelle se poursuivra notre réflexion.

CHAPITRE V

LECTURE DE MATTHIEU 25, 31-46

La lecture qui suit est modeste dans ses ambitions et ses résultats. Elle ne cherche ni à tout dire, ni à prendre position systématiquement en choisissant parmi les différentes hypothèses herméneutiques et parmi les écoles de critique littéraire. Elle part du fait que, tel quel, ce récit est susceptible d'une compréhension par l'analyse des relations mutuelles des divers éléments qui en structurent le parcours narratif. Signification qui s'enrichit de la mise en perspective dans le contexte littéraire que nous venons de préciser.

La délimitation de cette péricope ne soulève pas de difficultés particulières. Bien qu'un simple *dè* fasse la transition avec la parabole précédente, il est clair que commence alors un récit d'un genre nouveau qui n'est plus une parabole. De même sa clôture est facile à déterminer puisque c'est l'ensemble des enseignements commencés au début du chapitre 24 qui prend fin avec notre extrait et que commence ensuite le grand récit de la Passion du Fils de l'homme.

Les trois éléments contextuels essentiels sont constitués par le discours des chapitres 24-25, la place de ce discours dans l'ensemble de Matthieu et le récit de la Passion. Le discours de Mt 24-25 est le cinquième de l'évangile, et, comme le premier avait été prononcé sur la Montagne, celui-ci l'est sur le mont des Oliviers. Cette symétrie topographique entre le premier et le dernier discours confirme le lien particulier entre l'inauguration de celui-là (les Béatitudes) et la conclusion de celui-ci (le Jugement). Ils concernent un enseignement pour le présent des auditeurs-lecteurs en fonction de la perspective nouvelle inaugurée dans la personne du Seigneur, la proximité du Royaume de Dieu.

Tout le discours de 24-25 concerne la venue eschatologique de ce Royaume qui se manifestera comme avènement du Fils de l'homme. Il s'agit donc d'un discours sur la fin, sur un avenir dont les disciples voudraient percer quelques secrets. Leur question précise porte sur la date : « Quand ? », à quoi ont répondu les deux premières parties du discours : il n'est pas possible aux créatures de le savoir ; il faut donc éviter de se laisser abuser par les fausses annonces ou les faux espoirs suscités par la dureté des épreuves de l'histoire ou l'imagination de certains. Cette venue se fera tout autrement que ce que nous pouvons imaginer, à une date qu'il n'appartient qu'à Dieu seul de connaître. Le récit de conclusion n'est pas étranger à cette question initiale ; il ne fournit aucun renseignement chronologique, mais confirme qu'il s'agira bien d'un événement situable par rapport au temps historique.

La seconde partie du discours amorce une proclamation sur les conséquences liées à cette méconnaissance indépassable : il convient d'être vigilant, c'est-à-dire fidèle au Seigneur et à son enseignement, car la Parousie opérera une séparation radicale entre les hommes. Si le thème de la vigilance n'est pas explicitement inscrit dans notre texte, il y répond de la manière la plus concrète ; et le thème de la séparation le traverse de part en part. Ainsi cette péricope est-elle bien en place par rapport à ce discours et à l'ensemble de l'évangile qui précède : elle conclut les enseignements évangéliques à travers lesquels le lecteur reçoit tous les éléments nécessaires à l'interprétation du récit qui suit et qui termine le livre : la passion et la résurrection de Jésus.

Les vingt-cinq premiers chapitres de Matthieu vont de l'apparition de Jésus dans l'histoire des hommes à l'apparition du Fils de l'homme au terme de cette histoire : entre les deux ils annoncent son effacement de la scène de cette histoire, effacement dramatique et sanglant qu'est la mort de Jésus annoncée comme celle du Fils de l'homme. Ils forment donc une longue introduction herméneutique au drame pascal. La Parousie et la séparation qui l'accompagne supposent un Jugement qui vient en contrepoint du jugement historique qui a conduit Jésus sur la Croix. Entre les deux, il y a une relation herméneutique mutuelle : ce qui se joue dans chacun prend sens en fonction de ce que réalise l'autre. L'injuste condamnation de Jésus le met au rang des derniers parmi les hommes ; et c'est de ce rang fraternel qu'il se réclamera pour reconnaître les bénis de son Père lors du Jugement dont il proclamera la sentence.

Le récit se présente sous la forme d'un cadre narratif (31-34 et 46) qui encadre un long dialogue (35-45). Le cadre narratif met en place les éléments de réponse aux questions suivantes : de quoi s'agit-il ? lors de la Parousie, du Jugement eschatologique qui réalisera la séparation des hommes annoncée dans les péricopes précédentes ; qui le préside ? le Fils de l'homme dont l'activité est comparée à celle d'un berger ; avec qui sera-t-il ? avec tous les anges qui forment une glorieuse cohorte. La partie dialoguée se divise en deux groupes selon une symétrie apparemment très forte, mais où les glissements de détails soulignent la différence radicale et dramatique qui les caractérise désormais. Le Roi s'adresse successivement à ceux de droite puis à ceux de gauche pour énoncer les sentences, les expliciter, entendre les objections de surprise et y répondre.

Nous lirons d'abord le cadre narratif (article 1), puis les dialogues (article 2).

Article 1
LE JUGEMENT DU FILS DE L'HOMME

A. Le cadre narratif décrit un acte de séparation au sein de l'humanité : les versets 32-33 l'annoncent formellement avec des éléments directement descriptifs (32b) puis métaphoriques (32c) avant de mêler les deux (33). Cette séparation est effective dans le verset conclusif (46) et les deux groupes sont connus avec plus de précisions par la nomination des justes et par les destins eschatologiques respectifs (punition ou vie).

L'annonce initiale de séparation suit une opération de rassemblement concernant toutes les nations. Le texte grec laisse une certaine imprécision sur la voix du verbe *sunachtèsontai* : est-ce un passif ou un moyen ? les auteurs ne sont pas d'accord entre eux pour déterminer si, dans l'ensemble de la littérature, le verbe est connu sous les deux formes ou sous une seule, et laquelle. L'enjeu est ici d'une importance secondaire car ce rassemblement n'est pas l'objet d'une concurrence entre les acteurs de la scène. Que ce soit d'elles-mêmes (moyen) par le fait de la Parousie, ou par un acte spécifique du Fils de l'homme ou par l'intermédiaire des anges [1] (passif), il s'agit d'un rassemblement ordonné au Fils de l'homme, ce qui souligne la distance qu'il y a entre Lui et les nations. Le resserrement des liens entre lui et eux ne se fera qu'*in fine,* après que l'autre opération aura eu lieu, au sein même des nations cette fois-ci.

Alors que les nations désignent des groupes humains, ici dans la totalité de leur genre, la séparation se fera personne par personne : *autous* n'est pas du même genre qu'*ethnè*, il ne peut donc s'agir d'une séparation des nations entre elles, mais des hommes qui les constituent. La division traversera donc les nations et la scène décrit un événement différencié au niveau de chaque personne.

Toutes les indications narratives sont au futur : rassemblement et séparation sont à venir, liés à un événement qui fera irruption, la venue du Fils de l'homme. Alors que jusque-là il faut veiller à ne pas se laisser abuser par de faux pressentiments ou de fausses nouvelles, au jour de la Parousie nul ne pourra douter qu'il s'agit d'elle. Ce futur est celui de la clôture de ce temps ; mais échappe aux hommes la connaissance de ce qui concerne la fin. Ainsi ce texte de révélation dit l'impossibilité d'une révélation totale dès à présent.

Il y a donc une triple opération de différenciation dans ces trois versets : le vis-à-vis du Fils de l'homme et des nations, une séparation parmi les membres de toutes les nations sans que rien ne soit dit pour particulariser ces « nations », et une distinction radicale entre ce qu'annonce le récit et la nature de la situation de l'auteur ou du lecteur. Tout cela se combine pour dénoncer l'illusion qu'il y aurait à vouloir identifier à toute force les protagonistes. Ce serait agir comme si l'on pouvait savoir. Accepter de se tenir en deçà est justement l'essentiel du message de tout le discours, et c'est la véritable attitude de foi dans la mesure où elle s'accompagne d'une vigilance active. L'enjeu de l'ensemble de notre péricope est d'apporter une dernière précision sur ce en quoi consiste cette veille nécessaire. Elle ne lève donc pas le voile sur cet ailleurs dont il est seulement dit qu'il viendra sûrement.

1. En Mt 24, 30-31, les anges rassemblent les élus : non seulement on ne peut trouver un parallèle significatif à la formulation de 25, 31-32, mais surtout toute recherche de scénario cohérent faisant la synthèse des divers éléments se révèle encore une fois inutile. Chaque texte est à lire pour lui-même.

Du point de vue de l'ensemble de la narration, ce thème de la séparation est essentiel : d'une part, le récit de la Passion est aussi un récit de séparation ; tout ce qui le précède prépare à croire et à comprendre comment et pourquoi Jésus de Nazareth s'efface : son anéantissement est à la fois son entrée dans la gloire (26, 64) et l'envoi en mission de son Église (28, 19-20). D'autre part, il place la fin de l'histoire sous le même signe que le commencement : le récit de Gn 1 est fondamentalement un récit de séparation ; la Création est capacité d'exister par mise en ordre, ordonnancement du chaos initial, de l'indifférencié et de l'anomique. Le récit de la fin est à la fois dévoilement et accomplissement de ce qui est en germe dans la Création : le Royaume, comme héritage promis, est « préparé depuis la fondation du monde ». Entrer en sa possession est donc accomplir l'étape ultime. Comme en Gn 1, c'est la souveraineté de Dieu qui préside à cette séparation, et c'est une Parole venant de Dieu qui l'opère. Faire et dire sont plus nettement dissociés dans la narration de la fin en Mt 25, 31-46 que dans celle du commencement, mais l'efficacité est aussi définitive. À la séparation fondatrice qui est ponctuée par la proclamation de sa bonté correspond la reconnaissance de la bénédiction des justes qui peuvent passer de la bonté de la vie créée à la profusion de la vie éternelle.

Pour autant nous ne savons pas grand-chose sur cette séparation. Elle aura lieu comme accomplissement de la séparation créatrice ; elle sera l'œuvre du Fils de l'homme et de la parole du Roi. Avant de mesurer ce qui en est dit, il faut donc s'arrêter sur celui par qui elle se réalise et qui est, à tous égards, le personnage déterminant de ce récit.

B. L'acteur principal de ce rassemblement et de cette séparation est d'abord désigné comme le Fils de l'homme : le récit s'ouvre par son entrée en scène solennelle. Il est le sujet de tous les verbes des versets 31-33, sauf de *sunachtèsontai* qui lui est cependant directement référé.

Les évangiles mettent « Fils de l'homme » exclusivement dans la bouche de Jésus. Il est clair, au vu de l'ensemble des récits, que ce dernier se désigne lui-même à travers cette formule (voir aussi 24, 3). Cependant Jésus parle aussi de Lui-même à la première personne. Aussi s'est-on depuis longtemps demandé ce que ces *logia* du Fils de l'homme esquissaient comme portrait.

Avant de les évoquer rapidement, arrêtons-nous un instant

sur l'expression elle-même. Elle renvoie au problème de traduction d'un idiotisme sémitique en grec : *bar-'enas* désigne « un-de-l'homme », « un-issu-de-l'humain », et la traduction la plus fidèle pourrait être simplement *anthropos*. L'usage de cette expression dans les évangiles (donc en grec) appelle deux remarques : d'une part, il s'agit d'un vrai titre, comme le souligne l'article qui le précède toujours. Il n'y a aucun aspect indéfini, comme si on parlait d'une réalité générique. C'est quelqu'un de bien particulier, et il ne suffit pas de traduire par un adjectif substantivé, par exemple « un humain », ou « l'humain ». D'autre part la traduction grecque met fortement en valeur un aspect de son humanité : la filiation. Le Fils de l'homme est « un parmi les hommes » sous le trait spécifique d'avoir été engendré au sein de cette humanité ; ce qui revient à dire qu'avant d'évoquer quelque chose de céleste, d'eschatologique, l'expression souligne la solidarité de celui dont on parle avec ses semblables.

La question est alors de déterminer ce qui est dit de l'homme, ce qui se montre de l'homme à travers lui, et cela d'autant plus que le verset 31 est tout à fait épiphanique : la venue du Fils de l'homme est un « se-faire-voir » dans un rassemblement universel. En 24, 30-31 et en 25, 31-33, tous ces éléments forment une chaîne où le voir est encore au centre des deux questions suscitées par l'énoncé des sentences : « quand t'avons-nous vu ? » La solidarité intime qu'indique l'expression « Fils de l'homme » va donc de pair avec la distance induite tant par le face-à-face du « se-faire-voir » que par l'usage évangélique à la troisième personne ou que le futur qu'annonce le récit.

« Fils de l'homme » se trouve dans trois grandes séries de *logia* évangéliques : la première [2] concerne le ministère actuel de Jésus, la deuxième [3] annonce la Passion et la troisième [4] est

2. Mt 8, 20 et parallèle Lc 9, 58 ; Mt 9, 6 ; parallèle Mc 2, 10 et parallèle Lc 5, 24 ; Mt 11, 19 et parallèle Lc 7, 34 ; Mt 12, 8 ; parallèle Mc 2, 28 et parallèle Lc 6, 5 ; Mt 12, 32 et parallèle Lc 12, 10 ; Mt 13, 31.41 ; 16, 13 ; Mt 18, 11 et parallèle Lc 19, 10 ; Mt 20, 28 et parallèle Mc 10, 45.

3. Mt 12, 40 et parallèle Lc 11, 30 ; Mt 17, 9 et parallèle Mc 9, 9 ; Mt 17, 12 et parallèle Mc 9, 12 ; Mt 17, 22 ; parallèle Mc 9, 31 et parallèle Lc 9, 44 ; Mt 20, 18 ; parallèle Mc 10, 33 et parallèle Lc 18, 31 ; Mt 26, 2 ; Mt 26, 24 et parallèle Mc 14, 21 ; Mt 26, 45 et parallèle Mc 14, 41 ; Mc 8, 31 et parallèle Lc 9, 22 ; Mc 9, 12 ; Lc 22, 48 ; Lc 24, 7.

4. Mt 10, 23 ; Mt 16, 27 ; parallèle Mc 8, 38 et parallèle Lc 9, 26 ; Mt 16, 28 ; 19, 28 ; Mt 24, 27 et parallèle Lc 17, 24 ; Mt 24, 30 et parallèle Lc 18, 8 ; Mt 24, 37 et parallèle Lc 17, 26 ; Mt 24, 39.44 ; 25, 31 ; Mt 26, 64 ; parallèle Mc 14, 62 et parallèle Lc 22, 69 ; Lc 6, 22 ; 12, 8 ; 17, 22.30 ; 18, 8 ; 21, 36.

liée aux événements eschatologiques. Le fait que l'expression soit toujours dans la bouche de Jésus et à la troisième personne institue une telle distance entre lui qui parle et celui dont il parle qu'on pourrait se demander s'il se l'était appliquée à lui-même, ou si cet usage était le fruit de la foi des premières communautés chrétiennes. Cette dernière question ne nous importe guère ici puisqu'il n'y a pas de doute sur son sens dans les rédactions évangéliques [5]. En revanche, nous devons enregistrer l'effet de sens ainsi produit : si nous pouvons sans crainte reconnaître en Jésus le Fils de l'homme annoncé, cela ne veut pas dire que, par cette identification, nous en sachions beaucoup plus sur l'un et sur l'autre.

La tension entre l'expression générique désignant l'humanité comme filiation et la titulature d'un personnage particulier laisse planer un certain mystère autour de ce Fils de l'homme. Le futur des *logia* concernant les événements de la fin renforce une distance que l'irruption de la Parousie instaure définitivement : l'irruption fait rupture ; la venue du Fils de l'homme nous échappe autant qu'elle nous convoque ; autant dire que le Fils de l'homme n'est pas à notre disposition, que nous ne l'avons pas « sous la main », disponible à la manipulation. Il est celui qui est encore et fondamentalement à venir, et cette venue « fera toutes choses nouvelles ». Il n'y a pas d'autre attitude possible que celle d'un certain deuil de nos capacités d'imagination… Quand il viendra dans la puissance de Dieu, il manifestera quelle est la gloire de l'humanité que nous ne connaissons guère : celle de fils capables d'hériter du Royaume. Or cette gloire annoncée du Fils de l'homme va de pair avec la pire déréliction vécue dans la Passion. Deux pôles inséparables et apparemment contradictoires structurent tout ce récit : la filiation dans la gloire est liée à la fraternité dans la détresse comme dans toute la rédaction matthéenne où la figure du Fils de l'homme est écartelée entre l'annonce de la Parousie et le récit de la Passion.

C. La mise en scène de ces trois versets comporte deux aspects : l'épiphanie puis le rassemblement-séparation.

L'indication temporelle par laquelle s'ouvre le récit ne fournit aucun repère chronologique ni aucun signe extérieur de reconnaissance, ce qui est conforme à l'enseignement du chapitre 24. Les différentes figures qui accompagnent la venue du Fils de

5. Comme cela est explicite dans le dialogue de Jésus et des disciples en Mt 16, 13-16.

l'homme renforcent l'altérité radicale que le futur indique déjà : gloire, anges, trône. Ce sont à la fois des figures de puissance et de médiation.

La gloire est par essence médiatique et médiatisée. Une gloire ne peut rester discrète ou cachée ; elle peut être posthume ou spatialement éloignée, elle est toujours de l'ordre de la « publicité ». Ici la gloire est dite deux fois, d'abord comme appartenant au Fils de l'homme en personne puis comme attachée à son trône. Par le fait, le trône de la souveraineté est investi de l'évidence propre à ce qui ne souffre aucune suspicion ni aucune remise en cause. La médiation opérée par la gloire consiste justement en cette évidence qui ne se justifie pas, car elle est éclatante tant par la force avec laquelle elle s'impose que par la nature de sa lumière qui éclaire tout d'une manière nouvelle. La gloire du Fils de l'homme, c'est sa vérité, sa plénitude ; elle se donne à voir après la traversée de l'épreuve suprême et elle est progressivement envahie dans ce récit par celle de son Père, au nom duquel il agit.

Les anges sont par définition des médiateurs ; envoyés, ils n'existent que comme porte-parole, porte-lumière... Ils participent de la manifestation de gloire, mais n'ont aucune tâche spécifique autre que celle d'être là « avec » lui, de l'accompagner. Ils ne sont pas rattachés au Fils de l'homme comme en 24, 31 : ici la forme absolue renforce la solennité et fait quelques difficultés par rapport au verset 41 où le diable aussi a ses anges ! Plus qu'un problème de répartition des troupes célestes, ces deux mentions apparemment peu compatibles orientent vers un autre type d'interprétation : l'universalité de la présence des anges autour du Fils de l'homme participe de la souveraineté et de la plénitude de sa gloire. Que par ailleurs des anges soient dits appartenir au diable indique que, au-delà de toute recherche fallacieuse de symétrie et de toute volonté d'explication de chaque détail, le mystère du mal ne va pas sans médiation.

La figure du trône cristallise au mieux les traits de la puissance, car c'est depuis le trône que le Souverain règne et juge. C'est d'ailleurs la seule donnée textuelle qui justifie la dénomination de jugement attribuée traditionnellement à ce récit. Tout le reste l'évoque clairement, en dehors de tout vocabulaire judiciaire. Moins que sur des procédures, en tout état de cause, secondaires dans ce contexte, le récit s'arrête sur ce qui est produit au terme de l'histoire dont il évoque l'accomplissement. La puissance liée à la session sur le trône de gloire est à la mesure de cet enjeu : une souveraineté qui surplombe l'histoire alors que ce qui permet d'en juger est inscrit au plus humble, au plus dérisoire, au moins glorieux de cette histoire.

Cette souveraineté se traduit par la double capacité de rassembler et de séparer qu'explicite la métaphore du berger. Il s'en dégage deux types de rapport : entre le berger et son troupeau et entre les bêtes du troupeau. Le berger exerce sur les bêtes une responsabilité sans partage ; ainsi rien ne peut empêcher le Fils de l'homme en gloire d'agir selon la justice. Entre les bêtes le rapport est plus subtil : les deux mots grecs suscitent des traductions très variées car ils désignent des animaux très proches qui nécessitent néanmoins une séparation stricte. Cette nécessité est articulée ici à une axiologie précise : droite et gauche ne sont pas seulement l'expression d'une simple opposition, et la suite du récit s'inscrit dans la symbolique ordinaire : à droite sont les justes pour le Royaume, à gauche les maudits pour le châtiment éternel. Il s'agit de sa droite, car, désormais, c'est en fonction du Fils de l'homme que s'établira toute axiologie.

Ces trois versets concernant le Fils de l'homme sont placés sous le signe de l'action : il viendra, s'assoira, présidera le rassemblement, séparera et mettra en place. La scène est aussi lumineuse et active que muette. La figure du Fils de l'homme qui se dessine ainsi garde fondamentalement des traits mystérieux liés à la distance engendrée par la souveraineté de sa gloire et de sa puissance. Il agit directement, et en même temps soumet à ses pieds toutes les médiations.

Au total, les questions au sujet de l'identification de Jésus et du Fils de l'homme et celles au sujet du transfert des prérogatives divines au Fils de l'homme ne touchent pas au cœur de ce récit. En effet, la figure se donne dans deux grandes tensions : d'une part il y a la distance instaurée au sein de l'affirmation de solidarité que suppose le titre et, d'autre part, il y a un rapport complexe entre l'universel (toutes les nations) et le particulier (les uns des autres). Ainsi le rassemblement de toutes les nations devant le Fils de l'homme est une première séparation que la division entre droite et gauche redouble et modifie. De là découle une nécessaire réserve par rapport aux tentatives spontanées d'identification des groupes ou des personnes au nom desquelles on se livre à une opération de réécriture allégorique du récit. Comme Mt 24 y invite, il faut renoncer à savoir où le Christ peut être, car ce serait courir le risque de l'y enfermer ; ainsi on le laissera venir au temps fixé par le Père. Il faut donc renoncer à en dessiner un portrait dont la précision serait à la mesure des possibilités de manipulation, pour entendre ce qu'implique la nouveauté de sa venue : un renouvellement de tout ce que l'humanité aura pu concevoir par elle-même, un renouvellement qui n'est pas pure négation, mais opération axiologique où chaque personne recevra sens et valeur ultime en fonction du Fils de l'homme.

Article 2
LE JUGEMENT DU ROI

La partie dialoguée occupe la plus grande part du récit : la station à droite et à gauche du Fils de l'homme est provisoire. Elle fait partie du parcours qui, du rassemblement universel, conduira les hommes à leur destin eschatologique, c'est-à-dire au plus près ou au plus éloigné. Auparavant deux dialogues explicitent les critères au nom desquels la séparation a été faite ; le parallélisme entre les deux est aussi frappant que les écarts de détails sont nombreux ; ils doivent être pris en compte de manière précise, d'autant plus qu'à travers eux, toute tentative de dualisme métaphysique est refoulée.

A. Chaque dialogue se compose de trois prises de parole, deux du Roi et une de chaque groupe humain : d'abord une proclamation de la sentence, suivie d'un exposé des motifs ; ensuite une question des destinataires de la sentence qui traduit leur étonnement, voire leur incompréhension ; enfin une justification par le Roi qui n'appelle aucun commentaire, mais qui se réalise au verset conclusif (46). Les éléments narratifs sont réduits à l'annonce des prises de parole et sont d'une très grande symétrie. Les modifications n'en prennent que plus de relief : le premier dialogue désigne d'abondance les protagonistes : le Roi (34 et 40) et les hommes concernés, ceux de sa droite (34) qui sont des justes (37) ; le second est très discret : le Roi n'est pas nommé (41 et 45) et les hommes sont désignés comme étant à gauche (41), puis un simple pronom (44 et 45) suffit. Premières indications d'une érosion des processus de nomination et de relation qui apparaît nettement quand on compare 34a (« le Roi dira à ceux de sa droite ») et 45a (« il leur répondra »). Le parallélisme souffre d'une altération vers l'anonymat, la dépersonnalisation, l'indifférence, la perte de relation. La comparaison des paroles échangées va le confirmer et le préciser.

B. Auparavant le changement de nom du sujet principal sollicite l'attention : désormais par deux fois, c'est « le Roi » qui parle sans que rien n'ait permis de prévoir cette transformation. Trois remarques à ce sujet sont nécessaires :

1. Roi correspond au Royaume dont les bénis héritent. Ce titre n'est donc pas arbitraire, il est ce dont un roi peut parler. Que recouvre *basileia* ici ? s'agit-il de l'espace où s'exerce la royauté ou du fait de la royauté elle-même, c'est-à-dire le règne ? On connaît ce problème de traduction impossible à trancher d'une manière définitive car, selon les cas, les nuances vont d'un côté ou d'un autre. Le second sens semble ici moins bien en situation, car on voit mal comment les justes peuvent recevoir le règne, la capacité d'exercer un pouvoir royal. Leur héritage n'est pas une domination vengeresse sur les maudits. La séparation est radicale : il n'y a plus de relation entre eux. D'autre part, « Royaume » s'oppose ici à « feu éternel » (41). Il s'agit de nuances subtiles, car le verset 26 oppose punition et vie… le lien Roi-Royaume apparaît plus déterminant comme le possessif « sa droite » l'indiquait déjà : ce à quoi les justes sont appelés, c'est à une communion vivante en Dieu. À l'inverse, la disjonction entre le Roi et ceux de gauche ne cessera de s'affirmer sans que la conjonction avec le diable puisse être comparée à celle des justes et du Roi : en effet c'est toujours en fonction du Fils de l'homme que droite et gauche se déterminent, et non en fonction du diable, qui dépend aussi de cette détermination.

2. La conjonction Fils de l'homme-Roi-Royaume n'est pas si fréquente qu'on pourrait le croire dans les évangiles. Sous cette forme absolue, on ne la trouve jamais appliquée à Jésus qui est quelques fois appelé roi des juifs… en particulier dans le contexte des oppositions et de la Passion. Deux textes très marqués par la rédaction matthéenne font allusion au Royaume du Fils de l'homme (13, 41 ; 16, 28). De plus deux paraboles mettent en scène un roi (18, 23-35 ; 22, 1-14) dans des situations qui évoquent l'attitude de Dieu. Le passage de « Fils de l'homme » à « Roi » dans ce récit est donc très original. Il convient de l'interroger en fonction des données du texte lui-même plus qu'en fonction d'éléments externes inexistants ou reconstruits, comme des hypothèses d'histoire de la rédaction.

3. Dans l'introduction narrative, deux éléments connotent la royauté : le trône du juge, car juger est une fonction royale, et l'image du berger qui est un thème traditionnel de l'idéologie royale d'Israël [6]. La royauté est une des dimensions de la figure

6. Voir Ez 34, 2.

du Fils de l'homme, Juge eschatologique. Dans un premier temps, le Jugement du Fils de l'homme est de l'ordre du faire, il juge désormais, lui qui autrefois fut jugé ; il ne dit rien, comme lors de son procès devant le Sanhédrin (26, 63) ou devant Pilate (27, 12). Quand il prend ensuite la parole, il assume la fonction royale qui lui vient de son Père et dont il a refusé de se prévaloir dans son procès. Il dit ainsi d'une autre manière que cette relation privilégiée à Dieu ne peut faire l'économie du service concret et solidaire avec ceux dont il s'est fait le frère. Ainsi le récit dit ce que le Fils de l'homme fera quand il dira royalement la vérité ultime de ce que les hommes ont fait, vérité qui est déterminée par rapport à lui seul.

Le parcours qui conduit du Fils de l'homme, venant et séparant, au Roi proclamant, ne s'épuise pas dans la seule successivité. Celui qui se tient à distance sépare en plaçant les uns et les autres en fonction de lui. Au Fils de l'homme de présider à l'action de séparation ; au Roi, la parole qui en rend compte. Celui qui désigne l'espace par sa prise de parole pousse les conséquences de cette séparation à leur paroxysme : soit la distance tend à s'abolir dans l'héritage du Royaume, soit elle devient irrémédiable. Et cette parole royale révèle une proximité insoupçonnée : « c'est à moi… ». Au total, l'entrecroisement entre les deux institue une dialectique de distance et de proximité dont la seule problématique de l'identification ne peut rendre compte. La vérité du Fils de l'homme est encore et toujours au-delà comme le récit le dit lui-même : elle est encore à venir et elle ne cesse de venir puisqu'elle est déjà présente alors que nous ne savons pas la voir ; et nous ne le savons pas parce que nous ne le pourrons que le jour où cela nous sera donné par le Fils de l'homme lui-même dans sa gloire et sa royauté.

Il n'est donc pas étonnant qu'un nouveau titre lui soit donné par les deux groupes d'hommes : « Seigneur », qui est porteur d'une ambivalence au moins aussi grande. Il est difficile de s'en tenir à la banalité respectueuse de l'usage quotidien, et pourtant rien n'indique le contraire ! Comment ne pas se laisser entraîner par la solennité de la scène et y voir une reconnaissance du Seigneur dans sa gloire de ressuscité ? Tout Matthieu y conduit. À cause du parallélisme tronqué de ces deux dialogues et de la question posée, il y a sans doute intérêt à ne pas vouloir trancher, et laisser ainsi au texte une ambiguïté à la mesure de la complexité de la figure du Fils de l'homme-Roi. N'est-ce pas en effet seulement dans la prise de possession de l'héritage que les derniers voiles seront levés ? En tout cas, ne pensons pas le faire dans notre situation actuelle de lecteur ; le texte ne le permet pas [7].

C. Les deux sentences (34b et 41b) sont construites de telle sorte que l'on retrouve dans chacun des trois éléments qui les constituent le parallélisme asymétrique déjà noté : le couple conjonction-disjonction dénote un décalage que la seule topographie des déplacements ne justifie pas. L'axiologie qu'elle traduit ne s'étire pas uniquement sur l'axe plus-moins ; en effet les déplacements ne sont pas seulement opposés : le rassemblement ne se brise pas dans une dispersion désordonnée ; les uns sont invités à resserrer les liens amorcés par le rassemblement « devant lui » : « venez » encore plus près ; alors que les autres sont éloignés irrémédiablement du rassemblement, c'est-à-dire du Fils de l'homme lui-même : les uns étaient à « sa » droite (pas de mention : « sa » gauche), ici ils s'éloignent « de lui » et les autres ne viennent pas vers lui puisqu'ils sont déjà là. Les mouvements sont ainsi totalement ordonnés au Fils de l'homme-Roi.

La désignation des membres des deux groupes opère une distinction similaire : les bénis sont opposés aux maudits, mais, s'il est dit que les premiers sont bénis par le Père du Fils de l'homme, il ne nous est pas dit par qui les autres sont maudits ; ensuite les bénis sont dits « justes », ce qui prend tout son sens par rapport à l'insistance de Matthieu au sujet de la justice du Royaume ; en revanche, il n'est rien dit sur « l'injustice » des maudits. Le silence est éloquent de ce qu'il en est de ce Jugement. Il n'y a aucune faiblesse ni aucune complaisance devant la dure réalité de cette malédiction. Qu'elle puisse venir du Père est vraisemblable, mais la suite montrera que leur responsabilité y est aussi engagée. Ce n'est donc pas si simple. En tout cas le Père n'est pas plus nommé que le Roi dans le second dialogue.

Le contraste entre les destinées eschatologiques est aussi grand, et cela n'est pas étonnant. D'un côté, une description chaleureuse qui évoque le salaire ou la récompense, mais avec

7. Comme beaucoup d'autres Pères, Augustin commente la succession des titres en fonction de la sixième béatitude : « heureux les cœurs purs, ils verront Dieu » (Mt 5, 8). C'est le Fils de l'homme qui apparaît pour que tous les hommes puissent le voir ; la fonction judiciaire relève des pouvoirs du Roi ; seuls les justes pourront, dans le Royaume, voir le Fils de Dieu dans sa gloire. Cette lecture de « Fils de l'homme » attire l'attention sur l'humanité du titre.

une intensité plus forte ; elle fait écho à la promesse attachée à la deuxième béatitude (« heureux les doux, ils hériteront de la terre », 5, 4), tout en déplaçant l'objet de la promesse : c'est du Royaume que les bénis hériteront (voir 5, 3 et 10). Il s'agit donc d'une relation pleinement filiale moins attachée à des mérites qu'à un droit natif, dont ils auront été jugés dignes de prendre possession. Hériter d'un Royaume, c'est aussi devenir roi ; c'est donc que la vie à laquelle les bénis sont appelés crée avec « le Roi » ou le « fils du Roi » une relation toute spéciale. Les frères eschatologiques du Roi ne sont donc pas de droit les mêmes que ceux dont celui-ci dira qu'ils furent ses frères sur cette terre. De même que la séparation ne prend toute sa signification qu'en référence au geste créateur, de même le Royaume promis s'inscrit dans le projet créateur : c'est depuis la fondation du monde que l'héritage a été préparé, c'est pour que l'héritage soit reçu que la fondation a été faite : « pour vous » (8).

La description du châtiment est plus sobre. Lui aussi est préparé sans préciser depuis quand : la malédiction n'est pas voulue par Dieu de la même manière que la bénédiction ; le châtiment n'est donc pas préparé de manière analogue : il n'est pas destiné en premier lieu aux hommes, mais au diable et à ses anges. Toutes ces figures classiques dans l'eschatologie indiquent un écart essentiel à repérer, car c'est là qu'en dernière instance le dualisme simpliste se brise. L'homme a été créé pour le Royaume ; le feu éternel est pour d'autres que les hommes, il ne peut être, comme le Royaume, un projet ; c'est un mystère de néantisation, de destruction que l'image du feu consumant suggère autant que l'érosion des processus de nomination et de relation. Hériter du Royaume, c'est entrer dans la dynamique de la vie. Aller au feu éternel, c'est en être définitivement coupé ; c'est la mort.

Le parallélisme des deux parties du verset 46 ne doit donc pas abuser le lecteur ; le seul élément qui le brise renvoie au parcours qui traverse tout le récit : les justes sont nommables ; les autres sont innommables, ils ne sont plus que dans l'anonymat et la dépersonnalisation, pour autant que, dans de telles conditions, on soit encore.

D. L'exposé des motifs et la question des hommes répètent quatre fois une même liste de six situations de détresse auxquelles correspondent six gestes précis pour les secourir. Relevons ici sa place et son traitement dans la structure narrative.

Cette liste est répétée, mais quatre fois différemment. La première énonciation (35-36) est faite d'une succession de six fois deux verbes : « Je [...] et vous [...] à moi ». Les deuxième et quatrième sont à la forme interrogative, positive en 37b-39 et négative en 44.

Alors que tous les verbes du texte sont au futur, sauf un dans la métaphore (32c), ces quatre séquences sont au passé, à l'accompli. Elles déterminent ainsi le cadre temporel de l'ensemble. Le futur de l'accomplissement renvoie au passé, c'est-à-dire au concret : il s'adresse aux auditeurs-lecteurs du récit et s'enracine dans le présent de leur audition-lecture. Le passé de ces quatre séquences n'est pas un passé primitif, fondateur, c'est le passé qui se tisse dans le présent de chacun et qui est orienté vers un futur qui peut ainsi être un accomplissement, et non un simple terme.

Les quatre séquences sont très fortement marquées par l'érosion qui touchait la nomination du Fils de l'homme-Roi et des groupes humains. Entre les deux exposés de motifs l'érosion opère sur les deux derniers membres qui sont réunis en une seule phrase en 43c : à deux détresses correspond un même geste de sollicitude (la visite), et il n'a pas été réalisé. Cette érosion est plus sensible dans les deux questions. Dans la première (37-39), les six stiques sont regroupés en trois paires introduites par la même formule « quand t'avons-nous vu ? » ; dans la deuxième (44), il n'y a plus qu'une seule question avec la même introduction, les six détresses sont énumérées à la suite et les six gestes sont résumés par un seul verbe : « servir ».

Cette contraction des formulations participe de l'ensemble du mouvement d'érosion, et elle y prend sens : plus ce qui est annoncé est négatif, plus le récit est bref, car le négatif ici est absence, néant ; moins il y a, moins il y a à dire, même si la concentration entraîne des effets de sens complémentaires : les six détresses se structurent en trois paires et la sollicitude prend figure de service. Ailleurs « Serviteur » est un titre du Fils de l'homme lui-même : ce qu'ils n'ont pas fait au Fils de l'homme, c'est ce que le Fils de l'homme a fait, lui, le Serviteur (Mt 20, 28) ; et parce que cela ne lui a pas été fait, il est aussi Serviteur souffrant [8].

Cette souffrance est donc particulièrement celle des hommes qui sont les plus petits : s'adressant aux justes le Roi leur révé-

8. Il faut noter ici que le français « servir » recouvre un vocabulaire matthéen plus riche : neuf occurrences des dérivés de *diakoneô*, mais aussi six de *pais* (dont la citation d'Is 42, 1 sur le Serviteur) et quarante de *douleuô* (dont les nombreuses occurrences de Mt 24, 45—25, 30).

lera quel est le nom de la solidarité qui l'unit à eux : fraternité dans laquelle l'héritage du Royaume fait entrer d'une autre façon. Il y a bien des manières d'entrer dans la fraternité du Fils de l'homme, mais c'est toujours lui qui en a l'initiative. Quant aux autres, qui ne peuvent plus goûter l'intimité de cette fraternité, il ne leur est pas dit que les plus petits sont ses frères : pourraient-ils le comprendre ? l'érosion du texte est implacable et constitue un élément essentiel du drame.

E. Le point commun aux prises de parole des deux dialogues consiste dans le fait que ces détresses et leur soulagement soient explicitement référés au Roi. Le dialogue noue une relation Je-Tu très serrée ; la seule ouverture à des tiers vient dans les deux réponses du Roi (40 et 45), au cœur même du nœud, quand ce vis-à-vis étroit laisse place à l'infini des plus petits de ce monde. De cette triangulation surgit le redoublement de la tension dramatique du récit. En effet le mouvement d'érosion des figures que nous avons analysé jusqu'ici est en lui-même tout à fait dramatique, car il suit une logique implacable d'effacement, de néantisation. Mais il y a une logique : la bénédiction va à des justes reconnus dans leur justice, la malédiction conduit les autres au néant, car la vie est de l'ordre de la justice.

Les dialogues introduisent un élément hétérogène à ce mouvement : ce qui établit la justice ou l'injustice est évalué en fonction de ce qui a été fait ou non au Fils de l'homme-Roi. C'est dans la mesure où l'on a agi envers lui (ou non agi) que la sentence est portée. La question des deux groupes d'hommes porte exactement sur ce point : « quand t'avons-nous vu ? » et révèle l'ambiguïté de la situation : les six œuvres de miséricorde sont résumées par « voir » en 44, et par « faire » en 40 et 45. Ici « faire » s'oppose à « voir » dans la question des hommes. Face au roi qui se montre à travers ses détresses humaines, la première réaction est de l'ordre de la fascination : quand pouvions-nous te voir ? comme si le « voir-le-Fils-de-l'homme » était l'objet d'une convoitise qui pourrait supprimer l'antique crainte de mourir si l'on voyait Dieu. Mais il ne s'agissait pas d'une vision de gloire, car celle-ci ne sera possible que lors de la Parousie dans laquelle c'est lui-même qui se donne à voir. La question des hommes traduit leur surprise : ils n'ont vraiment pas compris l'enjeu ultime de ce qui se passait lorsqu'ils faisaient ou ne faisaient pas ; car c'est sur le « faire aux plus petits » et non sur le « voir le Fils de l'homme » en gloire ou en détresse que s'établit le critère eschatologique.

Il n'y a donc contestation ni du choix du critère (les six œuvres) ni du droit du Fils de l'homme à être servi ; ce qui est en question c'est le lien entre les deux : quand cela a-t-il eu lieu ? ce qui veut clairement dire que, lorsque l'on a agi ou non, on ne l'a pas voulu pour le Fils de l'homme, et que le service explicite du Fils de l'homme consistait sans doute en autre chose. Le ressort dramatique du récit se présente comme une surprise et une méconnaissance générale et indépassable avant l'événement de la Parousie ; cela constitue le prolongement de l'enseignement de Mt 24-25, avec un ultime déplacement.

À la question initiale des disciples : « quand ces choses seront ? » (24, 3), le récit conclusif fournit deux réponses : « quand le Fils de l'homme viendra » (25, 31) et « quand t'avons-nous vu ? », c'est-à-dire que la réponse sur l'avenir ne peut aller sans une interrogation sur le présent. L'impossibilité de connaître la chronologie des événements futurs, et même les signes avant-coureurs qui permettraient de s'y préparer spécialement, se prolonge, d'une part, dans une absence d'indications précises, hormis la confirmation que cette venue aura certainement lieu et que nul n'y échappera et, d'autre part, dans la surprise de la découverte que ce qu'on cherche en avant et ailleurs était déjà là mais insaisi. La réponse au « quand ? » des disciples est donc « aujourd'hui », sous le voile infranchissable d'une provocation à la foi : « c'est à moi que vous [ne] l'avez [pas] fait. » Il y a donc une impossibilité d'autant plus grande à connaître le jour de la venue du Fils de l'homme qu'elle ne se produit ni là ni comme nous la cherchons spontanément. Le faire voir de la Parousie n'a donc de sens que dans un déjà vu où s'était donné à voir beaucoup plus que ce qu'on avait cru voir ; car, de fait, le Roi dit bien qu'on l'a vu, sans le savoir.

Le déplacement fondamental qu'opère ce récit concerne donc aussi le rapport à la temporalité. Le seul fait que Jésus raconte ce qu'il fera et dira brouille les repères habituels, comme s'il y avait un effacement des différences entre présent et futur. La perspective est ainsi dégagée des risques des spéculations idéologiques ou imaginaires sur le futur du temps ; elle est ouverte sur la tension constitutive de toute humanité : le rapport à l'autre. L'absolu auquel renvoient les figures royale et judiciaire est au-delà des hommages mondains qui sont à la mesure des relativités de ce monde ; cet absolu est celui du rapport à autrui qui n'est honoré que dans la pratique où autrui se donne chaque jour comme le véritable au-delà du présent.

Le drame du Jugement ne réside donc pas tant dans le fait

qu'il y ait sentence et séparation : tout le monde peut s'y attendre pour peu qu'on prenne au sérieux le mystère de Dieu et de la liberté humaine. Mais il se trouve dans cette irréductible méconnaissance du Fils de l'homme qui désigne, à travers la transcendance de l'autre, une irréductible limite de nos capacités à nous connaître nous-mêmes ; toutes limites qui détournent du nihilisme, puisqu'elles désignent de manière positive la finitude de l'homme face à son Dieu.

Le cadre narratif de ce récit est suffisamment construit pour être lu seul, sans les dialogues : il ne serait pas moins signifiant que d'autres annonces de la Parousie ou du Jugement eschatologique (en particulier 19, 28 ou 24, 30-31). On comprend donc les diverses tentatives (tentations) de reconstituer une histoire de la rédaction. Cependant on perdrait ce qui en fait la singularité. La dynamique du récit ne peut aller sans ces dialogues ; sinon ce serait un autre récit, comme dans les allégorisations. Il y a une intrigue qui est signifiante à travers tous les effets littéraires ; aucun ne peut être supprimé car ils sont signifiants les uns par rapport aux autres. Cette dramatique peut être résumée par trois couples d'oppositions qui structurent le parcours.

1. Rassemblement-séparation.

C'est la dynamique narrative première. Il y a plusieurs rassemblements dans le récit : les anges avec le Fils de l'homme, toutes les nations, les bénis dans le Royaume. Il y a une grande séparation : celle des hommes qui trouve un écho dans celle des anges qui n'a pas, cependant, la même fonction structurante de l'ensemble. Le parcours narratif est cependant plus complexe qu'un passage de l'unité à la division. Dès le début, il y a une séparation entre le Fils de l'homme et les nations. La dislocation de leur rassemblement se fait personne par personne et entraîne une nouvelle fracture irrémédiable selon une symétrie de mouvement par rapport au Fils de l'homme : à la neutralité axiologique du rassemblement initial succèdent deux mouvements opposés de conjonction ou de disjonction d'avec lui.

Cette grande séparation n'est pas étrangère à une autre différenciation qui marque l'existence historique de l'humanité, bien qu'elle ne lui soit pas superposable, car elle est d'une autre nature : il y a des hommes dont la détresse est telle qu'elle requiert la sollicitude de ceux qui sont moins éprouvés ou qui sont privilégiés. Cette différenciation est le lieu provoquant de la responsabilité humaine et la séparation ultime sera déterminée en fonction de la manière dont aura été mise en œuvre cette responsabilité.

La séparation des hommes correspond à une autre, coextensive à l'histoire du cosmos et donc au mystère de la Création : le Royaume promis participe de cette caractéristique de l'acte créateur en ce qu'il prolonge la séparation originelle et qu'il échappe au chaos et à l'indifférencié. Il s'oppose à son « contraire » comme l'être au néant et le sens au non-sens. En finale, il n'y a donc rien à en dire.

2. Plénitude et néant.

Le processus d'érosion qui marque les dialogues s'inscrit ainsi dans la logique de cette séparation. D'un côté, il y a un trop plein de don : l'héritage du Royaume s'articule à la profusion des œuvres de miséricorde comme leur absence à la néantisation. Cette plénitude concerne la vie corporelle dans ses besoins comme dans ses sens (voir) avant d'être possession définitive, c'est-à-dire communion. Plus qu'une compensation vindicative, l'héritage donne sens aux processus de non-possession (besoins) ou de dépossession (œuvres de miséricorde) qui sont en jeu dans l'existence historique promue au rang de critère eschatologique. Il ne peut y avoir de sens ni quoi que ce soit, si face au dénuement d'autrui aucune remise en cause de leurs possessions n'a été possible : à ceux-là qui croient tout avoir, il n'est plus possible que quelque chose d'autre advienne.

En conséquence, le récit décrit un inexorable processus de dissolution : la révélation eschatologique semble agir sur eux comme un acide ; ils se perdent, s'exténuent irrémédiablement, radicalement, définitivement. D'où leur anonymat croissant : ils sont de moins en moins nommés et nommables.

Cette néantisation est donc dépersonnalisation, car le récit est fondamentalement ordonné autour d'une personnalité en fonction de laquelle chaque humain se personnalise lui-même.

3. Personnalisation-anonymat.

Dire que le personnage du Fils de l'homme est central dans ce récit revient à souligner la complexité de ses modes de présence, qui va bien au-delà du face-à-face auquel on réduit trop souvent le Jugement eschatologique :

— Il est central, car c'est sa venue qui met tout le reste en mouvement, et à partir de lui que tout s'ordonne ;

— C'est devant lui qu'a lieu le rassemblement, par rapport à lui que se fait la séparation (droite et gauche) ;

— C'est lui qui prononce les sentences et qui les justifie ;

— C'est lui qui est la référence signifiante des critères du jugement ;

— C'est dans la proximité ou l'éloignement par rapport à lui que se résume le destin eschatologique : « venez » et « éloignez-vous de moi ».

S'il y a érosion dans ce récit, elle concerne exclusivement l'un des groupes humains et consiste dans un effacement de leur capacité de relation avec le Fils de l'homme-Roi. L'anonymat des uns et la personnalisation des autres n'ont de sens que par rapport à un processus d'affirmation de sa personnalité. C'est la conjonction qui fait vivre. Celle que l'héritage du Royaume signifie et celle qui se produit avec les plus petits sont en relation dialectique et ont en commun d'être des relations au Fils de l'homme. À l'inverse, la situation de ceux de gauche ne repose pas sur une mauvaise relation ou de mauvaises actions, mais sur une absence de relations qui ne peut conduire qu'à une absence d'être.

Enfin il y a cette relation fraternelle du Fils de l'homme avec les plus petits. Elle écartèle au maximum les deux pôles qui structurent la figure du Fils de l'homme par une configuration inouïe de sa solidarité avec les hommes dans laquelle leur propre personnalisation trouve une ultime référence. Là où les processus historiques et sociaux ont tendance à ne voir que quantité négligeable, « masses » ou « marges », le Fils de l'homme désigne des frères, même s'il ne donne pas la clef d'une désignation individuelle. Cela suffit cependant pour que soit rappelé par là que nul n'échappe à ce désir de fraternité, et que ceux que l'on aurait tendance à ne pas regarder ou à regarder comme y échappant sont les premiers à y participer (Mt 21, 31). La responsabilité des hommes entre eux n'a aucune limite qualitative.

Il n'est donc pas facile de préciser où et comment le parcours narratif bascule. Une première lecture pourrait voir ce point à la jonction des deux dialogues, y compris dans l'absence de transition entre eux, car la radicalité de la séparation est sans transition. Il nous semble cependant que la structure est plus complexe et qu'il y a en fait deux renversements, un par groupe, et qu'ils opèrent à travers la question que chacun pose : « Seigneur, quand t'avons-nous vu ? » Dans la logique dramatique de la scène elles constituent une rupture ; la souveraineté du Juge est sommée de rendre compte de sa sentence, c'est-à-dire d'elle-même à deux points de vue : dans sa position de Juge souverain et dans son implication comme sujet des œuvres de miséricorde. Tout culmine alors, et sous forme de question : la séparation et son explication, le rapport personnalisant au Fils de l'homme-Roi, et les questions antécédentes sur le quand et le connaissable… Sous forme de question et sous forme de surprise… car devant Dieu, et à jamais, nul n'aura fini d'être surpris.

(...) quand t'avons-nous vu ? » Dans la logique dramatique de la scène elle constitue une rupture ; la souveraineté du Juge est soumise à rendre compte de sa sentence, c'est-à-dire d'elle-même à deux points de vue : dans sa position de Juge souverain et dans son impératif comme sujet d'œuvres de miséricorde. Tout culmine alors, et sous forme de question : la séparation [illegible], le rapport personnalisant au Fils de l'homme-Roi, et les questions axées sur le [illegible] comptabilité. [illegible] Sous forme de question et sous [illegible] pris.

EN GUISE DE CONCLUSION À LA PREMIÈRE PARTIE

La singularité du récit du Jugement dernier en Mt 25, 31-46 peut s'énoncer ainsi :

— Il s'agit de la description la plus élaborée dans les évangiles du Jugement eschatologique. Bien qu'on y trouve des éléments connus par ailleurs, elle est sans parallèle synoptique et très profondément insérée dans la rédaction matthéenne.

— Pourtant, [illegible] proprement dite, ce n'est pas le trait le plus original : elle associe des motifs de la tradition apocalyptique, de paroles de [illegible] qui les caractérisent, et conformément à la conception matthéenne, le Jugement et la Parousie coïncident dans un même événement.

— Matthieu place au centre du récit la personne du Juge eschatologique qu'il désigne d'abord comme le Fils de l'homme, ce qui lui est habituel, ensuite comme le Roi, ce qui est unique.

— Les critères et les attitudes [illegible] eschatologiques sont en revanche très originaux : les œuvres de miséricorde. La haute estime dans laquelle elles étaient tenues n'avait jamais justifié qu'elles résument les critères qui déterminent le destin eschatologique ; de plus, la relation fraternelle entre le Roi et les plus petits des hommes se manifeste en elles, [illegible] aussi la base du récit est christologique.

Cependant, cette première approche reste insuffisante. La singularité de ce récit dépasse la seule adjonction de critères

EN GUISE DE CONCLUSION À LA PREMIERE PARTIE

La singularité du récit du Jugement dernier en Mt 25, 31-46 peut être définie ainsi :

— Il s'agit de la description la plus élaborée dans les évangiles du Jugement eschatologique. Bien qu'on y trouve des éléments connus par ailleurs, elle est sans parallèle synoptique et très profondément insérée dans la rédaction matthéenne ;

— La mise en scène proprement dite n'est pas le trait le plus original : elle associe des images de la tradition apocalyptique, dépouillées de bien des enjolivures qui les caractérisent ; et, conformément à la conception matthéenne, le Jugement et la Parousie coïncident dans un même événement ;

— Matthieu place au centre du récit la personne du Juge eschatologique qu'il désigne d'abord comme le Fils de l'homme, ce qui lui est habituel, ensuite comme le Roi, ce qui est unique ;

— Les critères et les attendus des sentences eschatologiques sont en revanche très originaux : les œuvres de miséricorde. La haute estime dans laquelle elles étaient tenues n'avait jamais justifié qu'elles résument les critères qui déterminent le destin eschatologique ; de plus, la relation fraternelle entre le Roi et les plus petits des hommes se manifeste en elles. Sous cet aspect, aussi, l'axe du récit est christologique.

Cependant, cette première approche reste insuffisante : la singularité de ce récit dépasse la seule adjonction de critères originaux à une description assez classique de la Parousie-Jugement chez Matthieu. S'en tenir à constater cette prétendue juxtaposition induit la tendance à traiter plus ou moins séparément l'eschatologie et l'éthique, explication qui ne fait que souligner la faiblesse de ce type d'interprétation. Plus que de juxtaposition, il s'agit d'une articulation entre les deux dont la christologie opère la médiation et qui s'exprime dans la surprise des questions. Celle-ci pose comme un point d'orgue aux enseignements du discours eschatologique au sujet de la certitude de la venue de la Parousie et au sujet de l'incapacité à savoir quoi que ce soit sur cet événement cosmique et christologique.

Cette surprise concerne précisément l'imputation que le roi révèle à propos de ce que les hommes auront fait ou pas fait : « c'est à moi — quand ? » Elle porte donc sur la nature de la médiation christologique qui articule dialectiquement les critères au jugement : celui qui vient pour juger est aussi celui qui est en cause à travers le service que les hommes sont susceptibles d'avoir à se rendre. Et l'évidence du Fils de l'homme dans sa Parousie contraste vivement avec l'anonymat dans lequel ce service a été rendu. L'écart entre les deux désigne l'espace dans lequel la responsabilité de chacun trouve à s'exercer dans une référence définitive au seul médiateur entre Dieu et les hommes et dans le renoncement nécessaire à avoir une quelconque maîtrise sur cette référence qui n'est pas le fait des hommes mais de celui qui seul peut dire : « c'est à moi » Le rapprochement structurel avec les Béatitudes est à nouveau éclairant : aux deux extrémités de l'enseignement de Jésus, l'universalisme de la proclamation de la Bonne Nouvelle allie indissolublement comportement fraternel et droiture spirituelle ; dans les deux textes, l'ensemble est médiatisé par la christologie (voir Mt 5, 11). À la proclamation joyeuse de la promesse répond l'annonce plus dramatique de son accomplissement et Celui qui proclame est la référence centrale de ce qui est proclamé.

C'est ce renoncement à vouloir percer le mystère d'où provient cette surprise qui n'est pas accepté par les tenants de la problématisation traditionnelle des interprétations de Mt 25, 31-46, en grande partie parce qu'ils ne voient pas (ou qu'ils refusent de voir) le rôle structurel de la surprise eschatologique. Plus qu'objet de gloses subtiles, elle doit être intégrée pour elle-même dans la réflexion théologique et, par suite, éthique. Le traitement séparé de l'eschatologie et de l'éthique qui en découle chez eux casse la dynamique narrative de telle sorte que, pour ceux qui remarquent encore les deux questions des hommes, il ne s'agit que d'une clause de style secondaire, qui, au mieux, est révélatrice de l'état d'esprit de chacun des deux groupes. Elle n'est donc pas l'expression d'un écart, mais confirmation de la sentence… ce qui n'explique pas, évidemment, pourquoi leurs formulations sont si proches.

Fixer l'essentiel de l'interprétation sur les diverses identifications ne fait que redoubler le processus puisque expliciter qui sont les protagonistes est censé résoudre l'énigme et lever l'effet de surprise… Paradoxal projet que celui d'annoncer une surprise en résolvant les données même de l'étonnement. En fait, il s'agit d'un effort désespéré pour nier l'importance de cette surprise, et, par là, pour réduire l'angoisse qu'elle pourrait engendrer. Est-ce une attitude rigoureuse que de chercher à régler le problème en affirmant qu'ici il n'existe pas vraiment ? C'est pourquoi il nous a paru indispensable d'en revenir au texte lui-même et de prendre quelques distances avec des manières de l'aborder, sans doute traditionnelles, mais réductrices.

Il est à craindre que beaucoup de ceux qui sont d'honnêtes et compétents artisans de cette problématisation ne seront pas convaincus par ces analyses. Cependant, pouvons-nous tenter de prendre position par rapport aux deux écoles d'interprétation qui s'affrontent ? La courtoisie nous incite à le tenter ; la logique du travail à en mesurer la difficulté. Il serait trop simple, en effet, de dire que nous nous rallions globalement à la ligne universaliste. De son point de vue, c'est peut-être vrai, mais on ne tient pas compte alors de l'essentiel de notre réflexion qui tente de déplacer des questions et des réponses auxquelles les habitudes donnent la force des évidences.

D'une part l'exégèse particulariste n'est pas sans présenter de difficultés dans son ordre même, à cause de la fragilité des arguments et de leur méthodologie et à cause de ce qu'elle signifie par rapport à l'eschatologie chrétienne, en particulier matthéenne. Celle-ci a opéré, en effet, une subversion radicale des mentalités de l'apocalyptique juive où le poids des épreuves avait conduit à un repli quasi sectaire et à invoquer une intervention eschatologique vindicative pour restaurer le peuple fidèle dans ses droits. L'ensemble du témoignage du Nouveau Testament à ce sujet relève d'un autre état d'esprit : nul n'est à l'abri du jugement divin, y compris ceux qui se sont mis à la suite du Christ.

D'autre part, même si nous nous reconnaissons davantage dans les conclusions du courant universaliste, nous ne le rejoignons pas dans sa manière de limiter l'interprétation du texte.

C'est pourquoi nous tenons à garder nos distances, car le fait d'avoir certains éléments en commun ne suffit pas à nous y retrouver vraiment.

S'interroger sur les implications éthiques de ce récit est donc l'aborder sous un angle particulier qui conduit au cœur de sa structure narrative ; la question n'est ni secondaire, ni adjacente. En effet les conclusions de sa lecture interdisent de considérer sa dimension éthique comme limitée à quelques versets, comme un corps étranger isolable de l'ensemble du récit, ainsi que les commentaires peuvent avoir tendance à le faire. En réalité, elle puise sa signification théologique dans l'ensemble du récit et du contexte matthéen.

Il est nécessaire que, tout en affirmant cela, nous ayons en mémoire le principe annoncé dès le début de cette thèse : ce récit est un fragment, il doit être lu comme tel, et les considérations théologiques ou éthiques qui s'ensuivront ne pourront échapper à cette nature fragmentaire. Pratiquement cela veut dire que ce récit ne dit pas tout ni du Jugement eschatologique, ni de la christologie, ni de l'éthique. Il en révèle une dimension fondamentale dans l'articulation des trois, et tout commentaire se doit d'être autant une analyse de chacun de ses aspects que de leurs relations mutuelles telles que le récit les donne.

Concrètement, la deuxième partie va développer les termes de cette articulation :

— Le Jugement eschatologique est désormais remis entre les mains du Fils de l'homme. Ce Jugement est le couronnement de l'économie du salut qui trouve sa plénitude dans la personne du Christ, interprète définitif de la Loi et celui en qui l'Alliance entre Dieu et les hommes a pris chair ;

— C'est dans la dimension eschatologique de l'Incarnation et de la Rédemption que nous proposerons de comprendre la relation entre le Roi et les plus petits des hommes ;

— C'est comme sommet de l'herméneutique de la Loi de l'Alliance par le Christ que les œuvres de miséricorde trouvent leur dimension théologique. Cette herméneutique est la clef pratique de la relation entre le Roi et les plus petits, car les deux commandements d'aimer n'en sont qu'un.

DEUXIÈME PARTIE

FONDATIONS THÉOLOGIQUES

Pour les uns, les incertitudes que suscite l'interprétation de Mt 25, 31-46 tiendraient à la nature du texte, à sa concision, ou à ce dont il parle, les fins dernières qui restent irrémédiablement inconnaissables. D'autres y verraient une conséquence difficile à dépasser de l'écart culturel qui nous sépare du narrateur. En somme ce serait soit la faute du récit lui-même, soit celle de nos conditions de lecture. Il conviendrait donc de contourner l'obstacle, pour autant qu'on le puisse, pour découvrir à côté du texte les clefs de son éventuelle compréhension.

Ces attitudes sont faciles à concevoir, mais ne confondent-elles pas symptôme et étiologie ? Dénoncer une insuffisance du texte pour tenter de la corriger n'est pas une attitude herméneutique satisfaisante. La seule qui vaille consiste à l'interroger tel qu'il se donne, c'est-à-dire, dans notre cas, comme un récit. Tout récit est un processus de collationnement de faits qui sont mis en ordre dans une intrigue. Ce n'est pas la juxtaposition qui fait surgir la signification mais l'intrigue, la mise dans un certain ordre, la mise en scène, bref une exposition des faits dont le sens est intérieur à l'exposition : « décrire et expliquer ne se distinguent pas. [1] »

1. P. RICŒUR, *Temps et récit,* Paris, Éd. du Seuil, 1983, p. 210.

Par nature, un récit de Jugement eschatologique ne peut être qu'un « récit de fiction » : il raconte ce qui n'a pas encore eu lieu dans un rapport tendu avec ce qui constitue le passé et qui est, pour une part, le présent de l'auteur et du lecteur. Rapport tendu car cette anticipation n'est pas seulement le prolongement imaginatif du passé ou du présent, mais l'annonce d'un avenir totalement nouveau. La tension créée par la narration a pour fonction de susciter chez le lecteur la capacité de faire en sorte que ce qu'il vit devienne son avenir et que, le racontant, il y trouve et/ou donne du sens. Un tel récit a donc une double fonction d'identité narrative : par rapport au narrateur, à qui il permet de raconter ce qu'il en est de sa personne et de sa mission ; par rapport aux lecteurs, chez qui elle suscite un agir dans lequel ils deviendront eux-mêmes et qu'ils pourront raconter comme leur histoire. Le récit a donc une fonction en lui-même, et s'il donne l'impression de laisser des zones d'ombre, il convient de les recevoir comme participant à la production du sens et non pas comme un sens caché à découvrir ailleurs pour le réinjecter par la suite.

La tentation d'allégoriser de tels récits apparaît dans ces conditions comme une échappatoire qui, apparemment, résout les difficultés et qui, en réalité, dissout une bonne part de la signification produite. En effet, une allégorisation revient à produire un autre récit ; cet autre est altération du premier. C'est ce que l'on voit très clairement à travers les deux grandes allégorisations de parabole en Matthieu : celle de la semence (Mt 13, 3-9 expliquée en 13, 18-23) et celle de l'ivraie (Mt 13, 24-30 expliquée en 13, 36-43) : désormais nous sommes devant deux récits dont l'un n'est pas plus « vrai » que l'autre ; ils sont simplement différents, même si l'un est référé à l'autre.

Une autre approche est donc nécessaire, qui prenne en compte ce récit pour ce qu'il se donne : un récit qui concerne le futur eschatologique. Tout en tenant compte du grand récit qui est un élément interne de sa signification, on ne la cherchera pas en dehors de lui mais en analysant les éléments tels qu'ils se donnent pour percevoir ce que leur articulation rend possible. Une des caractéristiques essentielles de l'intrigue est constituée par la surprise générale qui en traverse la seconde partie. L'analyse des questions théologiques ne saurait tendre à la dissiper, puisque l'intrigue du récit s'y dissoudrait. Il nous faut au contraire chercher à articuler les données théologiques de telle sorte que la surprise soit en même temps bien située et située comme indépassable.

Ces trois chapitres visent à établir quelques éléments d'une anthropologie proprement théologique en fonction de laquelle nous pourrons dégager dans la troisième partie les implications éthiques particulières à notre péricope. Le trait majeur de cette anthropologie est évidemment sa dimension eschatologique, et donc christologique. Elle est directement induite par l'objet même du récit. Mais elle le déborde largement, car il n'est pas possible de s'interroger sur l'*eschaton* sans mesurer ce qu'il implique *hic et nunc*. Les implications éthiques de notre récit s'articulent ainsi à l'eschatologie, qui est constitutive de toute la foi chrétienne.

CHAPITRE VI

LE DIEU DU JUGEMENT

Ce récit attribue au Fils de l'homme le Jugement eschatologique qui appartient, dans la tradition biblique, au Dieu unique et souverain. Pour saisir les enjeux de ce déplacement, il est nécessaire de rappeler la portée symbolique du thème du procès : il dépasse et englobe le Jugement eschatologique.

Dans la mesure où Dieu prend les chemins de l'histoire d'un peuple particulier, jusqu'à lier son existence à celle d'un homme, la Révélation prend la forme d'un procès. Qu'est-ce qu'un procès, en effet, sinon la mise en scène d'une confrontation en vue de faire surgir la vérité ? Procédure aléatoire, sans doute, dont les innocents et la vérité elle-même sont trop souvent les victimes, mais qui demeure en tout état de cause le meilleur recours pour obtenir une certaine manifestation de la vérité dont l'abord est nécessairement conditionné par l'historicité de l'existence humaine. L'objectivité des faits et des dits est toujours soumise à la relativité des points de vue des témoins et des parties prenantes. Il n'y a pas de point de vue de Sirius pour qui est engagé dans les entrelacs de l'histoire.

Le fait que Jésus ait été condamné au cours d'un procès est donc très significatif, d'autant plus qu'il constitue le point culminant du destin historique de l'homme de Nazareth. Les oppositions, la montée des tensions, les pièges et les demandes de justification, tout concourt à considérer chaque évangile comme le récit d'un vaste procès qui trouve son accomplissement devant le Sanhédrin, puis devant Pilate.

Auparavant un autre procès avait été mis en scène, en termes inversés : celui que Dieu fait à son peuple à cause de l'abandon, que dénoncent ses prophètes, sous la forme de l'idolâtrie et de divers méfaits dans les relations entre les membres du peuple [1].

Ces transgressions suscitent la « colère de Dieu » et sa volonté de salut (voir Os 11, 9), car, au total, Il se révèle davantage miséricordieux qu'assoiffé de vengeance. Cependant ces oracles ont toujours été perçus comme des menaces ; elles ont été cristallisées autour de l'annonce d'une intervention de Dieu, un jour à la fois proche et imprévisible, jour de théophanie où le Jugement concernera autant les nations païennes qu'Israël. La conception apocalyptique du Jugement se situe dans le prolongement de cette histoire.

D'un point de vue théologique, la conception apocalyptique du Jugement marque une évolution sensible par rapport à celle manifestée par les oracles prophétiques. Le Jugement n'est plus une menace future d'épreuves, car l'épreuve est déjà douloureusement là, au point que les perspectives d'avenir semblent tout à fait compromises. L'espérance est mise en Dieu qui fera justice à tous et de tout. Le peuple élu peut en attendre un acte de délivrance radicale. Le particularisme juif est ainsi transformé : l'appel à la conversion devient encouragement à la fidélité au Dieu souverain, Créateur de toutes choses et Maître de l'histoire.

Toute l'eschatologie chrétienne opère un nouveau déplacement dans l'utilisation de ce thème ; en effet, elle est entièrement déterminée par l'événement christique : Celui qui était annoncé est déjà venu, la Seigneurie universelle du Dieu unique a pris corps en Jésus de Nazareth. En lui, les Écritures sont accomplies de manière unique et définitive, et tout en est réévalué.

Ainsi le Jugement eschatologique. Les commentateurs ne s'y arrêtent guère soit parce qu'il ne s'agit pas d'une question faisant l'objet de disputes, soit parce qu'on considère qu'il n'y a

1. Par exemple le salaire non versé (Jr 22, 13 ; Ml 3, 5), l'esclavage du pauvre (Am 2, 6 ; 8, 6), l'écrasement des faibles et des veuves (Am 2, 7 ; 5, 7-12 ; Is 1, 23 ; 3, 14-15 ; Ml 3, 5), la justice corrompue (Am 5, 7), les fraudes commerciales (Am 8, 5 ; Os 12, 8 ; Mi 6, 10-11), les richesses insolentes et injustes (Am 6, 4-6 ; Is 3, 18-23). Les deux séries sont étroitement liées entre elles car la fidélité au Dieu de l'Alliance se réalise à travers l'ensemble des prescriptions de la Loi de sainteté ou du Décalogue.

pas grande difficulté à ce que le Christ assume de telles prérogatives divines. Cette conviction est tout à fait fondée. Cependant, elle doit être située par rapport à l'ensemble de l'économie du salut dans laquelle elle trouve son sens proprement chrétien.

L'approche sera orientée ici par la personnalité de Celui qui juge. Le procès de Dieu en Jésus-Christ se caractérise par un renversement complet : celui qui a été jugé par le Sanhédrin et par Pilate est Celui qui vient sur les nuées pour juger toutes nations ; celui qui a été condamné injustement au tribunal des hommes est celui en qui la Justice de Dieu est révélée. De ce renversement la Résurrection constitue les prémices, et la Croix le signe « indélébile ». Ainsi s'applique au Christ Jésus ce que la tradition prophétique et apocalyptique disait de l'Israël fidèle, dans une perspective rendue étroite par un nationalisme vengeur.

La distance prise avec l'apocalyptique juive est alors évidente : le Jugement est universel, c'est-à-dire qu'il concerne les disciples autant qu'Israël et les nations. La promesse d'une « récompense » est liée à leur fidélité, sans être vindicative. Ainsi, la reprise évangélique des thèmes apocalyptiques interroge l'attitude que chaque génération développe par rapport aux événements contemporains et aux espérances sur l'avenir. Ces dernières ne peuvent être invoquées par des chrétiens pour porter un jugement systématiquement négatif sur le présent. Aucun repli sur soi, aucune tentation de ghetto, ni aucune prétention dominatrice n'ont de sens pour ceux qui ont mis leur foi dans le Crucifié. Chaque époque a bien des raisons de désespérer d'elle-même comme d'avoir une confiance outrancière en elle-même : les deux attitudes se condamnent par leur excès. La foi chrétienne instaure une autre attitude liée à une autre perception du mystère de Dieu. Il convient donc de s'interroger sur le Dieu qui se révèle ainsi ou, plus précisément, sur ce que Dieu nous révèle ainsi de Lui.

Le récit du Jugement ultime fait référence explicitement aux origines en rappelant que le Royaume est « préparé depuis la fondation du monde » (Mt 25, 34). C'est donc à une vision d'ensemble de l'économie du salut dans le Christ qu'il nous convie ici.

A. Le Dieu de l'Alliance, nouvelle et éternelle.

La mort du Christ scelle dans son sang « versé pour la multitude » (Mt 26, 28) une Alliance, qui ne se compare à aucune autre selon Matthieu et Marc. Toute la tradition biblique présente l'Alliance comme une proposition gratuite de Dieu. Depuis Abraham et Moïse jusqu'au Christ Jésus, « Dieu nous a aimés le premier » (1 Jn 4, 19). Quelles que soient les institutions qui ont pu servir de référence historique, toutes impliquent une forme de partenariat entre Dieu et son peuple, une réciprocité dont la mise en œuvre au fil des générations est l'enjeu de l'histoire du salut et le lieu de sa révélation. Le Dieu de l'Alliance s'engage et se compromet dans l'histoire d'un peuple, avant qu'elle ne devienne celle de l'humanité. C'est aussi son histoire, histoire des relations chaotiques entre le Dieu fidèle et le peuple à la nuque raide.

Le Dieu de l'Alliance est un Dieu souverain. Par nature, la relation d'Alliance est inégalitaire. Dieu est le partenaire de son peuple, son vis-à-vis ; cette initiative fondatrice n'est due qu'à sa miséricorde et nul ne peut prétendre rivaliser avec Lui, nul parmi les dieux des nations, nul parmi les hommes ; et, quelle que soit sa proximité, « l'homme ne saurait Me voir et vivre » (Ex 33, 20). Cette souveraineté s'exerce à travers les aléas de l'histoire et rien ne lui échappe. Elle se développe au fil des siècles avec un peuple particulier auquel elle est offerte comme source de bénédiction et de vie. En Abraham, elle fonde la pérennité d'une nation qui se constitue aux insterstices des empires du moment et dans les atermoiements des chefs du clan. En Moïse, elle délivre de l'esclavage mortel et ouvre une histoire dont Il est, plus que jamais, le garant. Dans le Christ, le renouvellement de l'Alliance ouvre à toutes les nations la proposition de salut à laquelle chacun peut répondre désormais par la foi dans le don de l'Esprit qui ne fait pas acception des personnes, des peuples ou des races.

L'Alliance que Dieu propose est une promesse de salut qui s'offre souverainement à la liberté de l'homme auquel il ouvre le chemin de la vie dans une histoire à construire ensemble. Elle est promesse et ouvre au peuple un avenir. Dieu promet sa fidélité et cette dernière sollicite la fidélité des hommes : « vous serez mon peuple et je serai votre Dieu » (Jr 31, 33 ; 32, 38 ; Ez 36, 28 ; 37, 27). Cette promesse a été spiritualisée au fur et à mesure que l'expérience du peuple s'approfondissait jusqu'à ce que la récapitulation de toutes choses dans le Christ en soit le plein épanouissement.

La souveraineté du Dieu unique d'Israël, manifestée par ses « merveilles » passées et exprimée dans cette promesse, est le point d'appui de l'espérance de ses fidèles. Ils savent en effet combien leur propre fidélité est fragile et que le dialogue de l'homme avec Dieu reste ambigu, controversé et rebelle. À l'image de Job, l'homme ne cesse de se dresser devant Dieu pour lui demander des comptes, car Dieu est toujours en procès, pris à partie en Lui-même ou en ceux à travers lesquels Il se donne. Dans l'Alliance, la souveraineté de Dieu s'engage dans l'histoire, dans laquelle s'éprouve la fidélité des partenaires. Au péché et à l'idolâtrie du peuple répondent la patience et la miséricorde de Dieu qui l'appelle sans cesse à la conversion. Dieu ne veut pas la mort du pécheur ; la conclusion de l'Alliance s'inscrit dans l'acte libérateur de la Pâque de l'Exode et de la Pâque du Christ. L'infidélité des hommes souligne la souveraineté de sa fidélité et de sa volonté de salut. En effet, toute histoire tend vers sa fin et toute promesse vers son accomplissement, et Dieu s'affirme comme le Maître de cet accomplissement. Tout Lui est soumis, y compris les obscurités ou les voiles qui empêchent l'humanité d'y accéder en clair, car ils sont les lieux de la foi (2 Co 5, 7). À Lui seul il appartiendra d'en révéler les mystères, au jour qu'il a fixé.

Le Jugement est l'ultime geste de salut du Dieu de l'Alliance qui reçoit dans le Christ son image définitive. En Lui l'initiative salvatrice prend corps de façon radicale lorsqu'Il se compromet jusqu'à l'extrême dans l'histoire des hommes qui devient histoire de son procès et de sa condamnation, mais aussi histoire de sa fidélité à l'Alliance et histoire de la réponse de foi de l'humanité par là rendue à son véritable destin. Le Dieu qui juge est le Dieu qui sauve, de même que le Christ qui sauve est le Christ qui vient pour juger.

B. Le Dieu de l'Alliance, juge de sa Création, dans le Christ.

Le Christ est l'accomplissement total de l'Alliance entre Dieu et les hommes, car en Lui tout est unifié, récapitulé, disent Paul (Ép 1, 10) et Irénée [2] ; en Lui et par Lui, l'Alliance est offerte à tous. Déjà l'Ancien Testament avait une claire conscience, au moins dans les dernières étapes de son histoire, que le projet du Dieu unique d'Israël n'avait de sens qu'universel. L'élection ne refermait pas Israël sur lui-même dans la mesure où, progressivement, il prenait conscience que Dieu le destinait à être « témoin pour toutes les nations » (Is 49, 6-7). Cette prise de conscience de l'universalité du dessein de Dieu surgit au cœur

2. IRÉNÉE de LYON, *Contre les hérésies,* III, 22, 3.

même de l'Alliance et de l'élection d'un peuple et d'un homme. Car, de manière éminente, Jésus est l'Élu (Lc 23, 35 ; Jn 1, 33) qui réalise dans sa personne cette médiation qui lui donne le seul nom par lequel l'humanité puisse être sauvée (Ac 4, 12). Au-delà de l'humanité tout entière, c'est avec « tout être vivant, toute chair qui est sur la terre » (Gn 9, 16-17) qu'une alliance, elle aussi définitive, a été accordée par Dieu, au temps de Noé (Gn 9, 9-17). En effet l'unicité de Dieu et l'universalité de son œuvre de salut ne se comprennent vraiment que par rapport à l'unique acte créateur. Si Dieu se manifeste et peut revendiquer dans son Alliance avec les hommes, et même avec tout être vivant, une souveraineté sans partage, c'est qu'Il est à l'origine, à la source, au fondement de toute vie et de toute chose.

Cette souveraineté est celle-là même qui se manifestera dans la gloire du Jugement, car la protologie et l'eschatologie se correspondent étroitement et nécessairement. Pour reprendre une catégorie de K. Rahner « l'anamnèse et l'anticipation font partie des existentiaux inéluctables de l'homme [3] ». L'une et l'autre s'appellent pour que l'homme assume son présent comme tel, c'est-à-dire qu'il le vive relié à un passé et à un futur, et non comme un pur instant insensé parce qu'indifférencié, hors de toute perspective temporelle structurée. Le présent n'est lui-même que dans la mémoire du passé et la prévision d'un futur attendu comme un avenir ; de même, tout avenir est avenir d'un présent concret, et tout passé est passé d'un présent déterminé. C'est ce qui fait que la temporalité de l'homme soit une histoire.

Il n'est donc pas possible de penser les trois modes de la temporalité de manière indépendante, y compris celle de la Révélation en tant qu'elle est inséparable de l'histoire de l'Alliance. Le Jugement se réfère à la Création, comme la Création attend son Jugement. L'une et l'autre s'éclairent mutuellement :

> Dieu a créé le monde avec le temps. Le temps est ainsi une image de l'éternité divine, un point de comparaison [...]. De même que le monde ne fut pas créé dans le temps mais avec le temps, de même ne sera-t-il pas achevé, lors de la création nouvelle, dans le temps, c'est-à-dire à un jour x du calendrier, mais avec le temps. Le commencement n'est pas plus le premier point d'une ligne du temps que la fin n'en est le dernier [4].

3. K. RAHNER, *Écrits théologiques,* 9, Paris, Desclée de Brouwer, 1968, p. 151.
4. W. KASPER, « L'Espérance du retour glorieux », *Communio,* X/1, 1985, p. 30 et 32.

En conséquence, on ne peut envisager la Parousie et le Jugement seulement en termes de lendemain et de cours du temps, comme négation du temps antérieur, comme s'il n'y avait pas déjà une participation très réelle aux choses dernières (déjà là-pas encore) ; de même la Création ne saurait être comprise comme un simple commencement lointain, coup de pouce initial donné par Dieu, mais dont il se serait dégagé, tel un spectateur, en attendant de régler les comptes en fin de parcours. La véritable signification du monde s'inscrit dans une histoire, l'histoire de l'Alliance, dont Dieu se donne comme le partenaire vigilant et miséricordieux. C'est en permanence qu'il fonde sa création comme c'est en permanence qu'il ouvre le procès eschatologique, intéressé au devenir de l'histoire, du cosmos et des hommes, car il s'agit du devenir de la vie qu'il donne.

Le Christ est présent à l'ensemble de l'initiative de salut, de sa fondation à son achèvement. Par l'incarnation, cette initiative prend figure personnelle de manière unique, enfantée dans sa propre création. Non seulement il scelle l'Alliance dans son sang, mais il est totalement l'Alliance dans sa double nature divine et humaine : « C'est Jésus-Christ qui est la définition indépassable et définitive de l'homme, de tout homme. C'est pourquoi il est également la mesure définitive de l'histoire, le juge des vivants et des morts [5]. »

En conséquence, le Christ est à la fois celui qui effectue, récapitule et révèle l'unité de cette histoire d'Alliance. Alpha et Oméga, Premier-Né de toutes créatures par qui tout a été fait et Premier-Né d'entre les morts par qui se réalisera toute justice, le Christ Jésus est à la fois celui qui agit au nom et en tant que Dieu et celui en qui se réalise la totalité de cette histoire.

Déjà la première venue est une épiphanie dans laquelle est révélée la plénitude du dessein de Dieu, qui s'y donne comme Père. Le Père est le Maître souverain du dessein à l'initiative duquel il ne cesse de présider, et le Christ est Celui en qui s'accomplit cette histoire du salut. Le mouvement par lequel le Fils éternel se fait homme en Jésus de Nazareth est le point extrême de ce don fait au cosmos dans l'humanité par l'amour créateur qui suscite à sa ressemblance un homme qui procède de sa vie, dans un don qui se justifie à soi seul. Plénitude qui s'exprime dans une traversée des extrêmes, de la plus grande déréliction à la plus grande gloire. Opposition des contraires qui exprime à sa façon la totalité du projet selon la très

5. *Ibid.*, p. 25.

ancienne christologie de la kénose (voir Ph 2, 6-11). La Résurrection n'est pas une revanche ou une consolation après l'injustice de la Croix. La Pâque est la concentration de tout le mystère dans lequel s'accomplit le drame de l'humanité.

Dans ce contexte, la Parousie n'est pas tant un « retour » du Christ lors de la « consommation des temps » que l'achèvement et la plénitude de la venue du Christ. Le mot « retour » n'est guère néotestamentaire [6]. Il n'y a pas un départ et un retour, ou plus exactement ce qui nous apparaît comme tel sur la scène de l'histoire, liée à notre temporalité, n'en dit ni la totalité ni le dernier mot.

La fin du temps se conçoit dans son rapport à l'éternité non comme « un point final, mais comme un accomplissement du temps [7] » qui se fonde sur l'éternité même de Dieu. Le temps comme présent enraciné dans une mémoire et tendu vers une espérance n'existe que comme participant à ce « présent à l'état pur » qu'est l'éternité. Ce présent de Dieu se déploie dans le temps de l'histoire et des personnes comme une présence dont l'intimité fait exister les personnes et l'histoire. Ainsi la venue du Christ doit se comprendre autant sous cette modalité du présent, en train de venir que sous celle de l'avenir, l'une et l'autre dans la mémoire de Celui qui est déjà venu au nom du Père. Ainsi peut-on comprendre, premièrement, que la Parousie est la venue du Christ qui se continue désormais dans la plénitude de sa gloire, celle qui était cachée bien que présente dans l'homme de Nazareth et sur la Croix, et qui, alors, sera perceptible « au grand jour » ; deuxièmement, quelle est la nature du travail rédactionnel de Matthieu qui réunit Parousie et Jugement ; et, troisièmement, le fait essentiel à Mt 25, 31-46, que Celui qui annonce le Jugement se donne aussi comme partie prenante au mystérieux critère des sentences portées.

Qu'Il soit considéré comme Créateur ou comme Juge eschatologique, le Dieu de l'Alliance en Jésus-Christ ne se présente jamais à l'homme comme étranger ou extérieur à son histoire ; puisqu'Il se donne sans cesse comme partenaire et que le Christ manifeste jusqu'où Il se compromet dans l'histoire, « Emmanuel », Dieu avec nous. Cela ne remet nullement en cause sa transcendance. Il y a une différence de nature essentielle entre le Créateur et sa créature, mais aussi une relation constitutive.

6. Voir Ch. PERROT, *Le Retour du Christ,* Bruxelles, Publications des facultés universitaires Saint-Louis, 1983, p. 19-22 et 172.

7. W. KASPER, p. 30-32.

La théologie de l'Alliance postule à la fois et de manière radicale une altérité souveraine et une tendresse émue. Le *tremendum* spontané de l'humanité privilégie fortement la distance et l'altérité, qui n'évitent pas toujours d'écraser de leur poids l'homme et sa liberté, et cela tout particulièrement quand il s'interroge sur les origines et sur le Jugement. La proposition d'Alliance donne Dieu aussi proche que souverain, tellement souverain qu'il peut se faire proche sans rien perdre, au contraire, de sa souveraineté. En effet celle-ci n'est pas à la mesure de ce que les hommes estiment entre eux, ainsi « ce qui dans le monde est vil et méprisé, ce qui n'est pas, Dieu l'a choisi pour réduire à rien ce qui est, afin qu'aucune créature ne puisse s'enorgueillir devant Dieu » (1 Co 1, 28-29).

Le vrai visage de Dieu, celui qui brise toutes les idoles en bouleversant les schémas humains trop commodes, se manifeste dans cette tension qui parcourt toute l'histoire de l'Alliance jusqu'à sa plénitude dans le Christ. L'initiative de salut qu'Il ne cesse de prendre est don et appel à la réciprocité, appel à la vie et à la fidélité, elle est donc fondamentalement vulnérabilité. En cela elle n'est pas dissociable de son œuvre créatrice ni du Jugement à venir. Les deux manifestent, chacun à sa manière, ce qu'il en est de Dieu et qui n'est accessible à l'homme que dans la mesure où il accepte de s'y reconnaître précédé, c'est-à-dire vulnérable : « Voici comment s'est manifesté l'amour de Dieu au milieu de nous : Dieu a envoyé son Fils unique dans le monde afin que nous vivions par lui. Voici ce qu'est l'amour : ce n'est pas nous qui avons aimé Dieu, c'est Lui qui nous a aimés et qui a envoyé son Fils en victime d'expiation pour nos péchés » (1 Jn 4, 9-10).

« Dieu est amour. » Le mouvement vers l'autre dans le don de soi, comme offre souveraine et vulnérabilité consentie, est constitutif de l'être même de Dieu qui se révèle pleinement comme Amour à travers sa vie trinitaire. Toute son œuvre de salut en est le fruit et le déploiement. La Création est un acte d'amour qui ne peut donner à exister que pour un projet d'amour. L'Alliance n'est pas simplement la réparation d'un premier projet plus ou moins avorté ou blessé, elle est la réalisation nécessaire du projet initial dont la logique et la nécessité sont celles de l'amour, qu'est la vie de Dieu, et dont la kénose et la gloire du Christ sont la plénitude écartelée.

Il est ici indispensable de prendre garde à nos manières de parler et de penser. La relation d'amour que désignent Création ou Alliance suppose des partenaires, des vis-à-vis, donc une autonomie des personnes, suffisante pour rendre possible une telle relation. Mais l'analogie a sa limite, car Dieu est au-delà de nos représentations. Il est à la fois un partenaire absolument autre et Il est plus intime à sa créature qu'elle ne peut le mesurer, car celle-ci ne subsiste qu'en Lui. C'est parce qu'Il est absolument autre qu'Il peut être aussi intime. Il n'y a pas d'extériorité entre le Créateur et sa créature, pas plus qu'entre le juge et les nations jugées.

La séparation créatrice comme la séparation eschatologique sont là pour manifester sans concession que l'unité du projet divin n'est pourtant pas fusion ou confusion : c'est d'une unité dans l'amour qu'il s'agit, c'est-à-dire à la fois une union et une distinction dans la reconnaissance assumée des différences. Non pas simple unité des contraires qui ne pourrait échapper à la confusion, mais relation dialoguante, réciprocité, qui anime d'un mouvement vital Dieu en lui-même (Trinité) et dans sa relation à la création, le Christ en lui-même par sa relation au Père et aux hommes (Incarnation), l'homme en lui-même par sa relation restaurée dans le Christ au Père et aux autres (filiation et fraternité).

Le premier trait de cet amour divin dans l'histoire de l'Alliance est fondamentalement la liberté dans les initiatives qu'il prend d'Abraham au Christ. Il est par là fondement de la liberté humaine. Comment pourrait-il appeler réellement à la réciprocité d'amour s'il n'y avait pas dans la créature la capacité de répondre dans la fidélité à soi-même, et aussi la capacité de s'y refuser ? Sans doute la création tout entière chante la gloire de Dieu, mais c'est à un autre chant que l'homme est convié, à celui du bien-aimé pour sa bien-aimée. Le Juge eschatologique ne connaît pas d'autre partition.

C'est en fonction de cet amour dont la vérité se révèle être kénose que la sentence est déterminée. Et c'est le Christ qui la fait connaître et l'exécute, de même qu'il a accompli toute la volonté de son Père et sa Résurrection est la révélation définitive de Dieu. La gloire du Fils de l'homme lors de sa Parousie n'est autre que la gloire de Dieu qui illumine une fois pour toutes le Crucifié vainqueur de la mort. C'est donc lui qui est « le principe herméneutique de tout énoncé eschatologique », comme l'écrit W. Kasper en résumant les débats théologiques contemporains sur l'eschatologie [8]. Le Jugement ne relève donc pas d'un quelconque théisme, comme si l'homme pouvait avoir

8. *Ibid.*, p. 24.

par lui-même autre chose en ces matières qu'un pressentiment. Seul le Christ permet d'y avoir accès, comme seul il en proclamera la sentence, car il est le seul médiateur entre Dieu et les hommes. C'est pourquoi le Christ, et la relation au Christ sont le critère fondamental du Jugement eschatologique chrétien, et cela beaucoup plus mystérieusement que par une confession de foi ou un reniement. Il le porte au nom du Père parce qu'il est en communion absolue avec Lui et que le Père l'envoie. Il le porte aussi en solidarité avec cette humanité qu'il juge parce qu'il en a été jugé digne dans sa propre obéissance.

C. Dieu, Juge qui libère la liberté de l'homme.

Dieu Amour, dans sa relation permanente à la création et dans sa propre vie trinitaire, est le véritable fondement de la liberté de l'homme à la fois parce qu'Il en est l'origine et parce qu'Il lui donne son sens. L'histoire de l'Alliance est la proposition radicale de Dieu par laquelle Il invite l'humanité à entrer explicitement dans cette relation d'amour et à vivre selon une exigence propre qui n'est pas une loi extrinsèque, mais l'expression de sa nature même : la loi de l'Alliance est loi d'amour fondée sur la reconnaissance réciproque ; elle est la loi de la vie, celle par laquelle se choisit la vie contre la mort (Dt 30, 15).

Le Dieu d'amour, créateur et fondement de la liberté humaine, est aussi le Dieu Juge. Le même amour donne la vie et appelle à sa vérification ultime. Le Jugement eschatologique est souvent vu d'abord comme une menace, même si on met en avant que le critère majeur en sera l'amour : Dieu jugera sur l'amour, comme en Mt 25, 31-46. Mais cette représentation est insuffisante si on l'isole de son contexte théologique, car on ferait de l'amour un critère comme un autre, parmi d'autres, même si on le reconnaît plus fondamental que d'autres. On court de nouveau le risque d'un extrinsécisme qui ferait de la loi d'aimer une hétéronomie plus ou moins arbitraire, voire plus ou moins supportable, même s'il vaut sans doute mieux être jugé sur l'amour vécu que sur la vengeance ou une justice trop formaliste.

Dieu juge sur l'amour, Dieu juge d'abord par amour, parce qu'Il est amour. L'amour ne peut rester indifférent à sa requête de réciprocité. L'amour souverain, source de toute vie et de toute invitation à aimer, ne peut rester impassible et lointain face à la (non-)réponse qui lui est faite. Le critère du Jugement, qui ne peut être que l'amour concrètement vécu, est totalement intérieur à Dieu lui-même, à la relation de Dieu avec l'homme, à l'homme lui-même en tant que créé par et pour aimer.

L'homme est ainsi créé libre dans l'amour libre du Dieu trine pour réaliser dans son humaine liberté la vérité de sa vie et de son amour et le Jugement du Dieu d'amour manifeste la prise au sérieux de cette liberté et de la capacité d'aimer que Dieu a donnée à l'homme. C'est aller jusqu'au bout de sa situation de partenaire que d'estimer ce que l'homme a fait de l'image et de la ressemblance (Gn 1, 26-28) à lui confiée dès l'origine, non dans un jeu de miroir, mais dans un don de vie. Que serait cette liberté si elle n'avait pas en dernière instance à répondre d'elle-même ? Le Jugement eschatologique n'est pas seul processus de reconnaissance de la responsabilité humaine. Il en est la dernière instance. Il donne à la responsabilité éthique de chacun envers lui-même et les autres, et au jugement propre qu'elle implique, un horizon eschatologique qui lui confère sa dignité ultime.

En conséquence, le Jugement eschatologique de Dieu permet une véritable libération de la liberté de l'homme, toujours capable d'errances loin de son destin. L'œuvre du Christ, présent dans toutes les phases de l'histoire du salut, fonde et régénère les relations rompues par ces errances. Cette réconciliation avec Dieu va de pair, d'une part, avec une réconciliation avec les autres dont le regard pèse sur la conscience de chacun et, d'autre part, avec une réconciliation avec soi-même.

En effet, le jugement éthique n'échappe pas à un certain doute sur lui-même : qu'en est-il au fond de la moralité de mes jugements, de mes actes, de ma vie ? Cette incertitude est redoublée par la douloureuse expérence du mal et de l'échec. La liberté humaine est la liberté d'un être créé, donc ordonné à son Créateur. En ce sens elle n'existe que dans les opacités de sa finitude. Le Jugement eschatologique ne dépossède pas la liberté de sa responsabilité fondamentale d'avoir à juger et à se déterminer par elle-même, mais il permet de donner à la finitude sa véritable signification dans une tension vivifiante avec Celui qui la fonde. Ainsi l'impossibilité humaine de dire le dernier mot sur la moralité ne le paralyse pas plus qu'elle ne le dispense d'assumer ses responsabilités. De même qu'il se reconnaît vivant et libre parce que précédé par un amour créateur, de même il se reconnaît appelé et tendu vers ce même amour qui ne révélera toute sa vérité que dans l'ultime et définitif face-à-face. Cette tension, c'est le présent de la liberté où se déploie la responsabilité éthique.

Que penser des divers renversements qui ont été évoqués dans cette section, et qui se résument dans le Jugement du Fils de l'homme condamné devenu Juge eschatologique ? Sont-ils indemnes de tout ressentiment, de tout esprit de vengeance, de tout désir de se rassurer par rapport à l'incertitude du jugement éthique ou à sa mauvaise conscience ? Il peut apparaître facile de concevoir, en le projetant sur un avenir par définition inaccessible, un renversement de situation qui fasse justice de tout ce que l'on a conçu comme bien et qui n'a pas souvent prévalu dans ce monde. Dieu serait alors moins un juge qu'un justicier qui règle des comptes avec ses adversaires pour rétablir des victimes par elles-mêmes incapables de faire valoir leur juste droit. Un Dieu des faibles et des incapables que l'on charge, au moins sous forme de menaces, d'accabler ceux dont on ne sait comment les combattre. Menaces qui ne sont pas sans force, tant elles jouent sur les incertitudes et la mauvaise conscience de chacun, y compris de ceux qui sont en position de force.

Cette possible mauvaise conscience pourrait susciter un autre soupçon : l'incertitude du jugement de la moralité se retourne contre le sujet. La question : « au fond qu'est-ce que j'en sais ? » devient un infernal : « et si, ne le sachant pas, c'était mal ? » La figure du Jugement peut alors être soupçonnée de servir soit à rassurer, puisque l'on s'en remet à une justice transcendante qui ne peut se retourner contre le sujet s'il agit moralement, soit à renforcer de manière pathologique une inquiétude dans les frémissements de laquelle on croit percevoir les signes de l'absolu. Possibles pour des raisons diverses, en particulier psychologiques, ces deux dérives finissent par détourner les hommes de leurs vraies responsabilités qui sont de faire face *hic et nunc* aux exigences présentes d'une vie dont on ne choisit guère les conditions.

Cette critique ne peut être prise à la légère quand on sait combien la peur est une donnée psychologique puissante et universelle. Bien des prédicateurs de l'Évangile se sont appuyés sur elle, parfois jusqu'à l'excès, et le thème du Jugement dernier n'était pas secondaire dans leurs argumentaires [9]. Par ailleurs les contextes historiques dans lesquels se sont élaborées les diverses théologies bibliques ont bel et bien provoqué des réactions proprement nationalistes, comme on l'a noté à propos de l'apocalyptique. On ne peut donc pas repousser le soupçon comme s'il était sans fondement.

9. Voir J. DELUMEAU, *La Peur en Occident*, Paris, Fayard, 1978.

Pour autant porte-t-il vraiment sur le fond ? Il est vrai que des renversements aussi spectaculaires que signifiants sont présents dans presque toutes les annonces de la Parousie et du Jugement. Toutefois ce ne sont pas eux qui définissent le Jugement eschatologique, mais la souveraineté de Dieu telle qu'il la révèle dans toute l'histoire du salut par son Alliance, sa Création et le Jugement. Cette souveraineté n'est pas de l'ordre de la puissance ou de la force selon les vues humaines, car s'il y a force, c'est la seule force de l'amour qui se propose et provoque à une réciprocité. S'il y a une loi pour cette vie et un critère pour le Jugement, c'est dans la logique de cet amour partagé que nous les découvrons. Ce n'est donc pas d'abord le renversement ou la vengeance qui sont mis en avant dans le Jugement, mais le triomphe final de l'amour et de Dieu, car, si Dieu est Dieu, Il ne peut, ultimement, en être autrement. S'il y a faiblesse de Dieu, c'est celle inhérente à l'amour, opposé à la violence brutale et aveugle, à la puissance comme domination. En se compromettant dans l'histoire des hommes jusques et y compris dans l'incarnation de son Fils, Il assume la vulnérabilité de tout amour et prend le risque du refus et du rejet qui était inhérent au projet créateur lui-même. C'est le même rejet qui atteint dans le Christ son paroxysme : quant au principe, il n'est pas d'une nature différente. La mort du Christ, c'est le risque d'aimer assumé jusqu'au bout, qui dénonce l'injustice de tout refus de l'amour. Sa force est tout entière là, c'est celle de l'amour désarmé capable de la miséricorde.

Le fait que tous les hommes soient soumis au Jugement eschatologique témoigne avec éclat de ce qu'il ne s'agit pas d'un trivial renversement des situations mondaines. La nature du critère du Jugement vient le confirmer : il repose sur les gestes faits sans qu'il soit tenu compte de la quantité ou de la qualité de l'amour reçu ou ignoré. La réciprocité qui est alors en cause assume le cadre historique des partenaires humains, tout en le transcendant. Elle met en jeu, en eux, la réciprocité vécue ou non avec le Dieu d'amour, partenaire de sa Création comme l'Alliance l'implique. Le Jugement du Dieu d'amour libère ainsi l'homme de l'enfermement où le conduiraient et sa liberté dans l'incertitude de son propre jugement et la conscience qu'à travers sa finitude se joue une culpabilité qui ne s'y réduit pas, alors qu'il est toujours difficile de les distinguer.

Cette libération de l'espérance chrétienne s'appuie sur un secret que les évangiles se gardent bien de lever. Il y a un secret eschatologique qui relaie le secret messianique du destin de

Jésus de Nazareth, et ce secret est appel puissant à la vigilance pour résister aux chants des sirènes des faux messies. Ce secret est celui du Père, dont le Fils de l'homme ne connaît pas le contenu, mais, parce qu'il témoigne sans cesse qu'il est un secret d'amour, les cœurs aimants savent, dans une fiévreuse attente, y recevoir la paix.

Par ailleurs le jugement porté sur soi-même, dans son incertitude, ne peut ignorer le regard qu'autrui porte, ou le regard que l'on imagine qu'autrui porte sur soi. Si la certitude ne se trouve pas en soi-même, comment ne pas la demander à autrui ? Il est vrai que toutes les règles morales concrètes sont pour une part des règles sociales. Un système moral précède toujours chaque sujet, c'est à travers lui qu'il accède à la moralité, même si son devenir-homme ne va pas sans certaines remises en cause ou prises de distance. En toute société, même dans une société animée par une pluralité de références, la pratique est l'objet d'un jugement social. Ne va-t-il pas rapidement être tyrannique si on ne peut pas s'appuyer avec un minimum de certitude raisonnée sur son propre jugement ? La médiation de l'autre est nécessaire pour devenir soi ; mais elle peut devenir tyrannique si le vis-à-vis écrase ou subjugue au lieu de révéler et de stimuler.

Le Jugement eschatologique libère de cette éventuelle tyrannie et de cette perversion en rétablissant l'altérité dans sa fonction de médiation et la médiation de l'autre dans sa véritable signification. Seule la réciprocité de l'amour rend possible un devenir homme car c'est en cela que consiste l'être même de Dieu à l'image duquel l'homme est créé pour y conformer sa liberté. Être jugée sur et par l'amour est, pour la liberté, être reconnue et promue dans ce qui la fonde ultimement. L'altérité infinie de Dieu transcende toutes les médiations et leurs ambiguïtés pour poser un vis-à-vis radical à une liberté finie qui se sent appelée à un dépassement permanent. « Le face-à-face demeure situation ultime », comme l'écrit E. Lévinas [10]. Le Jugement eschatologique est le face-à-face ultime dans un amour qui est source de « vie en surabondance » (Jn 10, 10).

Le Dieu que la foi chrétienne confesse comme un Juge eschatologique ne saurait se concevoir seulement en termes de vis-à-vis entre Lui et l'humanité comme s'il était possible de s'en tenir à une simple extériorité. Le sens dernier de l'économie du salut se fonde dans l'amour que Dieu y déploie et qui est Dieu lui-même. Le Jugement est aussi fondamentalement acte

10. E. LÉVINAS, *Totalité et infini,* La Haye, M. Nijhoff, 1971, p. 53.

d'amour du Dieu sauveur. Comme la Création, comme toute l'œuvre de Dieu, il fonde, reconnaît et régénère la liberté de l'homme. Comme elles, il en détermine les limites et en ordonne la finalité. Par là même il lui donne de pouvoir exister comme liberté humaine. Chaque moment présent engage l'homme dans sa liberté dans la mesure où il répond ou non à l'amour d'où il vient et vers où il va. Cette réponse elle-même ne peut être qu'une réponse d'amour, si elle se veut positive. En elle, comme en chaque acte de l'homme, le face-à-face eschatologique est déjà commencé dans ce temps qui n'est pas étranger à l'éternité de Dieu. Le Fils engendré de toute éternité a habité ce temps pour que, dans le don que le Christ fait de sa vie, soit accomplie « toute justice ». Le Jugement eschatologique est l'accomplissement de cette justice du Dieu de l'Alliance.

D. La justice de Dieu et la justification des hommes.

Alors que, pour Matthieu, la justice est fondamentalement une qualité humaine qui ouvre sur le Royaume, l'épître aux Romains fonde toute justification des hommes sur la justice de Dieu manifestée dans le Christ. C'est par la foi en Christ que les baptisés sont justifiés (Rm 1, 17), car c'est par la foi seule que l'homme pécheur s'en remet vraiment à Dieu, et qu'il renonce à trouver par lui-même sa propre justification. Il n'y a pas d'autre voie possible devant Dieu que celle de la recevoir de la confiance mise dans le Christ. En définitive cette justice de Dieu se révélera pleinement dans le « juste jugement » (2, 5) qui interviendra au « jour de sa colère » et qui manifestera toute justice.

La justice de Dieu transcende ainsi toutes les médiations, y compris celle de la Loi, dont la pratique peut devenir formelle, et donc perdre ce qui en est l'énergie vivifiante, à savoir qu'elle est loi d'amour (13, 8-10) qui rend capable d'aimer, et donner une fausse assurance à celui qui reste sous la Loi. Seule la foi est acte d'amour et d'abandon sans calcul, car seule la foi est totale remise de sa vie dans les mains de Dieu. Le croyant est ainsi justifié face et grâce à la justice de Dieu, car il fonde tout sur l'amour qui se donne en elle.

Parce qu'elle est miséricorde et salut, la justice de Dieu est fidélité du Père à Lui-même. Il ne saurait revenir sur sa proposition d'Alliance à laquelle il a donné un corps et un visage définitifs dans le Christ. Il s'engage totalement dans son humanité jusqu'à faire de son procès le procès même de Dieu ;

jusqu'à donner sa vie, ce qu'il ne cesse de faire pour sa création qui subsiste par Lui ; jusqu'au pardon, qui est le don d'amour par excellence, celui dans lequel la considération de l'être aimé pour lui-même prend le pas sur toutes les trahisons. La justice de Dieu est pardon sans cesse offert dans le Christ, car elle est fidélité à l'amour créateur. Mais le pardon ne peut jamais être imposé : il doit être accepté pour ce qu'il est, un geste d'amour plus grand que les fautes, par lequel est restaurée la relation blessée, et donc un appel à la conversion et à la fidélité renouvelée. Par la foi dans le pardon offert, l'homme se voit donc justifié par cette justice de Dieu qui ne peut être que justification pour la multitude.

Le Jugement eschatologique sera la manifestation glorieuse de cette justice de Dieu. Accomplissement de son dessein d'amour, il parachèvera une histoire dont Dieu n'a jamais perdu la maîtrise, puisqu'il a accepté, dans son principe, le risque du refus, comme l'indiquent à leur façon Mt 25, 34 et 41. C'est « depuis la fondation du monde » que le Royaume a été préparé pour les bénis, tant il est vrai que cette fondation est ordonnée à l'épanouissement de ce Royaume et que la souveraineté de Dieu ne trouvera toute sa gloire que dans ce Règne. De même le feu des maudits est dit « éternel », préparé à l'avance, signe que le refus était un risque assumé par Dieu.

Peut-on en dire vraiment plus sur l'au-delà de l'histoire ? Le Nouveau Testament est ici d'une sobriété impressionnante par rapport aux traditions de son temps, sans que cette sobriété laisse place au moindre doute sur le fait qu'un avenir soit ouvert au-delà de la mort et au-delà de l'histoire. Il n'y a pas lieu de reprendre toutes les indications néotestamentaires. La séparation dont Mt 25, 31-46 est un témoin majeur en est une figure fondamentale. Les justes entreront dans la vie de Dieu, car leur justice vient de Dieu dans le Christ, et le Royaume qui s'est approché dans le Christ s'ouvre ainsi pour eux. Pour les autres, les maudits de Mt 25, 41, il est annoncé un feu éternel à la fois image de séparation d'avec Dieu, de mort et de destruction. Ces représentations ne sont pas originales en elles-mêmes, sauf dans leur dépouillement qui invite les développements théologiques à rester très discrets.

La remarque théologique fondamentale qui nous retiendra ici est sa portée éthique. Le Jugement eschatologique est la prise au sérieux par Dieu de la liberté de l'homme appelé à vivre de son amour. La sentence est déterminée en fonction de cet appel. Elle ne peut être que la confirmation d'une justice qui se définit par rapport à la justice de Dieu, d'une part parce qu'il ne saurait y avoir d'autres références pour en mesurer quelque chose et d'autre part parce qu'elle seule peut régénérer la liberté de l'homme faussée par le péché. Aussi la sentence de bénédiction est reconnaissance de cette justice renouvelée dans la foi au Christ et qui le conduit par grâce au Royaume par lui offert ; mais la liberté ne serait pas véritablement honorée si la possibilité du refus ne trouvait pas elle aussi une sanction du même ordre.

La réflexion à propos de Mt 25, 31-46 ne peut pas s'engager sur le fait de savoir si réellement des hommes seront ainsi condamnés au feu éternel. La théologie est conduite à reconnaître à la fois cette possibilité, et à attribuer à Dieu seul la faculté de porter une telle sentence. Pour autant que nous puissions en juger, elle n'est pas contradictoire avec l'amour divin, qui ne veut pas la mort du pécheur. C'est l'amour qui fonde la liberté et sa capacité de ne pas répondre à cet amour fondateur. L'amour de Dieu est proposition de vie, et le salut est définitivement offert. Nul ne peut empêcher Dieu de l'offrir dans la solitude de la Croix. Nul, pas même Dieu, ne peut contraindre à l'accepter, car cette contrainte serait contradictoire avec l'amour qui l'offre. Nos sensibilités contemporaines ne doivent pas obscurcir l'enjeu véritable : le salut acquis par le Christ pour tous les hommes ne peut être imposé à leur liberté, sous peine de nier cette liberté.

Cela dit, il n'appartient pas à l'humanité de savoir si des hommes y sont condamnés, ni qui, ni combien. Le christianisme annonce un salut offert à tous. Il n'offre aucune garantie initiatique ou gnostique, mais appelle chacun à assumer sa responsabilité régénérée.

E. Un secret d'amour qui fonde une espérance.

En ne levant pas tous les voiles, la médiation du Christ provoque à la foi (2 Co 5, 7). Toutes les données eschatologiques du Nouveau Testament, jusque dans l'Apocalypse de Jean, soulignent que la plénitude de la Révélation est encore à venir, et qu'il reste encore bien des choses secrètes. Beaucoup de ces secrets portent sur les événements de la Parousie. Les traits caractéristiques dans l'évangile de Matthieu ont déjà été relevés ; sur l'essentiel ils rejoignent l'ensemble du témoignage du Nouveau Testament. Deux éléments du récit de Mt 25, 31-46, qui se veut pourtant explicite, indiquent clairement les limites de ce qui est dit, et désignent en creux ce qui ne l'est pas. L'absence d'indication au sujet de la date confirme les autres mises en garde de Jésus en Mt 24-25 et la surprise des deux groupes séparés par le Roi manifeste qu'une distance essentielle subsiste entre le message proclamé et son accomplissement.

La venue eschatologique du Christ ne peut être placée que sous le sceau d'un secret divin. S'il ne s'agissait que d'un retour ou d'une seconde venue, on pourrait projeter sur la seconde ce que la première a déjà partiellement appris… C'est la tentation de certaines dérives apocalyptiques ou gnostiques. Or la venue historique du Christ révèle justement que ce n'est pas un retour qui est attendu, mais l'accomplissement de ce qui est donné en germe et qui, par définition, ne peut contenir la totalité de cette révélation. Cet accomplissement sera une soumission totale de l'histoire et du cosmos au Christ mort et ressuscité un jour du temps (1 Co 15, 20-28) : « Cet événement qui embrassera le temps dans son ensemble en le portant à sa plénitude est de par sa nature même inimaginable à l'intérieur du temps et de l'histoire [11]. »

Il ne peut donc être que secret.

Le fondement théologique de la surprise générale en Mt 25, 31-46 se trouve dans ce secret. Comme on l'a déjà dit, l'incertitude indépassable de l'homme sur son propre jugement éthique pouvait la justifier d'un point de vue anthropologique. Elle suppose non seulement une justice de Dieu insoupçonnable mais aussi qu'un jour cette justice soit clairement rendue à chacun et à tous. Le devenir humain, dans son incertitude éthique elle-même, est donc aussi tendu vers une Parole qui, dans sa vérité, le libérera définitivement, selon la promesse de Jésus : « vous connaîtrez la vérité et la vérité fera de vous des hommes libres » (Jn 8, 32). Parce que cette vérité est Dieu lui-même et non pas simple conclusion d'un raisonnement d'homme, elle ne pourra qu'engendrer l'étonnement : « quand donc t'avons-nous vu… ? »

Le secret de Dieu, secret de l'amour sauveur de Dieu, n'est donc ni une malédiction, ni une source d'angoisse, ni un échec de l'homme. Il est reconnaissance de la foi qui remet en Dieu sa justification et attend de Lui un accomplissement personnel et collectif qu'il pressent et désire, mais qu'il mesure vite hors d'atteinte de ses seules forces. Le secret de Dieu n'est pas

11. W. KASPER, p. 32.

aiguillon pour relancer une recherche à portée de main, mais message d'espérance « car Dieu est plus grand que notre cœur et Il discerne tout » (1 Jn 3, 20).

Ce secret implique donc un renoncement suprême et positif à toute volonté de mainmise sur Dieu, à toute tentation de susciter une idole. De même que la kénose du Fils est dépouillement de soi-même pour aller en vérité à la rencontre des hommes, et par là se recevoir dans sa divinité, de même la rencontre de Dieu dans la vérité du Christ appelle l'homme à renoncer à sa quête intime d'un savoir certain sur Dieu et son propre destin, pour pouvoir se recevoir par là dans son humanité et sa filiation adoptive.

Le débat entre théologiens sur les rapports entre le Jugement particulier et le Jugement général concerne-t-il Mt 25, 31-46 et s'éclaire-t-il après les analyses précédentes ? Le récit de Matthieu ne distingue pas à proprement parler les deux formes de Jugement : le Jugement général est le Jugement particulier de tous les hommes, de toutes les nations alors réunies devant lui. Les deux dimensions sont tenues ensemble et il n'y a pas à dissoudre l'un dans l'autre. Le Jugement eschatologique est la prise au sérieux de la liberté de chaque homme en ce qu'il a participé à l'histoire commune et solidaire de l'humanité.

Que signifie alors le fait de vouloir les séparer dans le temps ? C'est que, face à la mort individuelle inscrite dans le cours de l'histoire, se pose la question d'un délai, entre elle et la fin de l'histoire. Vu sous cet angle, ce n'est pas l'enjeu de Mt 25, 31-46, et il n'y a pas grand renseignement à en attendre puisque cette problématique ne tient qu'en fonction de la succession temporelle. Or le Christ Juge intervient comme accomplissement du temps. Dans cette perspective il n'y a plus à distinguer dans la succession un Jugement particulier après la mort individuelle et un Jugement général à « la fin de l'histoire ». Plus qu'une question de délai et de représentations légitimes du point de vue de la temporalité humaine, Mt 25, 31-46 situe dans une perspective strictement christologique qui oriente vers une prise en compte globale de l'histoire et du mystère de Dieu.

L'eschatologie de Mt 25, 31-46 ne détourne pas l'homme de ses responsabilités historiques. Le secret au sujet des événements de la Parousie que le Nouveau Testament instaure maintient le dialogue de l'homme avec Dieu dans une espérance concrète. Concrète, car c'est dans ce que l'homme fait que ce dialogue prend corps. D'espérance, car le dernier mot du discernement est remis à la miséricorde de Dieu.

Le Dieu Juge eschatologique, dans la relation que le Père et le Fils ont avec les hommes, se révèle autant altérité absolue qu'intériorité, car Dieu est amour, et seul l'amour rend possible l'unité féconde dans le respect des différences. Cette relation d'amour entre le Père et le Fils est constitutive de la vie même de Dieu, et dans le Christ elle reçoit nom d'Esprit. L'Esprit d'amour qui est l'intimité du Père et du Fils est la présence de Dieu au plus intime de sa création. Il l'anime et la fait subsister car l'Esprit d'amour est fécond et créateur, même si la créature l'ignore ou ne veut pas le reconnaître.

L'amour n'est pas que sentiment, plus exactement, s'il est pur sentiment sans être aussi agissant, il se perd dans l'évanescence du rêve. Mt 25, 31-46 ne mentionne pas directement l'Esprit de Dieu ; néanmoins c'est en lui et par lui que la relation de Dieu et de l'homme se fait concrète par participation au mystère du Christ et que la réponse de l'homme dans son devenir personnel et collectif se fait aussi concrète.

La figure de Dieu comme Juge eschatologique n'a plus aujourd'hui la place centrale qu'elle a si longtemps occupée dans les mentalités chrétiennes comme dans la prédication ou le travail théologique. Signe des temps, peut-être, que nous n'avons pas les moyens d'explorer davantage, il n'est pas sans soulever quelques questions dans la mesure où cet article du *Credo* a une signification fondamentale dans l'ensemble de la foi chrétienne comprise comme un ensemble structuré et cohérent.

Les langages qui l'expriment participent de deux types de traditions : l'une est la tradition biblique où l'expérience propre du peuple élu a élaboré ses propres modes d'expression sans s'interdire d'utiliser et de modifier des pratiques païennes ambiantes (dieu de l'orage et théophanie, par exemple). L'autre regroupe toutes les productions dérivées de la Bible et qui ont foisonné à toutes les époques ; elles ont souvent tenté de répondre aux silences de la révélation, et les emprunts aux autres religions ou aux traditions populaires sont souvent très importants. Il faut un langage pour évoquer ce qui ne peut pas être décrit, et l'urgence justifie que quelques monstres difformes passent au crible de l'analogie.

L'urgence tient ici au fait que l'eschatologie est une des réalités les plus centrales de la foi chrétienne et que notre époque n'est pas spontanément familière avec une telle conception religieuse ou théologique de l'avenir. Cela n'est pas étranger à un certain effacement de la dimension christologique de notre récit au profit d'une conception trop unilatéralement rationaliste ou moralisante. Il importe donc de situer l'eschatologie chrétienne dans sa spécificité. Elle est christologique et le Jugement eschatologique n'a de sens qu'en fonction d'une histoire d'Alliance qui culmine dans le Christ. Elle est mise en route et perpétuellement relancée par une promesse dont l'accomplissement ultime comprendra, entre autres, ce Jugement. Cette histoire née de — et dans — l'histoire d'un peuple particulier s'est révélée d'elle-même, puis dans le Christ, être l'histoire de la Création tout entière, toujours prise dans les douleurs de l'enfantement. Les débats d'interprétation de ce récit particulier ne peuvent avoir lieu qu'en fonction de cette conviction fondamentale : la souveraineté de Dieu créateur s'étend à toute sa Création, et puisqu'il doit y avoir un Jugement eschatologique, il ne peut être qu'à la mesure de cette création, universellement promis à tous ceux qui ont la capacité de répondre d'eux-mêmes.

Dans l'Apocalypse chrétienne selon saint Jean, c'est le Seigneur Dieu, car lui seul peut le faire, qui s'autoproclame : « Je suis l'Alpha et l'Oméga » (Ap 1, 8 ; 21, 6 ; 22, 13). Celui qui assume ainsi en lui-même l'ensemble de l'économie du salut, c'est le Christ, Fils unique et Premier-Né de toute créature, le Premier-Né d'entre les morts pour qu'habite en lui toute la plénitude dans l'Esprit de Dieu. Il participe ainsi à la souveraineté de Dieu lui-même, ce qui fait que, dans l'Apocalypse, Alpha et Oméga passent vers la fin du livre, au Christ lui-même appelé dans le contexte par son nom humain le plus quotidien : Jésus (23, 16.20.21). C'est dans le mystère de son Incarnation, dans l'humilité et l'humiliation de sa kénose, que cette seigneurie s'est manifestée. Les deux faces du mystère du Christ sont aussi indissociables que le recto et verso d'une feuille, mais il ne s'agit pas d'un nouveau Janus : ce ne sont pas des aspects successifs ou interchangeables, mais une Gloire qui ne se révèle que dans l'humilité, car aucune gloire humaine n'est susceptible de la contenir, et d'une humiliation qui est le lieu même de la manifestation de cette gloire : la Croix de Jésus est, pour Jean, le trône de sa gloire. Ainsi, il n'est pas surprenant que ces deux dimensions soient présentes en Mt 25, 31-46 : la gloire du Fils de l'homme et du Roi glorifie l'humilité et le service des plus petits à tel point que le Roi impute à lui-même ce qui leur a été fait, ou pas fait. Cette humilité interdit d'enfermer la gloire de

Dieu dans les schémas trop humains de la puissance ou de la domination. Cela retiendra notre attention dans le prochain chapitre qui continuera à interroger le mystère du Christ pour préciser ce que signifie ce « c'est à moi… » qui suscite tant de réticences. Cela revient à mettre en évidence comment le mystère d'amour qui préside à toute l'économie du salut n'est qu'un immense et insondable mystère d'amour. C'est par amour que Dieu juge et sauve ceux qu'Il a créés par amour et qu'Il aime ; c'est dans un geste d'amour extrême que le Fils les rejoint pour partager leur existence et ses misères ; ce n'est que dans l'amour que peuvent se comprendre les critères au nom desquels ils seront jugés et sauvés.

CHAPITRE VII

LE FILS DE L'HOMME ET SES FRÈRES

Les deux réponses du Roi : « c'est à moi que vous [ne] l'avez [pas] fait… » explicitent clairement ce qui suscite la surprise eschatologique. Elles appartiennent totalement à ce type très spécifique de révélation sur les événements de la fin, et donc sur la signification la plus fondamentale de l'histoire. De ce point de vue, elles échappent aux réalités expérimentales de l'histoire. Cette Révélation, se présente comme une intrusion de l'altérité absolue de Dieu dans la contingence du temps et elle se justifie uniquement que par le fait qu'elle se fonde sur le mystère même de Dieu. En revanche elle est source de signification nouvelle et insolite, fondement et justification de l'agir dans l'histoire : « Dans sa fonction de Juge, à la Parousie, Jésus s'identifie aux hommes (Mt 25, 40). Cette affirmation est donnée sans explication, elle est proposée dans un contexte si solennel qu'elle doit être tenue pour fondamentale dans la perspective chrétienne et dans la compréhension de la situation du Fils de l'homme [1]. »

Il n'y a donc pas à s'étonner de ce que l'affirmation des ver-

1. Ch. DUQUOC, *Christologie*, t. I, Paris, Éd. du Cerf, coll. « Cogitatio fidei », 29, 1971, p. 208.

sets 40 et 45 soit donnée de manière aussi abrupte. Pour en rendre compte il faut élargir les perspectives littéraires et théologiques, et ne jamais perdre de vue leur caractère premier de source, de point de départ.

La théologie chrétienne de Dieu Juge eschatologique s'enracine dans le mystère du Christ, à la fois sommet et fondement de l'Alliance éternelle, dans la stricte mesure où il n'est pas possible de considérer le mystère chrétien de Dieu, y compris comme Créateur, indépendamment du mystère du Salut. Le Créateur est Sauveur et le Sauveur Créateur. Il n'y a pas davantage de dichotomie dans la personne et l'œuvre du Christ : d'une part il participe pleinement au mystère du Salut comme Créateur et Rédempteur, d'autre part il unit dans sa personne, ce que nulle créature ne saurait concevoir par elle-même, la divinité et l'humanité, dans le respect de chacune et dans une unité personnelle qui transcende toutes les incompatibilités rationnelles que nous pouvons y objecter du point de vue de notre rationalité.

On parle habituellement de la médiation du Christ comme d'un processus dans lequel il représente tous les hommes, en particulier sur la Croix, et par lequel il ouvre pour tous et chacun le chemin de la justification. L'affirmation du Roi : « c'est à moi... » contient un surprenant renversement de ces relations : celui qui se donnait comme le centre de toute l'économie dans l'unité qu'il incarne semble alors se diluer dans les innombrables misères humaines comme si, désormais, tous les hommes, et particulièrement les plus petits d'entre eux, le représentaient au point qu'il dise fait à Lui ce qui leur aura été fait. Toute la méditation théologique de la tradition chrétienne a l'habitude de penser le mystère du Christ en tant que récapitulateur : comment penser le mouvement inverse ? quelles conséquences n'y aura-t-il pas sur la vigueur de l'affirmation de la foi : si tout est en tous, n'est-on pas menacé par l'insensé ? n'est-ce pas le retour de l'indifférencié, et donc de l'impensable ?

En conséquence, on ne doit pas être étonné des vives résistances suscitées par cette double affirmation. Les hypothèses particularistes et paraclétiques qui évacuent ce problème plus qu'elles ne le résolvent sont plus facilement acceptables ; en effet, dans la mesure où il faut bien entrevoir une relation forte entre le Christ et les hommes, il est plus normal de la concevoir avec les chrétiens qu'avec tous les hommes... Retenir l'hypothèse universaliste et parénétique correspond ici à une *« lectio difficilior »,* principe méthodologique qui, d'ordinaire, ne trouble pas les exégètes.

Article 1
LES DIVERS MODÈLES DE « REPRÉSENTATION » DU CHRIST

Les difficultés commencent quand il s'agit de savoir comment désigner cette relation. La terminologie varie selon les auteurs, révélant ainsi les hésitations, les imprécisions ou les différences d'appréciation. Un bilan est donc nécessaire, car l'analyse du récit a montré combien la figure du Fils de l'homme était complexe dans les trois dimensions de son ministère, de sa Pâque et de sa venue eschatologique. Mais tout n'est pas dit par là au sujet du Christ et une tension demeure jusqu'à l'accomplissement eschatologique : Mt 25, 31-46 participe à l'annonce de cet accomplissement en lien intime avec ce qui est déjà réalisé de son destin.

La plupart des commentateurs de Mt 25, 31-46 se contentent d'enregistrer l'affirmation des versets 40 et 45. Ils accordent rarement une longue réflexion à sa portée théologique, et encore moins à leur propre vocabulaire. Pris entre le fait brut d'une affirmation, son aspect insolite et les débats pour préciser qui sont les plus petits, ils se satisfont d'une certaine imprécision, et font porter toute leur attention sur la détermination des petits. En conséquence la réflexion théologique sur la nature de la relation Christ-petits frères apparaît un peu pauvre. La notion qui semble le mieux recouvrir les différentes approches est celle de « représentation » : la polysémie qui la caractérise permet en effet aux uns et aux autres de passer d'un plan à l'autre, sans avoir besoin de manifester un excès de précision… Trois grands types peuvent être dégagés.

A. La « représentation » de type juridique.

Une représentation juridique consiste à tenir la place de quelqu'un dans un cadre déterminé par le droit ; il s'impose donc à tous et donne au « représentant » les droits et devoirs de celui au nom duquel il est présent. Cette conception est sous-jacente à deux séries de commentaires de Mt 25, 31-46.

La première reprend un principe fondamental du droit international sur le statut des ambassadeurs (en hébreu, *shaliah*) : l'envoyé est l'égal de celui qui l'envoie ; en conséquence il a droit aux mêmes égards que celui-ci, s'il était présent. D'après cette conception, les plus petits de Mt 25, 31-46 sont les ambassadeurs, les représentants privilégiés du Fils de l'homme, selon ce que lui-même en a dit (et non par un quelconque droit de nature) : tout ce qui leur est fait, il l'assume pleinement comme si cela était fait directement à lui-même.

Deux *logia* matthéens sont habituellement invoqués comme témoignage de l'adoption par Jésus de ce principe bien connu dans le judaïsme : en Mt 10, 40-42 Jésus l'applique à ses disciples qu'il envoie en mission : « quiconque vous accueille, m'accueille [2]. » Mt 18, 5 élargit cet usage à l'accueil des enfants [3].

La comparaison synoptique montre que l'activité rédactionnelle de Matthieu met l'accent sur sa signification métaphorique et intra-ecclésiale dans la mesure où il élargit l'horizon théologique (le Royaume) et où il en fait le lieu d'un appel à la conversion. À l'origine le *logion* ne concernait pas les Apôtres, mais l'enfant en tant que figure d'humilité, des petits. Matthieu applique aux Douze un principe plus général dont la valeur anthropologique et éthique était primordiale.

La portée métaphorique du *shaliah* est donc première et fondamentale. C'est un excès peu justifié par les textes que de vouloir en faire un principe juridique au sens strict. En 18, 5, Matthieu garde, en l'atténuant, la tradition concernant les petits enfants. Il la reprend en un sens restrictif au sujet des Douze en 10, 40-42. En effet il n'est pas possible, dans la communauté chrétienne, de confondre ceux qui ont reçu une mission particulière du Seigneur et tous ceux qui sont dans une situation humaine très modeste. On peut donc conclure en disant que, dans ces deux discours à tonalité strictement ecclésiale, le Christ se reconnaît de deux manières différentes dans ses disciples : dans les uns, en fonction de l'autorité de la fonction

2. Mt 10, 40-42 est un regroupement propre à Matthieu en conclusion du discours dit « apostolique ». Ces trois versets affirment le lien très fort que Jésus établit entre lui et ses apôtres. Le contexte et le vocabulaire sont très marqués par une problématique apostolique et ecclésiale tant au niveau des personnes désignées (« vous », prophètes, justes, disciples) que dans la situation visée : le bon accueil de ces personnes et de leur message. En ce qui concerne les petits, il est bien spécifié que c'est en tant que disciples et non que petits que le geste de leur donner à boire vaudra une récompense.

3. Il n'est pas aisé de savoir s'il faut rattacher le *logion* de Mt 18, 5 aux versets qui précèdent ou à ceux qui suivent. Pour interpréter ce verset, trois expressions sont essentielles : « les petits enfants », « accueillir » et « en mon nom ». Les petits enfants désignent la condition modeste de certains membres de la communauté, comme au verset 6. Il s'agit moins de l'accueil d'un missionnaire que de l'hospitalité offerte par un disciple à un autre disciple ; ce qui voudrait dire : celui qui accueille un disciple aussi petit que cet enfant accueille vraiment ma parole, et ainsi m'accueille moi-même.

qu'il leur confère ; dans les autres, en fonction de ce que signifie leur statut social. Et il invite les premiers, comme tous les disciples, à devenir petits et humbles comme l'est la condition des seconds.

Il s'agit donc d'un principe de fonctionnement, plutôt descriptif, mais qui ne dit rien sur ce que signifie théologiquement le fait que le Christ puisse et veuille se l'appliquer dans ses relations avec ce type particulier d'hommes.

Dans cette ligne de pensée, Th. Preiss développe la thèse d'une « mystique juridique » ; il s'appuie, lui aussi, sur le fait que Jésus, en 18, 5, avait déjà étendu aux enfants le principe du *shaliah,* et il souligne un trait essentiel de la mise en œuvre de ce principe juridique : envoyer quelqu'un afin de se faire représenter par lui suppose une capacité personnelle de le désigner et de lui confier une part de cette capacité pour qu'il parle et agisse « en son nom » ; ce qu'en théologie on appelle la grâce. Et c'est bien uniquement par grâce que le Fils de l'homme « s'identifie » dans l'Évangile aux enfants, aux disciples ou aux plus petits de ses frères : « par libre grâce à chacun des misérables par un acte de substitution et d'identification et qu'il les rassemblera au dernier jour [4] . » Cela n'est possible que parce qu'il l'a dit, parce qu'il le veut ainsi : il prend la place de ces misérables qui, pour Preiss, ne sont pas nécessairement des disciples. Que ce soit un pur acte gracieux n'implique pas qu'il s'agisse seulement d'une idée généreuse et un peu vague, c'est une substitution concrète, de type juridique, et donc contraignante par grâce, si on peut dire, ainsi qu'on le vérifiera au jour du Jugement.

À ce moment-là, en effet, le Fils de l'homme ne sera pas seulement Juge. D'autres scénarios du Jugement, rapportés dans les évangiles ou par Paul, attestent qu'il sera aussi témoin : les justes, c'est-à-dire ceux qui auront été justifiés, auront auprès d'eux un paraclet pour les défendre ; celui-ci est représenté soit par le Fils de l'homme soit par l'Esprit ; peu importe, dit Preiss, l'essentiel étant ce que signifie cette fonction : il y aura au procès eschatologique un témoin qui défendra ou accablera les humains ; il ne le fera pas simplement comme celui qui aura vu, mais comme celui qui aura pris la place des petits qui furent ou non soulagés. Il témoignera donc sur ce qui lui aura ou non été fait : « Il est à la fois Juge et témoin [5]. »

---

4. Th. PREISS, « Le Mystère du Fils de l'homme », *La Vie en Christ,* Neuchâtel, Delachaux et Niestlé, 1948, p. 84.
5. *Ibid.,* p. 85.

Cette substitution juridique se comprend bien dans le cadre du procès eschatologique ; c'est « une substitution réelle et efficace qui va jusqu'à l'identification [6] ». Le principe en est l'incarnation du Christ : « cet homme est devenu tellement homme qu'il a, mystérieusement, mais très réellement, pris et fait sienne la place et la destinée de chaque homme [7]. » Le Fils assume la nature humaine autant dans son existence personnelle (fait homme), qu'au niveau de l'humanité prise comme un tout à travers chacun de ses membres. Telle est, pour Preiss, la signification du « secret messianique » du Fils de l'homme : une imprévisible solidarité du Messie avec les hommes que le Fils de l'homme a déjà réalisée et qu'il ne manifestera vraiment qu'alors.

La « substitution juridique » que propose Preiss a la grande qualité d'être une proposition de type théologique. C'est une réflexion sur le mystère du Fils de l'homme. On pourra penser que son allusion à l'Incarnation, pour fondamentale qu'elle soit, est trop rapide et insuffisamment mise en perspective avec l'ensemble du mystère du Fils de l'homme, en particulier dans ses souffrances.

Deux autres réserves s'imposent. Au-delà de la notion de « substitution juridique », le vocabulaire pour désigner la relation du Christ aux hommes est aussi abondant qu'imprécis : identification, prendre la place, représenter, présence... Cela semble peu cohérent avec la rigueur d'un concept de nature juridique auquel il veut conduire ; cette imprécision vient sans doute du fait que Preiss ne tient pas suffisamment compte de la distinction entre toutes les nations jugées et le groupe des plus petits : en toute rigueur de termes, c'est en ceux-ci seulement qu'il y aurait « substitution juridique » au sens où il l'entend. Or son commentaire l'étend à toutes les nations et à la relation que le Fils de l'homme entretiendrait avec chaque homme : nous tiendrons une position assez proche de lui ; cependant nous ne le ferons qu'en fonction d'une analyse de la signification anthropologique des œuvres de miséricorde, ce qui donnera à l'ensemble un équilibre que l'approche, somme toute assez partielle de Preiss, ne parvient pas à avoir.

D'autre part on peut se demander dans quelle mesure de tels principes juridiques (*shaliah*, substitution...) sont vraiment explicatifs d'un point de vue théologique. D'une manière géné-

---

6. Th. PREISS, p. 86.
7. *Ibid.*

rale, ils décrivent plutôt des états de fait, ils les justifient au sens où ils les légitiment, ils leur donnent force de loi ; mais ils n'en rendent pas compte quant au fond. Ainsi le concept de « substitution juridique » nous laisse insatisfait, car il ne dit pas vraiment ce qu'il en est de Dieu et de l'homme en Christ pour que celui-ci annonce un tel critère pour le Jugement eschatologique. Il a raison de souligner combien c'est un événement de grâce, qui n'a de fondement que dans le mystère de Dieu. Mais cette théologie de la grâce se satisfait un peu trop vite d'une volonté de Dieu quelque peu arbitraire. Plus qu'elle ne la résout, une telle trace de nominalisme souligne que la question reste entière [8].

En conséquence, nous souscrivons volontiers à ce jugement de Christian Duquoc : « La notion de substitution mise en avant par O. Cullmann et Th. Preiss est trop juridique et trop descriptive : elle ne cherche pas à fonder l'identité affirmée dans la Bible, elle transcrit en langage de droit ce qui est par ailleurs énoncé symboliquement [9]. »

C'est sans doute une erreur de s'en tenir à un juridisme étroit et rigide des rapports envoyeur-envoyé, qui n'est pas le trait dominant de la théologie de Matthieu. Elle rend difficilement compte du fait que les plus petits qui seraient les envoyés ne sont ni conscients de leur délégation ni bénéficiaires d'un statut particulier dans la scène de Mt 25, 31-46. C'est pourquoi ces dialogues sont plus proches de la signification métaphorique large à connotation fortement éthique de Mt 18, 5.

B. La « représentation » de type « iconique ».

Elle comprend la relation privilégiée du Christ avec les plus

8. Ce recours à un langage juridique est traditionnel dans l'Ancien Testament qui exprimait déjà le destin d'Israël en termes de rédemption, rachat, dette, alliance, tout vocabulaire emprunté au droit commercial, pénal ou international ; on le trouve aussi dans la tradition théologique occidentale, en particulier du Moyen Âge, par exemple chez saint Anselme. La rédemption est alors pensée en fonction d'une conception juridique et essentiellement individuelle du péché : la personne et l'œuvre du Christ sont interprétées à l'aune d'une offense infinie, à la mesure de l'Offensé, créant les conditions fastidieuses d'une réparation impossible : Dieu s'offre à lui-même une satisfaction en se faisant, dans le Christ, de la même nature que les pécheurs au nom desquels il satisfait. La « substitution juridique » de Preiss est cohérente avec cette logique qui pense d'abord l'action de Dieu en fonction de la justification de l'homme pécheur, au lieu de la penser en fonction de l'ensemble de l'économie du salut où l'œuvre de la rédemption est restauration de l'image de Dieu en l'homme.

9. Ch. DUQUOC, p. 209.

petits à partir d'une analyse de ce que fut l'existence humaine du Christ : de fait il fut un parmi les petits de ce monde, proche des marginaux, des malades, des pauvres, ayant porté dans sa propre chair la souffrance et la mort. Vivant ainsi, Jésus nous révèle dans son attitude ce qu'est le chemin que peut et doit prendre tout homme pour être sauvé, pour accomplir sa vie selon le cœur de Dieu ; le statut du disciple est de marcher derrière le Maître. Cette manière d'être fut récusée par tous les pouvoirs en place (religieux et politique) mais elle a reçu une double reconnaissance divine : la Résurrection donne à saisir que là seulement est une plénitude d'humanité qui aille de pair avec la plénitude de la divinité dans la personne de Jésus de Nazareth. On peut aussi parler d'une exemplarité de la vie du Christ.

Les plus petits frères du Roi seraient ainsi celles et ceux qui auraient mené ce type d'existence dont la signification théologique est donnée par le Christ seul : une fraternité radicale dans la marginalité et la déréliction qui fondent une solidarité de fait, exprimée dans « c'est à moi… ».

Cette position implique une prise au sérieux fondamentale de l'humanité du Christ Fils de l'homme. Un parmi les hommes, un comme les hommes. C'est toute son existence qui est bonne nouvelle de salut, à travers ses paroles et ses gestes ; c'est son existence en tant que telle. Wolfhart Pannenberg est un bon exemple contemporain de cette position :

> la signification universelle de l'humanité particulière de Jésus et de son message permet seule en effet d'être en communion avec Jésus […] c'est pourquoi, en théologie, il est si important de rechercher la signification universelle des traits particuliers de la vie, de l'action et de l'enseignement de Jésus : elle seule permet à l'auditeur de la prédication de se retrouver lui-même en la personne de Jésus, d'avoir communion avec lui [10].

Mais ce qui a déjà eu lieu ne saurait totalement faire oublier que cela nous est donné sous forme de promesse : « quand on dit qu'en Jésus, par sa résurrection d'entre les morts, est apparu

10. W. PANNENBERG, *Esquisse d'une christologie,* Paris, Éd. du Cerf, coll. « Cogitatio fidei », 62, 1971, p. 258. Voir aussi : « Jésus, le Fils de Dieu, a montré de deux manières ce qu'était l'être de l'homme : en premier lieu par son action, puisque Jésus procure ou promet la communion avec lui-même et par ce moyen la participation au salut eschatologique ; en second lieu par son destin, puisqu'il est apparu en Jésus lui-même que l'homme était destiné à la vie ressuscitée » (p. 242).

l'homme véritable, la véritable humanité, qui est notre destinée commune, cela signifie que les espérances des hommes sont réalisées en lui [11] ».

Il faut aussi maintenir que ces espérances restent ouvertes pour tous, et que leur réalisation ultime relève, en définitive, de la promesse eschatologique de grâce. L'entre-deux est le temps où ces espérances ouvertes provoquent à des réalisations partielles et cahotantes selon la responsabilité éthique, ainsi renouvelée, de chacun.

D'où cette mise au point finale : « L'idée que ce qui est apparu en Jésus a valeur d'exemplarité est importante, sans doute même irremplaçable, pour expliquer le rôle universel de Jésus. Ce point de vue de l'exemplarité doit cependant être subordonné à celui de l'histoire du salut [12]. »

L'exemplarité du Christ n'est totale qu'à travers la tension eschatologique qui détermine la valeur dernière de toutes choses.

Quelle que soit son importance, cette approche théologique n'est donc pas tout à fait adaptée pour bien saisir le « c'est à moi » des versets 40 et 45. Elle a, par essence, une portée tout à fait générale sur le salut de tous les hommes. Elle ne dit rien de bien spécifique au sujet des plus petits, sinon qu'ils sont dans une situation de fait similaire à celle qu'a connue Jésus volontairement. Or la surprise générale indique qu'il n'en est pas ainsi pour eux. On peut y voir une position minimum : ceux que Jésus désigne comme les plus petits de ses frères sont ceux qui vivent des détresses que lui-même a connues et secourues, d'où une fraternité certaine de destin. La portée anthropologique et éthique n'est pas sans intérêt, mais on peut penser qu'elle n'épuise pas la méditation théologique sur le sujet [13].

---

11. *Ibid.*, p. 259. Voir aussi : « l'accomplissement de la destinée humaine a été manifeste en Jésus par sa résurrection d'entre les morts. Cet événement n'est pas arrivé à Jésus pour lui seul, mais pour tous les hommes [...] Jésus est le nouvel Adam, l'homme céleste, le deuxième homme, esprit vivifiant par opposition au premier homme, l'homme terrestre (1 Co 15, 45 s.) : prototype de l'homme réconcilié » (p. 246).

12. *Ibid.*, p. 496.

13. On peut rapprocher de cette famille d'hypothèses la suggestion de J. Dupont qui pense qu'il faut surtout prendre en compte le mot frère avec la solidarité qu'il implique : « les pauvres sont ses frères, et ils le sont précisément en raison de leur détresse. Voilà pourquoi ce qu'on fait aux pauvres l'atteint personnellement, alors même qu'on ne penserait pas à lui ou qu'on ne le connaîtrait pas ; ils sont ses frères, et cela suffit » (J. DUPONT, « L'Église et la Pauvreté », *Église de Vatican II : études autour de la constitution sur l'Église*, Paris, Éd. du Cerf, coll. « Unam sanctam », 51b, 1966, p. 369).

Un élargissement indu doit ici être écarté : la situation humaine des plus petits n'est pas suffisante par elle-même pour garantir qu'ils soient du nombre des bénis, du seul fait qu'ils sont dans une condition similaire à celle du Fils de l'homme. Le groupe n'est pas mis à part lors du Jugement, comme pour y échapper, et ce n'est pas en ce sens que l'exemplarité de l'humanité du Christ est salutaire [14].

Assez proche de cela, il faut aussi évoquer une expression que l'on rencontre très souvent dans le dossier de l'utilisation pastorale de Mt 25, 31-46 : « la présence cachée du Fils de l'homme dans les petits de ce monde. » Si on parle facilement de « présence » ici, c'est sans doute que l'expression est la plus simple et la plus forte qui soit pour rendre compte du « c'est à moi… ». Mais sa force apparente n'est-elle pas aussi sa faiblesse ? elle n'explique guère en effet ce que signifie l'affirmation du Roi, mais elle en souligne tellement la dimension factuelle qu'elle donne le sentiment qu'il n'y a plus aucune distance entre le roi eschatologique et ces hommes. Comment est-il présent ? comment n'est-il présent que dans certains hommes, alors qu'on défend en même temps l'universalité de sa mission ?

Néanmoins, « représentation » ne va pas sans que soit évoquée une forme de « présence » : la tension eschatologique ne doit pas être invoquée de telle sorte qu'elle justifierait une quelconque fuite hors du présent de l'histoire, hors du concret de l'histoire des hommes. C'est sans doute aussi une des raisons de son usage si large dans la pastorale. Il convient donc d'en retenir l'avertissement nécessaire.

Parler du « sacrement du frère » ouvre, dans ce contexte, sur des perspectives plus riches. « Sacrement » renvoie irrémédiablement à la proximité et à la distance, et la sacramentalité chrétienne a toujours une forte connotation eschatologique, « jusqu'à ce qu'il vienne » (1 Co 11, 26). Les plus petits seraient désignés par le Roi comme la « quasi-matière [15] » de ce « sacrement » dans lequel tout homme pourrait rencontrer, vivant, le Christ de Dieu. L'analogie est séduisante et souligne le caractère à la fois radical et nécessaire du critère du Jugement. Mais est-ce plus qu'une analogie et en quels termes ?

---

14. Voir dans le dossier pastoral de la première partie, le livre du Père Gauthier.

15. On reprend volontiers ici l'expression « quasi-matière » que le concile de Trente utilise à propos de la contrition, car, dans les deux cas, le signe se condense dans le sujet.

Quand Hans Urs von Balthasar reprend à son compte l'expression et la commente en fonction de Mt 25, 31-46, il opère un renversement complet de perspective, tout à fait révélateur de sa manière de penser. Le fondement de la relation des hommes entre eux y est posé en fonction du paradoxe qui caractérise la société contemporaine : « en ce monde, rien d'autre que l'homme, finalement, ne mérite qu'on se dévoue à son service et l'homme pourtant ne vaut pas la peine qu'on se donne pour lui [16]. »

Seul Dieu peut faire en sorte que l'aventure de la rencontre, du service et de l'amour de l'homme vaille la peine ; seul Dieu le fait, car le Christ est à la fois « tout à fait homme et en même temps plus qu'homme : Dieu [17] ». Le sens de cette rencontre ne peut donc être que l'amour. Ce serait une vision bien trop étroite que de le restreindre aux frères chrétiens. Désormais, et notre société contemporaine en est consciente comme aucune autre, « l'amour du frère humain comme question et comme réalité unit les chrétiens et les non-chrétiens [18] ». Cet élargissement constitue un véritable « dépassement » des frontières du christianisme, une ouverture sur l'universel qui doit être reçue comme « l'essence même du christianisme », parce que la relation avec Dieu est toujours la relation au Créateur. La démarche du Fils qui « est sorti de Dieu » (Jn 8, 42…) pour aller vers les hommes qui se sont éloignés de lui et de son amour est dirigée vers ceux dont il sait encore voir qu'ils sont d'abord des créatures aimées de Dieu. En chacun, il « voit Dieu le Père qui a créé cet homme [19] ». Parce que l'énergie première de toute la geste divine est l'amour, son amour préférentiel se porte vers les plus éloignés, ceux qui sont privés de l'amour des hommes (les pauvres, les marginaux comme les « ennemis ») et de la connaissance de l'amour de Dieu.

Le non-chrétien « ne le connaît peut-être absolument pas, et dans ce cas il n'en est que plus pauvre et plus indigent, et ainsi d'autant plus sacrement de Jésus-Christ [20] ». Balthasar comprend donc le sacrement du frère comme un « signe » de l'amour de Dieu pour les hommes, car, de tout homme, il a fait sa propre image et son amour dépasse toutes les frontières, y

16. Hans Urs VON BALTHASAR, *Dieu et l'homme d'aujourd'hui,* Desclée de Brouwer, coll. « Foi vivante », 16, 1966, p. 283.
17. *Ibid.,* p. 284.
18. *Ibid.*
19. *Ibid.,* p. 287.
20. *Ibid.,* p. 290.

compris celles de son Église pour aller à la recherche de l'autre qui est éloigné.

Balthasar renverse ainsi la manière habituelle d'entendre l'expression. Le frère n'est pas d'abord celui par lequel le Christ fait signe pour rendre concret tout acte d'amour auquel il donnerait une double valeur selon l'unique commandement d'amour de Dieu et des autres. Pour lui, le frère est le signe de l'immensité de l'amour que le Christ lui porte. Par le frère, le Christ fait donc signe à tous les hommes pour qu'ils partagent avec lui l'amour fraternel qu'il lui porte déjà. Le sacrement du frère, c'est donc l'autre comme signe de l'amour universellement déjà là du Christ.

La relation du Christ aux plus petits doit donc être pensée en terme d'amour : le frère est le sacrement de l'amour du Christ pour tous. Le frère est « toujours un individu concret et unique ». Il n'y a pas de prochain en général, c'est toujours celui qui est loin, dont je me fais proche par amour, que je fais proche par amour, selon l'attitude même du Christ, qui est mon prochain.

Par un chemin très différent de celui de Pannenberg, par un chemin qui serait un maximum au lieu d'un minimum, Balthasar nous conduit, néanmoins, à la même interrogation sur « les plus petits qui sont mes frères ». Dans le même texte il les définit ainsi : « le “ prochain ” du Christ est celui qui est le plus éloigné. » Qu'est-ce à dire ? L'analyse de la conception évangélique de la Loi confirmera la place centrale que le prochain y occupe. Mais est-il suffisant de s'en tenir ainsi au seul éloignement ? Le rapprochement des contraires proche-éloigné est suggestif, mais il faudrait encore montrer d'un point de vue anthropologique en quoi cette tension institue le prochain comme celui qui est à aimer. Il n'est pas suffisant de dire que l'amour rompt l'anonymat et la banalité. Le raisonnement court alors le risque de la tautologie : l'amour aime le prochain parce qu'il est aimable ; le prochain est aimable parce qu'il est aimé d'amour. Au cœur et au fondement de cette relation, il y a aussi une dimension éthique qui permet de comprendre non l'amour et son mystère, mais le commandement d'aimer et son urgence radicale. Il convient donc de ne pas s'en tenir à cette seule lecture allégorique, tout en ne perdant pas de vue un bon nombre d'éléments qu'elle propose.

L'importance de la sacramentalité dans la foi et la vie chrétienne est telle qu'elle appelle quelques considérations complémentaires. La notion de sacrement ne peut pas être utilisée sans un certain nombre de précautions, sinon, sous prétexte de s'exprimer clairement, on ajoute à la confusion. Il conviendrait donc de préciser un peu plus en quel sens on parle d'un « sacrement du frère » : l'emploi relève-t-il d'une analogie plus ou moins lointaine, et laquelle ?

Nous avons mis en évidence deux conceptions sensiblement différentes de l'expression. Dans l'une, l'insistance porte sur les gestes qui mettent en relation avec le frère : celui-ci est une « quasi-manière » sacramentelle par laquelle le Christ fait signe et provoque aux gestes concrets de la charité fraternelle : signe efficace que sanctionne la parole du Christ qui se reconnaît en celui à qui celle-là est adressée. Dans l'autre, la pointe est mise sur ce qui fait de l'autre un frère, ce qui fait l'autre aimé en tout état de cause, même si ce n'est pas connu de lui : l'amour du Père pour chacun. Le frère est signe que tout homme est aimé, que Dieu aime chacun. Aimer le frère c'est alors aimer l'amour de Dieu en lui [21].

L'ambiguïté de l'analogie quand on parle du « sacrement du frère » est proportionnelle à la place essentielle de la sacramentalité dans la vie chrétienne. Dans la mesure où la relation du Christ aux petits frères et l'enjeu du commandement de l'amour peuvent trouver d'autres voies d'expression, sans doute vaudrait-il mieux éviter le langage sacramentel. C'est dans un sens déjà élargi que l'on peut légitimement parler d'Église-sacrement, dans la mesure où elle fonde tous les sacrements. C'est une analogie sans doute trop lâche quand il s'agit du frère, d'autant plus que les œuvres de miséricorde et la relation au frère ne peuvent être assimilées à des actes rituels.

En conclusion, ces représentations « iconiques » de la relation du Christ aux petits permettent d'avancer dans la perception de ce qu'il en est de ce mystère par rapport au seul langage juridique. Celui-ci n'ignore pas que la Rédemption est œuvre d'amour. Mais une approche de type « iconique » élargit le cadre et déplace les rapports entre un type particulier d'hommes et l'universalité du salut. Elle oriente vers une dialectique de l'amour vivifiant qui, pour être donné à tous, n'ignore pas la singularité de chacun.

Exemple, présence, sacrement renvoient à une théologie de

21. Cette manière de se situer s'expose à la critique selon laquelle les chrétiens n'aiment pas les autres pour eux-mêmes, mais pour la récompense promise par Dieu ; ils manifesteraient ainsi que pour eux l'homme en tant qu'homme ne vaut pas la peine d'être aimé : ce qui était le point de départ de la réflexion de Balthasar…

l'image, comme mode de représentation. L'attitude humaine et trinitaire du Christ donne l'exemple, l'image, de l'attitude par laquelle tout homme peut accomplir son destin ultime d'image de Dieu, car le Christ est lui-même « l'image du Dieu invisible » (Col 1, 15). L'amour qu'il manifeste pour chacun de ses frères, et de manière privilégiée pour les plus éloignés, fait de chacun d'eux l'image vivante, le « sacrement » de l'amour universel du Père.

A-t-on épuisé pour autant la signification de « c'est à moi… » ? La représentation-image pose bien la distance et la ressemblance, mais ne risque-t-on pas d'en rester à un « c'est comme à moi » ou « c'est comme si c'était à moi » ? Il ne s'agit pas seulement d'interpréter une pièce de théâtre, fût-il divin ; le Christ est le Premier-Né : il n'y a rien à jouer, tout est à faire.

C. La « représentation » de type linguistique.

Toutes les langues connaissent la figure de rhétorique, appelée « métonymie », selon laquelle, lorsqu'on nomme une partie, on désigne le tout. Ainsi, parler du roi peut tout aussi bien concerner l'ensemble de son royaume, son gouvernement que sa personne.

Le procédé est fréquemment employé dans la Bible. Peut-on s'y référer pour comprendre le sens de la relation du Fils de l'homme avec les plus petits ? Le Fils de l'homme est désigné comme le Roi qui annonce l'ouverture de son Royaume aux bénis (25, 34), mais les plus petits ne sont pas dits en faire partie : « toutes les nations » se répartissent seulement en deux groupes, les bénis et les maudits ; les petits ne forment pas un troisième groupe, mis à part comme s'ils échappaient au Jugement. On ne peut donc voir dans l'expression du Roi : « c'est à moi » une inclusion de ce type : Roi égale Royaume.

Il est vrai que l'idéologie royale d'Israël (et de l'ancien Orient) en faisait le protecteur particulier des petits de son peuple (la veuve et l'orphelin). Ils devaient leur assurer assistance et protéger leurs droits. Cette remarque peut aider à mieux comprendre l'enracinement traditionnel de l'amour préférentiel du Christ, à travers les figures royales qui l'annoncent, mais, en fonction de ce qui a été noté précédemment, seule, elle ne peut fonder à elle seule la signification théologique de « c'est à moi. »

Ce que l'on a appelé la *« corporate personality »* relève de la métonymie. On l'a déjà évoqué à propos de la figure du Fils de l'homme en Dn 7 : dans la première partie de la vision, il représente un individu, et, dans l'explication qui suit, « le peuple des saints du Très-Haut », selon un mouvement parallèle à ce qui est décrit pour les quatre monstres qui représentaient symboliquement quatre empires. On sent bien la différence qu'il y a entre les deux : l'image est familière pour les royaumes, elle est moins facile à saisir pour désigner le peuple de Dieu : les contours de celui-ci sont nécessairement plus flous, car à l'appartenance à une nation s'ajoute la fidélité au Dieu d'Israël.

Le phénomène est identique en ce qui concerne le « Serviteur de Dieu » dans le livre d'Isaïe. Un des points cruciaux de l'exégèse des chants du serviteur est en effet de savoir s'il s'agit d'un individu (et lequel ?) ou d'un groupe (et lequel ?). L'histoire de son interprétation dans le judaïsme montre une évolution inverse à celle de Fils de l'homme : le serviteur a été de plus en plus fortement assimilé au peuple d'Israël, alors que le Fils de l'homme a été de plus en plus personnalisé.

Il est cependant remarquable que l'ambivalence ne soit jamais totalement résolue. La preuve en est fournie par le fait que Jésus se soit appliqué la figure du Serviteur. Peut-on en retenir quelque chose pour l'interprétation de Mt 25, 31-46 ? Il convient de rester prudent, et, dans un premier temps, appliquer à Fils de l'homme-petits, ce qu'on a dit de Roi-Royaume. Cependant il faut noter que l'inclusion n'est plus tout à fait de la même nature. Celui qui juge se reconnaît dans ceux qu'il désigne ici comme ses frères et avec lesquels il a déjà manifesté, dans son ministère comme dans ses souffrances, sa solidarité. Or Celui qui juge est ce Fils de l'homme dans lequel on se plaît à reconnaître une figure accomplie de l'humanité, accomplie à ce point qu'il est reçu comme un personnage céleste glorieux, donc apparemment personnellement éloigné des tribulations de l'histoire. Par là, ce qui juge l'homme, qui le sauve ou le condamne, c'est justement que le lien entre le Fils de l'homme et les petits ne soit pas d'extériorité mais d'intériorité, qu'il constitue la figure même du Fils de l'homme, telle qu'elle se révèle quand « le temps est accompli » (Mc 1, 5), par sa première ou sa dernière venue.

Bien que cette dernière approche de la « représentation » ne résolve pas à elle seule toutes les difficultés, elle indique cependant qu'on doit accorder une place entière à la réflexion sur la tradition de foi dans l'Écriture dans la démarche théologique à mener. Mais le mystère du Christ est au-delà des procédés linguistiques, même s'il s'exprime par eux. La figure du Fils de l'homme n'est pas suffisante, à elle seule, pour tout en dire. D'ailleurs, en Mt 25, 34, c'est le Roi qui parle. C'est donc à un approfondissement théologique plus global que ce troisième type de représentation conduit maintenant.

Finalement, la surprenante affirmation du Roi : « c'est à moi » suscite, à l'analyse des commentaires qui en sont faits, une autre surprise ; toutes ces positions sont assez peu élaborées. Elles ne peuvent pas se réclamer de la surprise inscrite dans le récit pour se justifier, car elles n'y accordent guère d'importance. En conséquence, elles tendent davantage à donner quelques explications pour la supprimer qu'à la situer comme constitutive du récit et de son message. En les présentant comme des variations sur le mode de la « représentation », nous avons pris le risque d'accentuer un facteur commun insuffisant, à savoir que pour analyser le « c'est à moi... » on s'en tient à une extériorité plus ou moins affirmée, mais jamais dépassée.

Les conceptions juridiques, même pensées dans le cadre d'une théologie du Fils de l'homme, ne parviennent pas à faire plus que décrire ou paraphraser les données textuelles. Elles alertent sur l'aspect judiciaire et sur l'objectivité des relations sans fonder dans le mystère du Christ le lieu d'un tel renversement. Les représentations iconiques attirent surtout l'attention d'un point de vue phénoménologique sur l'intimité avec laquelle Jésus de Nazareth a partagé notre humanité, révélant ainsi sa signification intime par la signification de sa propre existence : ce que Dieu donne à voir dans ce que le Christ a fait, mais comment passe-t-on du « comme si » au « à moi » ? Enfin, les représentations linguistiques sont aussi fondamentales qu'insatisfaisantes ; on ne peut pas davantage se satisfaire du dire que du voir, au risque de se laisser réduire à un certain esthétisme. La conceptualisation du mystère à travers des titres approche et délimite le champ, sans en poser les questions essentielles.

Ces hypothèses sont dépendantes d'un débat herméneutique qui ne s'est pas cristallisé directement autour d'elles à cause d'une tendance globale à l'allégorisation par la détermination de l'identité des différents protagonistes de la scène finale. En conséquence, l'attention est détournée de ce point déterminant alors que ce sont souvent des positions proprement christologiques et sotériologiques qui sous-tendent les débats et qui en expliquent la véhémence.

La ligne d'interprétation particulariste est largement déterminée par ces préoccupations christologiques. Les arguments exégétiques servent autant à exprimer qu'à masquer ces présupposés. Le renversement opéré par le « c'est à moi… » bouleverse trop de certitudes premières, et tout à fait respectables, pour être acceptable sans réticences. Les arguments tendent tous de manière convergente à en limiter les conséquences au champ connu et facilement repérable de l'ecclésiologie : les plus petits, parce qu'ils sont appelés « mes frères », ne peuvent être que des chrétiens, tous ou seulement les chrétiens pauvres, missionnaires, ou… Au prix, évidemment, d'une ecclésiologie rétrécie ! On ne peut échapper au sentiment quasiment sectaire que font naître ces interprétations [22]. Plus que sur des regrets concernant Matthieu, il vaut mieux s'interroger sur les arguments et la méthodologie qui essaient de les justifier, et en voir les fragilités. Ce qui est en cause ce ne sont ni l'universalisme du salut chrétien, ni la solidarité du Christ avec l'humanité, mais le type d'universalisation impliqué par la représentation par les petits frères. Outre que rien ne prouve dans Mt 25, 31-46 que cette désignation leur ouvre le chemin du Royaume, l'inquiétude des auteurs est du côté de la nécessité de la foi pour être sauvé, non seulement selon le *théologouménon* de la *« sola fide »*, mais pour protester contre les dilutions libérales que risque d'engendrer l'autre hypothèse. La préoccupation contemporaine au sujet du salut des non-croyants ne doit pas envahir l'herméneutique de Matthieu ; le seul contre-feu possible serait-il dans le repli sur soi, inévitablement sectaire à terme ?

Les interprétations de type universaliste se trouvent donc devant leur propre difficulté théologique. Il est sans doute plus facile de s'en tenir à de pseudo-évidences, que de les interroger. On s'en tient souvent à une « christologie d'en bas » qui considère essentiellement la solidarité effective que représente l'incarnation du Christ et son ministère parmi les pauvres jusques et y compris la mort sur la Croix. Le « c'est à moi… » est autant un renversement qu'un prolongement ultime du mouvement kénotique. En conséquence l'éthique s'installe dans un mécanisme d'exemplarité prophétique selon lequel soit il appartient à tout homme qui veut devenir disciple, soit il importe de

22. Voir article 1er, section C : « La “ représentation ” de type linguistique », p. 194.

reconnaître en tout homme vivant dans la sincérité de sa conscience, qu'ils agissent de telle sorte que le Christ puisse accueillir ce qu'ils auront fait aux nécessiteux comme lui ayant été fait. La pointe se déplace d'un « c'est à moi » gênant à une méconnaissance derrière laquelle on s'abrite pour faire place aux préoccupations éthiques.

Avoir conclu le débat herméneutique par une option de type universaliste sans en reprendre tous les présupposés n'a pas créé de difficultés particulières au sujet de la théologie du Juge eschatologique, au contraire ; il n'en va pas de même en ce qui concerne la nature de la relation entre le Christ et les plus petits d'entre les hommes. L'imputation tout à fait originale selon laquelle ce qui (ne) leur a (pas) été fait l'a été aussi pour le Roi exige une analyse plus rigoureuse que celles que nous avons évoquées jusqu'ici. Dans le prolongement du chapitre précédent qui détermine le cadre théologique de toute la réflexion à partir du genre littéraire de Mt 25, 31-46, c'est en fonction de l'eschatologie qu'il convient de poursuivre. Ce faisant, nous poursuivons la réflexion sur la christologie de ce récit : d'une part la théologie du Jugement eschatologique était déjà éminemment christologique ; d'autre part la signification théologique des œuvres de miséricorde émerge d'une herméneutique de la Loi qui est aussi proprement christologique. Mais l'une et l'autre ne peuvent s'articuler qu'autour de ce qui est le nœud de la dramatique du récit, à savoir la surprise née de l'affirmation du Roi : « Seigneur, quand t'avons-nous vu […] ? »

Or, n'est-ce pas cela, précisément, qui fait défaut au plus grand nombre de commentaires : savoir qu'il y a en jeu un « c'est à moi » alors que tous demanderont : « quand t'avons-nous vu ? » N'est-ce pas parce que la dimension eschatologique du « c'est à moi » est sa caractéristique propre, et que la révélation du discours eschatologique de Mt 24-25 l'énonce comme appartenant à ce qui ne peut déjà être totalement explicité ?

Article 2
LA MÉDIATION DU CHRIST, FONDEMENT DE LA RELATION DU CHRIST AVEC LES PLUS PETITS

Puisque, dans notre récit, cette surprise est davantage liée à l'imputation christologique qu'à tout autre élément du récit, celle-ci doit être abordée précisément sous l'angle de l'eschatologie. En effet l'évocation de la solidarité de Jésus de Nazareth avec les petits de son temps n'a tout son sens que si elle est mise en perspective dans une vision plus large. S'en tenir à une démarche inductive ne pourrait que mener à buter sur cette pierre d'achoppement : la venue glorieuse du Fils de l'homme introduit une nouveauté inouïe dont la résurrection du Christ constitue les prémices. Les traits de l'humanité de Jésus de Nazareth sont essentiels pour esquisser quelque chose de ceux de la gloire du Fils de l'homme, mais celle-ci n'en est pas le produit. Il y a une rupture fondamentale qui bouleverse les données de l'économie du salut et les relations du Christ avec l'humanité.

Autrement dit, on est toujours tenté d'aborder cette relation comme si elle appartenait simplement à l'horizon de l'histoire, alors qu'il s'agit d'une réalité du Royaume eschatologique. Cela implique qu'elle ait une incontestable réalité dans cette histoire, mais que son accomplissement et donc son éventuelle claire perception restent encore à venir. En conséquence, il est nécessaire de la situer par rapport à l'ensemble de l'économie du salut dans le prolongement de ce qui a été exposé au chapitre précédent. C'est seulement dans ce cadre d'ensemble qu'on pourra rendre compte de ce qu'il en est de ce renversement dans la médiation sans en éliminer toute surprise.

A. Le cadre eschatologique de la médiation du Christ.

Le commentaire théologique de la médiation du Christ en Mt 25, 31-46 doit d'abord tenir compte des conséquences de son genre littéraire, à savoir que sa modalité fondamentale d'exposition est l'affirmation : le genre récit l'appelle déjà d'une manière générale ; les révélations eschatologiques l'exigent d'une manière spéciale car elles s'apparentent aux proclamations prophétiques.

C'est encore sa nature eschatologique qui demande qu'on situe la particularité de ce récit dans l'ensemble de l'économie du salut : il proclame qu'elle s'effectue dans une proximité indécelable dès à présent, et néanmoins tout à fait réelle et concrète. Il ne s'agit donc pas de dépasser la surprise qu'elle engendrera et qui est déjà annoncée, mais de se placer devant un tel horizon.

Dans ce contexte, le trait le plus caractéristique de la relation du Fils de l'homme et des hommes consiste dans la tension qui est décrite entre la gloire du Fils de l'homme qui rassemble toute l'humanité devant son trône et l'humilité de sa « représentation » par les plus petits. Or ces deux pôles de la figure du Fils de l'homme sont traversés par la même dialectique de l'universel et du particulier. La figure de gloire domine la scène du Jugement de tous les hommes sans restriction, dans un geste de souveraineté incontesté alors qu'il s'agit d'une révélation très particulière que Jésus fait à ses disciples et qui sollicite de leur part un acte de foi décisif. Les critères au nom desquels sont portées les sentences font éclater cette particularité de la foi puisqu'ils concernent tous les hommes. Cependant cette universalité des critères va de pair avec une individualisation des hommes rassemblés puis séparés « les uns des autres » et avec celle de ceux qui sont dans le besoin : « chaque fois que vous [ne] l'avez [pas] fait à l'un de ces petits… »

Cela pose un premier élément du cadre nécessaire pour rendre compte du renversement opéré dans la médiation christologique : c'est la gloire du Fils de l'homme qui éclaire cette scène, et donc la scène de l'histoire, et non l'inverse. En conséquence, il faut d'emblée se situer ici en fonction de la plénitude du mystère de Pâque, alors qu'une démarche seulement inductive a une certaine pertinence pour penser le schème sacrificiel de la représentation de tous les hommes par le Christ sur la Croix.

Pour aller plus avant dans la perception de ce qu'implique ici la médiation du Christ, il faut élargir la perspective à l'ensemble de l'évangile de Matthieu. Comme cela a déjà été exposé, toute la structure de cet évangile fait apparaître comment la proclamation du Royaume et l'œuvre de Jésus de Nazareth font éclater le cadre de l'élection d'Israël, cadre dans lequel sa mission prend sa signification messianique. Historiquement, Matthieu enregistre ainsi le refus des juifs de reconnaître en Jésus le Messie attendu, ce qui le conduisit à la Croix, et l'opposition systématique de la synagogue vis-à-vis de l'Église naissante.

D'un point de vue théologique, Matthieu a interprété ce refus d'une manière très positive puisque, pour lui, il manifeste que le messianisme de Jésus est porteur d'une dimension beaucoup plus large que la seule élection d'Israël. Il y avait bien une dimension universelle dans la tradition juive, mais elle était centrée sur l'Alliance dont le peuple était le bénéficiaire : « lumière des nations » sans doute, mais celles-ci étaient invitées à s'intégrer dans son Alliance particulière. L'universalisme de la médiation du Christ Jésus est d'une autre nature : il est à la dimension de l'œuvre de la Création elle-même, comme le

Royaume dont il annonce « qu'il a été préparé depuis la fondation du monde » et dont les paraboles révèlent les secrets (Mt 13, 35).

En conséquence, on peut comprendre de plusieurs manières la double affirmation selon laquelle ce Royaume est celui du Fils de l'homme (Mt 13, 41 ; 16, 28). La figure est porteuse d'une pluralité de sens, et chacun permet d'en saisir quelque chose. C'est d'abord une manière fortement individualisée par laquelle Jésus se désigne, ainsi que l'article défini le souligne clairement : « le » Fils de l'homme. C'est aussi, selon la tradition danielique ici reprise et amplifiée, une figure céleste à la fois personnelle et corporative. Par le fait même, elle ne peut que représenter une figure accomplie de l'humanité selon le plan du Dieu créateur : l'homme réellement et pleinement « à l'image et à la ressemblance » de Dieu, tel qu'il fut créé lors de « la fondation du monde » ; l'homme dans sa plénitude devant Dieu, selon Dieu, revêtu de la gloire même de Dieu, c'est-à-dire dans une plénitude dont la perception reste encore à venir.

Que le Royaume de Dieu soit aussi celui du Fils de l'homme (Mt 13, 41 ; 16, 28) signifie, entre autres, qu'il en a reçu de Dieu la gérance en tant qu'il est l'Homme accompli pour lequel il a été préparé et en tant qu'il est intimement relié au Père. En corollaire, tout ce qui relève du Royaume lui est personnellement attaché, sans restriction puisqu'il en révèle certains secrets « cachés depuis la fondation du monde » : l'universalité des critères des sentences est de ceux-là, qui bousculent l'ordre religieux établi. Le Fils de l'homme se dresse donc face à celui qui est l'archétype de tout homme, l' « Adam », en qui cette image fut brouillée par le péché.

Cette typologie paulienne [23] peut aider à saisir l'universalité de la médiation du Christ-Fils de l'homme en Mt 25, 31-46 car il s'agit d'une approche clairement eschatologique : de même que tous les hommes ont, en Adam, un destin commun marqué par le péché et la mort, de même le salut est acquis pour tous dans le Christ ressuscité. Au premier abord, le second restaure

23. La typologie Adam-Christ est exposée deux fois en 1 Co 15, 20-24.42-50 et Rm 5, 12-21. On est fondé à penser que son importance est très tôt fondamentale, en lien avec la tradition évangélique selon laquelle Jésus se désignait comme le Fils de l'homme. Aussi on peut la supposer en arrière-plan de Ph 2, 6-11 et de Col 1, 13-20. Au total Paul n'en fait que de rapides mentions comme si elles étaient familières à ses lecteurs. Comme il l'utilise aussi à l'adresse des Romains qu'il n'a pas encore visités, on peut conclure que cette typologie était connue au-delà des cercles pauliniens, et qu'elle a une consistance et des potentialités plus larges que celles que Paul a exprimées.

ce que le premier a détruit, ce qui implique que toute l'humanité soit fondamentalement concernée en l'un comme en l'autre : « par un homme est venue la mort, et par un homme la résurrection des morts [...] comme dans l' Adam tous meurent, ainsi dans le Christ tous recevront la vie » (1 Co 15, 21-22). La mort et la résurrection des morts sont opposées l'une à l'autre, comme Adam au Christ ; on trouve le même rapport de causalité *(dia)* entre un seul, qui agit efficacement, et tous qui participent aux conséquences de cette action.

Il en va de même lorsque Paul compare la nature adamique actuelle du corps de l'homme et le corps spirituel à venir des ressuscités (1 Co 15, 42-50). Le corps adamique est terrestre, animal, psychique, corruptible, méprisable, faible, doué de vie ; le corps des ressuscités est spirituel, incorruptible, glorieux, fort, donnant la vie. Le premier homme est concerné par le passé et le présent, le second par le futur ; mais ils ont en commun que tous les hommes sont concernés par les prémices que constitue le Christ : tous peuvent être légitimement en attente du second, qui est comme semé dans le premier, et qui n'a encore été donné à aucun, sauf au dernier Adam.

Cependant il n'y a pas de réelle symétrie entre les deux, car la typologie implique aussi que le mystère du second et dernier Adam, Premier-Né d'entre les morts, excède le premier. Le Premier-Né de toute créature précède, dans le mystère du Dieu créateur, le premier Adam (voir Col 1). Second et dernier Adam, le Christ accomplit une mission rédemptrice universelle et définitive, car en lui l'humanité est à nouveau et autrement assumée (second) et définitivement sauvée (dernier).

Le Premier-Né est aussi celui par qui « tout a été créé » (Col 1, 16 ; Jn 1, 3 ; 1 Co 8, 6 ; Hé 1, 2). Selon ce qui a été exposé au chapitre précédent, et comme le suggère pour sa part Mt 13, 35, protologie et eschatologie sont dialectiquement liées : le Dieu Juge eschatologique agit dans et par le Fils unique, Fils de l'homme, sommet et accomplissement de l'Alliance éternelle ; ce Fils n'est tel que parce qu'il est associé dès le principe à l'œuvre créatrice.

La figure eschatologique du Fils de l'homme renvoie donc autant à l'incarnation du Fils unique qu'à l'accomplissement de l'humanité ; ce faisant le destin personnel de Jésus de Nazareth ouvre pour tout homme le chemin qui peut le conduire en vérité vers le Royaume. La « divinisation » de l'humanité est désormais offerte à chacun selon les mêmes modalités : définitive et de l'ordre des prémices. Le rapport que les hommes sont appelés à avoir avec elle ne se réduit pas à une contemplation mystique qui ne pourrait conduire qu'à la gnose ou à l'esthétisme. Il est fondamentalement de l'ordre de la participation dans le don de l'Esprit du dernier Adam et d'une participation qui n'a tout son sens que dans cette dynamique eschatologique entre la figure primordiale d'Adam qui l'enracine dans sa relation de créature et la figure accomplie de l'homme « parfait » (Ép 4, 13).

Cette figure s'accomplit au vu de la plénitude du mystère du Christ dans les conditions historiques de sa venue et de sa Pâque. L'Incarnation annoncée dans la confession de foi n'est ni une simple manière de parler ou de paraître, à quoi se réduit le docétisme, ni une fusion des natures qui les dissout l'un et l'autre, à quoi conduit le monophysisme, ni une telle dissociation des natures que la personne de Jésus-Christ vole en éclats, à quoi aboutit le nestorianisme : la définition de Chalcédoine permet d'honorer la tension eschatologique que la foi des Apôtres a d'abord proclamée sur la base de l'événement fondateur que furent la Croix et la Résurrection.

Tel est le premier mouvement de la médiation opérée par le Fils de l'homme : à la mesure d'Adam, et plus fondamentalement encore, il « récapitule », « il met sous un seul chef », toute l'humanité à laquelle il permet de se tenir dans une Alliance définitive avec le Dieu unique. En conséquence lui seul est habilité à s'entendre désigné par un païen, au cours même de son procès, *« ecce homo »*. Que cette participation s'ouvre à une autre qui lui soit complémentaire ne peut être posé que dans ce contexte eschatologique : le mouvement de la récapitulation de tous en un est aussi la « présence » de l'unique en chacun, mais cette présence est nécessairement cachée jusqu'à la venue en gloire du Fils de l'homme. Spontanément les croyants y reconnaissent leur vie baptismale en Église qui est une manière éminente de vivre dans la communion de l'Esprit. Mais il est une autre présence encore mystérieuse qui suppose une universalité plus radicale que celle de l'abolition de tout particularisme : celle, que révèle notre récit, de la relation entre le Fils de l'homme et les plus petits des hommes : c'est parce qu'il est le Fils de l'homme dans sa gloire, c'est parce qu'il est la plénitude de l'homme devant Dieu, qu'il peut dire que ceux-ci sont ses frères, car la gloire du Ressuscité est indissociable de la déréliction du Crucifié. Ces deux modalités de relation au Fils de l'homme, dans la vie baptismale et dans le statut de créature, sont strictement articulées aux diverses formes du don de l'Esprit Saint, lui-même Créateur et explicitement donné dans la Pâque du Christ.

B. L'événement de la Croix et du tombeau ouvert.

La Croix est le point d'aboutissement de l'existence de Jésus de Nazareth et l'épreuve décisive : quand il a subi la dérision extrême sous la forme d'une couronne ensanglantée et que l'épuisement physique fut devenu tel que le bois de la Croix le porte puisqu'il ne peut plus le soulever, il meurt : son humanité est alors accomplie. Comme face à toute souffrance, sinon face à toute mort, les mots viennent à manquer. On ne sait que penser, car on ne peut plus guère « penser », tout juste crier sa révolte, son impuissance ou son accablement. Ainsi, après le cri de Jésus sur la Croix, viennent le silence et les ténèbres.

Ce silence provoque chacun à prendre position, à la foi, pour qu'il reconnaisse là le climax de la médiation du Christ : « quand j'aurai été élevé de terre, j'attirerai à moi tous les hommes » (Jn 12, 32). En ce moment ignoré de l'histoire des hommes, comme l'est la mort de tous les petits de ce monde, l'histoire de la relation de Dieu et des hommes atteint son paroxysme, car tout converge vers le Crucifié et tout se redéploie à partir de ses bras écartés.

Cette foi ne vient pas combler le silence par une multiplication inconvenante de mots. Elle se fait prédication de l'inconcevable : « mais nous, nous prêchons un messie crucifié, scandale pour les juifs, folie pour les païens, mais pour ceux qui sont appelés, tant Juifs que Grecs, il est Christ, puissance de Dieu et Sagesse de Dieu » (1 Co 1, 23-24).

La surprise eschatologique annoncée en Mt 25, 31-46 s'inscrit dans le prolongement de ce scandale et de cette folie : elle renverse les idées reçues sur Dieu et sur son action pour les hommes. Scandale, objet de chute, cette humanité de Dieu qui prend, parmi les chemins des hommes, celui de la plus grande déréliction. La Puissance de Dieu manifestée en Christ n'est pas au service de sa propre glorification, mais de la plénitude de son dessein, c'est-à-dire pour que l'homme soit sauvé des impasses mortelles où le péché le conduit et l'enferme. Elle ne se limite plus aux intérêts d'un peuple, fût-il élu.

Comme la Puissance de Dieu, la Sagesse de Dieu ne nous laisse pas indemnes face à l'épreuve de la Croix : folie pour les païens, ces Grecs qui voyaient dans leur intelligence le reflet de l'intelligence même de Dieu. Comment prétendre argumenter quoi que ce soit de Dieu sur le non-sens d'une erreur judiciaire ou sur la mort ignominieuse d'un seul homme ?

La Sagesse de Dieu manifestée dans la Croix est la dénonciation d'une habileté du discours qui croit tenir le dernier mot sur le mystère de Dieu. Elle dénonce aussi l'esthétisme du discours ou de l'agir qui voit dans le *kalos kagatos* l'idéal de l'accomplissement de l'homme. Elle ouvre un autre chemin d'accomplissement, ouvert à tous, parce que possible pour tous et présenté à tous, celui de la conversion à la Parole d'amour de l'autre comme parole fondatrice de la vie.

Folie que la Croix pour ceux qui ne peuvent accepter un autre projet pour ce monde que celui qu'ils se donnent ou qu'ils reçoivent de leur société. Scandale que la Croix pour ceux qui croient savoir qui est Dieu, pire pour ceux qui croient savoir ce que doit être Dieu. Folie et scandale qui sont l'attitude spontanée de l'humanité pécheresse. La Croix provoque à un acte de foi qui sait ne pas pouvoir renoncer à une part d'étonnement à son propre sujet.

Cette foi concerne la solidarité du Christ avec tous les hommes, au-delà des règles du bon sens et de la justice. En effet sa solidarité vient battre en brèche l'injustice fondamentale qu'est le péché pour que chacun en soit libéré. S'il ne s'agissait que de la reconnaissance de sa justice par tous, il n'aurait été qu'un *leader* charismatique de plus, capable de séduire et d'entraîner les foules. Il aurait, certes, dénoncé l'injustice et lutté contre elle au nom d'une plus grande justice, et il aurait écrit une page parmi d'autres dans l'histoire des hommes.

Si l'événement de la Croix est unique, c'est que la victime, victime parmi les victimes, provoque chacun à prendre position pour une justice que nul n'est censé ignorer et en faveur de laquelle l'expérience historique des injustices stimule sans cesse. Que le Juste ne se satisfasse pas de la lutte pour la justice et qu'il subisse les conséquences extrêmes de l'injustice, et alors aucun ne peut être tenu à l'écart de cette solidarité : ni les justes qui comprennent l'injustice qu'il subit ; ni ceux qui se croient justes, car il dénonce toute hypocrisie ; ni les injustes qui sont provoqués au face-à-face accusateur de son silence ; ni les victimes plus ou moins innocentes qui trouvent près de lui un compagnon d'infortune…

La victime n'a pas eu beaucoup de mots pour rendre compte de ce qu'elle vivait : le silence est la parole première de la Croix, silence épaissi de celui de toutes les victimes de l'histoire. Deux séries de commentaires de Jésus permettent quelque peu d'en saisir la portée : les annonces de la Passion, qui ne sont pas tant la preuve d'un déterminisme de l'histoire du salut que l'indicatif de la logique de l'injustice et du péché : le juste est victime de l'injustice ; les paroles interprétatives dites lors du dernier repas, qui se situent dans une perspective sacrificielle où cette obéissance reçoit sa signification de libre don de soi et d'universalité : « livré » et « versé pour la multitude en rémission des péchés ». Il n'est pas étonnant qu'en conséquence la Croix sollicite d'abord l'obéissance de la foi.

La Croix rejoint ainsi l'universalité de l'existence humaine :

— L'universalité de la Croix est fondée sur la singularité du destin de Jésus de Nazareth. Il faut en revenir là pour éviter de tomber dans un dolorisme insatisfaisant. La Croix du Christ est la consommation de l'injustice : en un temps où l'abomination de la Shoah et du goulag a montré à quel point de destin du Christ avait partie liée avec l'épreuve la plus redoutable de l'humanité, le chemin de Croix indique par où passe toute réconciliation humaine dans la prise au sérieux de la souffrance : dans la dénonciation des injustices et dans le secours porté aux victimes, car c'est le chemin pris par la victime entrée librement dans sa Passion ;

— Ce chemin de la Croix est le chemin de toute l'existence humaine de Jésus de Nazareth. Il s'est reconnu dans le Serviteur de Dieu, lui qui a résumé les six œuvres de Mt 25 par le verbe servir… Il fut un petit parmi les petits de son temps ; il a bénéficié des œuvres de miséricorde et il les a prodiguées… Autant que les signes messianiques (Mt 11, 4-6 et parallèles ; Lc 4, 18-19…), elles sont un des schémas d'interprétation essentiels de son humanité ;

— L'étude des œuvres apportera des éléments de réponse au sujet de leur rapport à la loi du Royaume et au sujet de leur signification anthropologique. Elles désignent dans la vulnérabilité de tout homme le lieu où surgit l'impératif éthique dont la Loi révèle la portée théologique. Les plus petits sont ceux dans lesquels le Roi se reconnaît, car c'est à travers ce destin qu'il a connu notre humanité.

Cette solidarité universelle du Christ avec les hommes scellée sur la Croix se manifeste dans deux ordres complémentaires de relations qui en sont, pour les hommes, les fruits concrets. Les deux aspects sont aussi indissociables que la Croix et la Résurrection : sur la Croix, Jésus-Christ « représente » tous les hommes, et, désormais, il n'y a pas d'autre sauveur à invoquer ;

la Résurrection inaugure un nouvel ordre dans les relations entre les hommes et avec Dieu dont le tombeau vide indique qu'il reste espérance d'un avenir en germe.

Ce nouvel ordre se caractérise donc par une restauration de relation : comme le Christ en crée une définitive dans la « représentation » sur la Croix, de même il en permet une nouvelle qui consiste en une certaine participation possible des hommes au mystère de Dieu, participation qui, dans l'Esprit, peut être dite une réelle présence. De ce nouvel ordre de relation, nous connaissons deux modes très différents : la vie croyante et celui qui est indiqué par l'imputation « c'est à moi que vous [ne] l'avez [pas] fait. »

Cette dernière est très spéciale car elle est déjà totalement à l'œuvre et néanmoins aucun indice spécifique ne permet à quiconque de la décrypter concrètement.

La première met les hommes en capacité explicite de « marcher devant la face de Dieu » à « la suite du Christ ». Tout homme peut, en droit, entrer dans une nouvelle relation avec Dieu et avec les autres en choisissant l'ordre de la justice, justice des hommes sans doute, même si elle ne cesse de se révéler fragile, Justice du Royaume surtout, qui assume et transcende la première au nom de l'amour qui en est l'énergie fondamentale. Cette relation implique d'abord proximité et extériorité, car il appartient à chacun de vivre son propre destin. Elle suppose aussi une réelle et essentielle réciprocité d'amour dans l'Alliance éternelle : cette réciprocité est participation, inhabitation ; elle a nom et figure dans l'Esprit d'amour du Christ Ressuscité. Dans la Pâque il est universellement offert et donné, de même qu'il est universellement agissant dans la Création.

Cela consiste donc à instaurer une réciprocité dans les relations de Dieu et des hommes : dans le Christ, l'histoire des hommes est définitivement l'histoire de Dieu, c'est-à-dire que tout ce qui concerne Dieu concerne les hommes d'une certaine manière, et que tout ce qui concerne les hommes concerne Dieu. Ce renversement, en quoi consiste le salut, est donc porteur d'un autre, plus fondamental, de portée tout aussi universelle et tout aussi capable d'impliquer la singularité de chacun.

En effet, cette universalité de l'offre du salut n'épuise pas la profusion issue de la Croix et de la Résurrection, et ici la parole du Roi en Mt 25, 40.45 prend tout son sens. L'universalité de la médiation du Christ implique aussi qu'il puisse être en relation intime, voire participative, avec tous, sous une forme qui échappe à la claire conscience ou à la connaissance explicite de la foi à cause de sa nature proprement eschatologique et qui soit suffisamment intime pour qu'il dise : « c'est à moi. »

Elle est eschatologique en ce qu'elle relève des réalités dernières anticipées par le mystère pascal. En conséquence, elle participe du secret eschatologique du Fils de l'homme, selon la belle intuition de Théo Preiss, mais il faut bien s'entendre sur quoi porte le secret et comment il peut être levé : il ne porte pas d'abord sur la détermination de qui sont les frères du Roi, puisque tous peuvent en être dans la mesure où une certaine fragilité marque tout être humain ; ce secret ne sera levé que par le Ressuscité dans la gloire de sa Parousie. Dans l'entre-deux, ce compagnonnage mystérieux partage la discrétion du Ressuscité sur la route d'Emmaüs.

De nature eschatologique, cette relation est donc déjà totalement à l'œuvre, puisque inaugurée dans la Pâque du Christ, mais aucun indice spécifique ne permet à quiconque de la décrypter concrètement. Le seul point de repère qui soit donné en Mt 25, 31-46 est conforme avec l'œuvre messianique de Jésus : sa proximité avec les pauvres durant sa vie se révélera une intimité inouïe avec tous et chacun d'entre eux dans l'histoire, à cause de ce qui est en cause dans leur « petitesse ». Comme l'anthropologie des œuvres de miséricorde le montrera, la pauvreté qu'elles désignent concerne le lieu d'émergence le plus élémentaire de toute humanité. Quand il s'agit de la petitesse des plus petits, il s'agit donc d'un redoublement de cette fragilité fondamentale, qui justifie une proclamation redoublée de la solidarité intime du Fils de l'homme avec eux.

Ainsi le « particularisme » dont le Roi fait montre en désignant les plus petits comme ses « frères » ne va pas à l'encontre de l'universalisme fondamental du récit : toute identification allégorique, *a fortiori* nominative, est interdite. Renoncer à percer ce faux secret permet d'en discerner un autre plus essentiel : ce compagnonnage mystérieux prolonge autrement celui de la route d'Emmaüs. L'incognito n'est brisé que par le Maître. La surprise eschatologique interdit autant de chercher à désigner cet incognito qu'elle enjoint d'accomplir les œuvres de miséricorde.

Ces deux fruits de la Rédemption dans l'existence des hommes sont comme les deux faces inséparables (et dissymétriques) de l'œuvre de la grâce, don fait par amour sans aucun mérite de la part des hommes. C'est évident de l'existence filiale des croyants : si la foi sauve, c'est parce que la foi s'oppose en rigueur de termes au refus de la foi, c'est-à-dire à l'orgueil, au choix volontaire contre Dieu, et non à la seule méconnaissance. C'est tout aussi vrai de ce que signifie la Parole du Roi eschatologique : les plus petits n'ont rien mérité pour cela ; ils ne peuvent prétendre à aucun privilège du seul fait de leur pauvreté. En tout cas ce n'est pas le message de ce récit. Le Roi dit seulement qu'il ne cesse de se faire proche d'eux sans que quiconque puisse ni les désigner ni s'autodésigner. Lui seul peut et pourra dire : « c'est à moi. »

Cette affirmation inouïe ne peut que susciter dès à présent une immense surprise. Il est nécessaire de l'envisager autrement que comme un simple prolongement de la solidarité engendrée par l'Incarnation ou par le destin historique de Jésus de Nazareth. La référence deviendrait alors ressentiment... Elle ne peut être comprise qu'en fonction de ce qui est inauguré par la Croix et la Résurrection du Christ, avec ce que cela implique de rupture et de promesse. Cette relation est donc fondamentalement de nature eschatologique : déjà donnée, elle reste encore à recevoir. Ce qui en est déjà dit n'est qu'indicatif, car on ne peut y accéder que du point de vue du Royaume où nous ne pouvons pas nous placer nous-mêmes.

C. La relation d'amour du Serviteur.

La relation annoncée en Mt 25, 40 et 45 trouve son origine (c'est-à-dire à la fois sa signification et son énergie) dans le mystère pascal : comme il a porté sur lui nos épreuves, comme il a librement consenti à être victime innocente au nom de tous les hommes, ainsi le Christ se trouve-t-il dans la situation d'établir avec chacun une relation nouvelle.

Une relation d'intériorité.

Les trois pôles où s'enracine la relation du Christ avec les hommes sont sensiblement différents. Les deux premiers forment une tension essentielle qui soutient les questions ultimes, celles de l'origine et de la fin : le Christ participe à l'œuvre créatrice et intervient souverainement lors de la consommation eschatologique comme médiateur du Jugement. Le troisième pôle, qu'est son Incarnation, est le sommet du premier et l'inauguration du deuxième par une irruption inouïe dans l'histoire. L'Incarnation se donne comme le lieu et la condition incontournable de la Rédemption pascale ; elle lui est donc indissociable. En conséquence, la relation du Christ avec les hommes n'est en rien extérieure ou accidentelle ; elle est intimement liée à l'histoire prise comme un tout et à l'histoire de chaque personne considérée pour elle-même. Cela récuse toutes les tendances nominalistes qui postulent sur la liberté de Dieu et sur son dessein un arbitraire qui s'accorde mal avec l'amour absolu qui se révèle en Christ.

La relation entre le Créateur et sa créature est le fondement de la récapitulation eschatologique par le Christ, l'une accomplit l'autre et réciproquement : le mouvement de l'histoire n'est pas seulement celui d'un éclatement initial qui irait vers son rassemblement. Il consiste, aussi, en une unité brisée entre Dieu Créateur et les hommes, créatures placées au sommet de cette création ; brisure qui ne cesse de compromettre l'unité des hommes entre eux. Unité qui ne veut pas dire uniformité : de même que l'unicité et l'unité de Dieu se déploient dans le mystère trinitaire, de même les relations entre Dieu et les hommes, des hommes entre eux ne vont pas sans différenciation. Le christianisme ne saurait se dissoudre dans un quelconque panthéisme ou « panchristisme ». Le modèle de l'unité de la relation entre Dieu et les hommes se trouve dans le Christ qui assume dans l'unité de sa personne les deux natures irrémédiablement distinctes de la divinité et de l'humanité.

La relation est toujours distance et unité. Le concept de représentation l'assume clairement : il souligne bien la distance, la distinction tant dans la réitération que dans le remplacement. Il est de l'ordre du faire voir ce qui n'est pas là, que ce soit par une convention juridique, une mise en scène théâtrale ou une figuration plastique. Mais ce faire voir reste dans l'ordre de l'apparaître, de la fonction. Le « c'est à moi » de Mt 25 est aussi, d'une certaine manière, de nature ontologique : « c'est. » De ce point de vue, il peut sembler plus juste de parler d'identification au sens de « déclarer identique ».

Cette méditation sur ce que Dieu révèle de son mystère conduit alors à concevoir en d'autres termes cette relation, de telle sorte que ne peuvent qu'éclater les analogies qui emprisonnent, contraignent un sens trop fort pour leurs cadres étroits. Ce qui fait vivre l'unité trinitaire de Dieu est la même énergie qui anime la relation entre Dieu et les hommes : une relation d'amour. Seule celle-ci peut permettre d'entrevoir quelque peu la nature réelle de ce que fait percevoir, dans la foi, Mt 25, 31-46. L'amour seul fait ressentir et recevoir comme fait à soi-même ce qui est fait à celui ou celle que l'on aime. Il n'y a pas à se disperser sur d'autres chemins que celui-là. Le mystère de Dieu y ramène toujours, en dernière instance et fondamentalement, et il faut entendre ici « intériorité » comme une participation réciproque de Dieu en l'homme par le Christ en tant que Créateur et Sauveur de tous et de l'homme au mystère du Dieu de Jésus-Christ en tant que créé et sauvé par Lui.

L'hypothèse restrictive se déploie facilement dans cette voie : quelle intériorité en effet que celle que crée le baptême dans l'eau et dans l'Esprit ! Par lui est régénérée la relation filiale qui peut ensuite se déployer dans toute l'existence fraternelle et sacramentelle. Mais ce serait une vision bien limitée que de s'en tenir à ce seul aspect car le don de l'Esprit n'est pas contenu uniquement dans la source baptismale. De même que le Christ participe au mystère créateur, de même l'Esprit fait vivre toutes choses en ce monde. La solidarité particulière du Fils de l'homme avec les plus petits signifie non seulement que leur capacité à aimer est aussi menacée que celle de chacun, mais surtout que la nécessité qu'ils ont d'être aimés est une urgence à laquelle il s'associe d'autant plus que leur humanité pourrait en être remise en cause.

Une relation de type eschatologique.

La relation Fils de l'homme-hommes participe de l'eschatologie de la Pâque du Christ, c'est-à-dire qu'elle y est entièrement et définitivement inaugurée, donc activement à l'œuvre au sein de l'histoire et qu'en même temps elle échappe à la perception empirique de l'histoire. En conséquence, si elle peut être, pour une part, connue par révélation dans les temps avant-derniers, elle relève au sens strict de ce qui sera manifeste dans les derniers temps. Cette relation est déjà pleinement engagée mais elle n'est connaissable que sous la forme d'une promesse dont il n'appartient pas aux hommes aux prises avec l'histoire de déterminer les contours. Parce qu'elle est ainsi engagée concrètement, elle a une forte dimension éthique. Mais la promesse annonce aussi un déchirement du voile ; ce qui est cru et qui dépasse l'expérience sensible ou mystique deviendra manifeste, puisque l'espérance et la foi sont promises à leur propre dépassement : « car notre objectif n'est pas ce qui se voit, mais ce qui ne se voit pas ; ce qui se voit est provisoire [temps de l'histoire], mais ce qui ne se voit pas est éternel » (2 Co 4, 18).

Dans ce face-à-face ultime et définitif entre Dieu et l'humanité, celle-ci sera révélée à elle-même, c'est-à-dire qu'elle découvrira, au-delà de tous les voiles de l'histoire, la nature profonde de sa relation avec le Christ. Ce qui est inauguré recevra, dans le Christ, sa plénitude, autant dire qu'il ne s'agira pas seulement d'une plus grande connaissance de ce qui était ou de ce qui sera, mais, puisque c'est une relation qui est en cause, qu'il s'agira aussi d'une plénitude de la relation elle-même. La relation du Roi avec les plus petits des hommes n'est donc pas le dernier mot de la relation des hommes et de Dieu, dans le Christ. Tous sont concernés par un autre destin et leur surprise est autant unc découverte de la signification de ce qui fut vécu sans que nul ne puisse s'en douter vraiment, que l'inauguration d'une relation nouvelle pour des héritiers entrés en possession de leur héritage, qu'est la communion avec le Dieu trinitaire. Jusqu'alors, cette relation du Christ avec les plus petits des hommes excède l'expérience de la foi. La connaissance reste tellement formelle qu'elle ne dispensera d'aucune surprise à venir. Ainsi la foi, qui consiste à avancer « en homme qui voit celui qui est invisible » (Hé 11, 27), ne fournit que des fragments, comme ces grains de poussière que l'on voit danser dans un rayon de soleil : ils n'apparaissent que dans la pénombre traversée.

Voilà pourquoi l'initiation croyante ne lève pas tant les voiles qui couvrent l'eschatologie qu'elle n'en révèle la présence et un peu la nature. Il y a comme une impossibilité native à concevoir précisément comment le Christ peut dire : « c'est à moi » ; on pressent comment cela procède tant de la Croix et de la Résurrection que de l'économie du salut dans son ensemble. Ce qui est à la fois beaucoup et quelque peu décevant. Mais il est clair qu'un raisonnement fondé sur la seule expérience historique n'est pas suffisant à l'appréhender par lui-même, et que, à l'oublier, on s'ouvre à toutes les manipulations. La seule procédure possible consiste à tenir ensemble, dans une dialectique qui reste toujours délicate, ce point de vue extraordinaire avec les traces que le Christ a laissées de son humanité. Celle-ci n'est susceptible que de postuler une autre dimension ; tout discours serait imaginaire s'il oubliait les médiations concrètes par lesquelles l'ensemble se donne à connaître et à vivre. Parce que la relation avec les plus petits, au-delà de toute commisération, est celle qui peut paraître la plus difficile à penser (au contraire de la relation Dieu-justes), elle nous pousse aux limites de la réflexion, c'est-à-dire là où la réflexion touche des limites qui ne la détruisent pas mais qui suscitent une foi qui n'est pas une démission.

La méditation sur les récits évangéliques et les écrits du Nouveau Testament fournit les éléments d'une connivence intime entre la kénose du Fils de Dieu, la signification théologique de toute vie humaine et le récit de Mt 25, 31-46. La parole du Roi : « c'est à moi », n'y est pas de l'ordre de la loi, mais de la promesse ; elle s'inscrit dans la tension dynamique qui, au-delà des droits et des devoirs, est de l'ordre de la grâce.

Une relation concrète.

La relation du Roi aux plus petits des hommes qui sont ses frères, dans l'intériorité que l'amour implique et dans l'eschatologie sur l'horizon de laquelle elle s'inscrit, appelle et suppose une activité concrète.

Que la participation de chacun au mystère du Christ, et d'abord celle des plus petits, échappe aux regards et à la compréhension aussi totalement qu'échappe toute anticipation de la part des hommes sur le mystère à venir, pourrait laisser penser que de telles considérations, y compris sous forme de promesses, sont autant d'efforts pour fuir les responsabilités quotidiennes et les angoisses ou les souffrances qui sont le lot de chacun. Il n'en est rien, au nom de ce qu'est le fondement de cette espérance, la Croix de Jésus de Nazareth. L'eschatologie chrétienne renvoie toujours chacun à son existence concrète, car, si elle est un horizon, elle est toujours aussi déjà inaugurée dans le Christ. Parce qu'elle est participation intime et eschatologique, cette relation est concrète.

Il y a plus, comme la lettre de Mt 25, 40 et 46 le souligne fortement. D'une part, la formule lapidaire ne laisse place à aucune relativisation accommodatrice, qui, à travers les distances, atténuerait l'impératif ; le roi ne dit pas : « comme si vous me l'aviez fait », mais : « c'est à moi », sans autre commentaire possible que de méditer sur la puissance, sans doute toujours dérangeante, d'un tel lien. D'autre part, ce lien se noue dans un faire très précis. La signification anthropologique et théologique des œuvres de miséricorde reste encore à analyser : il s'agit de six actes concrets qui correspondent à six situations de détresse, et le verbe retenu au verset 44 pour les résumer est éloquent : servir. Tout sentiment, toute compassion sont ici convoqués à se traduire en actes dans lesquels la relation nouée échappe aux risques des atermoiements, aux évanescences des seuls sentiments ou aux incertitudes dangereuses des velléités. Il s'agit de vie et de mort. De même que Jésus de Nazareth est mort pour donner vie, de même il provoque à servir pour que la vie soit humaine, puisque l'absence de ce service serait mortelle.

Ce service est la médiation par laquelle la relation du Christ aux plus petits des hommes est définitivement concrète : c'est une effectuation de l'amour dont la dimension trinitaire dans l'économie du salut n'atteint vraiment chaque homme que, parce que, en aimant concrètement, il devient libre de la liberté des enfants de Dieu. La dimension éthique de cette relation s'enracine ainsi dans le faire indiqué et dans toute l'économie du récit.

ROYAUME DE DIEU ET ÉGLISE

Les lectures proposées de Mt 25, 31-46 ne soulignent pas toujours suffisamment les enjeux christologiques ; aucune n'ignore les conséquences au niveau de l'ecclésiologie. Les lectures particularistes permettent une compréhension relativement simple des relations entre le Roi et les plus petits : depuis Origène, la référence classique est celle de la théologie de l'Église-Corps du Christ, soutenue par l'interpellation de Jésus à Saul sur le chemin de Damas : « Saul, Saul, pourquoi me persécutes-tu ? » (Ac 9, 4). L'incorporation dans le Christ est réalisée au baptême par l'Esprit. Cependant, cette interprétation soulève une grave difficulté : n'est-elle pas la porte ouverte à une conception de l'Église, nécessairement repliée sur elle-même en contradiction avec l'ecclésiologie matthéenne, en particulier ?

Les interprétations universalistes évitent, évidemment, cette difficulté, en revanche elles devraient essayer d'en résoudre une autre concernant la nature de la relation avec les petits. Nous avons vu que les essais étaient rares et peu convaincants. C'est pourquoi, puisque, sur les points disputés en exégèse, nous nous sommes trouvé assez proche d'elle, il était nécessaire d'en rendre compte dans le contexte général de la lecture développée ici.

Néanmoins, l'essentiel n'est pas dans ces querelles d'écoles. La relation du Roi avec le plus petits a été caractérisée comme intérieure, eschatologique et concrète. Ces trois dimensions marquent aussi, mais sous une autre forme, la réalité de l'Église, telle qu'elle se dégage, dans ce récit, en contrepoint de la promesse du Royaume et de la relation du Roi aux petits.

La prédication évangélique annonce que le Royaume s'est fait proche en Jésus, mais jamais qu'il est totalement ouvert : il est présent sous forme de promesse, d'une germination, d'une croissance. La prédication initiale de Jésus (Mt 4, 17) prend tout son sens dans le Sermon sur la Montagne qui articule la promesse du Royaume dans les Béatitudes et les exigences spirituelles et éthiques qui lui sont liées. L'essentiel concerne la manière concrète de s'en approcher en cherchant à vivre selon sa justice.

Le Royaume ne peut donc être assimilé à aucune réalisation historique. L'Église ne peut prétendre être ce Royaume. Elle participe de son mystère qui la dépasse et elle ne cesse de l'annoncer comme proche et promis.

Entre l'Église et le Royaume, il y a donc une distance constitutive et une relation essentielle. Cette tension traduit, au niveau de l'Église, la conséquence de la nature eschatologique de la double relation du Christ avec les hommes telle qu'elle a pu être saisie. Dans ce temps de l'attente de la venue parousiaque, l'Église est la réalisation historique concrète dans lequelle une relation intime se noue entre Dieu et les croyants ; relation qui les constitue témoins de la Bonne Nouvelle du Royaume.

S'il n'y avait pas cette distance, il ne pourrait pas y avoir d'interprétation universaliste du récit de Mt 25, 31-46 ; les justes ne pourraient se compter que parmi les chrétiens, et le Jugement ne serait qu'un tri qui purifierait l'Église. L'universalité de la médiation du Christ serait alors réduite à la seule universalité de la proposition de la foi.

Or il n'appartient pas à l'Église de s'approprier le contenu du « c'est à moi » du Roi : la promesse du Royaume concerne les croyants et les non-croyants. Elle peut éviter ainsi les tentations de repli frileux ou orgueilleux sur soi comme les risques de la dilution dans l'indifférencié. L'acte créateur originel promeut une humanité à l'image et à la ressemblance de Dieu. Le Royaume annoncé ne peut qu'en être l'accomplissement ultime. Que l'Église permette un attachement particulier au Christ ne saurait signifier que l'universalité du message s'épuise dans sa particularité. L'Église n'existe qu'en fonction de Celui qui la rassemble et regarde toujours au-delà d'elle-même vers le Royaume qu'Il lui promet et où Il la conduit, et que, d'une certaine manière, Il est.

Autre conclusion au sujet de l'eschatologie chrétienne, ou autre manière de l'envisager, le mystère récapitulateur du Christ est à la mesure du cosmos. Sa médiation concerne en premier lieu l'humanité dont il assume personnellement le destin. Comme être humain il participe à la réalité cosmique en tant que telle. Si c'est vraiment en fonction de la récapitulation dans le Christ que peut être saisi le sens du « c'est à moi », cette récapitulation s'étend au-delà de la seule humanité, à toutes choses, celles des cieux et celles de la terre (Ép 1, 10). Il sera donc essentiel de garder à l'esprit cette dimension lors de l'étude du critère du Jugement en Mt 25. À travers les plus petits qui sont les frères du Christ, l'humanité est montrée solidaire de toutes les réalités cosmiques.

CHAPITRE VIII

LES ŒUVRES DE LA LOI D'AMOUR

La solidarité mise ici en avant est décrite de manière très concrète par l'énumération des six œuvres de miséricorde. On s'est beaucoup interrogé sur leur originalité et, selon les sensibilités, les auteurs ont insisté soit sur leur banalité, soit sur leur particularité. De toutes les investigations menées dans la littérature du Proche-Orient ancien, aucune n'a permis de mettre en évidence l'existence d'une liste similaire, ni dans sa composition formelle de six œuvres, ni dans son utilisation comme critère eschatologique dûment formulé par l'autorité divine. Tous les parallèles invoqués présentent des différences sensibles, comme le conclut J. Friedrich : « pour résumer, nous pouvons dire que, parmi le grand nombre de parallèles à la liste d'œuvres [de Mt 25, 31-46], nous n'en avons trouvé aucun qui puisse être pris comme modèle littéraire pour Mt 25. Nous avons surtout affaire avec une tradition plus largement répandue [1]. »

Cependant un grand nombre de textes plus ou moins proches ont été trouvés et analysés, dans lesquels la pratique de telle ou telle de ces œuvres est encouragée, à tel point que d'autres auteurs parlent d'une éthique commune et évidente du Proche-Orient ancien (Wickenhauser, Bultmann, Marguerat...). Il faut

1. J. FRIEDRICH, *Gott im Bruder*, Stuttgart, Calwer Verlag, 1978, p. 170.

d'abord garder à l'esprit que ces œuvres correspondent aux besoins fondamentaux de la personne humaine ; en conséquence, il n'est pas étonnant de les rencontrer dans des contextes très divers ; en second lieu, leur importance est liée au fait qu'elles caractérisent un style de vie et une idéologie commune.

C'est comme telles qu'elles sont intégrées dans la tradition biblique. Pour Isaïe (58, 6-11) comme pour Ézéchiel (18, 5-9), les œuvres de miséricorde décrivent la véritable justice, celle qui ne s'étiole pas dans la formalisme cultuel : elles manifestent autant la fidélité au Dieu d'Israël et à son culte que l'observance des prescriptions morales de sa Loi : « Il donne son pain à l'affamé, il couvre d'un vêtement celui qui est nu [...] il chemine selon mes lois : il observe mes coutumes ; agissant d'après la vérité, c'est un juste » (Éz 18, 7.9).

La littérature sapientiale fournit aussi un certain nombre de mentions (Pr 25, 21-22 ; Si 7, 35 ; Tb 1, 17 ; 4, 5-16 ; Jb 22, 5-11...). La démarche spirituelle est identique : ces humbles gestes humains sont une manière spéciale d'accomplir fidèlement la loi mosaïque. La sagesse de l'humanité est ainsi reconnue et assumée par la sagesse croyante. Plus encore leur valeur spécifique va conduire à les considérer comme des contrepoids au péché, et elles deviendront dans la tradition juive, puis chrétienne, le type des œuvres surérogatoires. Cette évolution n'a pas épargné l'interprétation de Mt 25, 31-46 : les œuvres ne sont-elles pas promues au rang de critère eschatologique de salut ? Cependant un tel déplacement n'est possible qu'en interprétant ce récit selon une logique qui n'est pas strictement la sienne.

Le chapitre précédent a établi comment la christologie en constitue l'axe théologique majeur. C'est en fonction d'elle qu'il convient d'analyser théologiquement ces œuvres, puisque c'est l'imputation christologique qui les promeut au rang de critère eschatologique. Le commentaire doit donc être mené en fonction de l'interprétation christique de la Loi, c'est-à-dire en montrant comment ces œuvres, formes particulières de l'accomplissement de la Loi, s'intègrent dans le mystère chrétien du Salut.

Article 1
LE DÉCALOGUE

Situer les œuvres de miséricorde par rapport au Décalogue

ne suppose pas que soit rouvert l'ensemble du dossier exégétique au sujet de ce texte. Les deux versions, en Ex 20, 1-17 et en Dt 5, 6-18 relèvent globalement de la même démarche théologique.

1. La place du Décalogue dans l'économie du salut.

Le Décalogue nous est transmis au cœur de la tradition de la Loi d'Israël, et il importe de bien en mesurer l'impact théologique.

Dans une histoire.

Sans aucun doute ce texte est lié à une histoire, ce n'est pas une météorite élaborée en dehors de l'espace et du temps, et qui ferait une irruption aussi soudaine qu'inattendue dans l'histoire de l'humanité. Les formulations gardent les traces de remaniements que les différences entre les deux versions permettent d'analyser [2]. Jamais il n'a été figé à la lettre de ces textes. La transmission catéchétique est un témoignage majeur sur la manière dont les différentes époques ont su traduire, au sens strict, cette liste, pour la ramener à dix propositions claires quant à leur nombre et quant à leur objet. Les conditions historiques et les besoins de la transmission, en particulier dans leurs contraintes mnémotechniques, ne sont pas des accidents. Ils appartiennent à la nature même de ce texte.

La distance historique, les écarts culturels ne sauraient donc être des arguments pour l'invalider. En revanche, il doit être sans cesse reçu comme le moyen de vivre et d'actualiser l'événement auquel il est référé, l'Alliance du Sinaï.

La charte d'une Alliance.

Les deux versions de l'Exode et du Deutéronome ont été insérées dans le cadre de récits de conclusion de l'Alliance du Sinaï (Ex) ou de l'Horeb (Dt), par un travail rédactionnel bien visible. L'intention est donc claire. Le Décalogue fait partie de l'ensemble des stipulations de l'Alliance. Il n'y a plus de traces d'une éventuelle existence autonome. C'est un élément de cet ensemble dont il est un condensé privilégié ; cependant on ne peut y voir, sans quelques précautions, un simple résumé, car

2. L'étude des paroles concernant le sabbat le montre clairement. Voir J. Briend, art. « Sabbat », *Dictionnaire de la Bible, Supplément,* t. X, 1984, col. 1148-1157.

tout n'y est pas dit qui rendrait les autres lois et récits secondaires. En fait il participe du caractère fondamental de la loi mosaïque qui est la loi d'une Alliance fondée sur l'initiative salvifique de Dieu, comme le rappelle le prologue, qui, pour la tradition juive, est la première de ces dix paroles : « C'est moi le Seigneur ton Dieu qui t'ai fait sortir du pays d'Égypte de la maison de servitude » (Ex 20, 2 ; Dt 5, 6).

Enfin, il se pourrait bien que les pierres gravées aient été symboliquement au centre de tout le rituel d'actualisation de l'Alliance [3]. Celle-ci n'est jamais considérée seulement comme un événement du passé : son mémorial tend toujours à provoquer le renouvellement de l'adhésion première. Le Décalogue fait ainsi partie du dialogue fondateur entre Dieu et Israël, et sa forme particulière lui vient de sa fonction concrète de mémorisation. Il incarne cette vie et cette bénédiction que Dieu propose à son peuple et qui suppose de sa part un engagement concret dans la fidélité quotidienne (Dt 30, 15).

Alliance signifie réciprocité et dialogue : le Décalogue en est à la fois l'expression et la réalisation concrète.

Une dynamique de liberté.

L'Alliance du Sinaï est l'aboutissement de l'Exode et donc délivrance de la servitude. Le peuple qu'elle institue est un peuple libre pour célébrer son Dieu, c'est un peuple d'hommes libres, au milieu des autres peuples. Le Décalogue participe à la fondation de cette liberté dans son écriture même. Le prologue déjà cité fait une première mention de cette libération. La version deutéronomique la reprend pour motiver le repos du sabbat :

> mais le septième jour c'est le sabbat du Seigneur ton Dieu. Tu ne feras aucun ouvrage, ni toi, ni ton fils, ni ta fille, ni ton serviteur, ni ta servante, ni ton bœuf, ni ton âne, ni aucune de tes bêtes, ni l'émigré que tu as dans tes villes, afin que ton serviteur et ta servante se reposent comme toi. Tu te souviendras qu'au pays d'Égypte tu étais esclave, et que le Seigneur ton Dieu t'a fait sortir de là d'une main forte et le bras étendu ; c'est pourquoi le Seigneur ton Dieu t'a ordonné de pratiquer le jour du sabbat [5, 13-15].

La forme négative de huit paroles sur dix va dans le même

3. Voir G. von Rad, *Théologie de l'Ancien Testament,* Genève, Éd. Labor et Fides, 1971, t. I, p. 170 s.

sens. Elles sont comme les bornes qui délimitent le champ de la liberté qu'elles rendent ainsi possible. Par le fait même, elles sont à la fois indispensables et quelque peu insuffisantes si on se contente de leur seule littéralité. Que la libération du peuple soit consacrée dans une Alliance et que cette Alliance reçoive une loi contraignante n'est donc pas contradictoire. Il n'y a pas de relations ni de devenir qui ne supposent une règle et une loi. Sans doute sont-elles limitatives, mais n'est-il pas constitutif de la liberté humaine qu'elle soit finie ?

Toute l'Alliance se donne comme vie et liberté, et le Décalogue en elle, selon sa fonction propre. Le Deutéronome le souligne à maintes reprises comme dans le passage déjà indiqué :

> Vois : je mets aujourd'hui devant toi la vie et le bonheur, la mort et le malheur, moi qui te commande aujourd'hui d'aimer le Seigneur ton Dieu, de suivre ses chemins, de garder ses commandements, ses lois et ses coutumes […] Tu choisiras la vie pour que tu vives, toi et ta descendance […] en habitant sur la terre que le Seigneur a juré de donner à tes pères, Abraham, Isaac et Jacob [Dt 30, 15-20].

2. L'articulation fondamentale du Décalogue.

Les diverses traditions religieuses issues de la révélation biblique ont déterminé de manière différente le découpage en dix paroles, mais toutes s'en tiennent à ce chiffre à cause de sa portée symbolique et mnémotechnique. C'est une donnée traditionnelle fondamentale (Ex 34, 28 ; Dt 4, 13 ; 10, 4). Il en est de même de la division de ces dix paroles en deux groupes, symbolisés par les deux tables de pierre sur lesquelles Moïse les a gravées après l'épisode du veau d'or (Ex 34, 28). Cette division correspond à une distinction qui apparaît à la première lecture entre celles qui concernent directement le culte divin et celles qui visent les relations avec le prochain. Il est moins évident de déterminer où passe la ligne de partage entre les deux séries, car la parole qui est traditionnellement reconnue comme la cinquième concerne, sous une formulation positive, le respect dû aux parents. Deux fois cinq ou quatre plus six ? Il n'est pas essentiel pour notre propos de trancher, même si on peut suggérer que le respect dû aux parents s'enracinerait davantage dans la transmission du yahvisme que dans la seule transmission de la vie [4].

---

4. J. Briend, « Honore ton père et ta mère », *Christus*, 122, 1984, p. 203-216.

La première table concerne, au premier abord, les relations du peuple de l'Alliance avec son Dieu. La première parole, selon la tradition juive, est le rappel solennel de l'initiative salvatrice de Dieu. Elle inscrit toute la série dans le cadre de l'Alliance et elle justifie les préceptes suivants qui concernent le culte divin. En fonction de l'unicité proclamée de Dieu, ils instituent tout ce qu'implique sa souveraineté : l'unicité du culte, le refus de tout ce qui rappelle les pratiques idolâtriques (images, serments...) ; enfin le devoir de célébrer ce culte (sabbat) et, si on en retient l'hypothèse, le respect dû aux parents qui sont chargés de cette tradition.

Pour bien situer les œuvres de miséricorde, il est nécessaire d'en revenir à cette intuition religieuse première que les interprétations ultérieures ont plus ou moins atténuée. Le Décalogue s'inscrit dans le dialogue continu entre Dieu et son peuple que l'Alliance exprime d'une manière générale. À l'initiative de Dieu qui a fondé son peuple dans l'acte séminal de l'exode, et qui ne cesse de le faire exister, le peuple est appelé à répondre, au-delà des formules rituelles ou formelles des récits du Pentateuque, par une attitude concrète, dont le premier trait est l'abandon de toute idolâtrie et le service du seul Dieu qui l'a « fait sortir d'Égypte [5] ».

La seconde table peut alors apparaître comme une addition dont la logique n'est pas évidente. Les interdits qu'elle énonce ne sont-ils pas partagés par tous les peuples ? En quoi y a-t-il là une spécificité comparable à celle de la première table ? Pour des raisons contradictoires, certains de ceux qui vivent sous la Nouvelle Alliance posent ces questions pour minimiser la portée ou pour invalider ce document, soit qu'il paraisse trop timoré par rapport aux exigences évangéliques, soit qu'il n'y aurait plus besoin de s'y référer puisque, de toute façon, il relève de l'évidence morale. Or l'articulation entre les deux tables est fondamentale à plusieurs titres.

Une première articulation entre ces deux tables peut reposer sur les conditions historiques de l'élaboration du Décalogue. La fonction liturgique est sans doute déterminante. Le lieu de son élaboration et de sa transmission ne pouvait être totalement étranger aux sanctuaires yahvistes. Aussi, on a proposé de voir

5. C'est toute la dynamique des récits de la sortie de l'Égypte sous la conduite de Moïse (Ex 3-19) : «je vous ferai monter de la misère d'Égypte...» (3, 17) « dans le désert pour sacrifier au Seigneur notre Dieu » (3, 18). La libération du peuple est à la fois motivée, instituée et prolongée dans sa mission de rendre un culte à son Dieu.

dans la seconde table une liste de conditions pour accéder dignement au culte. Plusieurs psaumes sont invoqués en ce sens (15, 24...) ; ils fournissent des rapprochements saisissants, mais ce n'est pas suffisant pour expliciter la portée profonde de l'articulation des deux tables qui n'est pas une simple complémentarité conditionnelle de la seconde par rapport à la première.

Une deuxième articulation fait appel à la dynamique collective dans laquelle le Décalogue est produit. C'est un peuple que Dieu sauve et fait vivre. C'est un peuple qui est appelé à célébrer le culte. La vie du peuple n'est pas une simple condition de possibilité externe à la survie du projet d'Alliance. Ce qui, pour tous les peuples, est le fondement même de la régulation des relations sociales pour sortir quelque peu de la seule loi du plus fort et donc de la violence anomique, devient pour Israël une dimension essentielle de son existence religieuse. Le Deutéronome a multiplié, souvent de manière utopique, les exigences pour la vie sociale interne en Israël, exigences nées de sa foi yahviste. Elles s'inscrivent profondément dans la même logique que celle du Décalogue (Dt 5, 6-15).

En effet, toute la vie d'Israël est marquée par l'élection qui fait de son existence un culte rendu à la gloire de Dieu. Aussi les prophètes n'ont pas besoin de multiplier les références explicites au Décalogue ou à la Torah pour rappeler cet aspect fondamental du yahvisme, à savoir que le vrai culte n'est pas que fidélité rituelle : « car c'est l'amour qui me plaît, non le sacrifice, la connaissance de Dieu, je la préfère aux holocaustes » (Os 6, 6).

Cela ouvre à un troisième niveau de compréhension de l'articulation entre les deux tables. Ce que Dieu a fait pour sauver et fonder son peuple appelle en retour un culte exclusif. Cette exigence constitutive du yahvisme suppose une conception renouvelée de la divinité. Le Dieu unique d'Israël n'est pas un dieu parmi les autres dieux, ni comme les autres dieux. Seul sauveur d'Israël, Il ne souffre pas de comparaison. Le monothéisme de l'Alliance révèle un Dieu à la fois vis-à-vis et partenaire, vis-à-vis dont l'altérité radicale et jalouse suppose une reconnaissance à reconquérir sans cesse et partenaire dont l'altérité jalouse se compromet à travers un peuple particulier dans les dialogues chaotiques et aléatoires de l'histoire humaine.

Celui qui fait vivre est donc un Dieu absolument autre que toutes les illusions idolâtriques, un Dieu absolument autre que l'homme. Face à cette altérité radicale, l'homme ne découvre ni écrasement ni menace, mais la source de toute existence personnelle et collective. Dans toute reconnaissance de l'altérité, dans tout accès personnel à l'altérité, se constitue l'existence de chacun comme sujet de liberté, vis-à-vis et partenaire. L'articulation du Décalogue exprime le lien essentiel qu'il y a entre la célébration de l'altérité du Dieu unique et la reconnaissance de l'altérité de l'autre homme ; dans les deux, il s'agit de servir l'autre, et il n'est pas possible de prétendre honorer l'une sans accomplir l'autre.

Ici s'enracine le respect farouche de l'autre homme en tant qu'autre que soi et solidaire de soi. Le yahvisme, et à sa suite la tradition judéo-chrétienne, n'avait pas besoin d'en inventer les règles et les conditions. La relation à l'autre comme constitutive du sujet relève de l'anthropologie la plus générale. Elle nécessite que soient très clairement posées les distances, et la forme négative de l'interdit joue ce rôle de manière décisive. Comme vis-à-vis et comme partenaire, l'autre homme pose une limite indépassable aux tentations de toute-puissance. Il appelle un respect fondamental qui, à travers les interdits et au-delà, rend les relations possibles. L'interdit concernant la sexualité rend à la fois possible, la reconnaissance de la différence entre les sexes et la régulation de leur relation hors de toute violence. L'interdit de toute violence meurtrière et de toute atteinte aux biens d'autrui rend possible la (sur-)vie de chacun. L'interdit du mensonge et du faux témoignage rend possible l'échange de la parole sans que celle-ci soit systématiquement suspectée.

Les « interdits » du Décalogue reprennent ainsi les conditions fondatrices de toute existence personnelle et sociale, et permettent à chacun de se constituer face à l'autre dans une irrémédiable distance dont la suppression serait mortelle. Mais cette distance appelle d'elle-même la relation solidaire, et les interdits moraux la rendent possible puisque la différence sexuelle suscite l'union, le respect des biens suppose qu'ils puissent être justement acquis et l'échange de la parole fait naître chacun à lui-même en se recevant de la parole de l'autre.

Les interdits ne peuvent donc être ni minorés ni considérés comme des normes totalement suffisantes. Ils ne doivent pas être minorés comme s'il ne s'agissait que des conditions minimales pour juguler la violence sociale qu'engendrerait une totale anomie. Ils ont cette fonction, mais, au-delà, la régulation de la pure violence suppose elle-même une autre conception de la vie sociale que l'on ne saurait ignorer. Le « ne pas faire » libère le champ du « faire » et donc de l'effectuation positive de la liberté. C'est ici que le Décalogue s'articule avec le reste de l'édifice moral qu'il intègre dans la vie théologale.

En résumé, la spécificité du Décalogue ne se trouve pas dans l'originalité des prescriptions de la seconde table, mais dans la manière dont les deux tables sont articulées. La première table fournit le cadre du culte digne du vrai Dieu qui s'est manifesté lors de l'Exode « d'une main forte et à bras étendu » (Dt 5, 15), comme le vis-à-vis tout-puissant de l'humanité qui maîtrise la puissance de l'Égypte et comme le partenaire de son peuple. Un tel partenaire ne saurait donc être enfermé dans les limites d'un temple et d'un rituel quelconque, surtout si ceux-ci tendent à soumettre Dieu aux vues et intérêts humains. C'est Dieu qui bâtit sa maison et qui l'habite, et cette maison, c'est d'abord son peuple et son chef avant que d'être des murs. La seconde table propose donc au sujet des relations interhumaines ce que la première propose au sujet de la relation à Dieu, en particulier dans le culte : un service de l'autre qui le reconnaisse totalement pour ce qu'il est, ce qui est le chemin de la vie et de la liberté de tous et de chacun. L'unicité de Dieu appelle donc une anthropologie clairement universelle. Que le fondement théologique se réfère à l'Exode ou à la Création, en particulier au sujet du sabbat, la conséquence est la même. Face au seul Dieu, tous les hommes sont appelés au même destin, ce que l'absence d'originalité des prescriptions de la seconde table souligne à sa manière. L'amour qu'il sollicite renvoie à un amour du prochain qui bouleverse toutes les contingences relationnelles. La spécificité du Décalogue est de promouvoir une cohérence fondamentale entre ces deux domaines qui, s'ils sont distincts, ne sont pas hétérogènes, comme bien des pratiques humaines tendent à le considérer.

> Le spécifique du Décalogue tient à cette articulation de l'attitude de l'homme à l'égard de Dieu qui s'exprime spécialement dans le culte et de l'attitude de l'homme à l'égard du prochain. Cette articulation transforme la finalité de la Loi, et donc du Décalogue. Les exigences morales sont alors considérées comme un service ou encore comme « une quête d'obéissance à la personne du Seigneur », car elles expriment la volonté de Dieu [6].

En conséquence, l'articulation des deux tables du Décalogue opère un dépassement significatif de toute tentation de mora-

6. J. BRIEND, « L'Anthropologie du Décalogue », *La Morale en catéchèse*, Paris, Desclée, 1988, p. 46.

lisme aliénant. Le risque d'enfermement est brisé par le jeu même de cette articulation dans la relation fondamentale qui donne sens à ce code moral : l'Alliance du Sinaï. Une même dynamique anime la relation à Dieu et la relation aux autres.

Il n'y a qu'un seul culte pour le seul Dieu, et ce culte se déploie autant dans sa ritualité que dans les relations sociales du peuple élu. Maints autres textes vétérotestamentaires pourraient être ici évoqués, et ce dans tous les genres littéraires. Pour n'en retenir qu'un seul, à la fois proche et différent, on se référera à Lv 19, 1-18 qui lie des prescriptions sur le culte liturgique (3-8) et des prescriptions sur les relations sociales (9-18). La structure est essentiellement la même, avec deux explicitations par rapport au Décalogue moral qui confirment nos remarques précédentes. Le prologue ne fait pas mention de l'initiative de Dieu lors de l'Exode qui constituait son titre historique à proposer son Alliance au peuple qui en naît, mais place ce peuple devant le mystère de son Dieu qui l'invite à entrer dans ce mystère : « soyez saints, car Je suis saint, moi, le Seigneur votre Dieu. »

Sous des catégorisations différentes, c'est la même logique qui est à l'œuvre : le peuple ne sera vraiment lui-même, et ne sera, tout simplement, que s'il se construit comme peuple de son Dieu, agissant comme Dieu agit envers lui. Chaque prescription est alors ponctuée d'un souverain « c'est moi, le Seigneur ».

D'autre part la conclusion de cet ensemble de préceptes négatifs a une forme positive : « c'est ainsi que tu aimeras ton prochain comme toi-même » (19, 18b).

Il convient d'être prudent dans la lecture de cette assertion et de ne pas y projeter trop vite sa reprise évangélique. Le prochain dont il est question *(re'a)* c'est celui avec qui « on a des liens plus ou moins étroits, pour une raison ou une autre : compatriote, villageois, compagnon de vie, voisin, ami ou simplement le semblable [7] » ; mais c'est aussi le *gér,* le résident étranger qu'il faut aimer comme soi-même (Lv 19, 34 ; Dt 10, 19), en souvenir du temps où Israël était étranger en Égypte et aussi parce que Dieu l'aime (Dt 10, 18).

Dans toutes ces expressions on retrouve le verbe *'hb,* aimer, que la Septante traduit habituellement par *agapan*. Il exprime autant l'amour de Dieu pour son peuple ou pour l'immigré que

7. S. LÉGASSE, *« Et qui est mon prochain ? », étude sur l' « agapè » dans le Nouveau Testament,* Paris, Éd. du Cerf, 1989, p. 41.

l'amour que Dieu attend des hommes vis-à-vis de Lui (Dt 6, 5) ou entre eux. Ainsi le passage à une prescription positive est très révélateur du sens profond des interdits qui est de borner le champ d'une liberté qui ne fructifie que par un amour qui ne se reprend pas.

La reprise évangélique de ces versets s'inscrit donc dans une des intuitions les plus fondamentales de la tradition biblique. L'Ancien Testament ne se réduit pas à l'imposition de préceptes négatifs que le Nouveau Testament aurait purifiés ou transcendés en leur donnant une formulation et un contenu positif. Le Christ « n'est pas venu abolir la Loi mais l'accomplir ». Il nous faut préciser maintenant comment cet accomplissement tient à sa personne et à son œuvre dans lesquelles son herméneutique de la Loi prend corps.

Article 2
L'ACCOMPLISSEMENT DE LA LOI SELON MATTHIEU

Lors du dialogue entre le Fils de l'homme-Roi et « ceux qui auront été placés à sa droite », ceux-ci sont désignés comme « les justes » par le rédacteur matthéen (Mt 25, 37 et 46), après avoir été interpellés comme « les bénis de mon Père » (v. 34). Que ce dernier qualificatif soit remplacé par un autre n'est pas insignifiant par rapport à l'ensemble de l'évangile de Matthieu, où la justice tient une place essentielle.

Elle désigne d'abord l'œuvre du Christ lui-même (3, 15 ; 27, 19), ainsi que celle du Baptiste (3, 15 ; 21, 32), en tant qu'elles sont l'accomplissement du plan de salut du Père. Elle évoque donc obéissance et fidélité. Par là elle concerne tous les hommes, et en particulier les disciples du Christ qui, pour le suivre, se doivent de chercher cette justice du Royaume de Dieu (6, 33) et de la mettre en pratique selon l'enseignement du Maître.

Le rapport du chrétien à la Loi est donc déterminé par le Christ qui l'interprète dans son enseignement et dans sa manière de l'accomplir. C'est à travers cet itinéraire que les œuvres de miséricorde recevront leur qualification proprement évangélique, et donc théologique.

1. La justice du Royaume dans le Sermon sur la Montagne.

Les quatrième et huitième béatitudes concernent ceux qui sont affamés et assoiffés de justice ou qui sont persécutés à cause d'elle. Les uns comme les autres sont par excellence les disciples fidèles du Christ selon la présentation de Matthieu. En effet cette justice n'est pas celle que peut déterminer tout un chacun, puisque c'est celle du Royaume de Dieu (6, 33) qui doit devenir celle des disciples : « si votre justice… » (5, 20).

La Justice du disciple est d'abord accomplissement de la Loi mosaïque, puis accomplissement des pratiques juives selon l'esprit du Royaume (6, 1-34).

Dans les antithèses, tous les préceptes sont traités de la même manière, qu'ils proviennent du Décalogue (v. 21, 27), des *logia* du Pentateuque (v. 33, 38, 43a) ou des traditions orales connues au temps de Jésus (v. 31, 43b) : ils appartiennent globalement à la Loi reçue. Aucun n'est rejeté par Jésus. Chacun est d'abord repris sous une forme lapidaire dans le sens d'une radicalisation éthique dont le principe herméneutique valorise l'intention. Le respect extérieur et formel des préceptes n'est pas suffisant. Il appelle une adhésion intérieure qui est soulignée dans chaque antithèse. L'anthropologie biblique parle du cœur (voir 5, 27) pour exprimer ce que nous appelons la conscience.

Les *logia* suivants peuvent donner l'impression d'édulcorer ces préceptes par des considérations qui relèveraient plus ou moins de la casuistique. En fait ils articulent la nécessaire intention et les contraintes de l'agir éthique. Cela suppose un affrontement au réel qui, par définition, résiste. Cette tension est inhérente à toute éthique qui ne peut se contenter d'être ni un simple recueil de principes ou de règles ni une pure intentionnalité. Cependant on ne doit pas trop exagérer ce prétendu « affadissement », car il n'a jamais empêché de voir dans ces antithèses l'expression la plus typique des exigences évangéliques.

Celles-ci ne se trouvent donc pas dans la nouveauté des normes mais dans un rapport nouveau aux normes, qui se veut leur réel accomplissement. Elles mettent en évidence leur dynamisme fondamental tel qu'il était déjà plus ou moins pressenti par la tradition biblique, c'est-à-dire dans son rapport constitutif avec ce qui le fonde. La sixième antithèse (5, 43-48) en est un exemple révélateur et sa conclusion concerne toute la série.

La thèse est composée d'une partie de Lv 19, 18 : « tu aimeras ton prochain », et d'un précepte inconnu de l'Ancien Testament : « tu haïras ton ennemi. » L'esprit n'en est pas moins conforme à la mentalité juive contemporaine qui restait fidèle à la tradition selon laquelle « le commandement d'amour régit les rapports à l'intérieur de la communauté, mais non les relations avec l'extérieur [...]. [c'est] un point de vue répandu dans l'enseignement de la synagogue [8] ».

Le prochain, c'est celui qui est proche, qui est là sans avoir été choisi, ce qui lui donne finalement un sens assez large sinon universel. Matthieu situe cet enseignement commun par rapport à un contexte religieux de persécution et le radicalise par un renversement du second membre : « aimez vos ennemis. »

Que signifie *agapan* dans ce contexte ? Il ne peut s'agir d'une relation d'amitié réciproque ; c'est d'une initiative gracieuse dont le principe herméneutique se trouve dans la relation filiale envers Dieu à laquelle tout homme est appelé dans le Christ. De même que Dieu, selon une réflexion de type sapiential, permet l'existence des méchants et des bons et les fait tous profiter de ses bienfaits, de même celui qui veut être son fils ne doit pas instaurer une telle différence. Cet amour est « avant tout manifestation de respect et de bienveillance : on doit même à ses ennemis de l'estime, de la justice, des services de bienfaisance [9]. »

C'est donc un geste d'initiative sans espoir de retour, de gratitude, de bénéfice. Respect bienveillant et actif de l'autre, en tant qu'autre, même si celui-ci est franchement hostile.

En tant qu'*agapè* concrètement vécue, cette Justice du Royaume de Dieu dépasse donc tous les calculs d'équilibre, voire d'équité, tels que le désir de justesse et d'égalité dans les échanges le fait pressentir. La justice du disciple doit se conformer à celle de Dieu qui ne cesse de prendre vis-à-vis de tous les hommes des initiatives prévenantes. L'unicité de Dieu est donc le principe herméneutique majeur de toute la Loi. Comme cela était déjà amorcé dans l'Ancien Testament, elle s'ouvre sur une universalité dont les conséquences ultimes sont révélées par le message évangélique.

Telle est la plénitude et la force de l'amour miséricordieux qui est pure grâce vivifiante. La conclusion de l'antithèse se situe bien dans la logique de celle-ci, mais aussi des cinq précédentes : « Vous donc, vous serez parfaits comme votre Père céleste est parfait » (5, 48).

On reconnaît derrière cette formule celle de Lv 19, 2. Si la logique s'en découvre facilement, la traduction est plus délicate. Saint, comme parfait, signifie qu'il y a en Dieu une plénitude,

---

8. F. VOUGA, *Jésus et la Loi selon la tradition synoptique*, Genève, Éd. Labor et Fides, 1988, p. 260.

9. C. SPICQ, *Agapè dans le Nouveau Testament*, Paris, Gabalda, 1958, t. I, p. 21.

une totalité telle que les appliquer aux hommes peut paraître soit inhumain soit blasphématoire. Luc a préféré une expression plus concrète : compatissant (Lc 6, 36). Dans tous les cas il s'agit pour l'homme de devenir cette image de Dieu qu'il est dès l'origine.

Dans ce contexte, bien qu'elle soit traditionnelle, la traduction par « parfait » est d'autant moins satisfaisante qu'elle reçoit presque inévitablement une connotation morale qui paraît inhumaine, alors qu'elle veut signifier le contraire. Il s'agit en effet de vivre un engagement total (Dt 6, 4-5, repris en Mt 22, 37), autant qu'il est humainement possible avec la grâce et selon le modèle de Dieu. Être parfait, c'est devenir disciple, c'est-à-dire s'engager totalement en s'en remettant, sans réserve ni esprit de retour, à Dieu dans le Christ et dans l'*agapè* envers le prochain, y compris l'ennemi. C'est donc aller jusqu'au bout de la logique implicite du respect fondamental de l'autre à quoi obligent les interdits de la seconde table du Décalogue. C'est justement ce qu'oublient les « scribes et pharisiens hypocrites » qui, dans leur formalisme, négligent « le plus grave de la Loi : la justice, la miséricorde et la fidélité » (Mt 23, 23).

La justice qui surpasse celle des scribes et des pharisiens conduit donc à cette perfection qu'est la condition du vrai disciple qui a découvert dans le Christ le Maître qui lui révèle comment l'amour de Dieu est le vrai sens de la Loi, lui qui en a fait le principe de toute son existence.

2. Suivre le Christ (Mt 19, 16-22).

Cet appel à la perfection est adressé par Jésus à l'un de ses interlocuteurs dans un dialogue où on retrouve plusieurs éléments de la sixième antithèse.

La péricope ouvre une série d'enseignements centrés sur le thème de la richesse, du détachement par attachement au Christ. L'ensemble a une portée essentiellement intra-ecclésiale sur la condition présente et future des disciples, ce qui n'est pas sans conséquences sur leur existence concrète (voir Mt 19, 30). Notre péricope doit être interprétée en fonction de ce contexte littéraire et sa pointe se trouve dans sa conclusion : « viens, suis-moi. »

Le travail rédactionnel de Matthieu est tout à fait important. D'une part il a renforcé l'élément narratif du dialogue (18a ; 20b) tout en supprimant plusieurs détails de Marc (Mc 9, 17.21). Surtout il donne une dimension éthique très appuyée à l'ensemble du dialogue. Au verset 16, la question porte sur le « bon à faire » pour « avoir la vie éternelle », au lieu d'en hériter selon l'expression traditionnelle utilisée par Marc, Luc et Matthieu en 25, 34. Le verset 17b insiste de nouveau sur ce lien entre la récompense eschatologique et l'agir moral selon la Loi. À la série de cinq commandements issus du Décalogue, il ajoute la citation complète de Lv 19, 18 : « tu aimeras ton prochain comme toi-même. » Le commencement de la dernière réponse de Jésus est orienté par l'invitation : « si tu veux être parfait. »

Comme en 5, 21-48, l'observance des préceptes de la Loi est essentielle pour devenir disciple. La tradition de cette péricope ne retient que des préceptes de la seconde table, plus celui concernant les parents, mais ils représentent tous les commandements (17b). L'adjonction de Lv 19, 18 en fait un principe herméneutique pour l'ensemble de la Loi : tous les commandements de la seconde table se trouvent récapitulés par lui. Ce faisant, on reste dans la tradition vétérotestamentaire. Il s'agit à proprement parler de l'herméneutique christique car c'est celle que propose le Christ, celle dans laquelle il engage son autorité puisqu'il y définit les conditions d'entrée dans la vie éternelle, c'est-à-dire le cœur de toute la Loi.

La « perfection » que Jésus propose dans un second temps à cet homme n'est pas une seconde étape sur la voie de l'accomplissement de la justice de Dieu. Une double éthique des préceptes et des conseils a été developpée à partir de la version matthéenne au nom d'une évidence un peu suspecte, car elle efface trop vite certains éléments, en oubliant quelle est la pointe de la péricope. Le premier dialogue ne propose pas tant une morale des préceptes, assimilable à une morale naturelle, même relue de manière vigoureuse, qu'une interprétation par le Christ de cette loi. Le disciple doit dans un premier temps accepter cette lecture de la Loi, qui est la même que celle proposée dans le Sermon sur la Montagne. L'accepter revient à reconnaître en Jésus un Maître (16b) à écouter. La seconde étape est toujours christologique : le Christ n'est pas seulement un maître à écouter mais à suivre totalement, en quittant toutes les garanties de ce monde, ce qui est le chemin de cette perfection que proposait déjà Mt 5, 48. Suivre le Christ implique donc d'accomplir la Torah selon l'interprétation qu'il en donne, y compris dans ses exigences éthiques. C'est une attitude concrète qui suscite un engagement total à la suite du Christ.

La formule du renoncement aux biens pour en faire bénéficier les pauvres n'est pas particulièrement originale. Elle est remarquable par sa tournure générale, sans conditions ni précisions sur les destinataires : les pauvres. Une telle universalité n'est pas sans rappeler celle des antithèses, surtout de la sixième, ni les dialogues de Mt 25, 31-46. Ce sont les pauvres en tant que pauvres qui sont les destinataires de ce don éventuel, parce qu'ils en ont besoin.

L'enseignement de cette péricope rejoint donc en profondeur celui de 16, 24-28 [10]. Le disciple « renonce à lui-même et prend sa croix » (16, 24) à la suite du Christ. Cette attitude de perfection du disciple se fonde donc par deux voies différentes qui convergent dans le Christ. D'une part il s'agit de mettre concrètement ses pas dans ceux du Christ, jusque sur le chemin du Calvaire. D'autre part il s'agit de mettre en œuvre jusqu'au bout son interprétation de la Loi des Pères dont on reconnaît qu'elle l'accomplit. Les deux convergent dans le Christ, car il a vécu totalement les deux comme obéissance inconditionnée au Père du ciel.

Il ne s'agit donc pas d'une forme exacerbée d'exigence ascétique au nom d'un idéal de pureté. La dynamique de cette éthique prend forme et force dans le destin personnel de l'Envoyé. Le radicalisme chrétien est d'abord la radicalité du destin de Jésus de Nazareth. Un même mouvement anime l'incarnation et la Pâque, celui de la kénose du Fils, à travers laquelle se révèle la vérité de Dieu et la vérité de l'homme, c'est-à-dire ce qu'il en est pour celui-ci d'accomplir sa vie selon les Écritures en aimant comme Lui. L'*agapè* est renoncement à l'hégémonie de soi pour permettre la reconnaissance de l'autre, ce qui constitue la vraie démarche de l'affirmation de soi. Elle est donc la remise totale de sa vie entre les mains des autres hommes et de l'Autre, son Père. De la part des hommes, cela le conduit inévitablement à la mort de la Croix, car le péché de l'homme consiste refuser de donner à l'autre la place à laquelle il a droit et détruire celui qui le lui rappelle. Mais Dieu le ressuscite des morts, signant de manière glorieuse qu'il n'y a pas d'autres voies pour accéder à la vie. La relation entre le Christ et l'humanité est encore de l'ordre de l'intériorité. La loi de la vie qu'est l'amour n'est en rien une Loi extrinsèque : la kénose du Christ est obéissance amoureuse dans le don total de soi-même, dans lequel il reçoit la plénitude de la vie de ressuscité.

---

10. Voir chapitre IV, article 1er, B, section 1 : « Le travail rédactionnel de Matthieu », p. 102.

La kénose du Christ est le mode d'accomplissement de toute vie d'homme, à commencer par celle des disciples qui en ont reçu la révélation pour en témoigner à tous.

Suivre le Christ est donc une démarche de nature profondément eschatologique, non seulement parce qu'il se propose comme une condition d' « entrée dans la vie » (v. 17b) et le moyen d'avoir « un trésor dans les cieux » (v. 21b), mais parce qu'il situe toute l'existence du disciple en fonction des événements derniers que la Pâque du Christ inaugure. Être disciple, c'est prendre la voie de la justice de Dieu qui conduit au don total, qui est l'amour en quoi se récapitule toute la Loi : autrui devient ainsi le prochain. Mais il n'y a pas de don de soi, et donc d'attachement, qui ne soit détachement de « ce qui appartient » (19, 21) au nom d'un amour plus grand, ce qui est le mystère de la Croix.

3. Le double commandement d'aimer (Mt 22, 34-40).

La troisième citation matthéenne de Lv 19, 18 nous conduit au milieu des polémiques qui précèdent le discours eschatologique et le récit de la Passion. Ces controverses sont autant de mises à l'épreuve, de pièges, pour confondre sa prétention d'autorité et pour avoir des témoignages pour le faire condamner.

Le travail rédactionnel de Matthieu a introduit cette dimension polémique par la modification du verset narratif d'introduction, et en supprimant toute la conclusion pacifique de Marc, pour qui le scribe se dit en accord profond avec l'interprétation de Jésus, comme le jeune homme de Mt 19, 16-22. Luc donne une conclusion plus ambiguë : l'accord des uns provoque le repli généralisé des opposants. La péricope suivante en Matthieu opère un renversement des rôles. C'est Jésus qui interroge les pharisiens et leur pose une énigme au sujet du Christ, à laquelle ils ne savent pas répondre. Ainsi est close cette série de controverses.

L'association des deux commandements d'aimer Dieu et le prochain est le principe majeur d'interprétation interne de toute la Loi. Matthieu souligne cette totalité de deux manières dans sa rédaction lorsqu'il ajoute dans la question initiale la mention : « dans la Loi » et dans le verset de conclusion qui lui est propre l'expression : « toute la Loi et les Prophètes ». Les deux autres emplois matthéens de l'expression (5, 17 et 7, 12) confirment qu'il s'agit de toute la tradition religieuse d'Israël. Jésus est donc sommé de donner la clef d'interprétation de la tradition dans laquelle il est né. L'enjeu christologique est analogue à celui de la péricope du jeune homme riche. L'ajout matthéen de « Maître » au début de la question est peut-être ironique. Cela ne lui enlève pas sa portée théologique, car si les interlocuteurs mis en scène contestent son autorité, le lecteur la reconnaît d'autant plus qu'elle se manifeste avec éclat dans la réponse de Jésus.

La formulation de la question du pharisien est une manière rabbinique de s'interroger sur les principes fondamentaux d'interprétation de la Loi face au maquis des prescriptions. En Mc 12, 28 il s'agit du « premier commandement », ce qui dans la réponse appelle le second, que la conclusion réunit. La rédaction matthéenne est plus complexe. La question porte sur le « grand » commandement qui est aussi le premier (22, 38). Le lien avec le second est souligné comme étant « semblable » au premier [11].

Cette dernière péricope est donc une confirmation de ce qui a déjà été dit en 5, 43-48 et 19, 16-22. La réponse de Jésus se situe dans le prolongement de la tradition vétérotestamentaire et juive. En ce qui concerne le premier commandement, elle ne pouvait faire de doute pour des juifs qui la récitaient chaque jour dans le *Schema Israël* : « Tu aimeras le Seigneur ton Dieu… » Le premier verset de cette prière familière est une confession de foi : « Le Seigneur notre Dieu est unique » ; Matthieu l'a supprimé pour ne garder que le commandement qui la suit. Cela souligne l'universalité de son point de vue, puisqu'il n'y a plus aucune mention particulariste dans sa réponse, le « tu » désigne tous ses interlocuteurs possibles, et non plus Israël. La sixième antithèse opère un mouvement semblable.

Le rapprochement du second, tiré de Lv 19, 18, n'est pas une réelle innovation. Nous avons vu comment la structure du Décalogue et son histoire spirituelle en témoignent de manière éminente. Il n'est donc pas surprenant qu'on en trouve des témoignages en particulier dans la littérature intertestamentaire, comme dans les *Testaments des douze Patriarches* [12] :

11. Le mot est fréquent en Matthieu et il indique soit une ressemblance de type analogique comme dans les paraboles, soit une équivalence. Il n'y a pas à choisir ici entre les deux car le rapprochement que fait Jésus et l'articulation que développe Matthieu indiquent assez qu'ils constituent un ensemble indissoluble.

12. Ces textes sont bien sûr soumis à la critique, pour savoir s'ils ne sont pas le fruit d'interpolations chrétiennes. Les développements actuels de la critique textuelle, renouvelée par les découvertes de Qumrân, permettent au moins de citer quelques fragments des *Testaments des douze Patriarches*.

Aimez le Seigneur et votre prochain, et ayez pitié des indigents et des faibles [13].
J'ai aimé le Seigneur de toute ma force, de même j'ai aimé tout homme plus que mes propres enfants [14].
Aimez le Seigneur dans toute votre vie, et aimez-vous les uns les autres d'un cœur véridique [15].
Craignez le Seigneur et aimez votre prochain [...] Car celui qui craint Dieu et aime son prochain... [16]

Cette association mérite cependant quelques remarques. Le parallélisme formel : aimer Dieu et aimer le prochain, et l'usage dans les deux membres de *agapan* ne doivent pas faire illusion. Les deux propositions ne sont pas symétriques. L'amour de l'homme pour Dieu est une réponse à l'amour prévenant de Dieu, qui, par principe, le précède toujours. L'introduction du Décalogue le rappelle clairement. L'introduction du *Schema Israël* aussi, puisqu'elle place le croyant en situation d'auditeur, de receveur. Aimer Dieu est une attitude de reconnaissance pour son œuvre gracieuse de création et de salut. L'amour du prochain est aussi une forme de réponse à l'amour de Dieu, car il est l'adoption par l'homme de l'attitude de Dieu. L'amour du prochain est prévenance qui n'est pas d'abord quête de réciprocité, même si elle est souhaitable et souhaitée, comme 5, 43-48 l'a bien montré. Aimer le prochain, c'est d'abord aimer comme Dieu et parce que Dieu aime de la sorte. Ainsi, si les deux commandements réunis sont le principe herméneutique majeur de toute la Loi, le premier est le principe d'interprétation du second.

D'autre part, la problématique rabbinique n'est pas sans conséquences sur la lecture de la Loi, et donc sur son herméneutique générale. S'interroger sur le premier commandement ne peut avoir pour effet que de relativiser toutes les autres prescriptions. Le risque est alors de briser l'équilibre qu'attestait le Décalogue, en privilégiant abusivement tout ce qui concerne la relation et le service explicite de Dieu dans le religieux et le culte. La réponse de Jésus va dans le sens de la tradition légale et prophétique qui tient l'équilibre de l'ensemble comme fondamental, mais, en acceptant la problématique d'un principe her-

13. *Testament d'Issachar,* 5, 2, trad. dans : A. DUPONT-SOMMER et M. PHILONENKO, *La Bible, écrits intertestamentaires,* Paris, Gallimard, 1987, p. 880.
14. *Testament d'Issachar,* 7, 6, *ibid.*, p. 882.
15. *Testament de Daniel,* 5, 3, *ibid.*, p. 896.
16. *Testament de Benjamin,* 3, 3-4, *ibid.*, p. 936.

méneutique général, il y ordonne toutes les prescriptions, y compris celles concernant le culte. Son attitude envers le sabbat ou le culte du Temple le démontre largement. Tout est soumis à ces deux commandements, en conséquence « le Fils de l'homme est maître du sabbat » (Mt 12, 7-8). En cela Jésus est plus cohérent avec lui-même que ses interlocuteurs, qui, tout en acceptant le principe d'une telle question, et même en partie la réponse de Jésus, n'en tirent pas les conséquences qui s'imposent (23, 1-36).

Enfin, on relève en Matthieu un autre principe herméneutique général de : « la Loi et les Prophètes ». Son origine est différente (sapientiale) mais sa signification est la même que celle du double commandement d'aimer : c'est ce qu'on appelle la « règle d'or » qui est donnée dans le Sermon sur la Montagne : « ainsi tout ce que vous voulez que les hommes fassent pour vous, faites-le vous-mêmes pour eux : c'est la Loi et les Prophètes » (7, 12).

Elle privilégie la symétrie des relations entre les hommes : n'est-ce pas une autre manière de poser le respect absolu de l'autre en tant qu'autre ? La formule peut paraître plus intéressée, plus prudente au sens étroit du mot. Comme les interdits du Décalogue elle a une fonction de limite à laquelle il faut reconnaître sa valeur positive.

Article 3
LES ŒUVRES DE MISÉRICORDE ET L'ACCOMPLISSEMENT DE LA LOI

L'enseignement du Sermon sur la Montagne au sujet de la justice du disciple comporte un second volet (6, 1-34) qui concerne l'attitude extérieure et intérieure du disciple dans plusieurs domaines particulièrement symboliques de la manière de conduire son existence, d'une part dans les pratiques de piété juives que sont l'aumône (2-4), la prière (5-15) et le jeûne (16-18), et d'autre part dans le rapport aux réalités de ce monde, plus précisément aux biens matériels (19-34). La justice du disciple (6, 1) qui consiste à « chercher le Royaume et la Justice de Dieu » (6, 33) suppose en effet une réévaluation fondamentale de toutes choses et de la place qu'il convient de leur accorder, soit en les relativisant de manière à ce qu'elles ne soient pas un obstacle à la recherche du Royaume (19-32), soit en les recentrant sur l'axe essentiel de leur valeur religieuse qui est de conduire au Royaume (2-18). C'est dans ce contexte que sont abordés le sens et la pratique de l'aumône.

Cette seconde approche de la justice du disciple s'articule théologiquement à la première en mettant en œuvre la même herméneutique de la pratique de la Loi. La perfection du disciple se concrétisait dans un geste d'aumône total : « vends ce qui t'appartient et donne-le aux pauvres » (19, 21). Quelle que soit l'originalité formelle de la liste des œuvres en Mt 25, 31-46, celles-ci étaient comprises et vécues au temps de Jésus comme des aumônes, forme particulièrement élevée de la charité et de la piété. Que l'aumône soit interprétée comme une œuvre de justice, au sens matthéen du mot, fournit donc la clef essentielle qui permet de comprendre quelle est la valeur théologique des œuvres de miséricorde dans l'ensemble de la théologie et de l'éthique de cet évangéliste.

1. L'aumône comme œuvre de la justice du Royaume.

De même que les préceptes de la Loi ne sont pas contestés en tant que tels, de même l'aumône, la prière et le jeûne sont considérés comme des pratiques normales pour le disciple.

Faire l'aumône est une manière concrète et privilégiée d'être miséricordieux. En effet, *eleèmosunè* signifie tantôt la miséricorde, la pitié d'une manière générale, tantôt l'aumône comme acte concret de miséricorde. Le sens se détermine selon le contexte. Dans l'Ancien Testament, la miséricorde apparaît essentiellement comme une qualité divine qui se manifeste dans le pardon accordé au pécheur repentant et dans sa sollicitude envers tous les malheureux. Les rabbins avaient déjà renversé la proposition : « soyez miséricordieux, comme Dieu est miséricordieux. »

L'appellation traditionnelle d'œuvres de miséricorde pour la liste de Mt 25, 31-46 est tout à fait fondée : elles sont la miséricorde agie, un mouvement vers l'autre qui se trouve dans le besoin sans que soit escomptée une quelconque reconnaissance. On peut ainsi vraiment dire avec J. Dupont que la miséricorde est une manière de parler de l'*agapè* [17].

La miséricorde est l'objet de la cinquième béatitude selon une problématique qui se retrouve ailleurs dans l'évangile : faire miséricorde pour que Dieu fasse miséricorde, par exemple dans le *Notre Père,* en 6, 12 ; aussi en 6, 14-15 ; 18, 23-35, sur-

17. J. DUPONT, *Les Béatitudes,* Paris, Gabalda, 1958-1969, t. III, p. 632.

tout au sens de pardonner les torts. Le devoir de l'accomplir se fonde d'abord sur l'imitation de l'attitude de Dieu envers les hommes, particulièrement les pécheurs et les plus démunis. L'exhortation de Jésus se comprend à partir de là. L'aumône ne peut qu'être désintéressée ; pour être conforme à l'Esprit, elle ne doit attendre aucune reconnaissance sociale, et ne peut être source d'aucune vanité. Sinon elle devient hypocrite, c'est-à-dire pervertie, détournée de son sens, ayant perdu sa véritable signification religieuse qui est d'agir comme Dieu agit pour les hommes. Agir pour sa gloriole ou pour se faire une clientèle intéressée, c'est déjà avoir sa récompense.

La péricope se situe donc tout à fait dans le prolongement de l'herméneutique de la Loi, telle qu'elle vient d'être analysée. Elle engage à une pratique selon l'esprit de la Loi. Ici encore c'est l'intentionnalité qui est en cause. Le secret évoque l'intimité du cœur, et la vérité de ce qui s'y décide. Cela ne rend pas secondaire la mise en œuvre pratique. Comme toujours pour Matthieu, il s'agit de faire, et l'esprit du faire — son intention profonde et donc secrète — est essentiel pour le qualifier. Ici l'aumône doit être faite parce que Dieu est miséricorde à l'image de cette miséricorde, c'est-à-dire sans autre motivation que le service à rendre à autrui dans le besoin. Le faire pour une autre raison ne serait pas « mal », mais perdrait sa valeur proprement religieuse, sinon éthique. Celle-ci se noue dans l'articulation de l'action et de l'intention, selon une exigence extrême qui dénonce toute compromission mondaine. Cette radicalité est une expression du principe de récapitulation de la Loi qu'est le second commandement. Aimer l'autre en tant qu'autre, le servir pour lui-même, sans mettre aucune condition d'échange. Le salut eschatologique qui en dépend se jouera dans la conjonction des deux.

La droiture de cette intention se vérifie donc en fonction du principe herméneutique que constitue le premier commandement : être miséricordieux parce que — et comme — Dieu est miséricordieux dans un mouvement de généreuse initiative qui ne se reprend pas. Comme les deux commandements sont unis, la récompense promise est liée à la justesse de l'intention du faire : pour soi-même ou pour l'autre. L'aumône reçoit sa valeur religieuse dans cette dernière hypothèse seulement, car le service du frère a pour lui-même valeur religieuse en tant que reconnaissance de l'autre.

Enfin cette herméneutique est fondamentalement christologique ; Jésus en est le proclamateur autorisé, même si l'originalité de l'interprétation n'est pas le trait dominant ici. Cette autorité appelle une reconnaissance dans la foi. D'autre part, c'est au travers de sa mission, de sa personne et de son destin que se révèle au mieux ce qu'est la miséricorde de Dieu. Elle n'a jamais été donnée plus radicalement à l'humanité qu'en lui, selon une initiative absolument gratuite et gracieuse. Toute sa prédication et son agir déploient cette miséricorde dans l'annonce du pardon des péchés et par le pardon réellement accordé en lui, jusque dans le drame final qui est l'offrande, le don total de sa vie « pour la multitude, pour le pardon des péchés » (26, 28).

La pratique de l'aumône est ainsi totalement soumise à l'interprétation christologique de la Loi selon Matthieu. Elle peut donc servir de référence pour la compréhension de toutes les mises en œuvres du second commandement, y compris les œuvres de miséricorde de Mt 25, 31-46.

2. Les œuvres de miséricorde.

L'originalité formelle de la liste des œuvres de miséricorde s'estompe devant la cohérence fondamentale de sens qu'on découvre avec l'ensemble du premier évangile. Pourtant cette quasi-évidence conduit parfois à une lecture au premier degré potentiellement très réductrice : la pratique des œuvres sans aucune référence au message évangélique deviendrait une garantie de salut eschatologique. Cela fait trop facilement l'économie de la surprise générale. Si tout se résumait à cette seule pratique, à quoi bon tout le reste ? Pourquoi un Évangile ? Pourquoi un Christ mort et ressuscité ?

Les œuvres de miséricorde énumérées en Mt 25, 31-46 sont à comprendre comme une manifestation de la radicalité évangélique, selon les principes herméneutiques que Matthieu applique aux préceptes de la Loi, et à la pratique de l'aumône en particulier. Elles sont récapitulées par le second commandement, qui fait de l'*agapè* la règle de toutes les relations avec les autres. Aimer le prochain, c'est lui reconnaître une existence autonome, et lui permettre de la réaliser. L'interdit appelle les préceptes positifs et les œuvres de miséricorde relèvent de ce devoir de permettre à celui qui est menacé dans son existence de continuer à vivre dans la dignité.

Les œuvres de miséricorde se rapprochent de ce commandement si étrange à première vue, voire scandaleux, qu'est l'amour des ennemis. À travers lui on comprend le mieux ce qu'il en est de l'*agapè* ou de la miséricorde : une initiative gracieuse vers l'autre à travers laquelle se réalise ce qui est au fondement même des interdits du Décalogue, permettre à l'autre d'être reconnu et d'exister en tant qu'autre. Qu'il ne soit pas affectivement proche n'est pas une raison suffisante pour passer outre au commandement, au contraire. Parce que certains ne sont pas proches, et même parfois très lointains, l'exigence est d'autant plus impérieuse de les prendre en considération en tant que ce qu'ils sont en eux-mêmes, et non dans ce qu'on peut en attendre en retour.

Cette signification théologique n'est explicitée dans le récit du Jugement que par la référence christologique : « c'est à moi… » Celle-ci est un indice déterminant de leur valeur religieuse qui doit être précisée en fonction de l'ensemble du premier évangile et dans la tradition biblique.

Le premier commandement est le principe herméneutique du second, et réciproquement. L'amour du prochain est un aspect nécessaire de l'amour envers Dieu, car on n'aime l'autre en vérité que si on l'aime tel qu'il est et que si on accepte d'être aimé de lui tel qu'il aime. On doit donc aimer parce que Dieu aime toujours le premier et on ne peut aimer en vérité que comme Dieu aime.

Les œuvres de miséricorde sont bien à l'image de la miséricorde de Dieu qui « fait pleuvoir sur les justes et les injustes » (5, 45). Si cela n'est pas davantage précisé lors du Jugement eschatologique, c'est parce que l'évocation qui y est faite repose sur une double évidence : celle qui se fonde sur la tradition morale qui leur reconnaît une haute valeur et celle qui se fonde sur la tradition biblique qui conçoit ces œuvres selon la valeur religieuse que lui confère l'Alliance avec Dieu comme charte de sa fidélité.

Il faut donc prendre garde à ne pas s'arrêter à une seule de ces deux lignes d'évidence, en général la première. Envisager une telle indépendance entre les valeurs morales et les valeurs religieuses est une erreur de perspective par rapport à la tradition biblique. En effet son monothéisme farouche et le sens profond de l'altérité de Dieu ne se traduisent jamais en terme d'indépendance. Ou plutôt une telle prise d'indépendance est une illusion et le péché. Une illusion, car la non-reconnaisance de Dieu dans et hors Israël ne change rien à Dieu qui fonde toutes choses, alors qu'elle fait perdre de vue par l'homme sa relation vitale. Mais surtout péché, si elle est un refus idolâtrique de la souveraineté absolue du Dieu unique.

Dans un récit où il se met lui-même en scène, la christologie de ces œuvres se manifeste d'abord dans le fait que Jésus est le proclamateur autorisé de cette interprétation qu'il a personnellement mise en œuvre dans toute sa vie. Mt 25, 31-46 ajoute un troisième aspect en quoi consiste le retournement qui est son apport particulier par rapport à l'ensemble de l'Évangile : « c'est à moi que vous [ne] l'avez [pas] fait. » Ce retournement met en cause le mystère même de sa personne.

En aimant selon la radicalité à laquelle obligent les six œuvres de miséricorde, le disciple, et, à travers lui, tout homme, est provoqué à aimer comme le Christ aime et à aimer le Christ dans le prochain ainsi servi. Sa situation extrême de dénuement indique à quel point il est vraiment autre, le plus lointain pour celui qui n'est pas autant dépourvu. Sa vulnérabilité, qui est souvent occasion de mépris et d'exclusion, le fait fondamentalement dépendant et donc proche. Elle pose à la fois l'altérité et la proximité. C'est ainsi que les pauvres et les petits sont les préférés de Dieu, à la fois les plus vulnérables et les plus dépendants. Dieu se donne à eux comme Celui qui fait vivre, Il fait vivre en donnant. La kénose du Christ est ainsi le sommet de l'acte créateur.

Devenir homme, c'est être Image de ce Dieu. Il n'y a pas à choisir, devant Dieu, les moyens pour y parvenir. Seul le service de la vie d'autrui le permet, et c'est reconnaître concrètement en lui l'Image de ce même Dieu. Aimer le prochain à travers la pratique des œuvres de miséricorde, c'est l'aimer dans son altérité, tel qu'il se donne dans une différence constitutive. C'est aimer l'Autre en le servant en tant que tel. C'est donc aimer l'Autre tel qu'il se donne en Christ, « Image du Dieu invisible, Premier-Né de toute créature » (Col 1, 15), Lui qui n'est jamais aussi proche que lorsqu'il est le plus différent, homme démuni et vulnérable, image défigurée du désir narcissique d'épanouissement personnel, solidaire de tous ceux qui ont un besoin vital des autres pour exister.

Le Christ accomplit ainsi pleinement les Écritures. Il en est l'interprète le plus autorisé pour nous en donner les clefs d'interprétation car son destin personnel, son être même, lui en fait assumer tous les dynamismes. Le destin du disciple, comme celui de tout homme, se réalise à son image, ce qui fait devenir image de Dieu dans le service et la reconnaissance de toutes les images. En Christ, Dieu pose le geste absolu de son amour pour les hommes et en lui Dieu lance l'appel définitif à être reconnu et aimé comme — et dans — l'autre. En Christ, les deux commandements ne font qu'un, car, en aimant le prochain, on aime pareillement Dieu, sans que nous soit donnée aucune garantie sur leur réalisation effective : la surprise annoncée interdit toute autojustification.

3. Les œuvres de miséricorde et le salut eschatologique.

L'interprétation théologique des œuvres de miséricorde est au carrefour de plusieurs débats dans l'enjeu desquels on retrouve le récit de Mt 25, 31-46. Nous en reprenons maintenant trois qui sont liés entre eux par des points communs et dont l'actualité est toujours très vive.

Le salut par les œuvres ou par la foi.

L'objection vient bien sûr des milieux réformés et sous-tend plus ou moins explicitement certains choix exégétiques ; elle intéresse sur le rapport entre les œuvres évoquées et la sentence eschatologique. Comme il n'est pas possible que ce texte, même en Matthieu, puisse fonder une quelconque justification par des œuvres méritoires, on cherche par des biais multiples à l'interpréter en fonction de Paul, et particulièrement de Romains et de Galates. Il nous semble qu'il n'est pas utile d'aller au-delà de Matthieu lui-même.

L'aporie elle-même devrait être interrogée. D'une part il n'y a pas de foi sans œuvres de la foi, y compris chez Paul, qui accorde une large place à la parénèse dans ses lettres. D'autre part, que l'œuvre du salut soit de l'ordre de la grâce ressort de toute la christologie de Matthieu ; une nouvelle preuve serait encore fournie par la conclusion du récit de la rencontre avec le jeune homme riche. À la question : « Maître, que dois-je faire de bon pour avoir la vie éternelle ? » Jésus répond qu'il faut pratiquer les commandements dont les aumônes envers les pauvres sont le signe de la surabondance. Cette question suscite une nouvelle question de la part des disciples : « qui donc peut être sauvé ? » (Mt 19, 25), à quoi Jésus répond par un mot que Paul ne récuserait pas : « aux hommes, c'est impossible, mais à Dieu tout est possible » (Mt 19, 26).

La théologie de la grâce ne peut se comprendre comme une espèce d'arbitraire. Elle est la relation vitale du Dieu unique, Dieu Amour à sa création. Elle ne se conçoit que par rapport aux exigences propres de l'amour, dans la continuité de l'acte créateur, qui sont loin d'être vaines puisqu'elles vont jusqu'au pardon. Elle est donc beaucoup plus large qu'une stricte justicejustesse. Si l'amour ne va pas sans une certaine justice, l'amour est la plénitude de la justice.

L'analyse des œuvres de miséricorde interdit de les enfermer dans une problématique aussi étrangère à Matthieu. La préoccupation du premier évangile porte sur la vie du disciple du Christ. Sa préoccupation éthique n'est pas un prolégomène ascétique ; elle est la mise en œuvre concrète de la foi au Christ qui interprète et accomplit toute la Loi et les Prophètes.

La valeur des œuvres de miséricorde est tout autant éthique que religieuse ; il n'y a pas à choisir l'une ou l'autre, l'une contre l'autre. Les deux sont fondées selon la logique interne du Décalogue et de la Loi mosaïque, réinterprétées selon le principe du double commandement d'aimer. L'intention se doit d'être droite pour ne pas tomber dans les pièges de l'hypocrisie, ce qui veut dire concrètement que si les œuvres gardent une grande partie de leur valeur pour leurs destinataires immédiats, une intention dévoyée peut leur faire perdre leur valeur religieuse et éthique.

Mt 25, 31-46 ne détache pas le faire de l'intention du faire, et les œuvres sont considérées ici dans leur valeur éthique et religieuse. Cela supposera que soit démontrée en son temps leur valeur proprement éthique, qui en fonde l'universalité. Quant à leur valeur religieuse elle est exprimée à nouveau à travers l'imputation christologique : « c'est à moi. » Pour que cela soit, et cela n'est que par la grâce du mystère du Christ tel qu'il est donné en Jésus de Nazareth, il convient que le service de l'autre soit accompli pour l'autre en tant que tel, et sans autre motivation intéressée, non comme les hypocrites le font : « ils ont déjà reçu leur récompense » (6, 2). C'est parce qu'il est service de l'autre en tant qu'autre qu'il est service du Christ. Il convient de les faire selon l'esprit de l'*agapè* qui nous est révélé dans l'attitude de Dieu qui répand ses bienfaits sur tous. Ainsi, selon l'esprit même de la kénose du Christ, la valeur « méritoire » de ces œuvres, si on veut garder cette expression que l'importance accordée par Matthieu à la récompense justifie, n'existe qu'à la condition expresse et ferme que l'on y ait radicalement renoncé. N'est-ce pas une des significations théologiques essentielles de la surprise générale qui anime la dramatique du récit ?

L'amour du chrétien est-il désintéressé ?

On connaît l'objection : les chrétiens ne sont pas capables d'aimer les autres pour eux-mêmes. Ils les aiment, certes, parce qu'ils voient Dieu dans le prochain, et alors ils aiment Dieu et non le prochain, soit parce qu'ils y voient un moyen de gagner leur salut personnel, ce qui va contre l'exigence essentielle de l'impératif catégorique. La force de cette objection lui vient des personnes qui la font et qui sont souvent très fortement engagées au service des autres, parfois au nom d'une idéologie dont l'eschatologie reste dans l'horizon de cette histoire. Leur désintéressement, ou du moins la qualité de leur propre engagement, n'est guère contestable.

L'objection porte-t-elle vraiment ? Notre interprétation nous semble la réfuter en profondeur. L'intentionnalité est essentielle dans la mise en œuvre radicale de la Loi selon l'Évangile, mais l'intention droite est celle qui justement est profondément désintéressée en ce qu'elle cherche le bien de l'autre en tant que tel. Le fait que les deux commandements soient semblables ou que le Christ s'identifie aux plus petits ne crée en rien un mouvement différent. Le Christ est servi en tant que tel, et son affirmation est fondamentalement surprenante. Toute l'anthropologie biblique, y compris dans son interprétation par le Christ, préconise une prise en compte de l'autre pour lui-même. La question d'un éventuel intéressement peut même paraître déplacée à la lecture de Mt 6, 1-18.

Cela dit, l'objection elle-même doit être interrogée. Que signifierait une éthique qui évacuerait par principe une certaine recherche de réciprocité dans l'amour ? Une telle générosité pour la générosité n'est-elle pas fondamentalement inhumaine, voire suicidaire ? L'anthropologie montre qu'il n'y a pas de don sans contre-don, c'est-à-dire que les relations sociales sont fondées sur des échanges plus ou moins ritualisés. Quelle que soit la séduction d'une générosité qui ignorerait cette réciprocité, elle finit soit dans la perversion, car elle serait proprement inhumaine, soit dans la satisfaction autosuffisante du devoir accompli, ce qui serait une forme de contre-don. Le contre-don doit donc être compris à sa juste place, et c'est une vraie question éthique, mais le principe de son existence ne peut être remis en cause impunément. La reconnaissance et le service d'autrui sont une manière d'être, ils font être. La reconnaissance de l'autre est, dans le fait lui-même, affirmation de soi. Aimer le prochain, c'est vivre en faisant vivre, et non faire vivre pour se donner des raisons de vivre.

Les œuvres de miséricorde selon l'ensemble de la théologie matthéenne sont un type de mouvement vers l'autre sans attente de retour de sa part, ce qui ne serait pas la seule forme de contre-don possible. Le plus important est d'une autre nature.

La radicalité évangélique n'interdit pas qu'un tel retour ait lieu, ni qu'il suscite une joie profonde. La réciprocité directe (remerciement) ou indirecte (reconnaissance sociale ou récompense eschatologique) ne peut être cherchée pour elle-même. Elle n'est concevable dans la radicalité évangélique que si elle est un don par surcroît (6, 33), et ce don-là ne peut guère être récusé.

Il est donc clair que le contre-don est porteur d'ambiguïtés que l'herméneutique de Matthieu dénonce avec vigueur. Cependant on ne peut l'évacuer trop vite puisque aimer appelle à être aimé et renonce à tout moyen de coercition pour être aimé.

Cela souligne la cohérence profonde de l'anthropologie théologique de Matthieu : agir conformément à ce que le projet créateur de Dieu a conçu pour l'homme ne peut que conduire à la vie. Que la reconnaissance et le service d'autrui soient considérés comme essentiels à la structuration de la personnalité de l'homme et comme cohérent avec la révélation chrétienne ne peut surprendre et déranger que ceux qui se refusent à accepter les conséquences de la foi en un Dieu créateur par amour. Chaque démarche a ses lois propres et autonomes, ce qui n'interdit pas leur convergence. Au contraire, c'est la concrétisation du principe classique en théologie morale catholique selon lequel on doit pouvoir rendre compte rationnellement de tout ce qui est énoncé au nom de la foi. De même que Dieu se réjouit de la foi et de l'amour des hommes qui répondent à son amour créateur et qu'il leur a offert une alliance pour cela, de même l'homme se réjouit et grandit aussi par les réponses que suscitent ses initiatives. En cela il s'agit d'autre chose que la satisfaction du devoir accompli, car celle-ci peut être cherchée pour elle-même, et fausser ainsi l'intention. La récompense eschatologique nous semble d'un autre ordre : elle est la reconnaissance par Dieu de ce que l'homme s'est construit et a grandi en aimant comme Dieu, ce qui est son destin, et qu'il n'appartient qu'à Dieu seul de juger.

Peut-on dire que l'*agapè* chrétienne soit intéressée parce qu'elle ouvre à la vie éternelle ? Toute notre analyse tend à prouver le contraire. La « récompense » eschatologique ne vient pas sanctionner le solde des actions menées ou non, mais elle reconnaît ce qu'est devenu un homme en agissant selon la volonté d'amour de Dieu, un vivant capable « d'entrer dans la joie de son Maître » (Mt 25, 21 et 23).

Universalité des œuvres et interprétation de Mt 25, 31-46.

L'ensemble de l'hypothèse d'interprétation que l'on présente ici a situé les œuvres de miséricorde dans leur contexte théologique. Matthieu le dit en fonction de la condition du disciple du Christ. S'il s'agit des œuvres du disciple, donc des œuvres de la foi, n'y a-t-il pas là un argument majeur pour soutenir l'hypothèse restrictive et paraclétique du récit du Jugement eschatologique ? En effet, elles peuvent sembler dépourvues de toute valeur universelle, qu'implique nécessairement l'autre type d'interprétation.

La valeur religieuse des œuvres de miséricorde s'enracine dans la tradition vétérotestamentaire telle que la structure du Décalogue l'exprime. Mais cette valeur et sa portée universelle doivent être explicitées à différents niveaux, en particulier, en distinguant la problématique de la communauté matthéenne et nos interrogations contemporaines, de manière à éviter le plus possible les anachronismes.

Dans la perspective de Matthieu, la question du salut des non-croyants, qui domine la problématique contemporaine, n'existe pas en l'état. L'universalité, pour lui, consiste dans ce fait fondamental que l'Évangile est destiné à toutes les nations, et que celles-ci sont susceptibles de l'accueillir. Dans une problématique difficile à cerner précisément, la première de ces nations est Israël renvoyé aux sources de sa propre Loi par une réinterprétation radicale ; au-delà, toutes les autres nations sont envisagées.

L'universalité des œuvres plonge d'abord ici dans la réception du message religieux qu'est l'Évangile : l'universalité des œuvres se fonde doublement sur l'universalité de l'Amour du Dieu unique révélé à Israël et manifesté en Jésus-Christ, et sur la reprise par lui de principes éthiques dont la pratique n'était pas inconnue chez les peuples voisins, car ils relèvent de la sagesse « universelle ». Ce qui est demandé au chrétien n'est pas une innovation dans les pratiques, mais une réévaluation radicale des motivations et des manières de faire qui en découlent. L'universalité en Matthieu repose sur l'universalité de la prédication de la conversion. À cause du type d'intentionnalité impliqué par l'*agapè*, on comprend que la démarche de foi explicite ne soit pas déterminante pour établir la valeur de ces œuvres : un amour et un service de l'autre pour lui-même, en quoi consiste aimer comme Dieu. Le récit du Jugement opère donc la conjonction de cette valeur universelle de l'*agapè*, en tant que type de démarche, avec l'universalité de la prédication de l'Évangile qui la situe dans sa perspective théologique d'ensemble.

La problématique contemporaine renverse quelque peu le mouvement. La question n'est plus celle de savoir à qui s'adresse l'Évangile, mais que deviennent ceux qui ne le connaissent pas ou le récusent pour diverses raisons ? Ce qui n'était qu'une conséquence, sans doute mineure en fonction des préoccupations générales des premières communautés chrétiennes, devient une question centrale pour laquelle ce récit est particulièrement commis, en tout cas en fonction de laquelle il est interprété. Notre époque est marquée par la fin de la « chrétienté », par le sentiment que le cours de l'histoire n'est pas un développement sans faille jusqu'à une reconnaissance générale de l'Évangile… au contraire, c'est le sentiment d'une contestation par la modernité postchrétienne et le sentiment que l'héritage chrétien a laissé des traces puissantes dans les mentalités collectives et dans les pratiques personnelles.

Cela ne remet pas en cause la problématique de Matthieu, mais fait qu'elle est reçue d'une manière un peu décalée… Ce n'est plus de savoir si l'Évangile est proposé à tous qui est en cause, personne n'en doute, mais de savoir ce qu'il en est, au vu de cet Évangile, du fait qu'il ne soit pas connu ou cru. La lecture que nous avons faite des œuvres de miséricorde, comme de l'ensemble du récit, nous semble tout à fait justifier que l'on s'en réfère à lui à condition que l'on en respecte la structure propre.

Ici l'universalité est fondée sur le fait que les œuvres impliquées ne soient pas originales, et que leur valeur religieuse aille de pair avec une intentionnalité qui soit reconnaissance d'autrui c'est-à-dire avec une valeur proprement éthique. Dans la mesure où il accomplit sa vie selon les intuitions les plus profondes de son humanité, dans la mesure où il se donne comme principes de vie ce qui est à la base de toute réflexion et de toute rationalité éthique, l'homme se situe dans une démarche similaire à celle que l'Évangile promeut chez le disciple. S'il est vrai que la sentence eschatologique se détermine non sur un solde comptable d'actions mais sur la personne que ces actions ont construite, on comprend comment le récit de Mt 25, 31-46 récuse toute tentation sectaire : la sentence sur les bénis, comme les œuvres qui la justifient, concernent certainement les disciples qui ont essayé consciemment de vivre dans le dépouillement qu'elle présuppose et les non-croyants qui l'auront vécu sans en connaître l'enjeu eschatologique.

La surprise de ceux-ci s'explique facilement, car ils n'auront pas vécu avec cette conscience que leur existence avait une telle valeur aux yeux du Dieu unique. La surprise des seconds s'explique par le fait que, s'ils ont vraiment vécu le désintéressement en quoi consiste l'*agapè,* ce sont les œuvres ainsi vécues qui leur sont « imputables », celles pour lesquelles ils ne penseraient jamais par eux-mêmes à se justifier... Qu'ils aient pu savoir par la révélation évangélique qu'il pouvait en être ainsi est à la fois une exhortation et une épreuve. L'épreuve consiste dans la tentation de laisser son intentionnalité dériver... l'exhortation consiste à la purifier sans cesse, connaissant à la fois le chemin de cette purification, qui est renoncement qui passe immanquablement par la Croix et en conséquence renoncement à en savoir jamais à l'avance et par soi-même ce qu'il en est en dernière instance... le Jugement eschatologique échappe à chacun... Qu'il échappe, et soit reconnu comme tel, n'est pas négation de sa liberté, mais reconnaissance des conséquences de sa finitude.

La signification théologique des six œuvres de miséricorde de Mt 25, 31-46 est tout à fait cohérente avec l'ensemble de la tradition biblique dont Matthieu annonce l'accomplissement dans le Christ. Si le Christ matthéen s'oppose au judaïsme de son temps, ce n'est pas tant à cause de ses innovations que par le processus constant par lequel il renvoie Israël à ses racines.

L'enseignement éthique de Matthieu s'inscrit dans la logique qui a présidé à la composition et à la mise en œuvre du Décalogue. L'accomplissement que le Christ opère dans la proclamation du double commandement d'aimer est explicitement placée sous le signe de la permanence de cette intuition fondamentale : le monothéisme radical d'Israël ne peut être dissocié du service d'autrui.

Par le fait même, cette herméneutique fondamentalement christologique de la loi intègre totalement le Décalogue à l'Évangile dans l'esprit de la tradition biblique ; en conséquence, les œuvres de miséricorde sont situées dans le même esprit qui est celui de l'*agapè,* dont elles sont une des réalisations concrètes les plus explicites.

Au-delà des nuances que nous avons relevées, la cohérence de Matthieu avec l'ensemble du corpus biblique est donc très forte, y compris avec Paul, et cela de deux points de vue. Ce que Paul dénonce dans la Loi, c'est moins le fait de la Loi qui est la loi de Dieu (Rm 8, 7) que la signification qu'elle avait prise dans certains milieux du judaïsme de son temps. Pour lui, « le Christ est la fin de la Loi » (Rm 10, 4), car c'est par lui que la justification est universelle. Mais cette grâce qui est faite en lui à l'humanité n'est ni le remplacement de la Loi ancienne par une nouvelle, ni l'abolition de toute loi. C'est désormais le don de « la loi de l'Esprit qui donne la vie en Jésus-Christ » (Rm 8, 2). Qu'est cette loi de l'Esprit, sinon l'interprétation de la Loi telle que Jésus la donne et la met en pratique ? Les nombreuses considérations parénétiques de Paul en fournissent des preuves peu contestables, puisqu'il n'hésite pas d'une part à se référer aux commandements du Décalogue et, d'autre part, qu'il fait de l'amour le pivot de toute la Loi :

> N'ayez aucune dette envers qui que ce soit, sinon celle de vous aimer les uns les autres ; car celui qui aime son prochain a pleinement accompli la Loi. En effet les commandements : « Tu ne commettras pas d'adultère, tu ne tueras pas, tu ne voleras pas, tu ne convoiteras pas », ainsi que tous les autres se résument dans cette parole : « Tu aimeras ton prochain comme toi-même ». L'amour ne fait aucun tort au prochain ; l'amour est donc le plein accomplissement de la Loi [Rm 13, 8-10].

En cela aussi, Matthieu et Paul partagent bien la même foi et la même interprétation christologique de la Loi d'Israël.

D'autre part, Matthieu reconnaît aux sagesses étrangères à la tradition biblique une consistance et une valeur propre, tout comme Paul qui plaide en faveur de la conscience de chacun, éclairée « par la loi écrite en leur cœur » (Rm 2, 15). C'est ce que manifestera le Jugement eschatologique : « C'est ce qui paraîtra au jour où, selon mon Évangile, Dieu jugera par Jésus-Christ le comportement caché des hommes » (Rm 2, 16).

EN GUISE DE CONCLUSION À LA DEUXIÈME PARTIE

Le mode d'exposition d'un récit consiste à articuler narrativement un certain nombre de figures qui supposent, pour exister, un arrière-pays, une histoire, à laquelle il ajoute une nouvelle étape. La première caractéristique de notre récit, et par suite de chacun de ses éléments, est sa dimension eschatologique. Il ne s'agit pas d'un simple décor devant lequel la scène se déroulerait. Toutes les figures et leur agencement dans une intrigue sont structurés par elle. Cela ne signifie pas que tout puisse être réduit à elle ; mais tout en est marqué. Ce récit ne dit pas tout de l'eschatologie ni chrétienne, ni matthéenne ; l'eschatologie ne dit pas tout de ce récit ni de la foi chrétienne. Il importe donc de ne pas tout ramener à un seul point de vue, par principe trop étroit, d'une part, et par le désir d'honorer la nature de chaque dimension, d'autre part. L'eschatologie n'est pas seulement un traité en appendice d'une somme ou d'un exposé organique : elle caractérise toute la foi chrétienne. En même temps, situer l'analyse par rapport à un ensemble plus vaste permet de dépasser certains clivages, en particulier celui que nous avons constaté dans l'histoire de l'interprétation de Mt 25, 31-46 entre eschatologie et éthique. Les deux doivent être pensées dialectiquement.

Un premier trait induit par cette dimension eschatologique est le point de vue universaliste. Le Jugement eschatologique ne peut être qu'universel, car il est à la mesure de la souveraineté de Dieu sur sa Création. Les incompatibilités narratives entre les divers récits évangéliques peuvent conduire les commentateurs à reconstituer de vastes fresques où l'art de la composition répartit des groupes diversifiés en autant d'entités juxtaposées ou à imaginer de vastes scénarios où les étapes du Jugement se succéderaient suivant les personnes et les groupes de personnes qui viendraient comparaître... Tout cela est suggestif d'une foi qui cherche à se représenter, mais dépasse ce seul récit dont la lecture découvre la souveraineté avec laquelle est annoncée et accomplie la séparation eschatologique, « comme l'éclair » (Mt 24, 27).

Cette universalité rejoint intimement celle du Christ : sa fonction judiciaire s'articule à sa médiation et l'une comme l'autre sont placées sous le signe de l'universel eschatologique. La prédication sera toujours écartelée entre sa mission à toutes les nations et la réalité quotidienne des communautés qu'elle aura rassemblées. Elle doit toujours entendre sa propre parole comme un appel renouvelé pour elle-même à sa propre conversion, y compris pour que la nécessaire préoccupation d'un peuple soumis aux joies et aux épreuves de l'humanité ne suscite pas un repli sur soi qui ne serait finalement que trahison envers soi-même. Aussi l'inscription des œuvres de miséricorde dans la plus essentielle perception de la Loi de l'Alliance ne se comprend-elle vraiment que dans sa perspective universaliste. Ce n'est pas un aspect décoratif extérieur ou un élément narratif émouvant. L'universalité de l'attention aux plus petits des hommes est le lieu d'une relation fraternelle mystérieuse avec le Fils de l'homme ; elle n'a de signification que si elle se concrétise dans les gestes d'une fraternité qui transcende tous les préjugés mondains qui encombrent spontanément nos existences. C'est dans leur dimension eschatologique que ces gestes trouvent en dernière instance, d'un point de vue théologique, leur valeur universelle.

Un second trait consiste dans l'intérêt à saisir les divers éléments dans une perspective d'ensemble. C'est ce que trop de commentaires ne font pas suffisamment, pressés qu'ils sont soit de trouver des réponses rapides à des préoccupations pastorales dont l'urgence est incontestable, soit de régler d'un point de vue trop uniquement littéraire des difficultés qui sont aussi d'un autre ordre. Ainsi de la christologie de ce récit : constater qu'il s'agit du même personnage sous différents titres, qu'il s'agit bien de Jésus de Nazareth mort et ressuscité, ou que ce personnage est ici revêtu des prérogatives habituellement reconnues comme étant celles de Dieu, n'est qu'une première approche ; de même rattacher sa déclaration de fraternité à son attitude durant son ministère ne dit pas vraiment ce qui est en jeu. En revanche, la prise en compte de la dimension eschatologique du mystère du Christ ouvre des perspectives qui situent ces questions dans une dynamique de foi sans prétendre tout résoudre. En conséquence, les trois chapitres précédents concernent directement la christologie sous des aspects divers et complémentaires.

Que ce récit conduise à une réflexion sur ses implications éthiques n'est donc pas arbitraire. Son universalisme eschatologique s'articule à un jugement porté sur les personnes en fonction de ce qu'elles auront fait. Cette analyse se poursuit donc sous ce signe qui en est constitutif : l'universalité à laquelle prétend, dans son ordre, toute éthique se verra donc confrontée à l'universalisme eschatologique sous la forme spécifique qu'il reçoit dans la révélation chrétienne.

TROISIÈME PARTIE

IMPLICATIONS ÉTHIQUES

Vivre comme un disciple, c'est vivre selon l'interprétation christique de la Loi dans le double commandement d'aimer qui conjugue la particularité de la foi et l'universalité de l'esprit de la Loi, y compris éthique, inscrite en tout homme. D'autre part, tout homme prend position et construit sa vie en fonction d'une axiologie éthique. Celle-ci peut être vécue en conscience sans rapport avec Dieu, ce qui n'interdit pas au croyant de discerner les valeurs communes, et d'y voir une forme de réponse à l'attente de Dieu (voir Rm 2, 1-16).

C'est dans cette « réponse » du « vivre comme un disciple », comme un homme, que s'opère le passage de l'analyse théologique de ce récit à l'étude de sa dimension éthique. Nous appelons ce passage : « Implications », car ce mot signifie, dans son usage courant, que, dans l'ordre de la connaissance, une chose en contient une autre sans que cela apparaisse clairement ; c'est l'analyse qui le rend manifeste. Il y a un rapport de nécessité entre les deux, l'une englobant l'autre, si bien qu'on ne peut penser la seconde sans la première. Ce rapport est aussi de déduction, et il peut être réciproque si la première ne peut être pensée sans la seconde [1].

1. Dans le langage classique, « implication » désignait souvent une proposition contradictoire. Ce n'est pas en ce sens que nous l'employons.

Parler des implications éthiques de ce récit signifie donc que l'éthique est seconde par rapport à un message englobant, mais aussi qu'elle lui est nécessairement liée. La lecture de Mt 25, 31-46 a clairement manifesté que celui-ci est théologique. C'est pourquoi nous l'avons analysé dans un premier temps. Le second temps s'y articule selon des modalités formelles et concrètes que cette troisième partie a pour objet d'établir. Il ne faudrait pas en conclure que tout se réduit à une déduction simple. L'implication est ici, d'une certaine manière, réciproque. L'analyse montrera qu'on peut déduire des propositions éthiques d'un tel récit théologique ; mais aussi que l'autonomie de ces propositions éthiques est éclairante sur la nature de la réflexion théologique.

Analyser les implications éthiques de notre récit nous situe au cœur de l'évangile matthéen pour lequel « faire » est essentiel dans la description de l'attitude du disciple ; et comparaître au tribunal eschatologique revient de manière lancinante tout au long du premier évangile. Alors que le Jugement eschatologique tend à s'estomper dans les mentalités contemporaines (au moins occidentales), ce récit nous invite à le prendre franchement en compte, selon ce que la conjonction matthéenne permet de comprendre de façon bien claire : c'est dans le mystère eschatologique du Christ que se manifeste la vérité du Jugement. Ce qu'il suppose de reconnaissance de la souveraineté de Dieu et de la responsabilité de l'homme selon la tradition vétérotestamentaire s'éclaire comme l'accomplissement de l'économie du salut dans une plénitude du mystère de la Grâce qui ne se confond en rien avec une indulgence douceâtre. La responsabilité de chaque homme est ainsi suscitée et convoquée à répondre d'elle-même par rapport à ce qui révèle une fois pour toutes le destin de toute humanité, dans l'humanité crucifiée et glorifiée du Fils de l'homme.

Si l'analyse théologique a conduit à désigner l'espace des responsabilités éthiques, il est nécessaire maintenant de se demander ce que peut désigner pour l'éthique d'être ainsi placée sous un tel horizon eschatologique. Le fond du problème sera d'articuler dans un même mouvement la souveraineté du juge eschatologique et la responsabilité éthique de l'humanité. Les différents chapitres à venir reprendront trois séries de questions articulées à celles de l'analyse théologique, et donc au plus près possible du texte : les œuvres de miséricorde, après avoir été analysées d'un point de vue historique et théologique, seront abordées d'un point de vue anthropologique (chapitre X) et éthique (chapitre XI). De même que le Décalogue articule des prescriptions morales d'origine sapientiale dans la Loi religieuse, de même nous avons vu Jésus opérer vis-à-vis des œuvres de miséricorde et du double commandement d'aimer. Il s'agira donc d'établir quelle est la consistance anthropologique et éthique de ces gestes qui peuvent paraître très élémentaires dans l'agir humain.

La structure narrative a mis au cœur des rapports entre l'eschatologie et l'éthique un effet de surprise générale sur laquelle les commentateurs ne s'attardent pas suffisamment. Elle interroge pourtant un aspect essentiel de la capacité éthique de l'homme dans l'engagement de sa liberté : son intentionnalité. Que reste-t-il de ma responsabilité si je dois être jugé sur des critères qui échappent de fait et de droit à mon intention ? L'intention humaine, qui est aussi nécessaire que fragile, y trouvera un fondement nouveau : son incertitude n'est pas sa malédiction mais la chance de la liberté dans la grâce (chapitre XII).

En fin de parcours on reviendra sur la scène même du Jugement : elle suggère un face-à-face, une mise en présence qui est accomplissement de l'histoire et instant de l'émergence d'une vérité jusque-là en train de se faire sans se dire, et désormais à dire alors qu'il n'y a plus rien à faire. C'est alors autant l'image de Dieu juge qui est en cause qu'une anthropologie convoquée à mesurer les limites, les exigences et la radicalité de sa responsabilité éthique (chapitre XIII).

CHAPITRE IX

LE JUGEMENT ÉTHIQUE

Les propositions éthiques que Mt 25, 31-46 conduit à élaborer ne peuvent l'être que dans la mesure où l'on tient compte d'une problématique plus générale au sujet des rapports entre la Révélation chrétienne et la morale. Le débat est très ouvert, en particulier au sujet de la référence au texte biblique.

D'une part, il faut donner aux « implications » que nous allons dégager un cadre formel plus précis que celui énoncé jusqu'ici. Les données de la lecture et l'analyse théologique fournissent les éléments nécessaires pour cela : comment articuler ces deux réalités présentes dans le texte, alors qu'elles ne relèvent pas de la même épistémologie et qu'elles sont intimement liées dans la narration ? Il s'agit d'un exemple pratique à prendre comme tel, à savoir que sa problématique n'est pas exclusive d'autres, en d'autres circonstances, mais qu'il sera toujours nécessaire d'en tenir compte.

D'autre part, cette articulation ne peut ignorer le contexte culturel dans lequel elle est faite. Il n'est pas toujours facile de se repérer dans les fluctuations du vocabulaire concernant la morale et/ou l'éthique. Ces conditions seront mises à profit pour relever et pour formaliser les questions en jeu qui relèvent globalement de ce champ qui n'est pas aussi homogène que les approches traditionnelles peuvent le laisser entendre.

A. La spécification chrétienne de la morale selon Mt 25, 31-46.

La narration de Mt 25, 31-46 met en scène de manière évocatrice les rapports entre la foi chrétienne et la morale. La plupart des éléments en ont déjà été établis dans la deuxième partie, en particulier dans la présentation que nous avons faite de l'articulation fondamentale du Décalogue et des deux commandements d'aimer ; ils sont repris ici de manière plus systématique.

Message théologique et consistance de l'éthique.

Le récit de Mt 25, 31-46 est avant tout porteur d'un message théologique. Ce texte vise à susciter la foi du lecteur au sujet de la souveraineté eschatologique du Fils de l'homme, qui est investi de prérogatives divines et dans lequel il conduit à reconnaître Jésus de Nazareth. Cette souveraineté s'est manifestée sous des formes variées durant son ministère public ; sa résurrection en révèle définitivement le fondement dans sa filiation divine. Mais cette souveraineté reste soumise à la bienveillance du Père (Mt 11, 25-27) dans la mesure où le Fils ne connaît ni «le jour ni l'heure» (25, 36) et où il est le médiateur de la sentence eschatologique : « venez les bénis de mon Père » (25, 34). C'est pourquoi la révélation de cette souveraineté se réalise dans l'humilité de la kénose, dans la proclamation de la Bonne Nouvelle aux pauvres et dans la sollicitude envers les victimes de la vie et du péché qui culminent dans sa mort sur la Croix « pour nous ». Il porte ainsi, dans sa vie et dans sa mort, le destin de tous les humains. Le renversement opéré en Mt 25, 31-46, à savoir que le Fils de l'homme est servi dans les petits frères, est le point limite de cette prise en charge par le Christ de la souffrance mortelle des hommes.

Il est alors remarquable que le critère de la sentence ne concerne pas la foi dans le mystère du Fils de l'homme comme c'est le cas dans la plupart des autres péricopes matthéennes de jugement. À strictement parler, les attendus ne retiennent que les œuvres de miséricorde, en tant que gestes de compassion ou de justice. La surprise que traduisent les questions des hommes ne porte pas sur elles mais sur l'imputation christologique.

En conséquence, dégager les implications éthiques de ce récit ne signifie pas que l'éthicité des œuvres de miséricorde serait mise en question. Ce qui est raconté suppose qu'elle est connue et acceptée par tous : il s'agit donc d'établir à quoi tient et ce que signifie cette consistance éthique. Ce faisant, il s'agit de comprendre quelle est la nature des rapports entre la foi et la morale, dans ce cas particulier et d'une manière plus générale : quelle est l'articulation possible entre la Révélation chrétienne et la démarche éthique des hommes, en sachant que, tout en acceptant la consistance de cette dernière, la Révélation annonce qu'elle est porteuse d'une signification ultime qui lui échappe à l'horizon de cette histoire.

Par « consistance » nous entendons dire que ces gestes de sollicitude ont une valeur éthique par eux-mêmes sans qu'il y ait besoin de chercher en dehors d'un système de référence éthique d'autres justifications. Or c'est bien une qualité de cette sorte qui a déjà été reconnue dans la dynamique théologique qui a été mise en évidence à propos du Décalogue et du double commandement d'aimer [1]. L'articulation fondamentale de la loi biblique suppose que soit accordée une place décisive à des normes morales dont elle n'est pas la source, mais qu'elle reprend dans une perspective nouvelle. Dans le Décalogue, un principe théologique, le service du Dieu unique, englobe l'ensemble des prescriptions cultuelles ou sociales. Ces dernières se trouvent évidemment dans les codes de conduite de l'Orient ancien, et ne reçoivent pas de modifications essentielles, hormis le fait de participer à un ensemble articulé. Ce n'est donc pas sur les conséquences pratiques entraînées par une telle insertion qu'il faut d'abord porter l'attention, mais sur le mode de fonctionnement des relations entre la Révélation et les normes morales.

Rationalité de la morale et rationalité de la foi.

Parler de « spécificité » de la morale chrétienne risque de susciter une vision trop superficielle des données tant théologiques qu'historiques. L'analyse des sources, comme l'histoire du christianisme, montre que ce n'est pas d'abord dans l'élaboration de préceptes propres que se caractérise l'apport du christianisme à la morale. Il hérite ou partage des valeurs communes aux sociétés ambiantes, et, bien sûr, des principes plus universellement admis. La caractéristique essentielle est leur intégration dans une perception globale de l'existence telle que la tradition de la foi la reçoit de la Révélation. Il ne s'agit donc pas à proprement parler d'une spécificité au sens où celle-ci désigne

1. On ne peut que rappeler ici l'importance de Mt 25, 31-46 dans l'utilisation concrète du lectionnaire de la liturgie des défunts.

une qualité particulière, acquise et permanente. Moins que d'une qualité exclusive, il s'agit d'un processus par lequel l'expérience éthique de l'humanité est accueillie avec sa valeur propre dans l'expérience croyante ; en retour, celle-ci l'enrichit d'une perspective religieuse qui ne peut qu'en élargir les perspectives.

Quand il laisse percevoir cette consistance de l'éthique, notre récit ne fait qu'illustrer un principe traditionnel de la théologie morale selon lequel tout ce qu'elle énonce doit pouvoir être justifié en raison. Le fait que toute morale se réfère à un universel tient à son exigence de rationalité qui fonde son caractère d'obligation. Pour s'imposer comme le bien à faire, une loi morale doit pouvoir se justifier. Que beaucoup de ces lois aient acquis à un moment donné un statut d'évidence ne peut masquer le fait qu'elles pourraient, le cas échéant, devoir le faire, et que, ce faisant, elles ne se trahiraient pas ; elles se donneraient les conditions de leur effectivité.

La foi chrétienne aussi, à sa manière, manifeste une exigence de rationalité et une référence à l'universel. Cette dernière est nécessairement appelée par son monothéisme comme par la mission à toutes les nations. La rationalité a été mise en valeur dans la cohérence profonde de la christologie, de la théologie et de l'anthropologie bibliques, cohérence caractérisée par une intériorité radicale, dont le principe vivifiant est l'amour, avec sa logique propre, qui n'est pas une absence de logique.

Il n'y a donc pas deux logiques qui s'affronteraient, celle de l'éthique et celle de la foi, mais deux démarches qui, lorsqu'elles se rencontrent, s'interrogent mutuellement dans une relation où chacune garde son autonomie tout en étant marquée par l'autre. Qu'une consistance soit reconnue par Mt 25, 31-46 à la liste des œuvres de miséricorde est dans l'ordre des choses, cependant ce n'est pas suffisant ; car il nous faut établir en quoi consiste sa rationalité. C'est alors que l'on pourra préciser dans l'ordre propre de la morale comment cette consistance est articulée avec la Révélation ; comment l'affirmation de cette consistance ne dissout pas la pertinence d'une référence croyante.

Articulation de la morale et de la foi chrétienne.

La consistance éthique des œuvres de miséricorde est suffisamment établie au niveau du principe pour que nous puissions envisager ce qu'il en est des relations mutuelles de la foi chrétienne et de la morale, telles qu'elles sont illustrées par Mt 25, 31-46.

En premier lieu, la foi ne peut se donner comme une espèce de complément à la morale humaine, comme si la foi était quelque chose dont le manque compromettrait la moralité de la morale. Dans l'usage responsable de sa raison (ou dans l'usage raisonnable de sa liberté) tout homme est en puissance capable de discerner ce qu'il en est du sens de sa vie selon l'ordre de la Création. C'est la caractéristique même de la conscience morale. Le fait que l'homme soit un être fini ne l'empêche pas de faire ce discernement ; cela signifierait que tout effort moral est vain et illusoire ; la morale vise au contraire à permettre l'effectuation de la liberté et de la raison dans la finitude donnée comme condition *a priori*. Quant au péché, s'il pervertit profondément la capacité de l'homme de se diriger vers son bien, ce n'est pas au point de le rendre incapable d'accueillir — et d'être transformé par — le don de la grâce. L'homme a donc une capacité fondamentale d'orienter moralement sa vie.

D'autre part, la foi ne peut pas être conçue comme un complément de la morale, comme une « morale du surplus », parce qu'elle ne se situe pas au même niveau que la morale. Le spécifique de la foi chrétienne ne réside pas d'abord dans un ensemble ou dans quelques règles de conduite, mais dans la foi au Christ de Dieu. Parce qu'il croit que le Fils de Dieu s'est fait homme, le chrétien ne sous-estime en rien le fait d'être homme, mieux il considère que, par l'Incarnation et la Pâque du Christ, lui est révélé le sens ultime de son existence d'homme — et donc des attitudes qui lui permettent de l'effectuer.

A fortiori la foi ne saurait être présentée comme la morale par excellence ou comme si la morale exprimait la quintessence de son message ; la dérive de la théologie libérale au XIXe siècle tendait à une telle réduction anthropologique de la Bonne Nouvelle. Or la foi n'est pas une morale particulière parmi d'autres, et, si elle prétendait être « la » morale, elle ne pourrait échapper alors à la particularité. S'il est vrai que sa conception du monde englobe une anthropologie, il s'agit d'une anthropologie théologique qui, comme toute anthropologie, ne peut rester indifférente aux conditions de sa nécessaire mise en œuvre concrète. C'est le fondement formel des implications morales de la foi. Autrement dit, la foi a des implications morales parce qu'il ne peut y avoir de foi sans amour, de foi au Christ sans amour du Christ et d'amour comme le Christ.

On ne peut donc en appeler à la foi pour dévaluer la morale, comme si elle pouvait se dispenser d'avoir et de penser ses implications morales concrètes. Reconnaître ces implications ne condamne pas la foi à devenir une loi, et on ne peut se réclamer de Paul pour cela. D'une part, quand Paul oppose le chrétien (et les conduites qu'il doit avoir ou ne pas avoir) aux païens (et aux conduites qu'ils ont souvent), c'est le péché qu'il dénonce, et non l'exemplarité des croyants qu'il mettrait en avant. D'autre part, quand il oppose foi chrétienne et loi mosaïque, il ne conteste pas le fait qu'il y ait des règles éthiques, puisqu'il ne cesse de les rappeler ; il récuse, au nom du salut par la Croix, au nom d'un salut qui est avant tout donné par et dans le Christ, la valeur justificatrice que le pharisaïsme leur accordait. On ne peut donc en conclure que la foi serait d'autant plus fidèle à elle-même qu'elle éviterait tous les compromis avec les traditions humaines. Elle ne peut ignorer les conditions concrètes de l'existence sociale et psychologique. L'eschatologie chrétienne ne justifie en rien un tel « escapisme [2] ».

Les rapports de la Révélation et de la morale que la structure narrative de Mt 25, 31-46 permet de mettre en lumière s'inscrivent dans la même dynamique que ceux que nous avons dégagés à propos de la tradition biblique : leur analyse a donc une portée tout à fait générale. D'une part, la Révélation ne se déduit pas d'une exigence éthique, aussi affinée soit-elle, bien que cette dernière puisse stimuler une démarche de foi. D'autre part, la morale ne se déduit pas directement du contenu de la foi et de la Révélation. En aucune façon il n'est donc possible de déduire l'une de l'autre, ce qui reviendrait à réduire l'une et l'autre : réduction de la morale, car on ferait fi des exigences de la rationalité en la soumettant aux seules règles des traditions bibliques, selon un processus de type fondamentaliste ; réduction de la foi que l'on risque soit d'enfermer dans les principes et les mises en œuvre morales, soit de rendre inopérante dans la vie des hommes.

Chacune a ses exigences propres qui s'articulent de manière constructive et vivante. La morale reçoit de la Révélation une conception du monde et de l'homme qui transcende son horizon historique et la provoque à une incessante conversion non seulement vers le bien, mais, plus fondamentalement, vers Dieu dont tout procède. La Révélation s'articule à la sagesse de

2. Nous appelons « escapisme » cette attitude qui consiste à fuir ses responsabilités éthiques actuelles au nom d'une idéologie qui postulerait comme plus réel et donc seul important un autre monde et une autre histoire que les nôtres. Voir en anglais *escapism*.

l'humanité qui lui donne la capacité pratique d'agir concrètement dans la vie des croyants. Ainsi du statut des œuvres de miséricorde : leur consistance éthique est le fondement concret d'une praxis ou d'une omission dont la valeur propre est transcendée par une autre signification qui lui vient de la Révélation, plus exactement dont la révélation de Mt 25, 31-46 dit qu'elle sera reçue au-delà des limites de cette histoire qu'elle excède par principe.

Il ne s'agit donc pas d'un rapport figé ou rigide, mais d'un processus qui ne cesse de se déployer dans l'histoire de la Révélation comme dans l'histoire des croyants. C'est pourquoi il est moins juste d'en parler comme d'une qualité acquise (spécificité de la morale chrétienne) que de la désigner dans le mouvement même où morale et foi se dynamisent mutuellement (spécification chrétienne de la morale). La foi s'intègre dans la démarche éthique de l'humanité pour en élargir les perspectives par la lumière de la Révélation ; la démarche éthique s'intègre dans la dynamique de la foi à laquelle elle permet de trouver les principes de sa mise en pratique.

Qu'est-ce à dire ? L'ensemble de cet ouvrage en est une illustration concrète à partir de l'analyse d'une péricope évangélique. Des développements théologiques suscités par l'analyse de Mt 25, 31-46, nous pouvons, d'un point de vue formel, dégager les deux séries de remarques suivantes.

1. Tout le Décalogue est ordonné au service exclusif du Dieu unique qui ne peut aller sans le service et le respect d'autrui. Le monothéisme exige un refus total du culte des idoles qui peut prendre des formes si diversifiées. Cela ne peut que rejaillir sur la qualité du respect dû à autrui : respect infini qui ne pourra jamais être idolâtrique, et qui permettra d'éviter, dans son exigence même, toute idolâtrie de soi, de ses œuvres ou de ses imaginations.

La souveraineté du Juge eschatologique ne se comprend comme grâce et salut qu'à ce prix-là. Elle n'est ni menace, ni vengeance ; la surprise ne se nourrit d'aucun arbitraire ; elle survient comme l'authentification ou la dénonciation de ce qui a été concrètement vécu, avec tout ce que cela implique pour le devenir des personnes, même si le sens ultime n'en a pas été connu.

La spécification chrétienne de la morale consiste alors à reconnaître le visage de grâce qui se révèle ainsi et qui introduit dans une relation d'alliance. Elle est donc l'instauration d'une relation dialectique entre la tradition sapientiale de l'humanité et la dynamique que suscite la grâce telle que la formulent, dans la théologie classique, les vertus théologales.

Puisqu'elle est référence à l'absolu de Dieu, cette spécification assure une fonction critique et prophétique en situant toute la démarche éthique de l'homme face à sa vocation ultime : le bonheur auquel il aspire n'est pas seulement le rêve dynamisant de son désir, mais il est promesse et grâce dans le Christ. Il est donc toujours au-delà de ce qui est déjà donné, et néanmoins il est déjà réellement goûté. L'eudémonisme trouve ainsi sa spécification ultime dans l'eschatologie chrétienne.

Cette fonction critique ne se contente donc pas d'être une simple remise en cause des compromis historiques inévitables, au nom d'une pureté, d'une représentation prétendument accessible du Bien. Elle est plus fondamentalement, et plus heureusement, un appel permanent à la conversion et au dépassement de soi, fût-ce dans le renoncement.

2. La foi chrétienne est reçue et transmise en Église. Le point de vue social, selon lequel celle-ci est un partenaire parmi d'autres instances auctoritatives en matière morale, n'est pas suffisant. Non seulement elle est la structure qui a en charge l'organisation pratique et historique de la spécification chrétienne de la morale, mais, plus profondément, elle ne peut le faire que parce qu'elle est partie intégrante du mystère qui, dans l'Esprit, constitue le croyant comme membre du Corps du Christ. En elle s'opère cette spécification parce que, plus généralement, en elle et par elle, tout homme est appelé, dans la conversion, à la régénération.

Toutes les dimensions de la vie de l'Église concourent ainsi à élaborer cette spécification chrétienne de l'éthique. En évoquer quelques-unes, c'est situer le récit de Mt 25, 31-46 dans le cadre vivant de sa lecture et préciser quelques conclusions à tirer des analyses précédentes :

— La Bible est au cœur de ce travail, c'est pourquoi il est nécessaire et suffisant de la situer ici dans son contexte ecclésial. Elle a été instituée comme Bible (canon des Écritures) et ne cesse d'être donnée par et dans l'Église, peuple des croyants, pour autant qu'elle est reçue dans la foi ;

— La tradition chrétienne : en toute morale, et dans toutes ses dimensions, il y a accueil et prise de position vis-à-vis d'une tradition de sagesse. Dans la vie de l'Église, elle a une forme et un poids particuliers, car il s'agit de l'héritage d'hommes et de femmes qui ont vécu sous le souffle de l'Esprit : c'est l'héritage des saints. En presque vingt siècles, bien des choses ont changé dans l'histoire du monde et des sociétés ; des règles particulières de morale, prônées à un moment donné dans l'Église, ont aussi changé… ce qui invite, sous un autre aspect, à être prudent vis-à-vis de toute conception trop simple d'une « morale chrétienne ». Le procès éthique ne cesse d'être instruit pour prendre en compte les besoins et les souffrances des hommes de cultures toujours plus diverses à la lumière de cet héritage de sainteté à la suite du Christ ;

— La liturgie est l'acte central de l'Église convoquée par son Seigneur pour naître et grandir de la grâce pascale. On envisage habituellement ce rapport sous l'aspect des conditions éthiques pour avoir accès aux divers sacrements. C'est une approche trop étroite, car la liturgie est un lieu et un temps où la sainteté se réalise « efficacement ». La spécification chrétienne de la morale se joue dans la liturgie en ce que celle-ci révèle et met en scène l'appel à la sainteté et le don de la grâce qui en rend capable. La liturgie est donc à la fois un lieu où s'opère la spécification chrétienne de l'éthique et un lieu qui n'est pas exempt des règles de conduites éthiques ;

— La catéchèse est un lieu essentiel de l'éducation de la conscience chrétienne, y compris dans sa dimension morale. Cette éducation ne peut pas être inculcation forcenée de principes, mais, comme la foi, elle se propose, avec ses moyens propres à l'adhésion des intelligences et des cœurs et à l'apprentissage pratique. Elle ne peut pas non plus être enseignée indépendamment des cultures ambiantes, dans une atmosphère de ghetto. Éducation de la conscience, elle doit susciter une réponse en conscience, et ne peut refuser le risque des questions, des soupçons ou des refus ;

— Le magistère ecclésial, enfin, a « la charge d'interpréter de façon authentique la Parole de Dieu, écrite ou transmise […] il n'est pas au-dessus de la Parole de Dieu, mais il la sert » (*Dei Verbum,* n° 10). Cette charge lui vient de la nature sacramentelle du ministère ecclésial qui est de veiller et de construire l'unité du peuple des croyants dans la communion de la foi et la fidélité à la Tradition vivante. Il assume donc une tâche nécessaire à toute instance éthique qui est celle de la mémoire et du service de la cohésion de l'ensemble.

Tel est le cadre formel dans lequel s'inscrit la suite de cette réflexion : mettre en évidence les questions éthiques et/ou morales en jeu dans ce récit, vérifier la consistance éthique propre de ce qui est avancé et le situer dans la dynamique de la vie chrétienne.

B. Implications éthiques et/ou morales ? Premières approches.

À partir des œuvres de miséricorde.

Les œuvres de miséricorde constituent les attendus des sentences du procès eschatologique et, si leur signification christologique étonne les deux groupes, leur évocation ne souffre d'aucune interrogation par elle-même. La dimension éthique du récit s'enracine dans leur évocation, ce que la surprise ne doit pas masquer mais interroger.

Nous continuons à les aborder comme une liste constituée. Ce faisant nous nous intéressons d'abord à l'attitude générale qui émane de la narrativité du texte et qui dépasse la seule considération de chacune des œuvres prises isolément. Privilégier ainsi l'effet de système ne sous-estime en aucune façon ce dernier aspect. Chaque œuvre a sa valeur propre que nous étudierons en son temps, et c'est sur leur mise en œuvre ou leur omission, que porte le jugement.

Ces six gestes correspondent à six besoins vitaux que chaque être humain doit nécessairement satisfaire. Pour une part ces besoins sont communs aux êtres vivants, pour une part ils sont spécifiques, et de toute façon ils doivent être spécifiquement assumés par les hommes ; tout cela sera montré dans l'analyse de la structure de leur liste (chapitre x). Globalement, en première analyse, ils concernent ce qu'il y a de plus élémentaire dans le souci qui habite chaque être vivant : durer. Le propre du vivant est, de ce point de vue, de s'activer pour se procurer les biens nécessaires à l'entretien de sa vie. Cette satisfaction n'est possible que dans le cadre d'une organisation sociale. Personne ne peut vivre dans un strict isolement ; mais, dans un premier temps, on peut considérer que cette inévitable socialité est au service des besoins de chacun, c'est-à-dire que chacun s'en sert pour trouver ce qui lui est nécessaire. Ce premier temps, tout théorique, est indispensable pour saisir que les relations sociales ne se déploient qu'en tenant compte de ce souci que chacun a pour sa propre existence [3].

---

3. Voir E. LÉVINAS, *Totalité et infini*, La Haye, M. Nijhoff, 1971 : la première partie est ainsi consacrée à une analyse du « même » ; ce que P. RICŒUR fait d'une autre manière dans sa dernière étude sur l'ipséité (*Soi-même comme un autre,* Paris, Éd. du Seuil, 1990).

Les œuvres de miséricorde s'inscrivent dans une autre logique ou plus exactement opèrent un renversement de perspective qui ne tient pas seulement à la dimension sociale de toute existence humaine. Leur urgence naît de défaillances aux conséquences impérieuses : c'est la vie et la dignité de ces personnes qui est en cause. Au lieu de la préoccupation première de soi pour soi-même dans et par l'organisation sociale, elles postulent une attitude opposée faite de sollicitude, d'attention et d'action envers ceux qui ne sont pas en situation de satisfaire par eux-mêmes à leurs propres besoins. Elles impliquent donc que soit dépassé ou remis en cause un ordre des choses qui se révèle insuffisant.

Définir la moralité de ces œuvres consiste alors à établir en quoi ce passage du souci de soi à la sollicitude envers autrui participe au devenir humain en tant que tel ; en quoi il donne sens à l'existence humaine jusqu'à s'imposer comme nécessaire à ce sens et à ce devenir. Ce qui permet de comprendre leur place dans la sentence du Jugement eschatologique, à cette condition expresse que, si elles se suffisent à elles-mêmes du point de vue de cette histoire, elles n'y ont totalement cette place que dans une référence christologique.

Telle est l'interrogation des pages qui suivent. Mais de quoi parle-t-on ? d'anthropologie, d'éthique, de morale ? Les équivoques contemporaines à propos de ce vocabulaire appellent quelques précisions.

Éthique et/ou morale : incertitudes du vocabulaire.

Ce qui est visé ici, c'est l'agir humain en tant que c'est par son agir que l'être humain construit son humanité. Cet agir est vraiment humain lorsqu'il est voulu, dans ses limites propres, de manière libre et raisonnable, c'est-à-dire lorsqu'il fait l'homme responsable de lui-même, capable de répondre de lui-même face à autrui et de répondre à la sollicitation d'autrui.

Cet agir est donc régi par une activité de la raison qui assume les déterminations de toute activité rationnelle, sous le mode particulier de la raison pratique. Pratique dans l'exigence de la mise en œuvre concrète, car il ne s'agit pas seulement de parler sur ce qui se fait ou est à faire, mais de permettre de faire raisonnablement. Raison qui cherche à établir une cohérence intelligible et universalisable. Cette cohérence implique qu'il ne saurait y avoir de raison pratique qui détermine et fonde ce qui doit être fait sans une « anthropologie » qui explicite ce que l'homme comprend de son destin ; et il n'y a pas non plus d'anthropologie qui ne s'intéresse à la manière dont elle peut être concrètement agie. C'est ici que des relations entre les fondements théoriques et les principes de mise en œuvre doivent être précisées.

La démarche des œuvres de miséricorde montre que la question éthique et/ou morale naît des nécessités liées aux insuffisances ou aux brisures dans les pratiques sociales. Ce qui allait de soi ou qui devrait aller de soi devient incertain et problématique. Une élaboration nouvelle de ce qu'il convient de faire alors s'impose pour conforter l'équilibre social menacé et permettre aux individus de se déterminer. La réflexion morale n'est pas une activité académique et sereine. Elle est liée aux crises engendrées par la nature historique de l'homme et par les incertitudes de son devenir. Tentative sans cesse renouvelée de répondre à des crises, elle est elle-même souvent mise « en crise », ce qui est moins un signe de fragilité qu'un trait caractéristique.

C'est pourquoi ce qu'il a été convenu d'appeler une « crise de la morale » dans les décennies passées est davantage une transformation des manières de l'approcher ou une remise en cause de certaines valeurs que l'annonce de sa disparition. Ce n'est pas le lieu d'en analyser les données dans l'histoire de la culture contemporaine, mais il nous semble clair que les problèmes de vocabulaire trouvent en partie leur origine dans ces bouleversements qui ne sont pas étrangers aux débats suscités par l'interprétation de Mt 25, 31-46. La dévaluation considérable dans les mentalités de tout ce qui pouvait avoir un rapport avec la morale explique que ce vocabulaire finit par avoir une connotation péjorative. Comme les questions n'en demeurent pas moins de savoir au nom de quoi et comment les hommes peuvent et doivent gouverner leur existence, une distinction de vocabulaire entre « morale » et « éthique » s'est progressivement imposée dans une anarchie qui exige que chacun précise désormais en quel sens il emploie ces mots. Qu'il s'agisse de pure convention est d'autant plus clair que la distinction ne repose sur aucune réalité philologique.

Une pratique apparemment majoritaire voudrait que le mot « morale » soit réservé aux systèmes historiques et à l'ensemble des règles de comportements alors que relèverait de l'« éthique » tout ce qui concerne la réflexion fondamentale et les principes universels moins vulnérables aux épreuves du temps et aux compromis de l'histoire… Nous ne pouvons cacher notre réticence devant cette manière de faire à cause des conséquences pratiques qu'elle est susceptible d'engendrer. En effet « l'éthique » ne peut se soustraire aux impératifs de sa mise en œuvre, et l'importance du faire dans notre récit ne peut que nous renforcer dans ce sentiment. Il ne saurait y avoir de jugement éthique qui se contenterait d'être prononcé : il doit être exécuté ; il doit donc, dans son élaboration, avoir tenu compte autant des principes en cause que de ses possibilités d'exécution. Il n'est donc pas possible d'ignorer cette dimension concrète, jusque dans ses implications les plus humbles. Or nous craignons qu'en qualifiant ce qui relève de la dimension historique et concrète par un mot à connotation péjorative, on ne dévalue cette dimension d'autant plus qu'un autre mot plus « noble » aura été réservé pour les grands principes. Et avec le temps le mouvement ne pourrait que s'aggraver.

Cet argument peut apparaître trop conjoncturel, voire trivial ; cependant il s'agit là d'un aspect essentiel au propos lui-même, à savoir qu'il ne peut se satisfaire des belles constructions conceptuelles, et qu'il doit, par définition, se préoccuper de ses possibilités de mise en œuvre et donc de ses conséquences sociales. L'historicité concrète n'est pas compromission inavouable, mais condition d'effectuation.

Cette réticence posée, il est nécessaire de mesurer les enjeux du point de vue théorique et, pour la même raison, il n'est pas possible d'ignorer que, si cette distinction est désormais largement reçue, ce n'est pas du seul fait des conjonctures culturelles. Entre une anthropologie qui se préoccupe de la manière dont elle peut être concrètement agie et les multiples procédures de décisions d'action, il n'y a pas qu'un simple rapport de cause à effet. D'une conception de l'homme se dégagent autant les principes au nom desquels quelqu'un choisit et construit son existence en vue de son épanouissement personnel, avec toutes ses dimensions et toutes ses exigences, que les règles ou les normes qui leur donneront la forme obligatoire dont ils ont besoin pour informer les jugements et diriger les conduites.

C. Les questions éthiques et/ou morales soulevées par Mt 25, 31-46.

À la suite de notre lecture du récit de Mt 25, 31-46, nous tenons que la surprise eschatologique met en scène le paradoxe selon lequel, au moment où chacun doit rendre compte de ce qu'il a fait ou non, c'est-à-dire de ce qu'il en est de l'effectuation de sa liberté, il apprend que quelque chose d'essentiel lui avait échappé, et apparemment ne pouvait que lui échapper, puisque nul n'est préservé de cette surprise. Ce paradoxe conduit donc à s'interroger en premier lieu au sujet de la conscience morale, instance habilitée à porter le jugement de la moralité qui évalue l'agir du sujet moral et qui s'impose à cet agir. En second lieu, puisque la cause de cette surprise ne réside pas dans les gestes évoqués mais dans l'imputation que le Roi en fait à lui-même, c'est le statut de la normativité sous-jacente qui est en cause. Enfin, cette imputation met en question la nature de la relation à autrui : qui est-il pour que ce qui lui est fait puisse ainsi avoir une portée insoupçonnable durant cette histoire ?

Surprise eschatologique et conscience morale.

La deuxième partie a précisé la dimension sotériologique de ce récit et les conséquences qui pouvaient en être déduites du point de vue d'une anthropologie théologique. Il importe maintenant de renverser l'interrogation en fonction de l'éthique pour laquelle la conscience est une catégorie fondamentale : qu'en est-il de la conscience morale si elle est surplombée par un autre jugement que le sien ?

Notre récit met en perspective deux types de face-à-face dont la conjonction constitue le lieu de ce jugement : le face-à-face de tous les hommes, et de chacun, rassemblés devant le Fils de l'homme, est posé en miroir vis-à-vis de l'infinie multitude des face-à-face quotidiens et plus ou moins anonymes qui tissent toute existence. La médiation entre les deux est opérée par le Fils de l'homme pour autant que ces face-à-face relèvent de l'*agapè* du Royaume mise en œuvre dans les œuvres de miséricorde.

Au sein du jeu de miroirs entre eux, et dans leur médiation, une autre parole est posée souverainement qui nomme ce qui s'est passé ; elle est donc indissociable de l'existence du sujet, et pourtant elle échappe, dans son énonciation comme dans son énoncé, au sujet moral lui-même. Autrement dit, ce que l'on pourrait nommer « le dernier mot » du jugement éthique que tout un chacun est appelé à formuler pour lui-même ne lui appartiendrait pas ; plus précisément, ce qui apparaît être le dernier mot dans lequel il engage sa responsabilité et qui, de ce point de vue, est essentiel n'est pas « le » dernier mot, puisque la sentence est prononcée par le Fils de l'homme-Roi.

Il convient d'évaluer aussi la nature et la portée de la surprise eschatologique comme telle. Il serait étrange qu'il n'y en eût aucune, car cela voudrait dire que la sentence eschatologique est strictement homogène à nos jugements historiques dont nous ne connaissons que trop bien la relativité et les ambiguïtés. La question tient à ce que l'écart instauré porte sur la signification de l'agir humain éclairé par la révélation totale et définitive du Fils de l'homme dans sa gloire. Cela revient à mettre en cause la conscience morale en tant qu'elle est habilitée à porter un jugement que le sujet s'impute à lui-même. En effet c'est dans une dialectique entre la matérialité des faits en cause et l'intention selon laquelle ils sont accomplis que la conscience morale détermine ce qui est à faire ou non, c'est-à-dire ce qui est bien ou non. Qu'une part de la signification échappe empêche-t-il qu'un jugement moral soit définitivement porté ?

En conséquence il nous faut reprendre d'un point de vue éthique ce que nous disions de l'*agapè* : de quoi le jugement de la conscience morale a-t-il besoin pour engager réellement la responsabilité de l'homme puisque, selon notre récit, une dimension déterminante ne peut que lui échapper dans la mesure où seul le Fils de l'homme en gloire peut la révéler ?

Au total, le paradoxe né de la surprise eschatologique interroge donc fondamentalement sur la nature de la conscience morale et sur la manière dont elle peut exercer son jugement moral. Quelle est cette conscience qui doit être jugée par un Autre en fonction d'actions qui manifestent une relation suffisamment essentielle pour justifier la détermination du destin eschatologique et suffisamment élémentaire et évidente pour échapper à l'attention du jugement de chacun ?

Les œuvres et les normes.

En effet, aussi surprenante soit-elle, la sentence eschatologique n'est en rien arbitraire : elle repose sur l'accomplissement ou non des œuvres de miséricorde qui ne sont pas mises en cause en elles-mêmes. À quelle « loi » ces attendus de la sentence font-ils référence ?

Dans le récit, à aucune. Notre lecture a montré que les quatre énumérations sont marquées par un processus d'érosion dont la signification relève d'autre chose que de la nature des gestes eux-mêmes. Pour les enraciner dans la tradition biblique, il a été nécessaire d'opérer un détour qui en a appelé davantage à l'esprit et à la structure de la Torah et de l'*agapè* qu'à la lettre des textes. La référence légale n'est donc pas si facile à découvrir. D'autant moins qu'une loi intervient toujours par rapport à ce qui est à faire ou non et donc par rapport à un futur ; or, ici, il n'y a plus d'autre « avenir » que le Royaume ou le feu éternel. La restitution des éventuelles lois sous-jacentes ne concerne donc que cette histoire. Cependant il ne s'agit pas d'un récit étiologique ordinaire. La fonction étiologique d'un mythe consiste à fonder dans l'origine des pratiques rituelles ou sociales. Le passé y est requis pour justifier le présent. Ici c'est le futur qui est en jeu dans une révélation sur la signification ultime de ce qui aura été fait et qui est déjà connu comme à faire.

Toute restitution s'expose donc à des manipulations qu'il faut avoir à l'esprit car elles ont marqué l'histoire de l'interprétation. D'une part, et c'est l'attitude la plus simple, on essaie de formuler les lois implicites qui servent de fondements à la liste des œuvres de miséricorde. Le risque est alors d'utiliser ce texte à d'autres fins que celles qu'il se donne, en particulier en en faisant un catalogue de règles morales. À l'inverse, le fait que le récit n'exprime directement aucune « loi », mais évoque avec insistance des gestes accomplis ou non justifierait que, désormais, au regard du Royaume déjà mystérieusement présent, toute « loi » serait superfétatoire, voire nocive. Or, s'il n'y a pas lieu de s'interroger sur la dimension objective de la morale à propos de ce récit, toute notre problématique est remise en cause par cette position. Qu'elle soit excessive est déjà manifeste en conclusion des développements précédents ; cette troisième partie tout entière visera à établir la pertinence d'une autre attitude. Entre une abolition définitive de la loi et le durcissement moralisateur, il convient donc de préciser ce qu'il peut en être en fonction de la narrativité de ce récit.

La donnée qui doit rester première et fondamentale, c'est que ce récit ne donne qu'une liste de six gestes. Bien que leur signification ultime échappe à l'orbe de cette histoire, nous sommes invité à les prendre en compte pour eux-mêmes avec toute l'attention que mérite ce dont il s'agit : les relations entre des hommes virtuellement vulnérables et solidaires. Et parmi ces relations les œuvres de miséricorde désignent ce qui est le plus élémentaire, le plus banal. Le contraste ne peut pas être plus grand avec l'enjeu qui y est attaché : le destin eschatologique. N'y a-t-il pas là une disproportion scandaleuse, d'autant plus scandaleuse que la démarche morale accorde une importance toute spéciale à la proportionnalité ? Au fond, la critique relayée par la tradition nietzschéenne de l'injustice caractérisée d'un tel Jugement serait avérée.

La réponse doit être élaborée dans deux directions. La première a déjà été exposée : c'est la signification sotériologique de l'eschatologie chrétienne. Le Jugement n'est pas d'abord un exercice comptable de rétribution, mais une participation gracieuse au don que le Père fait à l'humanité de — et dans — son Fils : le Royaume est un héritage à recevoir comme une bénédiction. La seconde relève strictement de l'éthique et/ou de la morale, en répondant clairement à l'accusation d'injustice ou d'arbitraire. Si les œuvres de miséricorde, parce qu'elles sont des actes élémentaires, ont un tel enjeu, c'est qu'elles méritent une considération selon laquelle l'élémentaire et le banal ne sont pas le méprisable, mais le fondement indispensable.

On est ainsi renvoyé à évaluer la signification anthropologique des œuvres de miséricorde, car c'est en fonction d'elle que pourra être perçue leur valeur éthique et/ou morale.

Autrui.

Si la première question d'ordre éthique soulevée par notre récit touche à la responsabilité des hommes en tant que sujets devant répondre de leurs actes ; si la deuxième visait la nature de ces actes, en particulier de ceux énumérés dans le récit, la troisième ne peut que concerner ceux envers qui ils sont accomplis. La banalité des œuvres de miséricorde correspond bien à ce que le Roi dit de leurs destinataires : ils sont les plus petits de ses frères. Qui sont donc ces autres pour qu'ils soient appelés à devenir des frères ou des prochains ?

Ils sont d'abord les plus petits, c'est-à-dire qu'ils ne sont pas nécessairement ceux que, spontanément ou familièrement, on considère comme ses proches ; au contraire ils sont loin ; on pourrait dire que ce sont les plus éloignés. L'enjeu des œuvres de miséricorde est donc de les promouvoir au rang de frères du Roi, c'est-à-dire d'en faire ses plus proches ; ce qui revient à en faire aussi les frères de ceux qui accompliront ces œuvres puisqu'ils hériteront du Royaume. Ces autres sont donc des « étrangers » (Mt 25, 35.38.43.44) ; leur altérité se caractérise d'abord par une distance, par ce qui « dis-tend » les liens ou les interdit. Et les œuvres de miséricorde viennent en quelque sorte combler le vide de cette distance, ou du moins jeter quelque pont, créer quelque lien. Là où la distance est mortelle, les liens font vivre celui qui reçoit comme celui qui donne.

Le second trait caractéristique d'autrui est qu'il ne demande rien. Les œuvres de miséricorde ne correspondent pas à un système de sollicitations-réponses. Il n'est pas dit : « je vous ai demandé à manger », mais : « j'avais faim... » Autrui est là, silencieux, et c'est son silence qui sollicite le don, l'accueil ou la visite. Cet état de pénurie, silencieux, non quémandeur, a cependant pu être remarqué et susciter une action bienveillante. Cette altérité est donc aussi une extériorité indépassable : autrui sera toujours autre, mais parce qu'il est fragile, menacé, il provoque, par le simple fait de sa présence, à mesurer qu'on ne peut être soi-même en restant indifférent à sa présence et à sa muette sollicitation. Il sollicite la sollicitude et permet de devenir soi-même par cette sollicitude.

Autrui appelle donc à dépasser les distances et l'extériorité, *a fortiori* la violence ou l'indifférence mortelles, et se propose comme celui par lequel chaque sujet se reçoit comme capable de répondre. Mais, pour être elle-même, cette interpellation par autrui qui suscite le sujet en tant que personnel et responsable de lui et d'autrui doit rester telle qu'elle se donne, dans une économie du don dont nous avons vu qu'elle caractérise l'*agapè* chrétienne. Le risque est grand et permanent de se servir d'autrui pour son devenir personnel alors que c'est en servant autrui pour lui-même que l'on devient soi-même sujet de sa propre existence, ouverte à son propre dépassement.

L'enjeu est double. D'une part, du point de vue théologique, cette relation à autrui est appelée à un dépassement définitif, puisque le Fils de l'homme dans sa gloire dit se proposer à travers tous ces autres. Une promesse de plénitude y est donc attachée qui sera une plénitude de bénédiction dans l'héritage du Royaume. Mais elle reste promesse, don ultime, au-delà de toutes les réalisations historiques possibles. L'économie du don s'accomplira dans une plénitude de don. Il est donc inscrit dans cette promesse qu'il ne soit pas possible de la connaître vraiment et que son accomplissement soit annoncé comme surprenant. Les liens partiels établis deviendront la trame d'une fraternité et d'une filiation que nous ne pouvons appréhender que sous le voile de la foi et dans l'énergie de l'espérance.

D'autre part, d'un point de vue éthique et/ou moral, ce devenir ne peut être indifférent au devenir de chaque sujet comme sujet moral. Nous retrouvons donc le débat sur le désintéressement du chrétien qui devient la question du désintéressement de tout homme : qu'en est-il de sa relation à l'autre, si pour devenir lui-même il ne peut passer par d'autre médiation que celle de la rencontre de l'autre, celui qui est le plus éloigné et le plus extérieur ? De l'anthropologie des œuvres de miséricorde dépend donc une approche précise de l'éthicité de ces œuvres qui dépasse la seule commisération pour être une démarche réellement humanisante.

D. Éthique et morale en Mt 25, 31-46.

Quand la sentence de Mt 25, 31-46 met en valeur ce qui a été fait ou n'a pas été fait par les hommes, elle ne se réfère pas à une législation mais aux besoins que les plus petits n'auront pas satisfaits par eux-mêmes. Analyser les implications éthiques de ce récit ne saurait donc se limiter à dégager une série de normes formelles. Il s'agit de déterminer en quoi les œuvres de miséricorde s'imposent selon la logique de ce texte.

Les œuvres de miséricorde constituent les critères de la sentence eschatologique sans que soit justifiée leur moralité : la seule explicitation fournie est de nature théologique. C'est pourquoi nous avons pu parler dans un premier temps d' « évidence éthique ». Pour montrer ce qui fait qu'elles peuvent ainsi s'imposer dans la conduite des hommes, on peut regarder dans deux directions complémentaires. D'une part il s'agit de pratiques concrètes qui ont leur utilité et leur signification dans un contexte social particulier. L'évolution des situations ne leur fait pas perdre nécessairement leur utilité, tant elles sont élémentaires à tous les sens du mot, mais elles ont une fonction, et donc une portée, qui peut se transformer. D'autre part, ces gestes correspondent à des besoins très précis de tous les êtres humains de tous les temps ; à travers eux se dessinent donc une anthropologie, c'est-à-dire une conception globale de ce que sont l'existence, son devenir et les manières de la développer.

À partir de là on peut distinguer deux niveaux que la convention au sujet du vocabulaire (éthique ou morale) permet de désigner. Apparaît au premier abord ce qu'il faut faire dans une société donnée, qui est toujours une organisation particulière de la vie sociale. Chacun naît à un monde déjà qualifié, humanisé. Le bien qu'il apprend à distinguer du mal, c'est le bien tel qu'il est conçu dans son environnement. Le devoir à faire n'est pas défini de manière absolue : il est reçu dans une particularité qui en nuance les modalités d'appréciation et de réalisation. Néanmoins, il s'agit bien d'un devoir à faire, clairement transmis comme tel soit par les multiples coutumes soit par des règles formalisées. Les œuvres de miséricorde ont ainsi une dimension pratique de devoir dans toutes les sociétés, même si toutes les sociétés ne les jugent ni ne les interprètent exactement de la même façon.

Cependant une pratique ne s'impose pas comme moralement à faire ou à éviter selon ces seuls critères sociaux. Ils sont aussi contingents et le devoir qu'ils induisent pourrait être facilement remis en cause. En plus de la capacité de toute conscience individuelle à les soupçonner, ils se trouvent parfois déstabilisés ou invalidés par l'évolution des événements. Il faut donc leur trouver un fondement qui échappe à la fragilité historique, non pas en la niant, mais à travers un principe qui puisse la transcender. Pour cela on doit se référer à ce qui permet à la fois d'imposer quelque chose à sa liberté et de le lui imposer de manière rationnelle, c'est-à-dire en se tournant vers « l'universel » qui est le fondement de toute rationalité. Cela n'est possible que dans la mesure où on cherche à tenir compte de ce qui constitue ce qu'il y a de plus essentiel dans le destin de la personne humaine et qui est davantage un projet à mettre en œuvre qu'une définition abstraite. C'est donc le niveau où sont déterminés rationnellement les principes généraux par lesquels toute personne peut devenir elle-même, principes généraux qui fondent les normes particulières dont ils ont besoin pour pouvoir être concrètement réalisés dans l'histoire.

À ce dernier aspect nous attacherons désormais la notion d'éthique, et au premier celui de morale. Il s'agit là de pure convention ; ce choix rejoint, par exemple, celui de Paul Ricœur [4] et, inverse, celui de Paul Valadier [5]. Notre distinction est proche de celle qu'Éric Weil établit dans sa *Philosophie morale* entre morales concrètes et philosophie morale [6]. Ce qui différencie ici les deux niveaux, c'est d'abord le pluriel des morales par rapport au singulier de l'éthique, ce qui est la conséquence de la plus grande formalité de cette dernière.

Paul Ricœur s'interroge sur le sujet moral en tant que « soi »,

---

4. P. RICŒUR, *Soi-même comme un autre, passim.*

5. P. VALADIER, *Inévitable morale,* Paris, Éd. du Seuil, 1990, p. 189-194.

6. Dans l'Introduction de sa *Philosophie morale,* Paris, Vrin, 3e éd., 1981, É. WEIL pose ainsi la distinction entre morales concrètes et philosophie morale : « Tout homme possède une morale [...] Au début est la certitude morale : on sait ce qu'il faut faire et éviter, ce qui est désirable ou non, bon ou mauvais. Le conflit des morales, la découverte des contradictions à l'intérieur d'une morale (visibles seulement après de tels conflits) mènent à la réflexion sur la morale [...] La philosophie morale n'a pas à découvrir, inventer, prescrire, créer une morale concrète, un système de règles à suivre (consciemment ou non) : elle présuppose de telles morales concrètes (au pluriel), sans lesquelles la réflexion n'aurait pas de point de départ et ne saurait naître, son problème même étant écarté. Elle est essentiellement ré-flexion, regard tourné en arrière [...]. Son problème est de retrouver la certitude perdue » (p. 13).

dans le rapport à soi avant le rapport au « moi ». De son point de vue, l'éthique désigne la visée fondamentale, l'orientation d'une existence ; elle est téléologie, jamais effectuée en tant que telle, et en conséquence structure le sujet dans son devenir, son à-faire, son devoir-faire ; par là même elle « fournit le principe unificateur d'une pratique » (p. 206) en fonction duquel on peut évaluer la bonté de ses choix ou de ses actions, faits ou à faire. La « morale » est alors attachée à ce qui concerne la formalisation de ce qui a été estimé bon en lui donnant une valeur obligatoire. Elle est donc strictement liée à la visée qu'elle soumet aux contraintes de l'objectivation de la norme et de l'universalisation. D'où on tient en même temps : « 1) la primauté de l'éthique sur la morale ; 2) la nécessité pour la visée éthique de passer par le crible de la norme » (p. 200).

L'articulation entre les deux n'est pas seulement un exercice intellectuel, car elle est suscitée par l'affrontement à la réalité qui est la condition première. Il peut révéler l'insuffisance de certaines normes face à des situations nouvelles ; plus souvent la complexité du réel est telle qu'elle provoque des « conflits de devoirs », « des cas de conscience » qui exigent une autre dimension dans la mise en œuvre : la décision de ce qui va être concrètement fait ou non nécessite une pondération et une détermination qui engagera la volonté du sujet dans la singularité de l'instant. Cette singularité n'est pas éclatement ou fractionnement de la visée éthique, mais mise en œuvre selon la cohérence de cette visée, et ce malgré les incohérences, les fragilités ou les échecs. Elle doit être pensée sans nostalgie comme la condition concrète et nécessaire de la réalisation d'une existence structurée dans un projet formalisé dans des normes particulières. La réflexion morale et éthique n'est pas allée à son terme tant qu'elle n'a pas réfléchi aux conditions et aux règles de sa mise en œuvre concrète qui ne sont pas des dégradations des principes généraux et généreux dans le pathos quotidien, mais le chemin sans cesse à tracer par lequel principes fondateurs et normes particulières deviennent décisions vitales et vivifiantes, et par là œuvres vitales et vivifiantes.

En reprenant maintenant l'analyse de notre récit en fonction de ces trois dimensions, nous tracerons les allées de ses implications éthiques, c'est-à-dire que nous déterminerons non seulement comment les œuvres de miséricorde peuvent s'imposer, mais aussi dans quelle visée d'ensemble cela est proposé et selon quelles modalités de réalisation personnelle.

Peut-on envisager de chercher le fondement éthique de ce

récit ailleurs que dans la sentence de bénédiction ? n'est-ce pas là qu'est exprimé le principe unificateur de toutes les pratiques d'une vie à partir duquel en déterminer la bonté : recevoir en héritage le Royaume préparé ? C'est en fonction de celle-ci que l'on pourra comprendre quelle est la nature de son universalité.

S'il en est ainsi, le premier principe découle d'une promesse de bonheur ; cette éthique est donc eudémoniste. Cela est la marque de toute éthique véritable, comme Éric Weil l'a établi de façon très concluante dans sa *Philosophie morale*. L'eudémonisme a été l'objet de critiques d'origines diverses et contradictoires, soit qu'on visât une satisfaction immédiate, comme dans l'hédonisme ou l'utilitarisme, soit qu'on prônât une stricte morale du devoir, comme E. Kant. Or, comme le remarque É. Weil : « Même la philosophie morale la plus hostile à l'eudémonisme, celle de Kant [...] montre à une analyse tant soit peu poussée que, quoi que son auteur en ait, elle constitue une forme d'eudémonisme » (p. 37).

Le bonheur que postule toute éthique ne saurait être pensé que comme un concept formel qui répond seulement « au désir de l'homme de se trouver assouvi ». Son enjeu éthique n'est pas dans une définition philosophique concrète et raffinée de ce en quoi il consisterait. Toute conception qui prétendrait savoir en quoi matériellement il consiste, serait hédonisme ou naturalisme. « En fait l'homme connaît son malheur, il ne sait pas de quoi est fait son bonheur [7] » (p. 37).

Quelle est donc l'image du bonheur, de l'accomplissement de soi que propose notre récit ? Il nous faut être attentif ici aux conséquences qui découlent de son genre littéraire. Comme il s'agit d'un récit qui concerne les événements eschatologiques, la visée éthique qu'il propose se donne comme accomplie,

---

7. Le devoir d'être heureux qu'Éric Weil érige en principe fondamental de l'éthique échappe donc à la mêmeté de la jouissance, car il ne saurait être sans l'expérience de l'Autre. Mais être responsable de l'Autre n'efface pas le désir et la possibilité de l'accomplissement de soi ; au contraire c'est le chemin paradoxal de l'émergence du sujet. Paradoxe qui n'est pas sans écho dans la tradition évangélique : « cherchez d'abord le Règne et la Justice de Dieu, et tout cela vous sera donné par surcroît » (Mt 6, 34). Au fond, « toute morale peut et doit être considérée comme eudémoniste » (p. 37). Les œuvres de miséricorde dans le cadre de la scène de Mt 25, 31-46, par l'attitude générale qu'elles supposent, comme par les pratiques concrètes en quoi elles consistent, sont des réponses à l'interpellation première d'Autrui. Elles sont dépassement concret des soucis du soi pour porter, dans leur humilité comme dans leur nécessité, la préoccupation effective d'Autrui qui les a mises en question. Paradoxe des Béatitudes et du Jugement eschatologique.

acquise, achevée, ce qui représente une transformation fondamentale par rapport à ce qu'elle est dans l'histoire d'une personne : un projet à accomplir. Ainsi sont renforcés les effets de toute narration. Il est donc nécessaire de ne pas perdre de vue le décalage que cela entraîne. Plus qu'un projet, ce récit donne un paradigme à partir duquel réévaluer la visée éthique que chaque lecteur se donne [8].

De quelle « bonté » Mt 25, 31-46 parle-t-il ? D'une part, elle est de l'ordre de ce qui est fait. Les œuvres de miséricorde ne sont évoquées qu'à travers leur réalisation ; et la sentence de condamnation porte sur leur non-réalisation. D'autre part, cette réalisation concerne autrui qui se présente comme celui qui est dans le besoin : un être de besoin dont le besoin sollicite. Cette sollicitation structure la relation et contribue à fonder toute bonté éthique.

La visée éthique à laquelle provoque Mt 25, 31-46 s'inscrit donc dans une économie du don : ce vers quoi elle tend par l'acomplissement de toutes les pratiques ne lui donne, à proprement parler, droit à rien. La bénédiction annoncée se concrétise sous la forme d'un héritage qui, s'il n'est pas étranger au domaine du droit, n'est pas de l'ordre de la justesse des échanges comptables, comme peuvent l'être le salaire ou la récompense. Elle sera reçue au-delà de ce qu'on peut escompter, et cela d'autant plus que les pratiques qui servent de référence sont élémentaires. De plus ces pratiques n'ont de sens que dans une économie du don, comme la théologie de l'*agapè* l'a bien établi. Elles sont donc à la fois homogènes à la bénédiction annoncée et, apparemment, totalement disproportionnées à un tel enjeu.

Ces différents éléments invitent donc à mener une analyse précise de l'anthropologie exprimée par les œuvres de miséricorde puisque c'est en elle que se déploient les éléments qui constituent à la fois la sollicitation d'autrui et le sens de la sollicitude dans laquelle se cristallise la visée éthique (chapitre x).

Entre ce qui a été accompli ou non et la visée globale de bonheur, le récit n'explicite aucune norme, bien qu'il soit évident qu'il y ait une bonté fondamentale à les réaliser et, autant, une

8. De toute façon, à proprement parler, un récit ne peut donner une visée éthique : celle-ci appartient à la conscience qui l'élabore et qui en vit. En tant que texte, il relève de la normativité et de son objectivité : il fait face à la conscience et il l'interroge au niveau de sa visée, pour qu'elle prenne position par rapport à ce qui se donne, y compris dans la Révélation, comme une proposition ; en un mot qu'elle se l'approprie.

méchanceté à les omettre. Cela invite donc à une certaine prudence dans le commentaire, et d'abord en évitant de forcer le trait du côté de la normativité. Puisque aucune norme morale n'est énoncée, il est préférable de s'en tenir à cette lisière où le texte se cantonne entre le fondement anthropologique et le cadre de la normativité proprement dit. Aller trop vite et délibérément plus loin ouvre à ce risque de « moralisation », auquel n'échappent guère certains commentaires contemporains.

Néanmoins, à cause de ce que nous avons dit de leur « évidence éthique », cette normativité ne peut être niée. Les œuvres de miséricorde ont une valeur éthique en elles-mêmes et leur densité s'inscrit paradoxalement dans le caractère élémentaire de leur objet. L'anthropologie ayant montré comment l'élémentaire est ici le préliminaire, le vital, l'indispensable, elles n'ont besoin d'aucune argumentation complémentaire, christologique ou eschatologique par exemple, pour s'imposer comme un devoir à faire. C'est ainsi qu'elles traversent « l'épreuve de l'universel ».

De quel ordre est cette normativité ? Depuis les temps bibliques, la tradition les a comprises comme un aspect particulier de la pratique de la vertu de charité, puisqu'elles étaient interprétées globalement comme une invitation à faire des aumônes. L'expression « œuvres de miséricorde » s'enracine dans ce contexte. Cette tradition est aujourd'hui l'objet d'une réévaluation. Répondre au besoin d'autrui, à sa sollicitation vitale, relèverait d'abord de ce que la tradition morale appelle la justice, et c'est en fonction d'elle que nous commencerons l'analyse de la dimension normative de ce récit. Nous devrons donc nous arrêter un instant sur cette histoire et la particularité de cette approche afin d'établir comment finalement, du point de vue de la norme morale, elles articulent justice et charité (chapitre XI).

Qu'en est-il de la mise en œuvre concrète singulière de ces œuvres ? Cette singularité est indiquée déjà dans le fait que les hommes sont séparés un à un, chacun selon son destin. D'un point de vue éthique, se pose ici la question de la conscience par laquelle le sujet s'implique dans son agir en ordonnant sa volonté aux normes morales, ou en les récusant. C'est parce qu'elle est consciemment voulue qu'une action est vraiment morale.

Or, dans notre lecture de Mt 25, 31-46, nous avons dit que les deux questions posées par les hommes à propos de la sentence : « quand t'avons-nous vu ? » traduisaient leur surprise et que, en conséquence, cette surprise constituait l'horizon de toute réflexion sur ce récit. S'agit-il vraiment d'une surprise ? N'est-ce pas seulement l'expression d'une méconnaissance ou d'une incompréhension ?

Les deux questions consistent à demander une information sur la sentence : à quel moment, et peut-être plus précisément, en quelles occasions t'avons-nous vu ? Mais cette demande appelle davantage qu'un renseignement sur une rencontre oubliée, car elle suppose que personne n'ait compris qu'il y a eu rencontre et sollicitation. Il s'agit donc, au-delà de la méconnaissance, à tout le moins, d'une incompréhension. Car les faits sont là : les hommes rassemblés devant le Fils de l'homme, puis séparés en deux groupes, ont effectivement soit accompli, soit négligé les œuvres de miséricorde envers leurs contemporains. Ils ne contestent ni les faits, ni qu'on y fasse référence dans la sentence eschatologique. Mais ils n'ont pas « vu » que chaque fois c'était le Roi qui était en cause. Ils n'ont pas vu parce qu'il n'y avait rien à voir, alors, de cet ordre. S'ils n'ont pas compris, c'est que ce n'était pas cela qui était alors à comprendre.

Il s'agit en effet d'une révélation qui n'est possible que dans et par la gloire du Fils de l'homme. L'incompréhension appellerait une explication qui n'est pas donnée à proprement parler, et il nous a fallu la chercher longuement dans les chapitres précédents. Au sens strict, il s'agit d'une révélation, d'une partielle levée du voile, possible seulement quand toutes choses auront été accomplies, car c'est dans leur accomplissement (la gloire du Fils de l'homme) qu'elle s'opère. Il y a donc bien davantage qu'une incompréhension : nul ne s'attendait à ce que le Roi se révélât *ainsi* partie prenante de nos relations interpersonnelles.

Cette surprise nous conduit donc à réfléchir sur ce qu'il en est de la conscience morale quand elle est aux prises avec les décisions singulières, c'est-à-dire dans l'engagement quotidien. Ce qui est alors en cause c'est la réalité de l'intention de la conscience écartelée entre les contraintes de la corporéité et la transcendance de la liberté dont elle est le témoin agissant ; ce qui reviendra à se demander comment l'intention trouve dans la capacité à formuler une visée dont le dernier mot lui échappe les conditions concrètes de sa réalisation (chapitre XII).

Posée en ces termes, la surprise manifestée dans notre récit est fidèle à sa lettre, mais ne correspond pas tout à fait à ce sur quoi elle porte pour ses lecteurs actuels. Et ce qui est vrai aujourd'hui l'est depuis longtemps selon le témoignage des commentateurs et des prédicateurs. Comment le destin eschatologique peut-il être lié à de si petites choses ? que signifie cet écart extrême ? écart qui engendre soit la dérision, soit le soupçon, soit le scandale.

De là à remettre en cause et la visée éthique et les normes afférentes, il n'y a qu'un pas, d'autant plus facile à franchir que le cadre du Jugement eschatologique suscite chez beaucoup l'ironie ou le doute. Au terme de ce parcours éthique devra être précisé ce que signifie, pour la responsabilité éthique, le fait d'être placée sous l'horizon du Jugement eschatologique. On le fera à partir des divers aspects que met en œuvre notre récit : la séparation en deux groupes seulement, la pertinence des critères mis en avant et les conséquences sur la temporalité. Ce seront autant de confirmations que la responsabilité éthique de l'homme et du croyant est non seulement préservée, mais sauvée par le Fils de l'homme en gloire (chapitre XIII).

CHAPITRE X

ANTHROPOLOGIE DES ŒUVRES DE MISÉRICORDE

La consistance anthropologique et éthique des œuvres de miséricorde ne pose guère de problèmes aux commentateurs ou aux lecteurs de Mt 25, 31-46. La tradition ecclésiale, dans le prolongement des commentaires juifs, a largement privilégié une interprétation de type « caritatif » : « faire des aumônes », d'autant plus que celles-ci faisaient partie des pratiques pénitentielles, elles-mêmes liées aux préoccupations concernant le salut éternel. Cette tradition, pour être honorée, doit être interrogée à nouveaux frais afin d'analyser, dans une situation culturelle et sociale très différente, sa consistance anthropologique. En plus de cette interprétation, on trouve d'autres approches.

D'un côté, la liste des six œuvres de miséricorde de Mt 25, 31-46 apparaît à la fois très originale et bien banale. La comparaison avec les diverses attestations de la littérature ancienne peut amener à les sous-estimer, puisque, après tout, on les connaît par ailleurs, qu'on en connaît d'autres listes, et qu'on en connaît même d'autres qui ne sont pas reproduites ici, alors que deux sont valorisées de manière inattendue... Banalité des œuvres donc, mais originalité de la liste retenue qui conduira certains à y voir un choix définitif du Maître auquel il ne faut rien ajouter ni retrancher... Aucune de ces deux attitudes contradictoires n'est satisfaisante, car ni la banalité ni l'originalité ne sont des critères anthropologiques ou éthiques. La première ne voit pas, en s'arrêtant à un échantillonnage, que ces six œuvres forment un ensemble qu'il faut interroger comme tel ; la seconde s'enferme dans un littéralisme qui ne peut se traduire ensuite que par une casuistique médiocre ou un fondamentalisme étriqué.

Le dossier exégétique contient au moins deux autres types d'analyse qui sont rarement développés : ces six œuvres seraient une description du devoir d'hospitalité qui relève d'une attitude religieuse plus générale de l'accueil de l'étranger en souvenir de l'histoire du Peuple élu, ou celle du devoir des puissants, des possédants ou des gouvernants envers ceux qui dépendent d'eux, ce qui a une dimension religieuse ou sacrale, en particulier dans le contexte d'une idéologie royale.

De fait, les deux premières œuvres sont souvent évoquées parmi les devoirs impérieux du bon roi (avec le souci des veuves et des orphelins) et les quatre premières concernent clairement l'hospitalité. Ainsi regroupées, elles témoignent d'une tradition sapientiale largement répandue dans l'Orient ancien qui plonge ses racines dans la haute Antiquité nomade de ces peuples. Profondément intégrées dans les mentalités, elles ont une dimension éthique et religieuse au-delà de la tradition biblique. Ce *« Sitz im Leben »* indique déjà que la consistance anthropologique de ces œuvres est bien réelle ; cependant s'en tenir à cela est insuffisant car leur portée symbolique est aussi importante que leur fonction sociale. D'autre part, cette approche fait trop peu de cas des deux dernières œuvres de la liste de Matthieu. Il est donc nécessaire de développer une problématique plus fondamentale qui prenne en compte cette liste d'œuvres comme un tout, significatif en lui-même et en chacun de ses éléments, avant de les étudier chacun pour lui-même.

Bien que la rédaction de notre péricope fasse d'elle une sorte de synthèse de l'évangile de Matthieu, cette synthèse reste fragmentaire, comme la comparaison entre les divers critères du Jugement eschatologique l'a bien montré. Aussi on n'y cherchera pas un résumé systématique de l'anthropologie matthéenne, ce qui serait peu conforme au genre littéraire, mais on le prendra comme indicatif de quelque chose d'essentiel pour elle. Ce faisant, on contribuera à dégager les éléments qui concourent à déterminer quelle visée éthique propose l'évangile matthéen, ce qui permet de discerner ce qu'il en est de la bonté d'une vie dans la relation à autrui ; c'est-à-dire ce qu'il en est de la condition de l'homme.

L'analyse est menée en fonction des données textuelles elles-mêmes concernant les œuvres de miséricorde : tantôt les six sont énumérées, tantôt elles sont regroupées en trois couples, une fois récapitulées par *diakonein*. L'exposé sera articulé à partir de leur problématique commune : l'homme a des besoins à satisfaire, et leur satisfaction mobilise toute son existence (A) ; puis on reprendra chacune en les articulant selon les trois couples proposés par le texte (B) afin de pouvoir les situer dans une problématique plus large (C) ; enfin, puisqu'elle suppose des choix connus, on devra vérifier la cohérence des œuvres retenues par rapport à ce qui est écarté ou passé sous silence (D).

A. L'homme et son manque.

L'un des paradoxes majeurs de la scène du Jugement réside dans l'écart sur lequel repose en grande partie la dynamique du récit entre la gloire du Fils de l'homme qui siège souverainement au tribunal eschatologique et la représentation de lui-même qu'il révèle dans « ces plus petits qui sont [ses] frères ». Ce paradoxe se prolonge au niveau anthropologique : alors que le récit concerne le destin eschatologique des hommes, qu'on pourrait considérer comme le plus spirituel, le plus essentiel, voire le plus sublime en eux, les dialogues sur les œuvres de miséricorde renvoient d'eux l'image la plus humble, la plus fragile, voire la plus méprisée. Nous en analysons ici l'aspect le plus matériel à travers des besoins que d'aucuns jugent bien triviaux par rapport à cette destinée surnaturelle.

Les six œuvres de miséricorde concernent l'homme dans sa réalité corporelle. Le corps de l'homme partage les caractéristiques essentielles des organismes vivants. Il est en relation constante avec son environnement dont il tire l'énergie qui le fait vivre et par lequel il est sans cesse menacé, soit par la difficulté de satisfaire ses besoins vitaux élémentaires, soit par la compétition et l'agression. C'est un trait essentiel de cette anthropologie : l'homme est un être de besoins dans son corps. Pour assurer son existence et durer, l'homme doit consommer des biens, des objets qui le comblent réellement et momentanément, jusqu'à ce que le besoin apparaisse de nouveau, selon une répétitivité que seule la mort interrompt. Les six besoins que tendent à satisfaire les œuvres de miséricorde sont, chacun à sa manière, corporellement vitaux, c'est-à-dire qu'à travers eux se joue la (sur-)vie de la personne. C'est cet aspect « vital » au sens strict qui explique que, lors du Jugement eschatologique, leur prise en compte est révélatrice de ce que l'humanité de chacun a été totalement prise en compte, y compris dans ce qu'elle a de plus élémentaire.

Ainsi on souligne que l'homme n'existe que comme manque, commc besoin, et que ce besoin s'exprime d'abord par le corps, ce qui est tout à fait cohérent avec la conception très positive du corps de l'anthropologie biblique. Les besoins du corps ne sont pas que matériels, ils sont aussi d'ordre psychologique et affectif, car le corps est la médiation nécessaire de la relation à l'autre. Si on peut distinguer deux dimensions de l'homme, on ne peut séparer, encore moins opposer, la dimension corporelle de la dimension psychologique ou spirituelle des manques de l'homme. Les manques psycho-affectifs s'expriment par le corps, et les besoins du corps supposent vie sociale et affective ; la non-satisfaction des besoins de l'un perturbe le bon fonctionnement de l'autre : c'est l'expérience élémentaire et générale de la souffrance sous toutes ses formes. Les besoins de l'homme génèrent par eux-mêmes, de manière lancinante, de la souffrance, qui est le premier indicateur de son émergence, avant que, à l'extrême, la menace ne devienne mortelle. L'homme dans son manque « apparaît d'emblée souffrant autant qu'agissant [1] » et son activité tend à résoudre en même temps le besoin et la souffrance.

Chacune des six œuvres de miséricorde désigne ainsi un manque corporel et relationnel qui en fait un manque humain. La nécessité vitale du secours à apporter ou à recevoir, dont l'aumône est la figure traditionnelle, indique le manque relationnel sans lequel le manque corporel, par ailleurs précisément décrit, ne saurait être satisfait. De plus le rapport corps-vie relationnelle impliqué par les besoins désignés dans les différentes œuvres n'est pas de même nature : il y a plus que des nuances entre ce qu'impliquent la faim, la nudité ou la maladie. Il est donc nécessaire de ne pas se laisser abuser par une première impression que pourrait donner le geste de l'aumône, comme type des œuvres de miséricorde : il implique davantage qu'un simple don matériel, comme les dernières œuvres le suggèrent de plus en plus nettement.

Dans l'anthropologie du Décalogue et de l'*agapè*, le respect

1. P. RICŒUR, *Soi-même comme un autre,* Paris, Éd. du Seuil, 1990, p. 210.

d'autrui, en commençant par sa réalité corporelle, et la possibilité de relation positive avec lui ont inséparablement une dimension morale et religieuse. Cette relation ne fait pas l'économie de la médiation corporelle. C'est l'autre dans son corps, l'autre comme corps, qui mérite respect et qui appelle relation et réciprocité. C'est par son corps que l'homme rend un culte à Dieu, selon la première table, par le repos du sabbat et par le respect des parents dont il tient aussi la vie corporelle. Cependant ce culte divin ne doit pas porter atteinte à la souveraine altérité de Dieu en faisant de Lui une image selon le modèle du corps humain.

Ces besoins sont d'abord corporels au sens biologique le plus strict du mot. Cependant les œuvres de miséricorde comme les événements ordinaires de la vie quotidienne montrent que l'homme n'assume son devenir homme que dans la mesure où il fait nécessairement appel à autre que lui, que son corps, pour le réaliser. La satisfaction de ces besoins n'est jamais seulement affaire d'individus. Elle requiert, en tout état de cause, la présence d'autrui, comme partenaire, pour l'obtenir. En cela, l'homme a « besoin » de l'autre homme. Ce besoin « instrumental » de l'autre, qui ne dit pas le dernier mot de la relation avec lui, ne peut être totalement évacué : l'homme vient toujours d'autres. La transmission de la vie et l'éducation nécessaire à chacun sont les étapes premières d'une socialité qui est la marque de toute l'existence ; né à un monde humanisé, il n'y est jamais autosuffisant, même lorsqu'il a atteint une stature adulte.

En tant qu'humain, le besoin biologique n'est jamais seulement biologique : il suppose une dimension sociale et s'articule toujours en même temps sur elle. Qu'en est-il alors de ce besoin d'autrui pour répondre à ces besoins ? Pour que la relation soit vraiment humaine, autrui ne peut être uniquement considéré comme un moyen de répondre à des besoins. Le cycle tournerait en cercle vicieux du besoin du besoin d'autrui… La relation à autrui englobe la nécessaire satisfaction des besoins dans un mouvement d'une plus grande ampleur dans lequel autrui est considéré pour lui-même. Ainsi seulement est possible une véritable réciprocité de relation telle qu'elle est appelée par la requête d'universalité. Les besoins de chacun sollicitent autrui parce que autrui est susceptible de contribuer à leur satisfaction, mais il n'est tel que dans la mesure où lui est reconnue une dignité qui dépasse le seul utilitarisme, selon la formulation de l'impératif catégorique : « toujours en même temps comme une fin, et jamais simplement comme un moyen. » Ainsi, quand il rend service de manière quelque peu instrumentale, une autre relation est en cause, y compris à travers la satisfaction des besoins biologiques.

Alors que ces besoins poussent à solliciter la collaboration d'autrui, sa présence s'impose de telle sorte qu'elle renverse les termes de la relation : là où le besoin et la souffrance qui peut l'accompagner poussent hors de soi à la recherche d'un soulagement, la présence d'autrui impose la prise en compte de son propre manque. Autrui aussi est vulnérable par son propre manque. Cette rencontre qui est nécessaire à la satisfaction des besoins ouvre fondamentalement à une relation avec lui dont l'altérité est aussi en position de solliciteur.

Le manque de l'homme le tourne fondamentalement vers l'autre selon une relation qui dépasse, tout en l'assumant, la seule recherche de consommation. Quand il collabore à la fourniture de tels biens, autrui n'est pas un objet parmi d'autres. C'est un sujet qui se pose en vis-à-vis dans sa collaboration comme dans sa dépendance. Il est d'abord le sujet de la relation, ce qui n'exclut pas que doivent être satisfaits les besoins de consommation qui prennent sens en fonction d'elle. Le manque de l'homme est ainsi dépassé dans un désir. Le face-à-face ne peut jamais être seulement un « comblement » saturant, car ce qui se donne alors c'est soi-même, selon le mouvement même de l'*agapè* et de la kénose qui est à l'opposé de toute consommation puisque plus on se donne jusqu'au bout, plus on se trouve dans la vérité de son désir d'aimer et d'être aimé. Il n'est donc pas possible de comprendre les besoins de l'homme tels qu'ils sont dits dans les six œuvres sans prendre en compte ce qu'ils supposent nécessairement pour leur accomplissement. D'ailleurs, la diversité des œuvres de miséricorde l'indiquent clairement, en particulier les deux dernières.

Cette première analyse du manque met en évidence à la fois la condition vulnérable de tout homme et la condition sociale grâce à laquelle ces besoins peuvent être satisfaits. Leur urgence tient au drame engendré par des situations où il n'y a pas d'autres moyens d'y subvenir que par ces actions spécifiques. Le drame des situations extrêmes permet de mieux saisir l'enjeu de ce qui est élémentaire et quotidien. Ce n'est pas ce qu'on en sait ou qu'on en dit que le Jugement eschatologique prend en compte, mais ce qu'on fait concrètement en faveur du corps besogneux. Par là l'universalité du Jugement se trouve renforcée, car ces œuvres visent moins les soins apportés à quelques groupes humains particularisés suivant des critères difficiles à préciser dans le récit lui-même, que l'attitude concrète adoptée en faveur des hommes et des femmes souffrant dans leur corps. L'élémentaire est ici le décisif.

Toute l'anthropologie biblique affirme la dignité inaliénable de ceux qui sont agressés dans leur humanité par une incapacité de pourvoir à leurs besoins quotidiens ou à ceux de leurs proches. C'est donc un devoir impérieux d'œuvrer à la solution de misères qui dégradent davantage encore ceux qui ne sont pas capables de supporter un tel face-à-face, et qui ferment leurs yeux, ou ceux qui se refusent à mesurer leurs responsabilités, par confort ou par intérêt.

Le manque fait l'homme : ce n'est pas seulement un accident qui écraserait certains. Le drame de ceux qui ne peuvent y faire face par les procédures ordinaires rappelle que c'est la condition commune de la liberté. Personne ne peut échapper à la réciprocité qu'il instaure. Il faut donc considérer autrement que dans la sensibilité le regard de celui qui ne survivra immédiatement que par le geste concret qui le secourra. C'est le rappel vivant du devoir moral par excellence qui est d'agir vis-à-vis de l'autre de telle sorte qu'il soit « toujours aussi une fin », ou, pour reprendre le vocabulaire évangélique, qu'en le considérant comme le prochain il soit définitivement celui dont on se fait proche, c'est-à-dire que ce soient deux sujets l'un devant l'autre.

B. L'espace relationnel du corps.

Les œuvres de miséricorde désignent, à travers les besoins biologiques, le manque fondamental qui constitue l'homme comme être de relation. Le fait que ce soit à travers le corps dit aussi que le contenu concret de chacune d'entre elles doit être soigneusement pris en considération en fonction de ce cadre général. La rédaction de Mt 25, 44 invite à les étudier en les regroupant en trois couples qui dessinent une géographie de la relation corporelle à autrui, autrement dit du rapport du corps au cosmos : la faim et la soif évoquent ce qui pénètre dans le corps ; l'abri et le vêtement décrivent sa limite géométrique dans les relations sociales ; la maladie et la prison renvoient à sa double fragilité biologique et sociale [2]. La liste de Mt 25, 31-46 n'est donc pas une simple juxtaposition de divers aspects du manque de l'homme. Plus que l'énumération des six œuvres ne

2. Dans le *Commentaire de* Mt 25, 31-46 et dans la IIa IIae, q. 32 art. 2, r. 1, saint THOMAS D'AQUIN reprend cette répartition mais en fait une analyse tout à fait différente.

pourrait le laisser entendre, il y a une véritable articulation entre ces différents besoins corporels et leur satisfaction qui requiert nécessairement le fait social. Écartelée entre divers besoins qui ont tous à voir avec le corps en tant que donnée biologique, la condition humaine se réalise dans l'assomption du corps comme médiation des relations sociales, à travers lesquelles sa liberté trouve à la fois ses limites et ses conditions de possibilité.

L'intériorité du corps.

Dans beaucoup de cultures, en particulier dans celle de la Bible, la faim et la soif forment un couple de totalité pour exprimer les besoins les plus élémentaires de l'homme, et donc la plus grande vulnérabilité corporelle. De fait, elles supposent une activité quotidienne sans cesse recommencée dont on ne peut différer la satisfaction très longtemps sans conséquences graves.

La vie corporelle ne se maintient qu'en consommant une énergie qu'elle ne produit pas directement elle-même. Elle la reçoit de l'extérieur et l'assimile. Si la vie se transmet par la vie, elle ne s'entretient que de l'extérieur d'elle-même. L'homme dépend de ce qui est extérieur à son corps et qu'il doit ingérer, digérer et métaboliser. Il est prédateur de la « nature extérieure » dont il use afin de l'absorber pour continuer de vivre. La faim et la soif sont l'expression à la fois concrète et symbolique de cette fonction assimilatrice du corps dont les besoins énergétiques doivent sans cesse être pourvus, et les réserves reconstituées. Elles indiquent donc de façon privilégiée la participation essentielle du corps de l'homme au monde de la nature : c'est un vivant parmi les diverses espèces de vivants ; de ce point de vue il est solidaire du jeu général des échanges. C'est aussi un vivant qui exprime sa capacité de dominer en partie sa vulnérabilité et son environnement pour organiser ces échanges.

La géographie de ces échanges désigne dans un premier temps le corps comme foyer d'intériorité [3]. La faim et la soif

3. Cette dépendance du cosmos ne se limite pas à la nourriture ou à la boisson. La respiration, qui est de l'ordre de la vie végétative, s'inscrit dans les phénomènes d'échanges avec le milieu naturel bien que ce soit sous une forme qui la fasse échapper aux circuits de la vie économique, au moins de manière habituelle, car les menaces sur l'équilibre écologique rappellent que, de ce point de vue, rien n'est jamais acquis. Aussi ne relève-t-elle pas exactement de la même approche que la nourriture et la boisson.

expriment d'abord à quel point il ne survit que par ce qu'il se procure à l'extérieur de lui-même. Il ne vit qu'en résolvant le manque par l'apport de ce qui n'est ni lui ni comme lui, et ce qui rend ce manque tout à fait humain, c'est qu'il participe au circuit des échanges économiques et sociaux.

La délimitation du corps.

L'hébergement et le vêtement concernent ce qui entoure le corps, de manière immédiate pour le vêtement qui le couvre, de manière un peu plus lointaine pour le logement. Ils déterminent ainsi la limite géométrique du corps en marquant la séparation entre l'intérieur et l'extérieur. Leur fonction pratique est de protéger le corps contre les agressions extérieures, celles du climat ou celles des autres. Comme ils recouvrent ou entourent le corps, ils contribuent de manière déterminante à composer l'image que chacun donne de lui-même dans son milieu de vie. Ils ont ainsi une fonction sociale fondamentale.

Ils servent à l'identification sociale de chacun et à la structuration du groupe lui-même. En effet, pour une bonne part, les relations hiérarchiques ou compétitives s'expriment à travers eux et chaque groupe se distingue des autres par sa manière de se vêtir ou de se loger. Par eux se constitue la cohésion sociale qui assure une certaine protection contre les agressions extérieures.

Au-delà de la protection contre les intempéries climatiques, la nudité évoque la faiblesse avant que de renvoyer à la honte ou à la provocation, liées à la sexualité. Le corps dénudé est d'abord un corps vulnérable, sinon disponible. C'est l'état de l'enfant qui sort du corps de sa mère. Le vêtement est une enveloppe qui institue une distance symbolique avec les autres. Grâce à lui, tout n'est pas exposé, et la relation devient possible.

Le logement évoque de même la vulnérabilité du corps dans les rapports avec l'extérieur, par rapport aux mêmes intempéries comme par rapport aux autres. Le sans-abri relève toujours plus ou moins de la marginalité sociale, qu'elle soit subie ou voulue, car elle indique une absence, un relâchement ou une perte des liens sociaux connus. Le sans-abri est facilement assimilé au « sans-lieu » qui n'appartient à aucun groupe. C'est donc un isolé, vite suspect d'être un « hors-la-loi social ». Sa situation est à la fois perçue comme menaçante pour le groupe établi et menacée à cause de son isolement et de la menace qu'il est censé représenter, au moins en semblant montrer qu'on peut vivre hors du groupe. Dans cette liste, le manque de logement est lié au fait d'être un « étranger ». La menace s'efface par rapport à la vulnérabilité de celui qui est privé de la protection de son propre groupe social. Au-delà du sentiment premier de menace ou d'indifférence, il sollicite une autre protection qui dépasse les relations ordinaires.

Vêtement et logement déterminent la limite symbolique du corps. Cette délimitation définit l'espace du corps à la fois comme réalité propre et comme lieu de rencontre de l'autre. L'image familière du « foyer » l'exprime bien. Comme liens sociaux, ils se révèlent ainsi structurants, protecteurs et potentiellement menaçants s'ils se détournent de leur finalité ou s'ils viennent à manquer. Le vêtement et le logement sont d'abord images de cette protection intégratrice qui, au-delà de l'identification des personnes, identifient et soudent le groupe social.

Le devoir de vêtir et d'héberger relève donc du refus de laisser se constituer une marginalité sociale qui ne peut être à terme que déshumanisante ou une hostilité lourde de violences. Comme pour la nourriture et la boisson, il s'agit bien de fournir des objets nécessaires pour assouvir un manque constitutif. Ces deux types de besoins sont indissociables car leur satisfaction est nécessaire pour vivre dans la reconnaissance sociale. Ils peuvent vraiment être dits vitaux pour l'homme, non seulement parce qu'ils mettent en jeu la vie physique, mais aussi parce que, par eux, le corps est situé dans le réseau des relations sociales qu'il médiatise nécessairement et qui, seules, permettent de les satisfaire.

Le redoublement de la vulnérabilité du corps.

La faim et la soif, d'une part, la nudité et l'errance, d'autre part, disent comment le manque de l'homme fait de lui un être vulnérable jamais totalement achevé, car elles sont en permanence renouvelées. Cette vulnérabilité corporelle souligne violemment la nécessité de la relation sociale pour le devenir homme. Le dernier couple de besoins exprime le redoublement de la vulnérabilité de chacun, la maladie renvoie plutôt au premier, et la prison plutôt au second. Ils désignent donc l'extériorité du corps comme lieu vulnérable en lui-même et par le fait de la relation sociale.

L'homme a besoin de satisfaire ses besoins primaires et, pour cela, il a besoin d'un groupe social où s'intégrer pour se construire. Ces deux derniers besoins de l'homme en relation dans son corps ne se résolvent pas par la fourniture de quelques biens. Étant en fondamentale dépendance de l'extérieur cosmique et social, il est menacé par les agressions de ceux dont il dépend : le vêtement et le logement visent à juguler un premier type de menaces. La maladie et la prison en indiquent un second qui est une dépossession de son corps sous la pression d'un dysfonctionnement du corps comme organisme qui échappe au contrôle de la volonté, ou sous la pression de l'organisation sociale dont l'autonomie de fonctionnement par rapport à ses membres est très forte.

Non seulement le corps est dépendant de l'apport énergétique pour fonctionner, mais il peut ne pas fonctionner de manière « normale » pour d'autres causes, externes ou internes. Le corps peut être malade. La définition de la maladie ou de la santé est difficile car elle intègre un grand nombre d'aspects qui sont loin d'être tous biologiques, mais aussi largement culturels, affectifs, psychologiques ou sociaux. Le corps semble échapper au sujet, à son contrôle comme à son épanouissement. La perspective de la mort est alors fondamentalement présente comme un aspect de la vie.

À cette dépossession se joint l'épreuve de la souffrance qui est le déni du plaisir auquel tend la satisfaction ordinaire des besoins de toutes sortes et la rupture de l'ensemble des activités et relations habituelles. La maladie est donc l'occasion de trois causes, au moins, de repli du sujet sur lui-même : l'angoisse de l'avenir plus incertain et de la mort envahit plus ou moins le champ de la conscience ; la souffrance affaiblit les facultés de relations ; et des handicaps, provisoirement au moins, les interdisent. Visiter les malades est donc une manière d'indiquer qu'il n'est pas éthique de s'en tenir à prendre acte de ce repli sur soi qui va à l'encontre de tous les processus d'humanisation. Au contraire il est profondément humain de s'attaquer non seulement à la cause et aux symptômes, mais aussi aux conséquences moins directement médicales, et dont on sait qu'elles ne sont pas étrangères à la thérapeutique elle-même.

La prison est le symbole de la privation de liberté politique et sociale. Dans le Nouveau Testament elle a une connotation d'arbitraire injuste puisqu'elle fait souvent allusion aux persécutions. Il ne faut sans doute pas en rester à ce dernier aspect, mais l'entendre comme une menace plus fondamentale sur l'exercice du rôle social que chacun est appelé à jouer. La vie sociale est médiation nécessaire de l'effectuation de la liberté humaine. Elle n'est pas à l'abri d'un retournement contre ses membres, par le jeu des pressions sociales au sens le plus général du mot, ou par la contrainte de l'ordre politique proprement dit, qui est de droit responsable de la promulgation et de l'application du droit, et donc des sanctions prévues en cas de violation de la loi.

La prison est dépossession du corps par l'effet de la puissance extérieure, alors que la maladie l'est sous l'effet d'un processus interne non contrôlé. La prison est une perte dc liberté qui n'est pas univoque. Il y a tant de raisons de se retrouver en prison, et dans des conditions de vie si disparates ! Cela dit, d'une manière générale, elle est contrainte sur le corps et, par lui, sur la liberté d'action de l'individu. Elle est la remise en cause (potentiellement légitime) d'un droit de tout homme, et non pas d'un attribut extérieur. En effet la relation à l'autre ne peut être qu'une relation libre parce que instauratrice de la liberté. Cette liberté ne peut aller sans une certaine liberté du corps, et le principe dit de l' *« habeas corpus »* est essentiel de ce point de vue. Néanmoins, la liberté de mouvement du corps n'est pas le tout de la liberté, sa limitation totale ou partielle n'est pas la négation de la liberté intellectuelle ou spirituelle qui s'affirme souvent avec force à cause de la privation physique imposée. C'est ce que montre la protestation de toute révolte « en conscience », de tout condamné pour délit d'opinion, ce qui ne l'empêche pas de continuer à penser « en conscience ».

La visite au prisonnier est donc l'affirmation d'une transcendance de la dignité de la liberté ici contrainte, que la contrainte soit juridiquement justifiée ou non. Le prisonnier est mis hors du champ de relations sociales normales. Il n'est pas hors du champ de la socialité pour autant, car toute prison suppose une société pour l'organiser, et la prison est elle-même une forme de société. La visite au prisonnier est un franchissement, symbolique et non réciproque, de la frontière qu'est le mur de la prison. Elle a donc une valeur politique et éthique très importante pour signifier que, quoi qu'il en soit des raisons pour lesquelles quelqu'un est incarcéré, on ne peut jamais effacer ce qui est sa dignité première et qui doit être préservée : sa capacité de relation par laquelle il devient lui-même. Si le prochain c'est l'autre dans la mesure où il est aussi le plus lointain dont on se fait proche, alors le prisonnier est vraiment une figure majeure du prochain ; il appelle une *agapé* qui se donne sans calculer de retour possible et sans porter de jugement sur la personne en cause. Si la prison peut être un moyen légitime, y compris d'un point de vue éthique, de restreindre pour diverses raisons la liberté de mouvement d'un individu, elle ne saurait jamais le priver, quel qu'il soit, et quoi qu'il ait fait, de sa dignité essentielle [4].

C. Corps du manque et corps social.

Les besoins exprimés à travers les quatre premières œuvres de miséricorde sont liés au corps dans lequel s'inscrit la finitude de l'homme à un premier niveau, celui de la nécessité. À un second niveau, ils l'inscrivent dans la socialité, car ils ne peuvent être assouvis que dans le jeu des relations sociales. Leur dysfonctionnement appelle un renforcement de la socialité, dont témoigne, à sa manière, chaque œuvre de miséricorde. Elles supposent donc une relation dialectique indissociable entre le corps personnel et le corps social, avec leurs besoins et leurs réponses particulières. La maladie et la prison sont une altération de l'un ou de l'autre, et, dès lors, engagent un redoublement dans le fonctionnement de la socialité. Ici il n'y a plus de biens à échanger, comme le montre le caractère dérisoire, et néanmoins précieux, des fleurs et des confiseries offertes lors des visites aux malades, en particulier ceux qui sont hospitalisés. Ce qui est en cause c'est le face-à-face en tant que tel, avec celui dont la face est plus ou moins défigurée par la maladie ou la prison. Alors qu'elle n'était qu'une condition nécessaire à la satisfaction des premiers besoins, et par le fait même sa conséquence, la relation sociale devient ici l'œuvre de miséricorde elle-même.

Ce n'est pas seulement par souci de parénèse concrète que le corps est au cœur de l'anthropologie des œuvres de miséricorde. Il est à la fois le lieu du devenir-homme comme affirmation de soi dans la relation à l'autre, et donc la cristallisation de la vulnérabilité et des résistances qu'elle implique. Comme un ressort, sa résistance est sa capacité même de mouvoir ; il est, selon l'expression suggestive de Vladimir Jankélévitch, « organe-obstacle », à la fois « empêchement et instrument », un « malgré qui est lui-même et paradoxalement le grâce-à [5] ».

4. Dans ces conditions, la peine de mort ne saurait jamais se justifier, car elle est, pire qu'une prison, sans visite et sans espoir de retour.

5. « L'organe-obstacle élémentaire, c'est donc le chemin ou la voie, *iter,* et plus généralement le Temps, si le Temps est le Chemin à l'état pur, l'épaisseur même de la médiation agogique. La distance n'est-elle pas ce qui à la fois éloigne et conduit, et conduit en éloignant ? Ainsi la vocation a sans cesse le dernier mot, encore que ce dernier mot, après coup, soit continuellement l'avant-dernier » (V. JANKÉLÉVITCH, *Le Sérieux de l'intention,* Paris, Flammarion, 1983, p. 18-19).

Le corps de l'homme, comme corps du manque, n'existe qu'en devenir : non seulement il s'inscrit dans la durée biologique, dans le flux vital où les êtres apparaissent, se reproduisent et disparaissent, mais dans une durée consciente du fait qu'elle est marquée par la mort [6] : ainsi la lutte contre le manque se sait d'une certaine manière condamnée à l'échec, puisque la mort n'est pas seulement un risque, mais une échéance. Tout en étant marqué par la pensée de la mort, le temps de l'homme n'est pas qu'un temps pour la mort, mais celui d'un devenir qui affrontera la mort. Corps en devenir, corps du devenir, il est le lieu de ce devenir, élément de l'espace cosmique ; non pas champ clos, mais chemin, territoire tendu vers son terme en forme d'horizon et partiellement dégagé d'autres contraintes pour être livré à la circulation.

La médiation corporelle n'est ainsi ni une malédiction à subir, ni une contrainte à dépasser. Elle est la condition même de l'effectuation de la liberté en tant que capacité personnelle de devenir homme dans l'espace des relations sociales. Lorsque chaque œuvre de miséricorde se réfère à un besoin fondamental de l'homme dans son corps, elle désigne en même temps un dysfonctionnement social qui justifie une telle intervention et, en creux, le fonctionnement social que l'on est tenté de dire normal, puisque chacun ne peut pourvoir à ses besoins que dans la mesure où il s'inscrit dans le champ des relations sociales. Telle est la conclusion à laquelle nous conduit une analyse qui tient compte à la fois de chaque œuvre et de leur mise en série articulée d'un point de vue anthropologique.

Cette première analyse montre que la cohérence anthropologique de la liste de Mt 25, 31-46 peut prétendre à fonder sa consistance éthique. Mais elle souligne aussi qu'il ne s'agit que d'une approche partielle des relations avec autrui : élément qui s'intègre à cette conception plus globale, qu'est l'anthropologie biblique ; élément qui s'intègre aussi à une réflexion plus large sur la signification de l'activité humaine. Les œuvres de miséricorde soulignent que les besoins de l'homme ne sont satisfaits que dans un réseau de relations sociales dont certains dysfonc-

---

6. « La question du temps est [...] posée. Ou plutôt le temps est posé comme une question, dès lors que l'homme est le seul être qui sait qu'il est " mortel ", parce que l'homme est aussi le seul qui pense et qui pense ce qui est éternel » (P. RICŒUR, Préface à la trad. française de H. ARENDT, *The Human Condition,* Chicago et Londres, The University of Chicago Press, 1958 ; trad. française : *La Condition de l'homme moderne,* Paris, Calmann-Lévy, 1961 et 1983, p. 18).

tionnements appellent ce mode particulier d'activité. Il n'est donc pas inutile d'amorcer un approfondissement pour les intégrer à une théorie plus générale.

Pour disposer de nourriture à consommer, de vêtements pour se couvrir, de logement où s'abriter, l'homme se fait producteur de ces biens, et pour cela il se trouve dans un rapport complexe avec la nature. L'homme naît à un monde déjà humain, c'est-à-dire humanisé. Chaque besoin articule un rapport différencié à une nature toujours socialisée. La nourriture et la boisson supposent une activité depuis longtemps organisée et complexifiée à l'extrême par la division du travail, pour assurer production, distribution et élaboration des biens à consommer. Il n'y a guère de nourriture ou de boisson qui n'en résulte. Cela vaut plus encore pour le vêtement et le logement puisqu'ils sont à la fois production laborieuse et éléments intégrateurs dans le groupe social. Enfin la maladie et la prison affectent de deux manières différentes la cohésion sociale et elles suscitent ou supposent un grand nombre de pratiques sociales pour juguler les menaces qu'elles représentent.

Cette approche semble mettre en évidence l'implication croissante du fait social pour répondre à ces divers besoins. Cette progression linéaire est cependant ambiguë : les analyses précédentes ont montré que la structuration la plus profonde de cette liste n'est pas linéaire mais plutôt spatiale. Dans *The Human Condition* [7], Hannah Arendt organise les activités humaines selon trois attitudes fondamentales dans le rapport des hommes avec leur environnement. On peut aisément les rapprocher des trois types de besoins évoqués en Mt 25, 31-46.

Le travail *(labor)* est l'activité de l'homme qui se plie aux nécessités, qui est contraint par elles de telle sorte qu'il ne peut en aucune façon y échapper : « le travail corporel rendu nécessaire par les besoins du corps est servile [8]. » Il consiste à reproduire la force de travail en mettant à disposition des biens qui sont destinés à être consommés, c'est-à-dire détruits à brève échéance. Le travail est donc caractérisé par la nature de ce qu'il produit et par le fait que ce qu'il produit n'est pas appelé à durer, selon le mouvement cyclique de la vie qui engloutit ce qu'elle engendre. Par ce domaine d'activité nécessaire l'homme participe au plus près à la vie animale, ce que dit l'expression classique *« animal laborans »*. Longtemps méprisé, il était

7. Voir la note 6.
8. *Ibid.*, p. 127.

réservé dans l'Antiquité aux esclaves *(« animal vocale »)*, à ceux qui ne pouvaient accéder aux tâches nobles de la vie civique. Mais le travail est bel et bien une activité humaine qui sollicite l'ingéniosité humaine ; s'il est déconsidéré, ou moins bien considéré, c'est à cause de l'aspect nécessaire et trivial du domaine dont il s'occupe.

L'œuvre *(work)* se caractérise par la production d'objets qui sont le fruit d'une activité humaine proprement dite, c'est-à-dire sans comparaison possible avec l'activité de l'animal. C'est le domaine de l'outil et des biens durables, qui sont détruits par le seul fait de l'usage pour lequel ils ont été conçus et réalisés. À proprement parler, c'est le domaine de l'artifice humain *(« homo faber »)*, ce qui implique qu'il ait été prévu et voulu pour son usage. Il n'est pas lié de la même manière que le travail à son fabricant : l'objet a sa consistance, son utilité ou sa signification en lui-même, il est fait pour durer, et pour être utilisé : c'est un bien d'usage. L'exemple que donne H. Arendt n'est pas sans écho pour le lecteur de notre récit :

> la destruction, encore qu'inévitable, est incidente à l'usage, mais inhérente à la consommation. Ce qui distingue la plus mince paire de souliers de n'importe quel bien de consommation, c'est qu'ils restent intacts si je ne les porte pas, qu'ils ont une certaine indépendance, si modeste soit-elle, qui leur permet de survivre même un temps considérable à l'humeur changeante de leur propriétaire. Utilisés ou non, ils demeureront un certain temps dans le monde à moins qu'on ne les détruise délibérément [9].

Le vêtement et le logement relèvent de cette activité dans laquelle l'homme se donne et manifeste son identité à travers des objets qui laissent une trace repérable de son humanité.

L'action *(action)* n'est plus liée à la production de biens ou d'objets. C'est le monde de la parole et des relations humaines, de l'histoire et de la politique ; c'est le monde de la liberté. « La transition entre œuvre et action est assurée par celle de réminiscence, considérée comme une structure de l'œuvre elle-même », commente P. Ricœur [10]. L'action c'est la parole qui révèle *(disclosure)* que l'œuvre est humaine, et c'est donc la révélation de l'homme comme agent, c'est-à-dire comme capable d'une « initiative dont aucun être humain ne peut s'abstenir s'il veut rester humain [11] ». « Agir, au sens le plus général, signifie prendre une

9. *Ibid.*, p. 189.
10. *Ibid.*, p. 22.
11. *Ibid.*, p. 232.

initiative, entreprendre (comme l'indique le grec *archein*, « commencer », « guider » et éventuellement « gouverner ») [12]. » S'il y a production ici, c'est seulement production de l'homme par le jeu des relations et des initiatives, donc comme être responsable dans un lieu où une telle révélation puisse se voir dans le domaine public et politique : « en agissant et en parlant les hommes font voir qui ils sont [13]. » À l'éphémère et au durable succède ici l'interdépendance fragile : « parce que l'acteur se meut toujours parmi des êtres agissants et par rapport à eux, il n'est jamais simplement agent, mais toujours et en même temps patient [14]. » C'est bien ce qui se donne à comprendre dans les deux dernières œuvres de notre liste qui se réfèrent à cette fragilité interne ou externe et qui renoncent à tout objet et à tout échange d'objet pour la seule relation, qui, en comparaison, peut sembler peu de chose. La visite par elle-même est cette relation qui institue l'autre comme homme en brisant l'isolement dans lequel il n'y a ni parole, ni action possibles [15].

À la structure qui articule par les six œuvres de miséricorde de Mt 25, 31-46 l'insertion de l'homme corporel dans le monde, correspond une articulation des activités de l'homme par lesquelles il gère ses besoins et ses capacités propres. Que signifie l'éventuelle nécessité de ces œuvres par rapport au travail, à l'œuvre et à l'action, sinon un dysfonctionnement qui relève lui-même de la fragilité de l'action ? Toutes sont des activités sociales et se réfèrent à une organisation sociale et politique pour les assurer ou pour les faire assurer par d'autres à son profit. Que certains ne travaillent pas n'implique ni qu'ils ne fassent rien, ni qu'ils ne mangent ni ne boivent. Qu'ils fassent travailler d'autres pour eux suppose une organisation soit de contrainte (au pire l'esclavage), soit de partage des activités (sous des formes infiniment variées). À l'inverse, que certains soient dans un manque qui menace leur existence implique un dysfonctionnement qui ne leur permet pas de s'intégrer dans l'ensemble des activités et des échanges sociaux.

Il y a beaucoup de raisons pour lesquelles on peut en venir à manquer, et l'impératif éthique contenu dans les œuvres de miséricorde indique d'abord l'urgence de l'enjeu. Chaque besoin désigné est à prendre en compte pour lui-même, car il est vital

12. *Ibid.*, p. 233.
13. *Ibid.*
14. *Ibid.*, p. 248.
15. Voir *ibid.*, p. 246.

en quelque manière, et il est à prendre en compte comme partie intégrante d'un tout articulé de telle sorte que tous sont solidaires pour le devenir-homme de chacun. Considérer l'un implique que l'on tienne compte de l'ensemble ; mesurer l'ensemble implique une mise en pratique conformément à la manière selon laquelle les œuvres nous sont données. C'est en faisant ainsi qu'il nous semble que l'on peut honorer les données textuelles, à savoir la particularité de chacune et la liste avec son articulation interne précise.

Par le fait même on se situe au-delà et au cœur des raisons du dysfonctionnement révélé. L'impératif éthique est au-delà de ses causes matérielles : qu'il vive et qu'il vive comme homme. Il est aussi au cœur, car il concerne d'abord un fonctionnement social qui doit tendre à être harmonieux, c'est-à-dire que chacun puisse accéder à ce qui le fait homme dans ses activités diverses et solidaires. En conséquence on ne pourra se satisfaire tout à fait d'une lecture des œuvres de miséricorde sous la seule forme d'œuvres de bienfaisance ou caritatives. En désignant un dysfonctionnement ou un fonctionnement insuffisant de la vie sociale, les œuvres de miséricorde interrogent celle-ci sur son organisation quotidienne. Donner à manger ou des vêtements n'est pas que le don de quelques biens, c'est d'abord participer à l'organisation sociale, économique et politique du travail, de l'œuvre et de l'action qui font cette organisation humaine.

Cette manière de voir au-delà des gestes d'aumône, d'hospitalité ou de visite peut sembler indue ou dangereuse, car elle peut donner l'impression de diluer la vigueur de l'interpellation évangélique. Il n'est pas dans notre projet de provoquer en quelque façon une telle dilution, mais il est nécessaire de comprendre le lien des deux dernières œuvres avec les quatre autres : si donner à manger n'est que donner du pain, etc., l'attitude vis-à-vis des malades ou des prisonniers ne saurait se limiter à une simple visite : quelle est l'attente du malade sinon de guérir et celle du prisonnier sinon d'être libéré ? Le fait que ces œuvres consistent en des visites dans lesquelles il n'y a aucun échange de biens indique qu'il faut interpréter l'ensemble avec une certaine largeur de vue qui associe une cohérence globale et la rigueur propre à chacune.

Ainsi la dénonciation qu'opèrent les œuvres de miséricorde renvoie-t-elle à une réponse éthique plus complexe qu'on ne le voudrait parfois, et plus radicale qu'une exhortation à l'hospitalité ou qu'un appel à l'aumône. La première réponse éthique, au moins d'un point de vue logique, concerne la qualité de l'organisation sociale, économique et politique de la production, de la distribution des biens et de la protection des personnes, de sorte qu'il n'y ait pas d'exclus sociaux, déshumanisés par leur exclusion. Les imperfections inévitables aux organisations historiques ne peuvent pas passer aux « profits et pertes » de nos limites. Plus exactement, la référence corporelle des œuvres de miséricorde dit l'exigence anthropologique que la présence d'autrui impose de telle sorte qu'il remet toujours en cause les tentations de la fatigue et de la bonne conscience.

C'est ainsi que cette anthropologie est profondément intégrée à celle du Décalogue. Celui-ci rassemble un certain nombre d'interdits par le respect desquels la vie personnelle et sociale est rendue possible. Les six œuvres satisfont des besoins nécessaires pour la survie des personnes, et ce service n'est possible que dans une relation personnelle et dans une vie sociale dont le sens ultime est l'*agapè*. Pour les deux, cet amour et ce respect de l'autre en tant qu'autre se réalisent dans le service et les soins de la personne humaine comme corps. Ce faisant ils s'inscrivent dans le réel qui, par le fait même qu'il résiste, oblige à la vérité et permet de reconnaître, dans l'humilité des tâches quotidiennes et répétées, l'ouverture vers Celui qui seul, en dernière instance, peut répondre au désir de l'homme.

D. Contre-épreuve.

Ces six besoins vitaux, qui sont autant de dépendances vis-à-vis du monde extérieur et vis-à-vis d'autrui et autant de formes d'activités humaines, dessinent une géographie des rapports de l'homme comme corps avec son environnement, à travers sa particularité, sa délimitation et les vulnérabilités propres qui s'attachent à chacune. Cette géographie participe d'une véritable anthropologie, révélatrice d'une conception d'ensemble, mais elle ne peut prétendre à la constituer à elle seule. D'une part, tous les besoins vitaux de l'homme dans son corps n'y sont pas exprimés, ou pourraient être exprimés autrement. L'originalité formelle de cette liste puise à un fond commun plus large dont elle extrait une structure particulière. De ce point de vue, les soins à apporter au cadavre humain pour lui donner une sépulture sont à la fois déterminants de toute culture humaine et au-delà de la structure de Mt 25, 31-46, car ils sont, au-delà de la vie corporelle de l'individu, au niveau de la pérennité de la vie sociale. D'autre part, la sexualité est une dimension essentielle de l'homme dans son corps. Elle relève d'une autre problématique que celle des six besoins vitaux, et il est nécessaire de le préciser pour saisir plus profondément la cohérence de notre liste, et ainsi mieux situer la dimension qu'elle vise.

Les six œuvres de miséricorde correspondent à des besoins du corps pour sa survie, au sens le plus strict possible, c'est-à-dire que, s'ils ne sont pas satisfaits, ils portent en eux des germes de mort physique, psychologique ou sociale. L'intervention d'autrui est un geste de solidarité qui vient, en situation extrême, pallier une insuffisance de l'organisation collective ou une déficience. La sexualité n'est pas du même ordre. Elle ne fait pas série avec elles et elle est concernée par chacune des dimensions mises ici en évidence.

L'inscription corporelle de la sexualité la soumet à l'ordre des besoins sous la forme de pulsions dont la force ne doit pas cacher les différences essentielles avec les besoins évoqués dans les œuvres de miséricorde. Elle est pour une part de l'ordre de l'intériorité la plus intime mais ce n'est pas par une simple consommation-absorption qu'elle peut humainement être satisfaite. D'autre part sa non-satisfaction ne constitue pas en elle-même une menace immédiate sur l'existence individuelle. Elle ne vise pas, en effet, un ou des objets particuliers que l'autre pourrait contribuer à fournir. Si elle est orientée vers le corps de l'autre, cette orientation ne peut être réduite à une simple utilisation. La rencontre sexuelle n'est pas de soi « consommation », même imaginaire, du corps de l'autre. Elle repose sur une réciprocité qui n'est ni ingestion, ni protection, mais fondamentalement tension vers l' « extase », c'est-à-dire qu'elle est de l'ordre de la sortie de soi, de « se-mettre-hors-de-soi », tant dans la relation sexuelle elle-même que dans la fécondité. Il n'est jamais possible de traiter autrui si on ne le considère pas « toujours en même temps » comme une fin en soi. L'intimité que crée la relation sexuelle ne peut que souligner davantage ce qui la fait humaine. Consommer sexuellement le corps d'autrui, c'est agir comme si on pouvait dissocier son corps de la prise en considération de toute sa personne. Certes cela est concrètement possible, mais au prix d'un déni de ce qu'induit la sexualité en tant qu'elle est humaine, c'est-à-dire toujours à humaniser.

L'attirance sexuelle est doublement attachée à la prise en compte de l'altérité, car l'autre par lequel on est attiré est marqué par la différenciation sexuelle : non seulement il est autre que moi parce qu'il n'est pas moi, mais encore, il est autre que moi parce que différent de moi selon le sexe, ce qui n'altère en rien l'égale humanité.

La sexualité est donc vitale d'une autre façon que les autres besoins décrits ici, même si elle peut être tout aussi mortelle ou cause de désordres graves. Elle appelle à une rencontre d'autrui par laquelle chacun devient lui-même non seulement en reconnaissant l'autre dans sa présence qui suscite sa responsabilité, mais en le désirant dans sa différence qui rend possible un dépassement de soi créateur. L'attirance sexuelle n'est pas de l'ordre de ce qui est à combler, mais de l'ordre de ce qui comble en assumant l'irrémédiable incomplétude qu'est la différence sexuelle.

Ainsi la dimension corporelle de la sexualité, y compris avec sa connotation de « besoin pulsionnel », qu'il n'est pas prudent de sous-estimer, ne peut en rien être ramenée au même niveau que les six autres œuvres énumérées. Le fait qu'elle suppose nécessairement une relation à l'autre pour être satisfaite (c'est sa définition même) ne doit pas masquer la différence fondamentale qu'elle représente. L'union sexuelle satisfait une fonction biologique et ne peut être humainement vécue que si elle prend en compte le partenaire dans toute son humanité, comme un partenaire engagé dans une histoire et une réciprocité selon laquelle il n'y a pas à nier ou à dévaloriser la dimension physique de la rencontre et du plaisir recherché, mais de telle sorte qu'en assumant cette dimension physique dans la rencontre de l'autre, le plaisir recherché se trouve dans le plaisir donné.

Si on veut la situer par rapport aux trois niveaux de besoins et d'activités analysés précédemment, on ne peut le faire que de manière analogique, en remarquant qu'elle participe des trois niveaux, ce qui suffit à la distinguer des six besoins. Elle participe évidemment au niveau de la nécessité biologique, mais avec ces deux nuances qu'elle ne relève pas de la consommation et que, si elle est toujours présente puisque tout corps humain est sexué, elle est susceptible d'un certain contrôle. Et si elle est bien de l'ordre du non-durable, son inscription dans la durée est de l'ordre de la fragilité des relations interpersonnelles dont elle est un des lieux les plus intenses. Enfin il est clair que l'artifice humain se déploie à l'infini autour de la sexualité selon un rapport spécifique par lequel l'essentiel des biens d'usage est ordonné à la séduction.

La sexualité se rattache aux œuvres de miséricorde par un autre biais : elle est susceptible d'être malade. Elle est même un des lieux importants de la maladie possible de l'homme. Plus que d'autres maladies, elle entraîne repli sur soi, incapacité de relations ou relations plus ou moins faussées dès le départ. Elle engendrera donc un type de marginalité à la fois puissant et insidieux, car il refuse souvent de dire son nom alors même qu'il est déterminant. De ce point de vue, la cinquième des œuvres de miséricorde n'est pas la plus facile à pratiquer.

On retrouve donc ainsi la même anthropologie biblique, y compris dans les développements particuliers que le Nouveau Testament consacre à la sexualité et au mariage. Tout en notant et en comprenant pourquoi elle est formellement absente de la liste des œuvres de Mt 25, 31-46, nous pouvons ainsi à la fois préciser les limites et la structure de cette liste et situer les uns et les autres dans la dynamique fondamentale du double commandement d'aimer, à quoi se rattachent toute la Loi et les Prophètes. Le fait que la sexualité ne soit pas nommée dans ces six œuvres confirme donc nos analyses précédentes, et ne signifie pas, à proprement parler, silence ou volonté d'omission. Néanmoins c'est pour une part comme silence que cela est compris, et nous avons évoqué que ce silence n'est pas étranger au succès contemporain de ce texte qui semble développer un enseignement moral enfin détaché des obsessions concernant la sexualité, ce que nous avons analysé comme étant une des causes de l'actuelle « crise de la morale ».

Mutatis mutandis l'absence des soins à apporter aux cadavres appelle des remarques similaires. Dans le contexte du Jugement eschatologique, donc après la mort corporelle de chacun, ils auraient pu avoir une place assez évidente ; comme dans le livre de Tobit, où la persécution donne à la fidélité du vieux Tobit envers ses coréligionnaires un relief tout particulier. Il n'en est rien, car ils ne relèvent pas du même rapport au corps que les autres œuvres pour lesquelles il s'agit toujours du corps vivant comme lieu d'une relation aux autres à travers ses besoins qui le situent dans l'espace cosmique et social. Le cadavre de l'homme n'est plus lieu de relations avec le défunt, tout au plus occasion de relations entre vivants et mémorial périssable avec le défunt. En conséquence, les soins qui lui sont dus se justifient à cause de la personne qu'il a été, quelle que soit l'espérance de chacun.

Son absence en Mt 25, 31-46 n'est donc pas une dévaluation d'un acte dont la signification anthropologique est si importante dans toutes les cultures que le fait de la sépulture est un des points de repères majeurs reconnus en paléontologie pour décider de l'humanité éventuelle d'ossements fossiles. Et ce n'est pas un hasard si l'objet du drame *Antigone* porte sur la sépulture à donner à tous les hommes, y compris à celui qui est proscrit par les lois de la cité des hommes. Pour en revenir à la typologie d'Hannah Arendt, la nécessité hygiénique de ces soins relève du travail *(labor)* et mobilise beaucoup d'artifice *(work)*. Ils concernent « l'action » humaine sous cette forme particulière de la relation qu'est le souvenir et par une mobilisation très spécifique de l'espace social qui doit se reconstituer après la disparition d'un de ses membres.

La pratique de l'Église envers les dépouilles mortelles des fidèles montre comment sa foi et son espérance en la résurrection de la chair ont déterminé la conduite à tenir. Les choix ont été faits selon la tradition juive de l'ensevelissement, et le culte des martyrs auprès de leurs tombeaux a été décisif dans la constitution de l'unité d'une Église en plein développement. Pour autant, cette attitude humaine et croyante, qui est un vrai devoir à accomplir pour tous, ne saurait être comparée avec le soulagement du frère vivant, du prochain à travers lequel le Christ dit se faire mystérieusement si proche [16].

Finalement c'est dans cette référence centrale du récit du Jugement dernier que se comprend autant la structure interne de la liste d'œuvres que les absences que l'on peut y relever. L'union sexuelle ne donne pas lieu à une rencontre du Christ du même type que les autres œuvres. Pour être vraiment humanisée, c'est-à-dire pour engager toute la personne, y compris dans la durée, elle appelle une institutionnalisation spécifique qui est le mariage. En lui se joue une union aussi intime que celle du Christ et de l'Église, dit Paul, car elle est d'abord réciprocité d'amour, et l'union des corps est à son service. Dans le mariage comme dans les six œuvres de miséricorde, le Christ est rencontré à travers le prochain, mais dans le mariage il n'y a pas de surprise puisque c'est le sens même du sacrement. D'autre part, dans les œuvres il s'agit de pallier un manque dont l'insatisfaction témoigne d'un certain dysfonctionnement alors que le mariage est une institution ordinaire de la vie sociale, quel que soit son régime juridique ; et les dysfonctionnements sont d'une autre nature. Une même dynamique de l'*agapè* est à l'œuvre dans les deux, mais de manière spécifique chaque fois. Quant aux soins dus aux cadavres, il est évident que la foi au Ressuscité ne pouvait qu'en changer le sens, qui est désormais d'attente de sa venue glorieuse et d'entrée dans sa résurrection.

16. Le *logion* de Mt 8, 22b (et parallèle Lc 9, 60a) permet de comprendre l'absence des soins à donner aux cadavres : la perspective du Royaume est celle de la vie à annoncer et à transmettre dans la suite du Christ.

L'anthropologie qu'expriment les six œuvres de miséricorde ne prétend pas résumer tout ce qui pourrait être dit sur l'homme, mais elle constitue un fragment bien plus riche que beaucoup n'ont voulu en convenir : plus large évidemment que quelques gestes d'aumônes parcimonieusement distribuées pour soulager sa conscience ou se débarrasser d'importuns... Cette richesse de l'approche explique qu'elle puisse être présente sous cette forme dans ce récit majeur du Jugement eschatologique : sa consistance anthropologique existe, jusques et y compris dans son caractère fragmentaire qui est cohérent avec l'économie générale du récit : tout en étant une synthèse, il ne dit pas tout du Jugement eschatologique.

La consistance anthropologique des œuvres de miséricorde se révèle donc tant en elles-mêmes que dans le mouvement que nous appelons de « spécification chrétienne » : c'est en elle que les implications concernant la visée éthique de ce récit peuvent être approchées.

Le fond commun auquel elles appartiennent pourrait dispenser de mener plus loin l'analyse. Cela empêcherait d'apprécier à sa juste valeur le travail opéré par la constitution d'une telle liste de six œuvres. Ce travail, qui n'est qu'un aspect de la spécification chrétienne, consiste ici en une sélection et une structuration très signifiante d'une anthropologie particulière. Qu'elle soit fragmentaire ne la dévalue pas, mais sollicite un affinement de l'analyse tant au niveau anthropologique qu'éthique.

Les six œuvres insistent sur la dimension corporelle des besoins vitaux de l'homme et sur la nécessité de dépasser le seul manque d'objets pour en percevoir la dimension interpersonnelle et sociale. C'est ainsi que peut se comprendre la radicalité de leur enjeu. Qu'elles puissent être résumées par « servir » (v. 44) montre qu'elles doivent être comprises comme un tout plus large qu'elles seules. Qu'il y ait une quadruple énumération montre à quel point on ne doit pas s'y arrêter comme à des idées générales et généreuses, mais comment elles doivent être reçues dans leur exigence concrète vis-à-vis des personnes.

Cette anthropologie s'inscrit dans la dynamique profonde de la révélation biblique, en particulier telle qu'elle apparaît dans le Décalogue. Le manque de l'homme, compris dans ses dimensions biologiques élémentaires comme dans leurs implications sociales, ouvre à sa dimension spirituelle. La reconnaissance d'autrui dans son service effectif s'épanouit et se fonde dans le culte du Dieu unique, créateur et sauveur. Le face-à-face quotidien est le lieu d'un compagnonnage avec le Tout Autre qui ne cesse de creuser un manque tendu vers l'accomplissement dernier. L'anthropologie chrétienne est profondément eschatologique, comme la signification des œuvres en Matthieu l'a déjà montré. La relation à l'autre est la médiation nécessaire de la relation à Dieu, non pas en un sens instrumental, mais comme don gracieux, car l'altérité de Dieu ne fait pas nombre avec les réalités de sa création.

En conséquence, il n'est vraiment pas possible d'en appeler à ce récit pour justifier que le fait d'être dans la misère, le besoin ou la pauvreté soit, en lui-même, suffisant pour prétendre en quelque manière au salut eschatologique. C'est une idéologie de la rétribution et du ressentiment qui est étrangère tant à l'esprit du récit qu'au message de tout le Nouveau Testament. En effet l'enjeu de cette liste d'œuvres porte sur ce qui est fait (donc donné comme « à-faire ») pour que chacun devienne, par l'engagement personnel dans la réciprocité des relations sociales ; il ne porte pas sur un « état » isolé de tout contexte, sauf à l'utiliser comme justification idéologique. Cette tentation de reconnaître dès cette histoire à telle ou telle catégorie de personnes la garantie du salut (ou de la perte) relève en fait d'une faculté de jugement (même formelle si elle ne concerne que les catégories et non les personnes) qui n'appartient pas à l'homme, au dire du récit lui-même qui promet d'abord à chacun d'être surpris…

En revanche, « l'option préférentielle pour les pauvres » y trouve un fondement précieux, dans la mesure où le pauvre est celui qui est menacé dans son existence ou sa dignité parce qu'il ne peut satisfaire à ses besoins vitaux. L'option préférentielle n'est donc pas un paternalisme condescendant réactualisé, mais l'expression renouvelée de l'exigence de l'*agapè* qui invite à se faire le prochain de celui qui est le plus loin, le plus menacé, le plus vulnérable.

La liste d'œuvres de miséricorde de Mt 25, 31-46 suscite un agir solidaire dont il nous faut maintenant préciser la nature proprement éthique, articulée à l'anthropologie qui a été ici esquissée.

CHAPITRE XI

LES ŒUVRES DE MISÉRICORDE, LA JUSTICE ET L'AMOUR

Il n'y a pas de charité qui ne soit
accompagnée de justice.
VINCENT DE PAUL (éd. Coste, II, 54).

La consistance anthropologique de la liste des œuvres de miséricorde émerge de l'insistance mise sur ce qui est fait ou non fait, de l'importance de la médiation corporelle et de l'urgence vitale des besoins qu'elles désignent. Ces trois traits caractérisent la visée éthique impliquée par ce récit. Il s'agit maintenant de préciser comment cette visée fonde des devoirs moraux et quelle en est la nature particulière. Qui dit ici devoir dit formalisation normative (que dois-je faire ? que dois-je ne pas faire ?) selon les règles de toute législation morale, c'est-à-dire en la soumettant aux critères de l'universel et aux conditions concrètes de leur mise en œuvre, tout en gardant à l'esprit le cadre dans lequel elle nous est donnée : un récit évangélique. Cette exigence de prendre en compte les réalités historiques suppose d'être attentif à la manière dont cette liste d'œuvres a été interprétée.

En continuité avec la tradition proche-orientale et biblique, elles ont été comprises comme une exhortation à faire l'aumône sous toutes ses formes. On y a donc vu un résumé symbolique, dans une circonstance très solennelle, de tous les besoins de l'homme : « tous les autres besoins se ramènent à ceux-là » (IIa IIae, q. 32, art. 3, sol. 2). Cette interprétation, apparemment la plus simple, soulève plusieurs difficultés. L'originalité de la liste retenue en Mt 25, 31-46 résiste à être ainsi réduite à un ensemble indifférencié. Sa structure manifeste des choix significatifs qu'il est nécessaire d'intégrer à la suite de la réflexion. Les assimiler aux seules aumônes n'explique pas à soi seul leur place dans la sentence eschatologique. Le caractère fragmentaire du récit suppose qu'on les situe dans une conception morale plus générale, en particulier dans le cadre des sociétés contemporaines dont l'organisation économique et politique est si différente de celle des sociétés antiques ou du Moyen Âge.

De fait, la signification des aumônes a évolué et son évidence traditionnelle n'a pas échappé à un certain soupçon : ne sont-elles pas d'abord la réparation, par une bienveillance à interroger, des résultats de la mauvaise organisation sociale ? Le premier devoir moral ne serait-il pas plutôt d'agir pour que, en toute justice, chacun puisse subvenir à ses besoins et à ceux de ses proches ? et, par suite, que chacun se dépense pour obtenir ce qui lui est nécessaire ? Ne prêcher que l'aumône est même suspect d'être un encouragement hypocrite à maintenir le désordre établi, en se donnant bonne conscience par la réparation des souffrances les plus criantes. Autrement dit, les œuvres de miséricorde ne renverraient pas d'abord à la vertu de charité, comme saint Thomas, par exemple, le développe, mais à celle de la justice.

Dans un premier temps il nous faut évoquer les termes de ce débat et accorder à la position de saint Thomas l'attention qu'elle mérite. Le second article ne se laissera pas enfermer dans une alternative un peu trop simplificatrice. Tout d'abord nous situerons ces six œuvres par rapport à la vertu de justice, puis nous verrons comment la justice à laquelle elles appellent s'articule à la charité sous le signe de la surabondance du Royaume.

Article 1
LES ŒUVRES DE MISÉRICORDE ET LES AUMÔNES

L'interprétation que l'on fait des œuvres de miséricorde durant la période patristique et le Moyen Âge insiste surtout sur leur modestie : c'est sur de bien petites choses que le Seigneur jugera du destin eschatologique des hommes. L'exhortation était principalement développée selon trois lignes à forte connotation éthique : cette modestie est révélatrice de la fidélité des disciples à l'enseignement du Seigneur qui a dit aux deux premiers serviteurs de la parabole précédente : « c'est bien, bon et fidèle serviteur, tu as été fidèle en peu de choses, sur beaucoup je t'établirai » (Mt 25, 21.23). Cela visait ordinairement l'ensemble des actes de charité dont la liste dépasse évidemment les six œuvres retenues dans notre récit. Pour saint Thomas, elles ne concernent que les actes d'offrande ou d'aide fraternelle dont on ne peut attendre aucun retour à cause de la pauvreté ou de la faiblesse de leur destinataire. Cette caractéristique de don sans espoir possible de retour en faisait une image très forte de toute miséricorde, selon les deux sens du terme grec *eleèmosunè,* pardon et aumône. L'un comme l'autre supposent un don sans retour, une gratuité à l'image de la miséricorde de Dieu, qui est source de toute grâce dans le don et le pardon. Cela leur donne leur valeur pénitentielle : elles manifestent la capacité d'aimer gratuitement, ce qui est le fruit de la réconciliation reçue, et le détachement parfois douloureux vis-à-vis des biens matériels, ce que la conversion suppose.

Au total, il n'y a guère de discussions sur la manière concrète d'agir qu'elles impliquent : les commentaires soulignent leur enjeu théologal. La misère qui les rend nécessaires est évidemment dénoncée comme insupportable à cause de ses effets dégradants. L'attention est surtout portée sur les excès : au luxe et au gaspillage, les Pères opposent l'indigence ; ce qui importe, c'est que nul ne manque du minimum nécessaire et, en corollaire, que les riches ne perdent pas de vue la précarité et le danger moral de leurs richesses terrestres. L'exposé proposé par saint Thomas dans la *Somme théologique* se situe dans ce contexte herméneutique.

Parmi celles relatives à la charité, la question 32 de la IIa IIae est consacrée aux aumônes. La position de saint Thomas est tout à fait claire : « faire l'aumône est proprement un acte de miséricorde » (art. 1), et « la miséricorde est la plus grande des vertus [...] et parce que la miséricorde est un effet de la charité on doit conclure que faire l'aumône est un acte de la charité, par l'intermédiaire de la miséricorde » (q. 30, art. 4).

C'est une manière particulière de mettre en pratique la vertu de charité selon l'indication sémantique du mot en grec et en latin (q. 32, art. 1) : elle est plus large que le simple fait de soulager quelques misères puisque les aumônes viennent secourir des « déficiences *[efectus]* corporelles » et des « déficiences spirituelles ». C'est la disposition habituelle (vertu) de celui qui souffre de la misère d'autrui et qui la soulage. Il s'agit donc, dans une pensée spontanément hiérarchique, de l'attitude du supérieur vis-à-vis d'un inférieur, qu'il soit indigent ou débiteur : « ce qui est éminemment le fait d'un être supérieur. »

C'est lorsqu'il expose quelles sont les différentes manières de faire l'aumône (q. 32, art. 2) que saint Thomas analyse les œuvres de la liste de Mt 25, 31-46. Il les intègre dans l'ensemble classique des sept œuvres de miséricorde. Il s'agit d'une collection bien connue à son époque à fonction mnémotechnique dont nous avons déjà évoqué une illustration picturale ultérieure : aux six œuvres de Mt 25, 31-46 est jointe la sépulture à donner aux morts. Il est clair que saint Thomas interprète cette tradition populaire en fonction de notre liste, car on retrouve dans la *Somme théologique* l'essentiel des indications de son *Commentaire de l'évangile de Matthieu* [1]. Aussi il distingue les six premières qui ont trait aux vivants de la dernière qui concerne les morts ; ensuite, ce qui correspond aux besoins de tout homme en général, soit par ce qui lui est intérieur (faim et soif), soit par l'extérieur (nudité et logement), de ce qui est accidentel, et donc particulier, de manière intime (maladie) ou externe (prison). Il ne revient plus ensuite sur cette typologie qui n'est pas étrangère aux analyses du chapitre précédent, mais qui ne fait pas l'objet d'une analyse plus élaborée. En fait, il semble bien que Thomas se contente d'utiliser de nouveau son commentaire, car son attention porte sur autre chose que leur analyse.

La caractéristique commune qu'il retient de ces divers types de besoins est seulement le fait que, lorsqu'ils ne sont pas satisfaits, il y a « indigence » et il est nécessaire que d'autres posent un certain nombre d'actes extérieurs correspondants : « on donne aux autres et on soulage leur indigence » (q. 30, art. 4). Il s'agit de l'attitude volontaire et bienveillante d'un « supérieur », c'est-à-dire de quelqu'un qui se trouve pourvu et donc capable, mais est-ce un précepte *(praeceptum)* ? y a-t-il une obligation morale à faire des aumônes ? Dans le cadre du commandement d'aimer, conforté par la référence à Mt 25, 41, Thomas répond par l'affirmative, mais dans un cadre assez strict et quelque peu ambigu (q. 32, art. 5-6). Parce que la miséricorde est une vertu,

1. *Commentaire de saint Matthieu,* p. 605-606.

elle implique les règles propres à sa réalisation, selon ce que la raison exige *(« secundum quod actus est de necessitate virtutis »)*. L'article 6 est très « raisonnable », car il ne justifie l'aumône sur le nécessaire que pour ceux dont l'état de vie le permet (les religieux). Pour les autres, il n'y a pas de précepte qui bouleverserait l'ordre social (en particulier la légitimité de la propriété privée) et la place de chacun. Ce qui fait précepte, c'est le besoin extrême à soulager : « En conclusion voici ce qui est de précepte : faire l'aumône de son superflu, et la faire à celui qui est dans une extrême nécessité. En dehors de ces conditions, faire l'aumône est de conseil, comme n'importe quel bien meilleur » (q. 32, art. 5).

La position de Thomas n'est pas sans trahir une certaine gêne, pris qu'il est entre trois exigences : l'indigence des uns fait précepte à ceux qui peuvent y répondre ; la légitimité de l'ordre social sur lequel repose le bien commun ; la conception affective qu'il a développée à propos de la miséricorde.

> Être miséricordieux c'est compatir à la misère d'autrui ; nous éprouverons donc de la miséricorde en raison de ce qui nous fait souffrir de cette misère. Et comme ce qui nous attriste et nous fait souffrir, c'est le mal qui nous atteint nous-même, nous nous attristerons et nous souffrirons de la misère d'autrui dans la mesure où nous la regarderons comme la nôtre [q. 30, art. 2].

Comment joindre ces trois préoccupations ? Pour souffrir ce dont souffre un autre, il faut soit avoir avec lui « une union affective », soit craindre d'être atteint par le mal dont il souffre. Les besoins d'autrui sont abordés sous un angle « passionnel » et mis en concurrence avec la légitimité d'un ordre établi dans un réseau de relations affectives. Il s'appuie alors sur la distinction classique entre les préceptes et les conseils, qui est aussi appliquée au récit du jeune homme riche (Mt 19, 16-30). C'est là une des limites de cette conception classique qui intègre les six œuvres de Mt 25, 31-46 dans des ensembles plus larges où elle perd la vigueur de sa particularité. Car, autant, et peut-être plus que le principe d'un précepte au sujet des aumônes, c'est la définition des destinataires qui, pour lui, est en cause.

D'être à la fois vertu, donc raison, et passion, donc sentiment, fait naître à plusieurs reprises la question : envers qui ? (q. 30, art. 2 ; q. 31, art. 2-3 ; q. 32, art. 9 ; aussi q. 33, art. 3.4.6). Les raisonnements tenus peuvent paraître surprenants par certains aspects, en particulier si on les compare avec les antithèses du Sermon sur la Montagne. Le premier devoir d'assistance concerne les plus proches, à commencer par les parents, selon les positions développées dans la question 26 (art. 6-12). Il y a une logique interne certaine dans ce raisonnement : puisqu'il s'agit de pratiquer l'amour, celui-ci concerne d'abord ceux par rapport auxquels on la responsabilité affective la plus grande. Par là, la notion se dilue un peu dans la généralité des activités humaines, et perd certaines de ses caractéristiques évangéliques. On le vérifie à travers les considérations concernant le débat sur « les meilleurs » ou « les plus unis » : la vertu ou les défauts de celui qui est dans la détresse matérielle ou spirituelle sont fortement pris en compte, de telle sorte que l'on a la hiérarchisation suivante : d'abord les proches, ensuite les saints et ceux qui servent l'intérêt général, enfin les pécheurs pour autant que leur indigence soit tellement extrême qu'elle menacerait leur existence.

Toutes ces conceptions sont profondément liées aux conditions socio-économiques des époques biblique, patristique et médiévale, dans lesquelles l'aumône est une forme importante de redistribution des biens produits : elle est autant la responsabilité du père de famille que celle du citoyen. Ces sociétés furent très diverses ; retenons trois caractéristiques qui leur étaient largement communes.

D'abord, il s'agit de sociétés fortement hiérarchisées, ce qui entraînait de grandes disparités sociales et économiques. Cette hiérarchisation, plus ou moins sacralisée, n'était pas remise en cause, hormis par des révoltes violentes : qu'il y ait des riches et des pauvres, des citoyens et des esclaves était aussi évident pour Aristote et Platon que pour les auteurs bibliques. Pour les Grecs, l'harmonie sociale ne reposait pas sur l'égalité des personnes, mais sur la satisfaction des droits et devoirs de chacun en fonction de sa place dans la cité. Dans la tradition biblique, il y avait une exigence fraternelle qui, sans contester la hiérarchie ni les disparités sociales, tendait à en limiter les abus surtout dans les relations internes au peuple au nom de la solidarité dans l'élection et la foi commune. Le devoir d'hospitalité et les aumônes faisaient ainsi partie des mécanismes de régulation de la société.

D'autre part, la production économique était dominée la plupart du temps par une grande précarité ; les inégalités ne pouvaient que renforcer les conséquences des aléas climatiques ou de la violence des hommes. La famille au sens large et le clientélisme vis-à-vis des puissants constituaient l'essentiel des structures sociales de protection. Les aumônes et l'hospitalité jouaient alors un rôle compensateur en faveur des plus vulnérables.

Enfin ces sociétés vivaient relativement repliées sur elles-mêmes. Bien sûr, aucune ne fut jamais totalement autarcique. Cependant les courants d'échanges ne concernaient qu'une petite partie des populations, sauf en cas de conflits armés. Le devoir de l'aumône visait d'abord les relations avec des personnes géographiquement proches, sinon familières, ou avec des étrangers de passage ce qui confortait leur caractère interpersonnel.

Ces trois caractéristiques ont subi des transformations radicales sous l'effet de la révolution industrielle et depuis. Désormais il faut être prudent dans l'évaluation que l'on peut faire de la signification des aumônes, si on veut éviter d'être anachronique ou injuste. Les transformations intervenues appellent une nouvelle approche qui laisse de côté tout jugement de valeur sur des sociétés différentes ou des époques révolues.

La hiérarchisation sociale n'a pas disparu des pays industriellement développés : elle s'est déplacée en étant davantage liée aux nouveaux modes de production et de connaissance. En revanche l'émergence de conceptions politiques où l'égalitarisme tient une place déterminante a bouleversé le rapport à cette hiérarchisation. La conception des devoirs de la société envers ses membres, et donc de l'État, est dès lors l'objet de débats très vifs pour déterminer quelle part plus ou moins grande il doit prendre dans l'organisation de la production, de la distribution et de la redistribution. Avec des nuances importantes selon les pays et en fonction de leurs traditions, aucun pays industrialisé n'échappe à ce débat, et, en chacun, l'État se voit reconnaître un certain rôle. Des citoyens égaux en droit et liés par des solidarités renforcées participent à cette « socialisation » dont *Mater et magistra* et *Gaudium et spes* disent qu'elle est un des « signes des temps [2] ». Les conséquences de la révolution industrielle touchent désormais tous les pays du monde, mais de manières différentes. Les disparités se sont creusées entre eux, ce qui fait que le monde contemporain est structuré dans un système complexe de hiérarchies nationales et internationales.

Dans ce contexte, la redistribution est pour une large part collective, et avec elle la « protection sociale ». La responsabilité des personnes s'en trouve donc déplacée : un minimum

2. *Mater et magistra,* 59-68 ; *Gaudium et spes,* 4-6 ; 9 ; 42 ; 54 ; 63.

d'équilibre dans la répartition ne dépend plus d'abord de la bienveillance de certains, mais le bon fonctionnement des institutions mises en place dépend de l'honnêteté avec laquelle chacun prend sa part des charges définies par la collectivité. Il n'est pas étonnant alors que ce qui relevait pour saint Thomas de la charité semble relever pour nous de la justice distributive.

Les transformations dans les modes de production, de distribution et de redistribution sont allées de pair avec un accroissement progressif, et désormais considérable, de la masse des biens produits. À la pénurie et à la menace de famine ont succédé une abondance certaine, sinon toujours assurée, et une « société de consommation ».

Les conséquences sur les représentations sociales sont très importantes : l'évaluation des besoins n'est plus la même, et la pauvreté est désormais mesurée à l'aide de modèles mathématiques et administratifs. Par ailleurs, dans une société où l'égalitarisme est fort, plus l'abondance est grande, plus la pauvreté devient socialement et moralement insupportable ; plus l'organisation sociale est complexe et soumise à un contrôle démocratique, plus la pression est grande pour qu'elle prenne en charge un minimum, soit en le définissant, soit en le garantissant.

Une autre conséquence est que le fait d'être riche ou pauvre se trouve lui-même interrogé autrement. Là où saint Thomas s'interrogeait pour savoir s'il fallait faire miséricorde et des aumônes à tout le monde, c'est-à-dire aussi aux pécheurs, on voit de grands esprits s'interroger sur la responsabilité des pauvres à être pauvres. Puisqu'il n'y a plus de hiérarchie en droit intouchable, nul n'échappe au soupçon. Faut-il donner quoi que ce soit à ceux qui ne savent pas s'enrichir ou qui gaspillent ce qu'on leur donne ? *A fortiori* à ceux qui, péché suprême aujourd'hui, appartiennent à une autre idéologie politique ? Après « La Corrèze avant le Zambèze », les campagnes du *Figaro magazine* contre le CCFD…

Ainsi les « aumônes » apparaissent d'abord comme des solutions provisoires en attendant une amélioration du système social de protection ou de garantie. Elles sont parfois dénoncées dans l'action politique parce qu'elles retarderaient la mise en place de ces nouveaux mécanismes en soulageant l'urgence ; à l'inverse, d'autres les encouragent pour éviter d'avoir à se remettre en cause. Dans les deux cas, quelque peu caricaturés, les écrans idéologiques jouent à fond pour culpabiliser ou pour donner bonne conscience… au choix des clients.

Enfin les sociétés contemporaines sont de plus en plus ouvertes les unes aux autres : la conscience des disparités et de leur variété n'en est que plus générale ; nous retiendrons ici deux aspects.

Dans les sociétés industrialisées, la socialisation de la redistribution s'est opérée en exacerbant les disparités antérieures et elle ne cesse d'en produire. Même dans les pays les plus riches, tous ne peuvent satisfaire leurs besoins vitaux et sociaux élémentaires, comme si le vœu d'une redistribution socialement organisée selon les principes d'une stricte équité était irréalisable. Ni l'organisation la plus sophistiquée, ni l'abondance la plus évidente n'ont éliminé toutes les pauvretés matérielles ; surtout quand les aléas de la vie économique menacent la richesse acquise ou la capacité de produire.

Cette disparité interne aux pays développés ne peut en cacher une autre, plus massive et plus dramatique, entre ces pays et ceux qui ne sont pas vraiment entrés dans cette nouvelle ère de développement technique, industriel et social. Les conséquences qu'ils en connaissent, malgré la grande diversité des situations, sont largement négatives. Désormais les relations riches-pauvres ont une dimension planétaire ; celui qui a faim ou soif, qui est nu ou étranger, malade ou prisonnier n'est plus seulement un voisin ou un obligé appartenant au même groupe restreint, ce sont des peuples entiers, même si tous ces pays ne sont pas pareillement handicapés, et si, dans ces pays, la misère n'est pas le lot de tous.

Dans ces conditions, l'ensemble du système des valeurs a été bouleversé, sans qu'un nouvel équilibre ait vraiment été trouvé, tant le mouvement caractérise cette période. La manière de comprendre les œuvres de miséricorde de Mt 25, 31-46 n'y a pas échappé comme les analyses du chapitre précédent le manifestent aussi. La pauvreté n'appelle pas seulement des gestes de charité, mais elle interpelle l'organisation sociopolitique. Si la générosité publique est maintes fois sollicitée, c'est avec la conscience très vive que les anomalies qu'elle pallie exigent d'autres types de solutions.

Le mode de production marchand fait que tout tend à devenir biens à échanger : les objets consommables comme les services. Tout entre dans le circuit économique et devient l'objet d'un travail rémunéré. Ainsi le bénévolat se trouve circonscrit et, parfois, contesté parce qu'il est une forme de concurrence au salariat qui est le mode ordinaire de se procurer des revenus. D'autre part, les taux élevés de chômeurs dans les années passées ont souligné l'importance du travail comme facteur d'intégration sociale autant que comme source de revenus.

Le travail est donc considéré de manière tout à fait renouvelée, y compris en théologie morale. En 1944 encore, le Père Vitrant n'avait pas autre chose à dire dans sa *Théologie morale* sur le travail que cette remarque, à propos de la paresse : « il ne semble pas qu'il existe un commandement spécial imposant à tous l'obligation de travailler. L'obligation du travail serait seulement celle qui découle de l'ensemble de nos devoirs [3]. »

Ce manque d'intérêt est traditionnel en Occident. L'Antiquité classique méprisait le travail manuel et son objet si matériel. Sa dureté et son ingratitude, d'une part, sa nécessité, d'autre part, le ramenaient au niveau des activités de l'esclave, en tout cas des moins nobles, car elles contraignaient la liberté et l'exercice de la responsabilité politique. Quant à la tradition chrétienne, elle l'a surtout considéré en fonction de sa pénibilité que la Genèse liait à la faute d'Adam.

La réflexion morale au sujet du travail était donc peu développée. Le commandement du repos dominical était l'occasion essentielle d'en parler, pour en dire la limite. C'était à la fois reconnaître sa nécessité et les risques inhérents à cette nécessité, d'autant plus que sa réussite provoque un enrichissement qui aggrave les risques d'asservissement aux réalités les plus matérielles.

La révolution industrielle a bouleversé cette manière de voir. Le travail de l'homme, sa force de travail, est devenu une valeur marchande dont le contrat de travail établit la contrepartie financière. En conséquence, les pratiques laborieuses perdent une part de leur valeur humaine au profit de la seule valeur économique. Comme la dureté et la pénibilité du travail n'en étaient pas allégées, il devenait aliénation. Les conséquences concrètes sur les personnes, leurs familles et leurs conditions de vie étaient telles qu'elles dénonçaient par elles-mêmes la perversion d'un système où la personne humaine est réduite au niveau d'une force de production. Cette aliénation, cette désappropriation de son travail a suscité des réactions aux divers niveaux de la vie sociale : syndicales, politiques et morales. C'est quand l'homme est aliéné dans son travail qu'il prend conscience de sa valeur éminemment humaine. Ainsi la réaction de Léon XIII dans *Rerum novarum* articulait les relations du capital et du travail, ce qui correspondait à une conception

3. J.-B. VITRANT, *Théologie morale,* Paris, Beauchesne, 1944, p. 70.

nouvelle du travail humain en tant que tel. Lorsque Jean-Paul II écrit, au début de *Laborem exercens* (1981) que « le travail humain est une clef, peut-être la clef essentielle, de toute la question sociale » (n° 3), il se situe dans le droit-fil de ce texte et il relève ce qui fut un des aspects essentiels de la réflexion de toute cette période. En effet c'est au cours de ces décennies que furent élaborées les réflexions philosophiques sur *« homo faber »,* sur les rapports de l'homme avec la technique, comme celles d'Hannah Arendt dont nous nous sommes fait l'écho dans le chapitre précédent… et que l'on trouve les premiers jalons d'une théologie du travail. Ces derniers essais abandonnent l'unique et étroite approche du travail dans sa pénibilité et élargissent la perspective à l'ensemble de l'histoire du salut dans l'articulation de la Création et de la Rédemption. Ces théologies du travail participent donc de l'effort contemporain de la réflexion sur l'anthropologie.

La signification anthropologique du travail et la place qu'il occupe dans les sociétés industrielles ont suscité un autre type de réflexion : puisque le travail est une telle nécessité pour l'homme, il doit s'inscrire dans le cadre des droits de l'homme. Le travail est ainsi l'objet d'un droit, en plus du fait que le travailleur soit sujet du droit. Le travail est considéré à la fois comme nourrissier, socialement intégrateur, personnellement (et si possible) épanouissant. Ce n'est donc plus une simple activité spontanée des individus en quête de la satisfaction de leurs besoins élémentaires ; son exercice suppose des médiations sociales complexes qui l'intègrent dans l'ensemble des devoirs d'une société à l'égard de ses membres. On reconnaît à chacun le droit de pouvoir gagner ce dont il a besoin pour assurer son existence et celle des siens.

Il n'est plus possible aujourd'hui de limiter l'interprétation des œuvres de miséricorde aux seules aumônes. Comme y introduisait déjà l'analyse anthropologique, ces situations dramatiques renvoient avant tout à une organisation sociale, économique et politique dans laquelle chacun doit pouvoir subvenir à ses besoins par son travail et par une équitable distribution des biens. La question première est donc celle de la justice, comme fondement des devoirs envers autrui et comme fondement des droits d'autrui. Cela est d'autant plus nécessaire que, en Mt 25, 37 et 46, l'accomplissement des œuvres de miséricorde donne droit à la qualification de « justes », selon la perspective du « Royaume de Dieu et de sa justice ».

Article 2
JUSTICE ET AMOUR

La justice du Royaume est en quelque sorte la spécification chrétienne de ce que la tradition morale appelle la justice. Après en avoir précisé le cadre théologique, selon lequel la fin de la justice n'est pas uniquement de respecter le droit de chacun, mais d'aimer dans la surabondance de l'*agapè,* et après avoir analysé l'anthropologie de ces six œuvres, nous pouvons comprendre comment elles sont œuvres de justice morale dans leur articulation avec l'amour du prochain, c'est-à-dire en quoi consiste leur normativité éthique dans le cadre de leur spécification chrétienne.

A. La vertu morale de justice.

Dans la morale classique, la justice occupe une place particulière parmi les vertus cardinales. La force, la tempérance et la prudence concernent les attitudes du sujet moral envers lui-même, en tant qu'il est agent moral. La justice concerne les relations qu'il entretient avec autrui. Saint Thomas la définit comme « l'*habitus* par lequel on donne d'une perpétuelle et constante volonté à chacun son droit » (IIa IIae, q. 58, art. 1). La tradition gréco-romaine lui accordait de ce fait la première place parmi toutes les vertus [4] puisque, d'une part, c'est une vertu générale qui ordonne toute activité au bien commun et que, d'autre part, c'est une vertu particulière qui ordonne les relations de chaque personne avec les autres. Cette dimension objective de la morale n'est pas exempte de tout risque de formalisme. Mais c'est une garantie minimale dans les relations interpersonnelles : ce qui est juste, c'est le respect du droit de l'autre, de ce qui lui est dû selon le droit, sans considération d'autres aspects, éventuellement plus subjectifs.

À propos des actes qui mettent en relation avec lui, la justice implique qu'autrui soit pris en compte pour lui-même en tant qu'il est différent, séparé et égal à soi. Il est distinct et différent, c'est-à-dire que son droit et ses intérêts ne peuvent être assimi-

---

4. « Nous employons couramment le proverbe : la justice contient toutes les autres vertus. Elle est une vertu absolument complète parce que sa pratique est celle de la vertu accomplie. Or le caractère de vertu accomplie provient du fait suivant : celui qui la possède peut manifester sa vertu également à l'égard d'autrui et non seulement par rapport à lui-même » (ARISTOTE, *Éthique à Nicomaque,* V, 3, 1129 b).

lés aux miens. Chacun a une valeur en lui-même [5]. Il est séparé, étranger à moi-même, c'est-à-dire que les relations affectives n'interviennent pas au premier chef. Ce n'est pas une opposition de principe, mais une différence de points de vue. Ce qui est visé chez autrui, c'est ce qui fait qu'il est autre, qu'il n'est pas moi, et qu'en tant que tel il est sujet de droits. Tous les hommes sont appelés à créer entre eux une certaine communion, mais celle-ci n'est pas donnée *a priori* ; elle est à construire, et une des conditions de cette construction est que le droit de chacun soit respecté pour lui-même. Sinon ce désir se diluerait dans les tentations régressives de fusion qui ne tendent qu'à opérer des illusions de communion par la négation des différences. La justice s'oppose ainsi à tout fonctionnement imaginaire dans les relations en posant le cadre selon lequel chacun est reconnu susceptible de communion dans la différence assumée.

Enfin la justice suppose que tous soient égaux, c'est-à-dire que le droit de chacun s'impose à tous. Ce dernier aspect est l'objet d'une certaine confusion dans les esprits dans la mesure où l'égalité n'a pas la même importance à toutes les époques. Le développement de l'individualisme dans les sociétés modernes a introduit un nouvel intérêt pour l'égalité entre les personnes ; la hiérarchisation sociale est perçue comme une contingence historique qui masque une réalité plus fondamentale, l'égalité principielle de chacun en tant que personne humaine et citoyen, comme l'expriment si bien le titre et le premier article de la *Déclaration des droits de l'homme et du citoyen* de 1789 : « les hommes naissent et demeurent libres et égaux en droits ; les distinctions sociales ne peuvent être fondées que sur l'utilité commune. »

La notion éthique de justice contribue ainsi à développer les conséquences d'une véritable philosophie de l'altérité. Son domaine propre ne couvre que les actes externes et objectifs dans les relations avec autrui, et tout acte externe appartient au

---

5. « Différent » implique aussi qu'il y a une forme de justice à respecter vis-à-vis des autres éléments du cosmos, suivant des modalités aménagées mais qui supposent une forme de respect de ce qu'ils sont. La maîtrise et la soumission que la Genèse reconnaît comme une des missions des hommes sur la Création ne peut signifier un mépris de leur mode de fonctionnement (leur maîtrise consiste au contraire à les connaître pour développer leurs potentialités au mieux) ni un mépris de leur existence. Seules les personnes sont à proprement parler sujet de droit ; le reste du cosmos est néanmoins objet de droit par lui-même, et pas seulement en fonction de son éventuelle « possession ». La propriété est un droit d'usage exclusif, elle n'est pas un pouvoir absolu. La crise écologique contemporaine le rappelle de diverses manières.

champ de la justice. Il s'agit de déterminer comment une action affecte l'autre et honore ses droits. D'une certaine manière l'intention avec laquelle on agit ne compte guère, dans un premier temps. Si on n'a pas l'intention de porter atteinte aux droits de quelqu'un et que, néanmoins, on le fasse, il y aura injustice à cause de ce qui est fait ; l'intention « juste » mais erronée n'y changera rien, sauf qu'une fois le droit connu, il devra être restitué. En effet l'autre n'est pas affecté ici par mes dispositions subjectives, mais par ce que je fais, par ce que je lui fais. Le caractère précis d'obligation de la justice s'enracine là : elle correspond à ce qui est nécessaire pour le respect d'autrui en tant que tel ; pour qu'autrui soit dans ses droits. Elle s'impose parce qu'elle est relation à l'autre, et que l'autre s'impose dans ses droits.

L'altérité signifie ici distance et relation, et la justice réglemente les relations pour qu'elles soient possibles dans le respect de la distance nécessaire. Par définition, il ne saurait y avoir d'autarcie ni pour autrui qui appelle les relations, ni pour la « justice » qui ne peut aller seule. La tradition romaine connaissait bien le risque inhérent à une telle autarcie : *« summum jus, summa injuria. »* Ce qui est vrai du droit l'est aussi de la vertu morale ; en tant que vertu, la justice doit toujours être articulée avec les autres vertus cardinales qui régissent les attitudes du sujet moral en lui-même. La tradition chrétienne est allée plus loin en articulant les vertus morales et les vertus théologales. La justice est alors ordonnée à l'amour qui les assume toutes, puisque c'est en lui que se réalise la communion avec la vie divine (IIa IIae, q. 23, art. 6.7.8) ; les relations avec autrui ne sont justes que si, en dernière instance, il est considéré dans sa dignité de personne humaine, capable d'aimer et d'être aimée. La justice morale prend ainsi sa signification par rapport à la justice du Royaume, dans le mouvement que nous avons appelé la spécification chrétienne de la justice.

Ordonner la justice à l'amour ne la dévalue en rien, ni sous l'aspect de justice légale (générale), ni sous celui de justice particulière (IIa IIae, q. 58, art. 12). Au contraire, elle est nécessaire à l'amour, car elle est une manière privilégiée d'aimer les autres : « la meilleure charité consiste d'abord à réaliser le droit, comme un préalable nécessaire et pénétré par elle [6]. »

---

6. J.-M. AUBERT, *Abrégé de la morale catholique, la foi vécue,* Paris, Desclée, 1987, p. 201.

B. Les œuvres de la justice.

En quoi ceux qui auront été placés à la droite du Fils de l'homme se sont-ils montrés dignes d'être appelés des justes ? L'anthropologie dégagée de la liste comme de chacun des gestes est-elle susceptible de fonder des droits ? La nécessité des six gestes de miséricorde naît de ce qu'ils concernent la survie des individus et leur insertion dans les relations sociales, c'est-à-dire leur dignité de personne humaine. Elle est donc tout à fait suffisante pour fonder le droit de chacun à satisfaire ces besoins. À l'inverse on peut dire : ne pouvoir faire face à ses besoins au point de voir compromises son existence et sa dignité constitue une injustice grave. Donner à manger, à boire, un abri ou un vêtement, visiter le malade ou le prisonnier n'est un geste d'amour que parce qu'il est aussi un acte de justice qui honore d'abord un droit des personnes avant qu'il ne leur accorde quelque bienfait.

Il nous faut donc préciser comment ces besoins s'articulent aussi sur des droits implicites à la compréhension du texte. Qu'il y ait une articulation entre les deux tient à l'affirmation centrale de Mt 25, 31-46, à savoir l'extraordinaire importance de ces gestes élémentaires que nul ne peut se permettre de négliger impunément.

En conséquence, chacun a, en quelque sorte, le droit de pouvoir satisfaire ses besoins élémentaires et de les satisfaire de telle sorte qu'il soit ainsi normalement intégré dans le corps social. Le premier droit sera donc de pouvoir se les procurer par ses activités ordinaires, et d'abord par son travail, entendu au sens commun du mot. Dans la mesure où l'organisation économique fait du travail salarié le moyen ordinaire de « gagner sa vie », le droit à pouvoir travailler devient essentiel. C'est la première dimension de l'activité de l'homme dans le monde, celle par laquelle il affronte la réalité des choses pour produire ce qu'il doit consommer ; par laquelle aussi il impose une marque durable dans une « œuvre » utile. Sous ces deux formes, travailler est le propre de l'homme. Si, pour des raisons conjoncturelles ou structurelles, il n'est pas possible à certains d'exercer ce droit, il y a aussi un « droit » à une solidarité sociale d'autant plus grande que les conditions générales de vie ne permettent plus, en particulier dans les sociétés largement urbanisées, d'avoir un minimum par des productions familiales complémentaires ou par la simple entraide familiale. À côté de raisons qui tiennent à l'organisation collective, il y a aussi l'incapacité de certains, pour des raisons multiples, à s'intégrer à l'ensemble de la vie sociale.

Dans tous les cas, intervenir pour pallier les conséquences concrètes souvent dramatiques de ces situations relève d'un certain exercice de la justice sous son aspect le plus objectif à cause de la seule urgence des besoins en cause. Elle consiste à ne pas se satisfaire du seul ordre des choses, fût-il tout à fait légal.

Faut-il analyser plus avant chacun des quatre premiers besoins ? Dans la vie quotidienne, le manque dans l'un est en général lié à des manques dans les autres, causé par et causant une marginalisation qui dépasse ces besoins pour atteindre toutes les manières d'être, de vivre et d'être reconnu dans une société.

Quand on répond à l'un de ces quatre besoins ou à une situation globale où plusieurs, et d'autres encore, sont en cause, on se tient à une limite de l'exercice de la justice, mais à l'intérieur de ces limites. Au nom de la justice, agir contre une défaillance de l'organisation sociale par un geste positif de soulagement ou de partage, c'est à la fois dénoncer la défaillance et désigner un lieu d'engagement dans le champ politique et social, qui est bien celui de la justice. Se tenir à la limite du champ, c'est encore être dedans.

Les visites aux malades et aux prisonniers appellent une réflexion particulière que l'interprétation classique comme aumônes n'engageait pas suffisamment. Ces deux gestes visent des situations très réglementées par le droit mais, apparemment, n'interviennent pas directement par rapport aux besoins en cause. Pour déterminer ce qu'il en est du rapport qu'elles peuvent avoir avec la justice morale, il faut clairement distinguer ce qui relève en elles des droits des personnes et de ce qui relève d'autre chose qui n'a de sens que par rapport à eux, à savoir de l'action humaine dans ce qu'elle a de plus spécifique.

Guérir ou soigner les malades n'est pas de la compétence de tous, au contraire de les visiter. Toutes les visites ne sont pas de la même nature, celles du soignant ne sont pas celles des amis. Elles ont néanmoins en commun de rompre l'isolement entraîné par la maladie. Cela dit, être soigné correspond à un droit, ne pas être abandonné à sa solitude, à un autre.

Parler comme on le fait aujourd'hui de droit à la santé est un abus de langage, car, au sens strict, ce serait le droit de ne pas être malade… en fait on désigne par là le droit de bénéficier des soins et traitements disponibles. Les progrès des connaissances biologiques et médicales ont donné à ce droit une actualité particulière, révélatrice à la fois d'une société technique et d'une société d'abondance. Ce droit n'a de sens que dans un système de protection sociale plus ou moins global qui assure aussi les moyens d'existence quotidienne. Il est donc indissociable des devoirs de chacun envers la solidarité collective qu'elle organise [7].

Si les soins font partie de ce qui rompt l'isolement social qui est une des conséquences majeures de la maladie, ils ne sont pas tout ; c'est un devoir que de ne pas s'en contenter ; sinon, pour lutter contre cet isolement, on créerait les conditions d'un autre type d'enfermement ; et on sait combien ce risque n'est pas théorique dans les établissements modernes de soins. La visite n'apporte rien d'autre qu'une présence, qu'un signe que l'isolement n'est pas la fatalité que l'on craint. C'est une manière concrète de refuser de le subir sans réagir. En prendre son parti serait en contradiction avec le sens de l'autre impliqué par la justice : la distinction ne va pas sans la relation ; la relation doit être instaurée ou protégée quand elle est menacée pour qu'autrui soit respecté dans toute sa dignité.

La visite aux prisonniers relève de la même démarche puisqu'elle n'est pas une condamnation de l'institution ni une demande de libération. Elle indique les limites que la prison doit avoir pour ne pas porter atteinte à la dignité inaliénable du prisonnier. Savoir si la société a le droit de contraindre des personnes par la prison ne relève pas directement de notre propos. En revanche, la justice ne saurait tolérer ici le moindre arbitraire. C'est le droit, dans un état de droit, qui seul peut justifier que la société décide de priver de leur liberté de mouvement certains de ses membres qu'elle juge dangereux ou qu'elle estime devoir punir pour leurs méfaits.

---

7. Une société ne peut gérer son système de protection sociale qu'en fonction de ses capacités financières, et selon ce que la population est prête à consacrer pour elle. L'attachement à la bonne santé n'a pas de prix, mais les systèmes de soins ont un coût qui impose des contraintes et donc des choix parfois difficiles quand ils impliquent que l'on accorde plus pour certaines maladies (et donc certains malades) que pour d'autres. Un choix dans l'organisation sociale des prises en charge des soins est donc nécessaire selon des critères qui ne peuvent être uniquement ceux des intérêts particuliers, mais qui tiennent compte en premier lieu des impératifs généraux : capacités réelles, enjeux collectifs… Le « droit à la santé » est donc immédiatement contrôlé par un droit de la santé qui, du point de vue des personnes, justifie à la fois la requête de la meilleure organisation possible et la conscience que tout n'est pas possible et qu'on n'est pas seul en cause, alors même que l'affectivité est très sollicitée par les inquiétudes et la souffrance.

Cependant la prison n'est pas un but en soi. Elle est ordonnée à l'intérêt général et à l'intérêt particulier, y compris celui des prisonniers. C'est un devoir de justice de permettre à celui qui a commis des fautes de s'amender et de retrouver des capacités d'insertion plus positive dans la vie sociale. La visite au prisonnier s'inscrit à ce niveau : elle indique que l'isolement carcéral n'a pas d'intérêt en lui-même et qu'il ne peut couper définitivement de la vie sociale. Elle s'insère dans cette exclusion légale, et, pour cela, se soumet aux conditions réglementaires de sécurité. En même temps elle pose la limite, selon la justice morale, à l'isolement organisé.

L'organisation réglementaire de la visite aux prisonniers par des bénévoles est aujourd'hui un signe vivant de la dignité irréductible de chacun quels que soient ses méfaits ; la prison ne saurait la laminer, alors que l'opinion publique a souvent une attitude extrêmement répressive vis-à-vis des prisonniers. Plus : les conditions actuelles de nos sociétés font que cette visite aux prisonniers se prolonge, dans l'accueil et l'insertion nouvelle des anciens prisonniers. N'est-ce pas en effet justice que de considérer que celui qui a « payé » sa faute ait droit à une nouvelle chance ? Cela n'est pas facile à réaliser mais n'est-ce pas la conséquence nécessaire de l'insertion de cette dernière œuvre ? L'enjeu est trop lourd pour qu'on se contente d'une simple délégation de responsabilité aux pouvoirs politiques et à l'administration concernée. Cela fait partie de l'horizon de responsabilité de chacun en tant qu'homme et que citoyen.

Ainsi les visites aux malades et aux prisonniers sont par rapport à la justice dans une situation analogue à celle des quatre premières œuvres de la liste. Toutes se situent à la limite de la pratique de la justice et désignent soit des insuffisances soit des (risques d') abus. Elles appartiennent toujours au domaine de la justice dans la mesure où elles sont nécessaires pour réaliser, dans des circonstances dramatiques, une relation à autrui qui corresponde à ce qu'implique la justice morale. Une des conséquences de la socialisation contemporaine est que la satisfaction des besoins est, pour une part, prise en charge collectivement, ainsi que les pratiques qui suppléent et par là dénoncent les insuffisances ou les abus. Face à la complexité et à l'ampleur des problèmes, l'engagement individuel est souvent bien fragile ; plus qu'auparavant, une réponse collective est nécessaire. La charité a été organisée socialement depuis longtemps, en particulier par les Églises. Désormais, avec des problèmes qui ont atteint une dimension planétaire, ces organisations sont plus indispensables que jamais ; et ce n'est pas un hasard si les organisations non gouvernementales se sont multipliées en même temps que les moyens de communication sociale élargissaient les horizons de tous.

Cela confirme concrètement l'implication des œuvres de miséricorde au niveau de la justice. D'une part, comme organismes collectifs, ils participent fortement à la vie de la cité et ont une place reconnue dans les instances politiques nationales ou internationales. D'autre part, leurs pratiques et leurs discours se développent largement au niveau de la prise de conscience des nantis sur les difficultés des plus démunis : si l'appel aux sentiments est un argument dans la communication du message pour susciter des réactions émotionnelles, ils tiennent fondamentalement un discours sur les droits des gens, bafoués par les circonstances ou violés par les pouvoirs en place.

Ainsi, quand les œuvres de miséricorde sont analysées en fonction de la justice, leur fondement anthropologique peut mieux être mis en valeur que lorsqu'on ne les comprend que comme des gestes d'aumônes et de charité. Cela permet de les intégrer dans le vaste ensemble des devoirs envers autrui. C'est pourquoi le premier devoir auquel elles appellent est de l'ordre des prises de responsabilités concrètes dans le domaine sociopolitique. Mais l'expérience montre que cela n'est jamais suffisant et que des urgences proches ou plus lointaines exigent d'autres formes d'action. Toute tentative de se prévaloir de l'organisation collective pour se justifier de ne pas se sentir concerné est ainsi récusée. L'adage *« summum jus, summa injuria »* a ici tout son sens. La limite reconnue au nécessaire exercice de la justice ouvre à une autre dynamique, tout aussi fondamentale, celle de l'*agapè*.

C. Aimer en toute justice.

Situer les œuvres de miséricorde dans le cadre exclusif des aumônes conçues comme « acte de charité par l'intermédiaire de la miséricorde » soulève une difficulté sans permettre de la résoudre, comme l'exemple de saint Thomas le montre. L'indigence suscite d'abord une émotion (pitié d'autrui ou crainte pour soi), ce qui n'est pas suffisant pour imposer vraiment une obligation. Si on reste insensible ou sans peur, l'indigence n'en demeure pas moins. C'est elle seule qui crée la nécessité d'intervenir contre ce qui menace autrui en lui-même et non, d'abord, pour soi.

Cette considération d'autrui pour lui-même relève proprement de la justice et suppose qu'on s'interroge sur la signification anthropologique des besoins en cause. Un classement typologique ne saurait suffire, car, au-delà de la description, il importe de fonder où s'enracine l'obligation. Ce qui peut paraître simple ou évident en ce qui concerne les quatre premières est plus complexe pour les deux dernières, surtout si on veut être fidèle à la formulation évangélique. Au total les six œuvres jouent un rôle bien déterminé à la limite du domaine de la justice pour dénoncer et pallier les carences à son endroit.

Limite intérieure, avons-nous dit, mais limite qui articule sur une autre dimension, celle de l'amour par lequel le respect des droits d'autrui n'est pas uniquement un devoir qui s'impose, mais un mouvement de sympathie dans laquelle la valeur d'autrui pour lui-même est autant aimable que respectable. Les œuvres de miséricorde sont ainsi à la charnière entre la justice et l'amour.

La motivation de la sentence eschatologique invite clairement à chercher ailleurs que dans les relations affectives la signification des œuvres de miséricorde. C'est aux plus petits parmi les frères du Roi, que personne n'a reconnu comme tels, qu'elles auront été faites. Les accomplir en faveur de celui qui en a dramatiquement besoin est justice, mais aussi une certaine manière de l'aimer qui caractérise la fraternité qui sera révélée alors.

L'amour articule deux mouvements : l'un tourne vers autrui par une attirance puissante qu'on ne peut guère justifier en dernière analyse. Il crée un sentiment et un lien par lesquels on prend sur soi quelque chose du destin d'un autre ; par lesquels on lui accorde la prééminence et le privilège que chacun accorde spontanément à lui-même. Ce premier mouvement est aussi fondamentalement désir de retour, de partage mutuel, de réciprocité. Aimer quelqu'un, c'est toujours aussi désirer être aimé de lui, et créer cette forme de relation que nous avons appelée communion.

Ce double mouvement se conjugue donc avec la nécessaire reconnaissance de la distance avec autrui que la justice permet d'instaurer et de respecter selon les intérêts de tous. Ainsi posée, la distance est le lieu du surgissement de ce désir et la condition d'une relation pleinement humaine. L'amour est la définition de cette relation.

Les œuvres de miséricorde évoquent clairement le premier mouvement ; qu'en est-il du second ? À leur propre niveau, aucun retour n'est envisageable puisqu'il s'agit de pallier une nécessité extrême. L'analyse anthropologique laisse entendre cependant qu'une réciprocité est profondément en cause puisque, à travers tous ces gestes, il s'agit du devenir humain de tous par la restauration ou l'affermissement d'un réseau de relations sociales. On peut toutefois se demander si cette réciprocité est réellement de l'ordre de l'amour.

Celui qui accomplit les œuvres de miséricorde n'est pas seulement en position de « donneur ». Le mouvement qui le pousse à soulager la détresse d'autrui ne repose pas sur le calcul de ce qu'il peut en recevoir en échange, ou alors « il a déjà reçu sa récompense » (Mt 6, 2). C'est dans un certain renoncement à recevoir ainsi que, de fait, il lui est donné autre chose au niveau de son devenir personnel. L'Évangile ne pose pas ici une exigence inhumaine : il met au pied du mur de la responsabilité vis-à-vis d'autrui dans un mouvement de bienveillance qui sait ne recevoir en retour qu'un don qui échappe à tout calcul possible. Il n'y a donc pas à renoncer au désir de réciprocité, qui est légitimement inscrit en tout amour véritable, mais à renoncer à maîtriser la nature de ce qui est donné en retour. Ce que nous avons dit de la récompense eschatologique est vrai aussi des relations historiques.

Deux péricopes évangéliques aident à le percevoir. La première est la réponse à la question : « et qui est mon prochain ? » qui vient à la suite d'une des proclamations du double commandement d'aimer comme résumé de toute la Loi (Lc 10, 25-37). La parabole du Bon Samaritain montre que le prochain est celui dont chacun veut bien se faire proche, quelles que soient les raisons qui créent ou justifient éloignement ou indifférence. Concrètement, il n'y a à cela aucune autre raison que le fait que cet autre en a besoin, et qu'on veut bien ne pas rester insensible à sa détresse. Le prochain à aimer est donc aussi celui qui échappe aux relations familières. La seconde va plus loin encore puisqu'il peut s'agir aussi de celui avec qui les relations sont négatives : l'ennemi (Mt 5, 43-46 ; Lc 6, 27-36). Le Seigneur invite à aimer au-delà des convenances habituelles et, somme toute, normales, c'est-à-dire dans la réciprocité : « si vous aimez ceux qui vous aiment [...] si vous saluez vos frères seulement », ce sont là des attitudes humaines auxquelles il n'y a rien à reprocher ; elles ont leur pertinence morale évidente. Or le Seigneur appelle à autre chose dans l'ordre de la surabondance : « que faites-vous de plus ? » La surabondance qui est à faire, c'est aimer d'un amour dont la référence n'est pas seulement humaine, mais aussi divine. L'amour humain du disciple est à l'image de celui du Maître, qui révèle concrètement quel est l'amour du Père : « aimez-vous comme je vous ai aimés » (Jn 13, 34 ; 15, 12[8]). Or l'amour de Dieu se définit d'abord comme don de vie, et, s'il est proposition d'alliance, c'est dans le respect de cette liberté qu'il donne à l'homme d'effectuer dans une réponse à laquelle il n'est pas indifférent, mais qu'il ne détermine pas en dernière instance. En outre, le thème de la récompense est très présent, surtout en Luc : présent pour apprendre à y renoncer dans les relations immédiates. Si une récompense est promise elle est d'un autre ordre, elle consiste dans le fait que celui qui aime ainsi devient ce qu'il est appelé à être, en y consentant, à savoir un « fils du Très-Haut, car lui est bienfaisant pour les ingrats et les méchants » (Lc 6, 35). C'est à cette forme d'amour que Luc attribue le qualificatif de miséricordieux, là où Matthieu parle de perfection…

Qu'est-ce qu'aimer de ce point de vue ? Il est évident que l'enseignement évangélique invite à ne pas se situer sur le seul registre de l'affectivité. Celui qui aime, c'est celui qui agit. Cela correspond profondément à une des lignes d'insistance de Matthieu, jusqu'au cœur du récit de 25, 31-46 : « ce que vous avez fait […] ce que vous n'avez pas fait… » Celui qui aime, c'est aussi celui qui agit parce qu'il y a un devoir à le faire, et qui le fait dans la bienveillance envers celui qui ainsi l'oblige.

La spécification chrétienne de la justice à travers les œuvres de miséricorde ne se limite pas à comprendre comment elles se situent à la charnière de la justice et de l'amour. Elles ouvrent la justice sur un amour qui a comme référence l'amour de Dieu pour les hommes, ce qui ne peut aller qu'avec surabondance par rapport au minimum à quoi pourrait renvoyer une conception trop rigide de la justice. Concrètement, ce sont des gestes de sollicitude envers les plus nécessiteux dont on se fait proche selon une surabondance qui peut aller jusqu'à dépasser les antagonismes personnels ou sociaux et jusqu'à remettre en cause son propre nécessaire. Par là, dans un paradoxe qui n'est qu'apparent, elles participent de manière éminente au développement du sujet humain : plus on reconnaît, respecte et aime autrui, c'est-à-dire plus on s'en fait proche, mieux on devient soi-même. Cette forme de réciprocité est de l'ordre de ce qui a été noté à propos de l'*agapè* : cette réciprocité n'est pas voulue

8. Même si ces textes se réfèrent sans doute plus directement à l'amour dans la communauté chrétienne.

ni cherchée pour elle-même, mais rien ne peut empêcher qu'il y en ait une et qu'elle soit de l'ordre du surcroît.

De là découlent deux dimensions dans les conséquences pour le sujet moral : d'une part, pratiquer les œuvres de miséricorde, sous le double aspect de justice et d'amour, est l'une des manières les plus riches d'épanouissement de la personne humaine. Chacun peut constater, voire admirer, ce que celles et ceux qui donnent le plus et le plus sérieusement de leur temps, de leurs préoccupations ou de leurs biens pour le service des autres reçoivent en échange. Il est alors un peu plus facile de comprendre ce qu'il peut en être, d'autre part, de la récompense eschatologique : elle n'est en rien un cadeau hétérogène par rapport à ce qui a été vécu, ou symétriquement inversé pour consoler des épreuves de la vie. Comme si c'était le malheur et la souffrance qui valaient mérite en eux-mêmes ou par l'obéissance mystique dont elles seraient la preuve. La surprise et la pratique des œuvres de miséricorde comme critère du Jugement eschatologique éclairent d'une autre lumière cette question de la « récompense » : ce qui a été fait a construit une personne et l'héritage promis est la révélation de ce que, dans le mystère pascal du Christ, la vie du juste a du prix devant Dieu.

La spécification chrétienne des œuvres de miséricorde consiste donc à les considérer dans la mouvance de la justice du Royaume dont elles sont une caractéristique majeure. Pour cela, elles doivent d'abord être analysées par rapport à la justice morale puisque leur accomplissement dénonce et pallie des injustices. Elles concernent les droits d'autrui, les droits qu'a autrui de pouvoir satisfaire à ces besoins dans toute la dynamique de la vie sociale. Si ces droits obligent, c'est qu'ils sont d'un enjeu vital pour celui qui est dans le besoin et qu'en conséquence cet enjeu vital remet en cause la légitime considération que chacun peut avoir de ses propres droits et de ses propres intérêts. Cette remise en cause consentie est de l'ordre du renoncement à soi pour l'autre qu'implique la surabondance du Royaume. Si ces droits obligent c'est que l'indifférence est ici injustifiable. La détresse d'autrui provoque à une attitude que seule une réelle bienveillance rend possible : un don de quelque chose qui est à soi, à quelque chose de soi ; qui a son sens ultime dans le don que le Seigneur révèle et accomplit dans sa Pâque. C'est pourquoi, d'une part, il s'agit d'une attitude pleinement et universellement humaine, dont tout homme est capable, et d'autre part, d'un critère du Jugement du Fils de l'homme, car il en est le sens ultime. Cette justice est bien de l'ordre de celle du Royaume, jusques et y compris si on l'a vécue sans se rendre compte de ce dernier trait.

Comme dans la conception traditionnelle, les œuvres de miséricorde ainsi analysées ont aussi quelque chose à voir avec la réconciliation. Que le manque de l'homme ne soit pas normalement pourvu par son travail dans un système socio-économique est une destruction (ou un obstacle à la construction) d'une relation ordinairement fraternelle avec lui. La sollicitation d'autrui dans sa situation de manque indépassable sans une collaboration extérieure invite à renouer des relations inexistantes ou rompues. Le dépassement de la seule justice dans les œuvres de miséricorde sous leur forme d'aumônes au sens large est ébauche d'une relation d'amour réconciliée. Plus profondément, cette réconciliation s'effectue dans le sujet lui-même ; la sollicitation d'autrui est déchirure de la tranquillité du même ; déchirure irrémédiable et suscitante qui ne peut être soulagée que par les réponses qu'elle engendre, et dont les œuvres de miséricorde font partie de manière spéciale. Le lien traditionnel entre elles et la conversion pénitentielle n'est donc pas arbitraire.

La justice du Royaume est la justice humaine reprise, accomplie et transfigurée dans le dynamisme d'un amour qui, par définition, porte toujours vers un au-delà de lui-même. Qu'il soit eschatologique indique que, s'il ne dépend pas de l'humanité de la faire aboutir en plénitude, il lui revient d'en faire son pain et son vin quotidiens : « Heureux ceux qui ont faim et soif de la justice, ils seront rassasiés » (Mt 5, 6).

L'ÉTHICITÉ DES ŒUVRES DE MISÉRICORDE

1. En fonction des éléments anthropologiques que nous avons cru pouvoir dégager de la liste des œuvres de miséricorde, nous avons mis en évidence quelques traits fondamentaux d'une visée éthique, à savoir dessiner ce qu'il en est du devenir homme par quoi se détermine son bien et son bonheur. À partir d'eux nous avons interrogé à nouveaux frais la tradition herméneutique afin d'en fonder avec quelque précision la normativité morale. La nature théologique de notre récit nous a imposé de faire cette analyse dans le cadre particulier d'une réflexion chrétienne en matière morale que nous avons appelée « spécification chrétienne de la morale ». Ni du point de vue de la visée, ni de celui des normes, nous n'avons eu à traiter de

données totalement spécifiques. Au contraire, la consistance anthropologique de la liste des œuvres de miséricorde et ses conséquences herméneutiques au sujet de la justice et de l'amour relèvent d'une réflexion qui se soumet aux exigences de l'universalité. La catholicité de la foi croise ici sans difficulté la requête d'universalité de la morale. La spécification chrétienne ne justifie donc en rien un quelconque repli sectaire.

Cette universalité conforte par ailleurs la lecture du récit que nous proposons, à savoir que Mt 25, 31-46 décrit un Jugement universel et met en œuvre des critères universels. Parvenu à ce point de notre travail, il n'est plus possible de justifier sur le fond une lecture particulariste, sauf à s'enfermer dans une problématique sectaire et gnostique. Les arguments historico-critiques ont montré leurs limites puisqu'ils ne permettent pas de trancher parmi les incertitudes qu'ils soulèvent. En fait leur faiblesse intrinsèque se double d'une fragilité épistémologique dans l'emploi qui en est souvent fait : tout récit suppose que soit pris en compte le processus d'écriture et de lecture qui n'est pas réductible à la seule archéologie. Le contexte premier et déterminant est celui de la foi qui doit être raisonnée en théologie.

2. D'un point de vue éthique, nous avons cru devoir, sur la base de l'anthropologie dégagée au chapitre précédent, opérer un déplacement important : les œuvres de miséricorde désignent un premier niveau de devoir moral, à savoir assurer en toute justice les droits de chacun. Ceux-ci ne peuvent être réduits à quelques domaines énumérés au hasard. La structuration particulière de la liste de Mt 25, 31-46 indique clairement qu'il s'agit de l'insertion concrète de l'homme comme être corporel et social dans une socialité humanisante. Elle n'est jamais acquise une fois pour toutes : tout peut être remis en cause et tout est encore à venir. Le manque inscrit l'homme dans une histoire. Ceux qui, à un moment donné, sont dans une situation favorable ne peuvent se targuer d'aucun alibi pour justifier une indifférence ou un refus vis-à-vis de ceux qui sont dans une pénurie dramatique. L'exigence née de la justice à restaurer rencontre dans celui qui sollicite non seulement un sujet de droit mais quelqu'un de qui se faire le prochain.

Autrui est donc autant celui dont les droits s'imposent que celui qui, dans la requête de la reconnaissance de ses droits, et au-delà, sollicite une relation fraternelle. La prise en compte d'autrui comme différent s'accompagne de celle de la relation avec lui ; inversement l'affirmation de soi n'est possible que dans une relation aux autres. Ce double mouvement constitutif de l'amour n'est possible, vrai et humain que parce qu'il veut et promeut la justice et parce qu'il permet le dépassement de la seule justesse formelle vers un infini inscrit en tout visage humain.

Cette articulation de la justice et de l'amour d'autrui est aussi, comme nous l'avons déjà montré, l'articulation fondamentale du Décalogue telle qu'elle s'épanouit dans la proclamation du double commandement d'aimer dont Jésus a fait la clef de voûte de toute son interprétation de la loi de la première Alliance. La prise en compte de l'altérité est une : celle du Dieu unique est indissociable de celle des semblables que l'on traite dans l'égalité de droits due à chacun et, renonçant à toute extériorité virtuellement désengageante, comme son prochain, celui dont on se fait proche sans qu'aucun principe *a priori* puisse justifier d'exclusion éventuelle. Ainsi tout en se donnant dans une multitude de visages, l'Autre est Un et indivisible, comme autre que soi.

La spécification chrétienne de l'éthique consiste ici à donner à la justice et à la sympathie humaines la dynamique de la justice du Royaume eschatologique. Que cette dynamique puisse être accessible à tous les hommes se comprend dans l'universalité de son propos : tout homme peut le découvrir en lui-même et à travers les autres qui lui sont donnés comme autant de frères en devenir. L'Autre est un et indivisible, et les chemins pour y parvenir sont aussi multiples que ces visages exposés à la violence et à l'amour.

3. La dimension éthique de Mt 25, 31-46 n'est pas la conséquence secondaire de son message théologique : les deux sont intimement liés et doivent donc être analysés l'une en fonction de l'autre en tenant compte de la nature de ce texte : un récit extrait d'un plus grand texte.

Il ne s'agit pas de vouloir lui faire dire plus qu'il ne dit. C'est un fragment, et c'est comme tel qu'il doit être approché. La structure narrative doit être analysée en priorité, comme nous venons de le faire à propos de la liste des œuvres ou comme nous le ferons de nouveau à propos de la surprise eschatologique. Les implications éthiques d'un récit relèvent alors de deux niveaux : les implications directement liées aux éléments du texte et à leur agencement ; les implications indirectes qui fournissent le cadre général de la lecture. Elles sont donc nécessaires au commentaire, mais on ne peut y recourir légitimement que pour rendre possible la compréhension de l'ensemble.

Ici par exemple, on relèvera qu'il n'est pas possible de traiter pour elles-mêmes les questions du bien et du mal. La manière dont ces catégories sont abordées est exclusivement celle du faire ; il n'y a donc aucune préoccupation de type ontologique. Il s'agit de ce qui aura été fait ou non fait, du bien fait ou non fait. Le trait essentiel du mal qui est mis en scène est donc l'omission du bien ; il suppose un autre trait inscrit en creux du bien décrit : les situations de détresses correspondantes aux œuvres de miséricorde désignent un mal à soulager, sans qu'il y ait de dénonciation explicite sur la responsabilité de l'origine de cet état de fait.

Donc, à s'en tenir à la lettre de ce récit, le bien s'y définit comme la réponse apportée à la souffrance des hommes, souffrance qui porte en elle les traces physiques et sociales de la mort. Ce bien est à faire avec d'autant plus d'urgence que ces hommes sont en situation de plus grande vulnérabilité. L'omission de faire un tel bien est alors réellement un mal qui se révèle mortel pour tous.

4. Ces deux étapes n'achèvent pas le parcours auquel nous convie ce récit. D'une part l'horizon de sa visée éthique est celui du Royaume eschatologique qu'il annonce comme promesse d'un héritage. D'autre part, il n'y a aucune règle à la prise de possession de cet héritage puisque la surprise est le ressort narratif essentiel du récit. L'articulation de la justice et de l'amour est placée sous le signe de la surabondance : la surprise en est la conséquence dont il faut maintenant mesurer l'enjeu.

CHAPITRE XII

LA SURPRISE DE L'INTENTION

Tels sont les faits, ou les non-faits, sur lesquels se prononce notre récit : leur signification anthropologique et théologique est tout à fait essentielle pour comprendre pourquoi ils peuvent être le critère unique d'une scène de Jugement eschatologique dans les Écritures chrétiennes. Voilà ce qui a été fait ! mais, au juste, qu'a-t-on voulu faire ?

L'intentionnalité de l'acte volontaire est questionnée de diverses manières par ce texte : en premier lieu, il faut se convaincre de l'immensité de l'enjeu de gestes aussi simples. Sans doute les accomplit-on souvent avec une grande spontanéité, sans y attacher plus de valeur que celle liée à leur modestie et à leur urgence… « c'est tout naturel ! » dit-on couramment. Quant à ceux qui les ignorent ou les refusent, leur défense est vite organisée : « pour si peu de chose… » Or, s'il est vrai que ces faits concernent des aspects élémentaires de nos vies, c'est que l'élémentaire est vital. Ce n'est pas sur le prix consenti (nos efforts) que la sentence est prononcée, mais sur ce qui aura été fait ou non.

En deuxième lieu, par leur simplicité et à cause du dépouillement des nécessiteux, ces gestes ne permettent pas d'escompter une quelconque récompense. Au mieux, un peu de reconnaissance ou de considération ; mais, hormis pour quelques héros honorés par l'opinion, ils se perdent dans l'intimité des cœurs ou dans l'anonymat des foules. Pourquoi les fait-on ? Pourquoi ne les fait-on pas ? Ils correspondent à des besoins urgents, mais on peut toujours soupçonner cette nécessité affichée de cacher d'autres motivations moins avouables... Ne pas être dupé, se méfier, n'est-ce pas aussi justifié ? *A contrario,* la plus sûre des récompenses n'est-elle pas aussi la plus secrète, soit du côté de la satisfaction du devoir accompli, soit par une mystérieuse fécondité qui viendrait de ce que faire vivre l'autre est le chemin privilégié pour mesurer ses propres raisons de vivre ? C'est donc se faire vivre par le sens que sa vie en reçoit ; c'est plus précisément raison de vivre, et non seulement de (faire) survivre.

En troisième lieu, les questions posées par les deux groupes d'humains en Mt 25, 37-39 et 44 témoignent d'un décalage entre ce qui a été fait et ce que le Roi en dit. La sentence porte sur ce qui a été fait et on en découvre une signification tout à fait nouvelle. La récompense porterait-elle sur ce qu'on a fait dans la mesure où on n'a pas compris à qui on le faisait ? Jugement paradoxal où l'intention éthique pourrait bien perdre ses repères. Nous avons parlé à ce propos de surprise. C'est à partir d'elle que nous reprenons l'ensemble de ces remarques en nous interrogeant maintenant d'un point de vue éthique : qu'est-ce à dire au sujet de la moralité des œuvres de miséricorde, et de la moralité en tant que telle, si, au moment ultime de leur reconnaissance, elles se découvrent suffisamment différentes de leur intention première pour justifier une telle question ?

A. La surprise en Mt 25, 31-46.

Ce qui se laisse percevoir à travers les deux questions posées par les hommes dans la seconde partie du récit est de l'ordre d'une surprise. Il ne s'agit ni d'une contestation de la sentence, ni d'une simple demande d'explication au sujet de la motivation des critères utilisés. La souveraineté du Fils de l'homme en gloire domine autant la première partie du récit que les dialogues qui suivent : la séparation s'effectue sans commentaire ni réaction, dans la soumission générale, alors que l'image pastorale des chèvres peut évoquer des bêtes rétives.

À cette soumission générale fait suite un étonnement non moins général : les deux groupes posent la même question dans une symétrie qui n'est brisée que par le phénomène d'érosion qui atteint tous les éléments du second dialogue. Les commentateurs résistent depuis toujours à l'universalité de cette surprise. Ce récit n'est-il pas une révélation qui permet à ceux qui l'auront reçue de se préparer à ce face-à-face ultime ? Puisque les croyants connaissent dans la foi le secret du Jugement, ils devraient échapper à tout étonnement, au moins les justes, mais sans doute aussi les maudits qui ont omis de réaliser les œuvres de miséricorde malgré l'avertissement donné par le Fils de l'homme.

Toutes les distinctions que les commentateurs introduisent ici n'ont aucun fondement dans le texte, ce sont autant d'opérations pour essayer d'évacuer les difficultés que représente pour eux cette surprise générale. Par exemple, dans le *Commentaire de Matthieu,* saint Thomas oppose l'admiration des justes et la mauvaise foi des maudits [1]. L' *« admiratio salvandorum »* reposerait sur leur étonnement que des actions aussi modestes *(« istud est modicum »)* puissent avoir un tel enjeu eschatologique. Ce serait l'écho de trois données évangéliques : l'exaltation des petites choses va de pair avec celles des petits parmi les hommes au nombre desquels le Seigneur s'est rangé ; elle participe donc à l'exaltation pascale à la suite du Christ ressuscité. D'autre part, elles ont une valeur pénitentielle de satisfaction ; elles contribuent donc à la conversion et au pardon des péchés des élus. Enfin leur modestie est révélatrice de la miséricorde de Dieu qui sait n'attendre que peu, et qui apprend aux hommes à ne pas en tirer gloire pour eux-mêmes (voir Lc 17, 10). L'admiration des justes irait donc à cette puissance miséricordieuse d'exaltation *(« exaltat, collaudat »)* de « ce qui est vil et méprisé dans le monde » (1 Co 1, 26-31) qui est celle de Dieu seul.

La question des maudits inverserait la perspective : ils savent bien quelle est l'importance attachée aux œuvres, mais, pour éviter de les mettre en valeur, ils ne posent qu'une seule question, dans laquelle ils énumèrent les six œuvres regroupées comme précédemment en trois paires. En revanche, ils ne veulent pas voir la gravité de l'ensemble de leurs péchés : pour Thomas cette question des maudits est la preuve de leur mauvaise foi, à laquelle s'attache leur condamnation. L'indice est un peu faible, mais cette faiblesse révèle un souci d'aggraver le contraste entre les deux groupes au-delà de ce qui est donné par le récit, au nom d'une précompréhension de ce qu'est le Jugement eschatologique. Cela est cohérent avec l'iconographie

1. Saint THOMAS D'AQUIN, *Commentaire de saint Matthieu,* p. 601-608.

officielle de l'époque qui n'avait retenu de ce récit que l'irrémédiable division de l'humanité. Tout cela manifeste à quel point le commentaire de Thomas tend à intégrer ce récit dans une vision globale qui lui est étrangère ; comme il est gêné par le fait que la révélation en soit très fragmentaire, il en élimine les éléments les plus atypiques.

La conséquence d'une telle interprétation est de laminer la surprise des hommes, et donc celle du lecteur, et de renforcer la dimension parénétique de son message : il n'y a plus d'étonnement à proprement parler, mais des réactions en accord avec le destin eschatologique de chacun. Les dialogues sont ramenés à une conversation un peu académique sur le fait que de si petites choses entraînent d'aussi graves conséquences. La consistance des œuvres de miséricorde n'est pas mise en question en elle-même, mais dans leur valeur relative par rapport à l'ensemble des activités humaines. Cela correspond à la conception thomiste des aumônes, mais n'est pas suffisant par rapport à la perspective anthropologique que nous avons dégagée.

Cette même difficulté suscitée par l'universalité de la surprise conduit maints auteurs à chercher des explications hors du texte, comme si cela pouvait détruire l'obstacle ; ainsi les hypothèses selon lesquelles ceux qui sont rassemblés et jugés ne sont pas chrétiens, donc peuvent ne pas savoir, en conséquence les chrétiens auraient un autre statut (ce qui est une tentation clairement gnostique) ; ou encore, il ne s'agirait que des chrétiens, ou des nations enfin devenues chrétiennes, qui se contentent de demander une simple explication (mais est-ce conforme au texte ?) ; ou encore les deux groupes posent des questions différentes, donc on ne peut pas parler d'une même surprise, etc.

Le texte place le lecteur devant la même question posée deux fois, c'est-à-dire que nul n'échappe à l'interrogation commune qui ne concerne pas les œuvres de miséricorde en tant que telles, mais l'appropriation que le Roi fait : c'est le « Te » qui est l'axe de la surprise. Qu'ils aient fait ou non ces œuvres au nom de leur valeur sociale ou théologique n'est pas en cause en premier lieu. Les questions ne sont pas : « Devions-nous donner à manger, à boire, etc. » Elles ne sont pas non plus : « Devions-nous te réserver une attention particulière ? » Elles portent sur cette parole du Roi selon laquelle ils lui ont fait (ou pas) des gestes de miséricorde, sans reconnaître l'interlocuteur en cause. C'est pourquoi les questions sont : « Quand t'avons-nous vu, et t'avons-nous fait (ou pas fait) ? » et les deux groupes posent la même question, malgré leurs situations désormais définitivement opposées.

Les deux groupes partagent ici la même surprise, ce qui implique qu'ils partagent aussi la même conviction sur la valeur éthique des œuvres de miséricorde. La symétrie fondamentale des deux dialogues (sentence, question, justification de la sentence) oblige à chercher la cause de cette surprise en deçà des positions contradictoires de ces groupes humains, dans quelque chose qui s'enracine dans leur humanité comme telle et qui nous semble être du côté de l'intentionnalité éthique. D'une part, il ne s'agit pas d'actions insignifiantes d'un point de vue éthique, et, s'il est légitime qu'un lecteur s'étonne de ce que de si petits gestes soient retenus comme critères, il n'est pas sûr qu'il faille accepter trop vite de dire qu'ils sont si petits. D'autre part, elles ne portent pas sur le principe de l'attribution au Roi, ce qui ne pourrait venir qu'après sa réponse qui l'affirme sans expliquer comment elle est possible. Elles visent autre chose : ce que nous avons fait (ou pas fait), nous savons envers qui nous l'avons fait (ou non) et nous savons bien que nous n'avons ni voulu te le faire, ni ne te l'avons fait. Alors dis-nous « quand t'avons-nous vu… ? » sans te reconnaître. La majesté de la scène laisse entendre que pour les deux groupes, s'ils avaient su, ils auraient apporté une attention particulière… ce dont les premiers n'ont pas eu besoin (parce que leur attention a porté sur autre chose), alors que les autres auraient pu en être stimulés. Cela aurait eu valeur de plaidoirie, mais est contraire au message transmis. C'est leur agissement dans l'ignorance qui s'en trouve mis en évidence. Les œuvres de miséricorde ont une valeur fondamentale en elles-mêmes ; reste cachée jusqu'à la fin, leur valeur théologale, mais celle-ci ne peut être connue avant la fin. Il faut donc agir selon ce que l'on sait, dans une situation de connaissance partielle, et pourtant réelle.

Cette surprise pose donc sous un angle nouveau la question de l'éthicité des œuvres de miséricorde dans leur spécification chrétienne, ce qui n'est pas sans conséquences sur la réflexion éthique en général. Cette approche doit intégrer ce qui est déjà acquis, d'une part, au sujet de leur consistance anthropologique et éthique et, d'autre part, au sujet de l'universalité de la surprise et de son objet : l'imputation christologique dans les deux sentences (Mt 25, 34-36 et 41-43).

Ce qui revient à tirer les conséquences de leur double évaluation : leur qualification éthique relève des débats historiques et éthiques propres à leur ordre ; l'imputation christologique les investit d'une valeur théologale inouïe et insaisissable aux normes de cette histoire. Cela soulève une question fondamentale proprement éthique : qu'en est-il de la conscience morale s'il ne lui appartient pas de se décider sur la valeur des actions à faire ? Elle ne peut se déterminer qu'en fonction de ce qu'elle sait. Peut-elle être jugée sur la valeur inconnue et inconnaissable de ce qu'elle fait faire ? Or la surprise générale des hommes suppose que ce qui leur est révélé alors ne peut en rien leur être accessible auparavant. De ce point de vue, la révélation la plus forte de ce récit est que, quel que soit ce que lui-même nous apprend ou quelle que soit la connaissance des mystères donnée aux croyants, rien ne les dispensera de la surprise à venir et cette surprise les concernera au plus intime d'eux-mêmes. Ce qui conduit à se demander si le fait de savoir que nous ne savons pas tout ne détruit pas la valeur intrinsèque de ce que nous savons.

Au total, la question est donc : si nos raisons ne sont pas tout à fait des raisons, car les vraies raisons, ou les raisons ultimes, ne peuvent être nôtres, que reste-t-il alors de la prise de responsabilité humaine ? La surprise eschatologique ne pose-t-elle pas une suspicion fondamentale sur l'intentionnalité humaine ? Il nous faut répondre à cette interrogation à partir des données du texte : la consistance éthique des œuvres de miséricorde nous invite à ne pas remettre en question le projet constitutif de toute éthique qui est un effort sans cesse repris pour élaborer de solides principes d'action ; l'imputation christologique, et la surprise qu'elle suscite, nous invite à tirer les conséquences de la condition de l'homme devant le Dieu qui le fait vivre libre et capable d'aimer. Dans un premier temps nous évaluerons ce qu'il en est de l'intention de la conscience à partir des données de notre texte : elle est à la fois nécessaire, car, en elle, s'exprime la dynamique de la liberté, et très fragile, car elle est soumise aux contraintes de la liberté finie. Dans un second temps il faudra analyser plus précisément les causes de cette situation paradoxale qui sont les limites de l'intention. Aussi nous verrons que, pour une part, s'il n'y a pas à être surpris de la limite eschatologique de l'intention qui relaie d'autres limites, elle demande que soit précisée sa spécificité.

B. Nécessaire et fragile intention.

Il est d'autant plus nécessaire de s'y arrêter que l'intention est facilement vilipendée : « L'enfer est pavé de bonnes intentions. » L'adage populaire n'est pas tendre pour l'intention humaine. Il l'assimile volontiers à la velléité ou à l'indécision. L'intention, c'est ce qu'on voudrait et pourrait faire, mais que trop souvent on ne fait pas. Elle sert alors d'excuse aux dérobades, aux lâchetés ou aux impuissances qui jalonnent l'existence : « J'en avais l'intention, mais... », et le « mais » détermine plus sûrement que l'intention affichée ce qui fut réellement ! Cependant cet apparent réalisme est lui-même notoirement insuffisant, car il ne considère de l'intention que ses échecs ou ses ambiguïtés. Nous aurons à montrer comment ces dernières sont inhérentes à sa nature, mais cela ne peut être fait que dans une perspective d'ensemble dont nous ne pouvons ici qu'esquisser quelques grandes lignes.

L'intention de faire.

L'analyse classique de l'acte volontaire distinguait quatre moments successifs : le projet, la délibération, la décision et l'exécution. Cette analyse privilégiait l'aspect intellectuel de la volonté, comme si affirmer et décider, c'était agir. L'ironie populaire que nous venons d'évoquer est sans illusion sur la valeur d'une telle approche qui tend à privilégier l'élaboration des idées et des choix qu'elles impliquent au détriment de leur réalisation effective. En fait on ne doit pas séparer ces deux aspects d'une même réalité, car c'est leur nécessaire articulation dans la vie concrète qui permet d'agir librement pour l'être corporel qu'est l'homme. En abordant l'intentionnalité par son aspect concret, l'acte volontaire peut, d'une part, échapper au risque de n'être qu'une illusion ou un faux-fuyant et, d'autre part, on honore la requête de notre récit qui met d'abord en valeur les faits ou les non-faits.

Décider, c'est engager le passage de représentations intellectuelles (projets) à leur exécution. La décision assume deux aspects : elle est décision de faire ce qui a été conçu, donc elle tranche, elle choisit, elle fait sortir de l'incertitude de l'indécision ; par le fait même elle donne à ce qui a été conçu une amorce de réalité concrète. Décider de faire, c'est presque commencer à faire, car il ne saurait y avoir de commencement d'action volontaire qui n'ait été l'objet d'une décision, et pourtant ce n'est pas encore fait à proprement parler. C'est cet investissement de la décision dans le à-faire que nous appelons ici intention ; c'est la décision en tant qu'elle est décision de faire, c'est-à-dire qu'elle mobilise l'énergie volontaire du sujet pour que ça se fasse. C'est la disposition d'esprit selon laquelle le sujet moral s'engage dans le faire, à la fois l'amorce et y engage sa responsabilité. C'est par l'intention que l'action à faire est action de quelqu'un. Par là l'intention est toujours première par rapport au faire, sinon ce qui est fait est d'un ordre autre que celui du volontaire. Elle ne joue jamais *a posteriori*. Cette précédence logique est parfois masquée par le fait que l'exécution intentionnelle de la décision est quasiment instantanée, soit parce qu'il s'agit d'une action simple, soit parce que les processus de mise en œuvre sont habituels. Qu'ils soient longs ou courts, ces délais de l'inscription concrète dans la réalité nous importent moins ici que le fait qu'il y ait une succession logique inhérente à l'action volontaire pour qu'elle soit telle. Cette antécédence dit par elle-même que, sans l'exécution qui suit, l'intention n'est rien. C'est ce que lui reproche, avec un réalisme dont la lucidité ne doit pas être majorée, l'opinion publique.

L'intentionnalité de la décision signifie donc que, par son action, le sujet s'ouvre à autre chose que lui-même, brise l'immédiateté de la conscience de soi en le tournant vers ce qu'il n'a pas encore fait. Elle est mise en mouvement du sujet. Notre analyse de l'activité humaine en a montré la complexité. L'intentionnalité de la décision vise quelque chose qui est conçu comme à faire, mais qui n'est pas encore : elle conçoit de faire être. Décider, c'est donc décider quelque chose, décider de faire être quelque chose et décider au sujet des moyens de le faire.

L'intention est ainsi au service de l'effectuation de la liberté comme volonté dans les processus de décision. Elle est ce qui fait que la décision est décision d'agir, ce qui n'est pas encore tout à fait la décision ; ce qui fait que l'exécution va pouvoir s'engager. Elle participe donc au plus haut point à deux aspects de la décision, son caractère d'impératif et sa capacité d'auto-imputation. L'intention de faire s'impose à moi comme une loi intérieure que je me donne et qui m'oblige, d'où la rigueur du jugement du sens commun à son endroit quand elle ne va pas au bout d'elle-même et qu'elle n'est donc qu'une triste caricature d'elle-même. Le « je décide quelque chose » est donc aussi et en même temps un « je me décide », au double sens que je m'oblige par ce que je décide et que, m'obligeant à faire ce que je décide, je détermine ce que je deviens en le faisant tel que je l'ai décidé.

L'intention est donc à la fois une mobilisation effective des énergies du sujet par laquelle il devient sujet responsable et la caractérisation que la décision d'agir volontairement a un but motivé, c'est-à-dire pesé, raisonné et accepté. L'intention éthique n'est pas seulement intention-de-faire, elle est aussi intention-de-faire-le-bien. Pour cela, il lui faut prendre position par rapport à divers registres de motivations en fonction desquelles elle se décide pour telle action ; la visée éthique comporte une référence à un système de détermination du bien, la normativité morale ; mais elle n'est pas la seule motivation possible, car beaucoup d'autres tiennent aux intérêts les plus égocentrés du sujet.

L'objection porte ici moins sur la mise en œuvre éventuelle que sur la possibilité de connaître la vérité de ses motivations. Ce débat, qui est celui qu'ouvre à sa manière la surprise eschatologique en Mt 25, 31-46, peut être résumé ainsi : soit la volonté est mue par les besoins, les désirs, les tendances de la nature humaine, et en conséquence la volonté ne serait qu'une illusion de capacité à diriger ce qui oriente les choix et l'énergie nécessaire ; soit la volonté est cette capacité de se tenir à distance vis-à-vis de ces désirs et de ces pulsions au nom des valeurs qu'elle élabore ou qu'elle reçoit du corps social et qui constituent ce que, pour faire bref, on appellera un idéal ; ici la volonté serait aussi souveraine et autonome qu'arbitraire et irréelle.

Plutôt que d'opposer ces deux points de vue, ou d'avoir à choisir entre eux, il convient d'articuler les éléments justes qu'ils contiennent. D'une part, on ne saurait sous-estimer la fonction stimulante des besoins et des désirs de l'homme. Ils expriment le dynamisme et la vitalité du corps et de l'affectivité. Mais aucun d'entre eux ne se réduit à la seule pulsion, ou plus exactement la pulsion n'en est pas le tout puisqu'elle nécessite, au moins, la médiation sociale pour se réaliser. D'autre part cette contrainte n'existe comme telle que parce que lui fait face la capacité de recul de la liberté, recul qui se traduit par la possibilité d'évaluer la puissance de la contrainte et de déterminer la réponse à fournir, ce que nous appelons la transcendance de la liberté. Parce qu'elle est la condition d'un être corporel, la liberté se déploie en fonction de ces contraintes ; l'envisager ainsi ne conduit ni à la nier, ni à la sauvegarder contre toute évidence, au contraire, c'est en dire les conditions concrètes de possibilité. En conséquence, les motivations émergent des besoins de l'être humain comme être corporel, affectif et social ; et cette émergence contient en elle-même une sollicitation de tout le psychisme volontaire pour fournir une certaine satisfaction par le déploiement de l'activité humaine.

L'intention éthique signifie donc l'engagement responsable du sujet qui prend position par rapport à la double objectivité du réel dans lequel il agit et des normes morales selon lesquelles il doit agir. Ainsi elle est la condition de mise en œuvre, à un moment donné, de ce qui est en jeu dans la visée éthique. La raillerie par laquelle nous avons commencé est donc d'abord l'indice de la déception devant ce qui donne souvent l'impression de ne pas aboutir. Qui dit déception dit aussi toute l'importance qu'on lui accorde.

La fragilité de l'intention.

Le premier trait de fragilité de l'intention est qu'elle dépend totalement de l'exécution qu'elle engage pour être autre chose qu'une idée ou un rêve. Notre approche a distingué l'intention de faire et le faire : ainsi avons-nous décrit un processus qui fonctionne quant à l'aval « à vide », pour reprendre l'expression de P. Ricœur : « la décision signifie, c'est-à-dire désigne à vide, une action future qui dépend de moi et qui est en mon pouvoir [2]. »

Pour que ce soit fait, et que l'intention aboutisse, il faut donc pouvoir réaliser le projet conçu. La fragilité de l'intention que nous visons ici tient à sa nécessaire adaptation au monde des possibles. Le passage entre l'intention de faire et l'exécution concrète suppose autant une intention dans laquelle le sujet s'engage que le pouvoir faire sans lequel elle est vouée à l'échec. Cette prise en compte du pouvoir-faire est intérieure à l'intention de faire qui ne peut se désintéresser de ses conditions de réalisation, c'est-à-dire des conditions du passage de la réalité des idées à la réalité des faits, à l'advenue dans le monde des faits.

Cette fragilité de l'intention est aussi sa force, car elle implique qu'elle a la capacité de tenir compte du réel, de ce qui n'est pas soi, de l'autre sous toutes ses formes, du possible, de ce que Ricœur appelle l'involontaire, non pour s'y soumettre servilement, mais pour y déployer, par le jeu de l'imagination, du nouveau, ou pour tenter d'y aménager un espace d'humanisation. L'intention est ainsi un de ces lieux de passage par où la liberté humaine s'effectue en tant qu'humaine, c'est-à-dire limitée et tiraillée par les contraintes d'où elle émerge et que, par là, pour une part, elle transcende.

Le deuxième trait de fragilité de l'intention tient à son rap-

2. P. Ricœur, *Philosophie de la volonté,* Paris, Aubier-Montaigne, 1967, t. I, p. 42.

port au temps, qui est celui de la volonté en général. Au premier abord l'intention est de l'ordre du projet. Elle « jette en avant », dans ce qui n'existe pas encore, pour y faire exister quelque chose de nouveau, car tout ce qui est à venir est sous un certain aspect nouveau. Elle est anticipation destinée à devenir par son exécution. Elle implique et effectue cette capacité du sujet à sortir hors de lui-même, de l'immédiateté de son présent ; elle le projette hors de lui et lui fournit la possibilité concrète que le futur soit pour une part le sien, celui où il s'engage et où il devient, et pas seulement celui qui est déterminé indépendamment de lui.

Pour se réaliser, ce projet a besoin d'une certaine durée, celle nécessaire à son exécution et qui s'inscrit dans la successivité de l'existence. Faire suppose du temps et ce temps de l'exécution, ce temps où l'intention se réalise, n'est pas que l'instant initial de la mise en chantier, sinon il ne produirait que des ébauches non moins velléitaires que l'intention sans faire. Le faire doit aller jusqu'à son terme. Mais, paradoxalement, l'intention s'évanouit en même temps que l'exécution se réalise. Ainsi l'intention est première, elle n'est rien sans le faire à venir et elle n'est plus rien quand c'est fait.

Ce paradoxe de l'instant de l'intention a été longuement exposé par V. Jankélévitch. Il n'est pas utile d'y revenir plus longuement ; on saisit suffisamment à quel point il peut renforcer le soupçon de ceux qui ne voient rien de bon dans cette éphémère et si fragile intention qui s'évanouit dès qu'on cherche à la toucher. Notre rapide analyse nous invite au contraire à ne pas nous laisser abuser par ce phénomène d'optique. Si on la considère dans le processus de décision dont elle est un aspect nécessaire et partiel, elle se découvre comme participant à la dynamique de la liberté humaine avec les paradoxes de sa corporéité, ici particulièrement ceux de la temporalité.

Le dernier trait de fragilité que nous relevons est la difficulté qu'il y a à déterminer ce qui fait une intention bonne. Le propre de l'intention est d'être l'élément d'une motion, d'un mouvement qui met en branle toute la mécanique du psychisme. Or il n'est pas donné d'avance et il peut se retourner contre lui-même, ainsi que l'écrit Jankélévitch :

> L'obstacle à la bonne intention est en effet la bonne intention elle-même [...] la mauvaise intention est immanente et intérieure à la bonne [...]. [Elle] n'est pas une seconde intention née de la première, ou coexistant avec la bonne intention comme son double ou son

ombre réfléchie, non : cette mauvaise intention est la bonne intention elle-même, *ipsa,* détériorée du dedans par la conscience satisfaite qu'on en prend [3].

L'intention bonne, qui mobilise les énergies pour agir selon ce que la conscience décide de faire comme son devoir, n'ignore pas que le fait d'être bonne n'est pas simple, car il participe de l'économie d'ensemble du processus que l'intention doit évaluer ; comme elle est interne au processus qu'elle juge, elle se juge en même temps, et elle se juge bonne. Ce que Jankélévitch appelle la conscience satisfaite, contente de sa propre bonté, est la perversion sournoise de la bonne intention qui n'est pas de faire le bien pour le contentement de soi, mais de le faire parce que c'est son devoir de le faire. Le retournement satisfait de l'intention sur sa propre bonté est un détournement de cette bonté.

Dans *Meurtre dans la cathédrale,* T. S. Eliot en fait l'objet des deuxième et quatrième tentations de Thomas au cours de son face-à-face avec lui-même. La deuxième tentation consiste à faire le bien (ici public et politique) dans le but final de la gloire tangible que l'on peut en retirer, au prix, apparemment modeste en comparaison de la gloire, de sa liberté :

> Le pouvoir acquis conduit à la gloire
> Toute votre vie, possession solide,
> Chapelle tombale, monument de marbre
> [...]
> Commander aux hommes ce n'est point là folie.
> [...]
> Le vrai pouvoir s'achète au prix d'une certaine soumission [4].

Cette tentation est relativement facile à identifier, sinon à combattre. La quatrième est beaucoup plus subtile, car elle ne cesse de surprendre, d'être inattendue (« je précède toujours l'attente »), alors même qu'elle n'a rien à apprendre que l'on ne sache déjà, puisqu'elle est toujours déjà là : tentation de faire le bien au prix de tous les renoncements, y compris celui de sa propre vie, pour une gloire éternelle qui n'est plus une grâce, mais, par le bénéfice d'un troc bien calculé, l'occasion d'une vengeance éternelle vis-à-vis de ceux qui seraient humiliés par elle :

---

3. V. JANKÉLÉVITCH, *Le Sérieux de l'intention,* Paris, Flammarion, 1983, p. 32-33.
4. T. S. ELIOT, *Meurtre dans la cathédrale,* Paris, Éd. du Seuil, 1946, p. 85 et 87.

Le roi est oublié dès que vient un successeur :
Le martyr et le saint règnent du fond de la tombe.
[…]
Que peut-on comparer à la gloire des saints
Demeurant à jamais en présence de Dieu ?
[…]
Cherche la voie du martyre et humilie-toi très bas sur terre
Afin d'être très haut dans le ciel
[…]

THOMAS

Non — Qui êtes-vous à me tenter ainsi de mes propres désirs ?
D'autres sont venus, tentateurs temporels,
Offrant plaisirs et pouvoir à un prix palpable.
Que m'offrez-vous ? Que me demandez-vous ?

QUATRIEME TENTATEUR

J'offre ce que tu désires. Je demande
Ce que tu as à donner. Est-ce payer trop cher
Pareille vision de grandeur éternelle [5] ?

Le dialogue théâtral dit mieux que toute analyse cette fragilité de l'intention prise en tenaille dans le piège de son propre désir qui utilise tout, y compris le devoir, pour sa propre satisfaction. Faire le bien pour autre chose que le bien, pour en tirer une gloire qui ne passe pas. L'orgueil. La plus subtile, sinon la plus pernicieuse, n'est-elle pas cette tentation d'être reconnu par soi et par les autres dans la bonté affichée et payée ? Celle dont l'Évangile dit qu'elle a déjà sa récompense.

La nécessaire intentionnalité de la conscience morale est avant tout le signe concret de la transcendance de la liberté humaine capable d'assumer les contraintes de la corporéité. Mais cette transcendance n'est opérante que dans un combat dont la liberté semble s'extirper à grand-peine. Il n'y a ici aucune domination sereine et définitivement acquise. C'est pourquoi les traits de la fragilité finissent par retenir trop exclusivement l'attention. Ceux-ci ne peuvent être bien compris que s'ils sont mis en perspective par rapport à la nécessité qui les rend possibles. Cette dialectique de la nécessité et de la fragilité de l'intention est présente dans le Nouveau Testament d'un point de vue strictement théologique. On ne peut traiter de la surprise de l'intention en Mt 25, 31-46 sans rappeler ce contexte.

5. *Ibid.*, p. 104 et 107.

Nouveau Testament et intention éthique.

Le Nouveau Testament recueille un nombre suffisamment grand de traditions pour que l'on ne s'étonne pas de ce que l'intentionnalité de l'acte humain y soit apparemment traitée de diverses manières. Cependant, en rapprochant une nouvelle fois l'enseignement de Matthieu, en particulier dans le Sermon sur la Montagne, et les réflexions pauliniennes dans l'épître aux Romains, nous rencontrons deux figures majeures dont les nuances ont souvent été érigées exagérément en opposition et Mt 25, 31-46 a souvent été une pierre d'achoppement dans ces polémiques.

L'analyse littéraire et théologique de Rm 7-8 est passablement difficile : qu'en est-il au juste du « moi » mis en scène en 7, 14-25 ? Comme une lecture attentive le montre, il ne peut s'agir de la personne de Paul qui se donnerait en exemple comme il le fait ailleurs, en particulier dans des situations où son ministère est contesté (voir 2 Co et Ga) ; sinon, que pourrait vouloir dire ce verset : « or, moi, j'étais vivant sans loi autrefois » ? (7, 9.) En parlant à la première personne, Paul utilise une figure rhétorique classique pour parler de l'homme en général [6] ; reste à préciser en quel sens.

Plutôt que polémique, tout ce passage est dramatique : il décrit un combat intérieur plus qu'il ne combat un adversaire. Ce combat intérieur se comprend en fonction des étapes de l'histoire du salut. Il évoque d'abord une époque sans loi, avant la Loi. Allusion rapide, qui a une portée plus logique qu'événementielle : il y a d'abord le temps d'avant la loi de Moïse ; le récit de la Genèse contient de nombreuses lois dès les origines, en particulier celles qui structurent la situation de l'homme dans le cosmos : « croissez et multipliez-vous » ; « tu ne mangeras pas… » Pour Paul cette situation sans loi est théorique, comme le montre Rm 2, 1-16 : les païens qui ne connaissent pas la loi mosaïque ne sont pas sans loi ; leur conscience leur tient lieu de loi. Il faut donc comprendre ici que « sans loi » vise une situation où la loi est intériorisée, où elle ne se donne pas comme un vis-à-vis qui instaure une distance entre l'homme et son destin ; ce qui caractérise justement l'étape suivante et qui explique que le drame ne soit pas seulement un débat, mais une dépossession de soi-même. C'est alors le temps avec la Loi, dont la connaissance structure l'existence et provoque la situation dont 7, 7-25

6. Voir *Theologisches Wörterbuch zum Neuen Testament, t.* II, art. « *Egô* », p. 355-356.

explicite les données sur un mode volontairement tendu : « Ce qui l'intéresse avant tout, c'est le *Nomos* pris en lui-même, conçu comme un acteur qui est entré sur la scène du monde pour y jouer son rôle [7]. » Paraît, enfin, le temps du Christ, dont les fruits de la grâce dans les disciples sont décrits au chapitre 8 : c'est un affranchissement à l'égard du péché et de la loi.

Rm 7, 14-25 décrit le drame dont les éléments ont été exposés en 7, 7-13 : d'une manière mystérieuse, l'œuvre de la loi aliène l'homme, le rend étranger et incompréhensible à lui-même, au lieu de le structurer et de l'aider à vivre. Pourtant la Loi est bonne, non seulement parce qu'elle vient de Dieu, mais parce qu'elle apparaît bonne en elle-même ; aussi « je » veux la mettre en œuvre. Le drame tient à cette contradiction. La Loi que « je » sais bonne et que « je » veux suivre, « je » ne la suis pas ; au contraire ce que la Loi dénonce et que « je » sais donc être mauvais, « je » le fais ! On peut donc présenter ce drame comme une dissociation de la volonté et de l'action réelle : *katergazesthai* signifie bien accomplir en un sens général, et n'a pas la nuance que donne ici la traduction de la Vulgate *(perficere)*.

Ainsi être sous la Loi c'est être victime d'une stérilisation de l'intention. L'œuvre du péché n'est possible qu'à cause de la Loi, sans laquelle il n'y aurait pas de transgression. Une fois introduit sur la scène du drame, il contraint tout au point de s'interposer entre la volonté et l'action, comme un hôte intérieur indésiré : « le péché habite en moi » (7, 20). Paul analyse la fragilité de l'intention du point de vue théologique où il se tient, c'est-à-dire par rapport à une étape de l'histoire du salut où elle s'inscrit dans une dialectique de la Loi et du péché. Ce qui indique qu'elle est à la fois relative à une situation donnée et inévitable pour tous ceux qui sont dans cette situation.

Ne cherchons pas dans cette mise en scène plus qu'on ne peut légitimement y trouver tant dans les conséquences de la forme stylistique à la première personne qu'au niveau éthique. Paul ne compose pas un traité de la conscience morale, mais s'explique sur les conséquences du péché à la lumière de l'œuvre du salut réalisée par le Christ : désormais la loi de l'Esprit inverse les termes. Pour ceux qui sont en Christ, il y a aussi un hôte intérieur qui demeure en eux, c'est l'Esprit de grâce et, au contraire de la Loi, il opère la conjonction entre la volonté et le faire.

7. P. BENOIT, « La Loi et la Croix d'après saint Paul », *Revue biblique*, 1938, p. 484.

D'une certaine manière, ce n'est pas la volonté humaine qui agit, c'est encore un autre, mais ici avec deux nuances qui transforment la nature de cette présence. D'une part, ce que l'Esprit permet d'accomplir est une œuvre de vie, car c'est la réponse positive de l'homme à Dieu. D'autre part, cette habitation n'est pas de l'ordre de l'aliénation, mais de l'ordre de la réconciliation avec soi-même. Le parallélisme entre « l'empire de la chair » et « l'empire de l'Esprit », ou celui entre la loi mosaïque et la loi de l'Esprit ne doit pas abuser le lecteur. Paul aime ces raisonnements balancés, mais ce qu'il indique est plus profond qu'un simple jeu d'oppositions car il s'agit d'un raisonnement *a fortiori* : l'Esprit réconcilie l'homme avec lui-même et le rend donc capable de vivre selon la justice du Royaume. Loin de l'aliéner, il lui permet d'être lui-même.

Quelle est alors la situation des croyants ? L'expérience permet difficilement d'envisager que le baptême et la foi aient effacé radicalement toute trace de l'étape précédente, celle de l'humanité sous l'emprise de la chair, de la Loi et du péché. D'ailleurs l'exhortation de Paul s'adresse bien à des baptisés... Le temps de l'Église, est intermédiaire entre les deux étapes décrites ci-dessus : par la foi, les baptisés participent de la grâce de la Pâque du Christ, mais cette participation reste fondamentalement sur le mode de la foi et de l'espérance : « nous avons été sauvés, mais c'est en espérance » (8, 24). Cette réalité est certaine pour le croyant, mais elle n'est pas encore connue en plénitude. Aussi Paul parle-t-il des « prémices de l'Esprit » (8, 23), et ailleurs des arrhes de l'Esprit (2 Co 1, 22 ; 5, 5) ou de l'héritage (Ép 1, 14). L'histoire du salut n'évacue pas, dans la succession des étapes, les tensions entre elles : l'humanité est, jusqu'à la fin de cet éon, tiraillée entre l'ancien et le nouveau, et cet écartèlement est le lieu de la foi et de l'espérance, dans une économie placée sous le signe de l'eschatologie.

En conséquence, dans sa spécification chrétienne, l'intention éthique est construite sur cette tension. D'une part, l'intention se trouve régénérée dans le mystère du Christ et par le don de l'Esprit. La réconciliation acquise une fois pour toutes dans le mystère pascal libère en lui des capacités nouvelles pour « chercher le Royaume de Dieu et sa justice ». D'autre part la lumière de la foi et de la régénération baptismale ne dissipe pas toutes les obscurités. Les unes sont liées aux pesanteurs et aux opacités de la corporéité historique ; elles sont donc constitutives de l'humanité en tant que telle dans son devenir. Les autres sont le poids de la « chair » et du péché au sens paulinien ; la conversion travaille à les dépasser mais elle n'agit pas de manière magique pour les faire disparaître. Il n'est pas nécessaire de se laisser aller à un pessimisme exagéré pour mesurer ces entraves. La condition chrétienne reste sous le signe du devenir et elle n'est possible que sous le signe du don, de la réciprocité et finalement de la grâce. D'un point de vue éthique il s'ensuit que l'intention de l'acte volontaire n'est pas rendue à une claire transparence à elle-même, comme si c'était seulement le péché qui était obstacle et finitude en l'homme. L'œuvre du salut dans la foi est avant tout une capacité renouvelée à diriger cette finitude selon la promesse de Dieu. Elle ne l'efface pas, car c'est la condition même de l'homme ; en conséquence, les éléments mis en scène en Rm 7, 14-25 restent encore et toujours constitutifs du drame intérieur du croyant, qui sait aussi qu'ils ne sont pas une fatalité. Dans le mystère pascal, il lui a été donné en même temps la connaissance spirituelle qu'il est réconcilié avec lui-même, parce qu'il se sait réconcilié avec et par Dieu, et la force de l'Esprit dont les prémices en font déjà un homme nouveau, régénéré, en devenir de nouveauté au milieu des décombres de la vieillesse du péché.

À cette lucidité dramatique, les six antithèses du Sermon sur la Montagne fournissent un contrepoint spectaculaire. L'enseignement matthéen se présente comme une herméneutique de la loi mosaïque, selon le principe général que constitue le double commandement d'aimer, comme on le voit explicitement dans la sixième antithèse.

La construction très rigoureuse de ces six péricopes opère une relecture des normes reçues de la tradition, comprise en un sens large, au nom d'un principe qui privilégie l'esprit de la Loi par rapport à sa lettre. À l'interdit de la violence physique est ajouté celui de la violence verbale et de la colère, et même la nécessité d'une réconciliation fraternelle ; à celui de l'adultère, celui du seul regard désirant, à tel point que l'intégrité du corps est seconde par rapport à la pureté du cœur ; au divorce, s'attache la responsabilité de l'adultère à venir du conjoint répudié ; au parjure, s'oppose l'interdit de tout serment ; à la loi du talion, on préfère le refus de la vengeance et le pardon ; enfin la haine des ennemis fera place à l'amour des ennemis, au nom de l'attitude même de Dieu.

De cette série d'opérations, il résulte que l'attention se porte prioritairement sur la dynamique de l'action volontaire, sur ce qui est au cœur de l'acte lui-même en tant qu'il est accompli par une personne, c'est-à-dire son intention. Il y a des normes qui doivent être respectées. Les versets qui précèdent les antithèses exaltent l'accomplissement de la Loi au nom de la surabondance qui caractérise la justice du Royaume : « si votre justice ne surpasse celle des scribes et des pharisiens, vous n'entrerez pas dans le Royaume de Dieu » (5, 20). Mais cette surabondance n'est pas affaire de quantité, il ne s'agit pas d'ajouter des lois supplémentaires, ni de rigorisme, il ne s'agit pas plus d'un autoritarisme étroit. Il s'agit de la qualité du cœur qui sait lire ce qui est en jeu à travers la lettre des normes, dont l'exigence est déjà très grande : la nature des relations avec autrui qui ne peut être évaluée sur le seul mode négatif du respect, car autrui attend une attitude positive que Jésus appelle l'*agapè* [8].

Il ressort de cela que, si Jésus propose une herméneutique de la Loi, c'est que cette dernière est nécessaire. L'Évangile ne peut servir à justifier aucune anomie, ni aucun repli légaliste, ni aucune fuite dans un impossible purisme. Cette herméneutique est directement orientée vers un faire concret pour qu'il produise des fruits palpables (3, 8-10 ; 7, 17-19 ; 21, 43). Accomplir la Loi, c'est la recevoir, la vouloir et la mettre en pratique selon la surabondance qu'elle rend possible. L'intention des disciples est droite lorsqu'elle rejoint l'intention de la Loi, qui est l'*agapè*.

La nécessité de la droiture de l'intention est aussi importante pour la compréhension de l'Évangile que le drame quotidien du croyant, voire de tout homme, est profond. L'un comme l'autre s'enracinent dans la même expérience douloureuse, celle du péché. La conviction croyante du salut offert en Jésus-Christ ne dispense pas du drame ; elle en dénoue la fatalité dans le don de l'Esprit. Mais le péché n'est pas la seule cause de fragilité de l'intention ; il aggrave définitivement une situation qui tient à des raisons d'un autre ordre qu'il nous faut maintenant évoquer.

---

8. Ce trait est constant dans l'Évangile. On peut citer deux exemples : d'abord l'ensemble de *logia* dans lesquelles Jésus ne reconnaît comme vraiment humain que ce qui sort du cœur de l'homme ; pour citer un texte, on retiendra la controverse rapportée par Matthieu et par Marc sur le pur et l'impur à propos des ablutions rituelles que Marc met en relation avec les manières de faire de certains disciples. Il s'agit donc ici aussi d'une interprétation de la Loi : « ce n'est pas ce qui entre dans la bouche qui rend l'homme impur, mais ce qui sort de la bouche, cela rend l'homme impur » (Mt 15, 11) ; « mais les choses qui sortent de la bouche procèdent du cœur et celles-là rendent l'homme impur » (15, 18). D'autre part la scène où Jésus commente l'obole de la pauvre veuve dans le Temple (Mc 12, 41-44 et parallèle Lc 21, 1-4) est une autre illustration de la même attitude fondamentale de Jésus par rapport au comportement concret. Les « deux leptes qui font un quart d'as » valent par rapport à l'indigence de cette femme, car c'est son nécessaire qu'elle a « jeté ».

La surprise générale en Mt 25, 31-46 interrogeait sur ce qu'il en est de la moralité des actes humains si une part essentielle de leur signification échappe à celui qui les accomplit. Cette question supposait une première approche de l'intention dans laquelle elle apparaît comme une condition nécessaire à la moralité. Cette première approche a dû être aussitôt nuancée par l'évidente fragilité de cette intention : non seulement rien n'est jamais totalement clair pour celui qui agit, mais en plus toute bonne intention est susceptible de se détourner de son objet. D'autre part, l'enseignement du Sermon sur la Montagne ne rappelle avec autant de force les risques du légalisme et l'exigence de la droiture des intentions que parce qu'il sait trop bien quelles en sont les dérives et quelle en est la cause : le péché dont Paul dit qu'il « habite » le cœur de l'homme. De l'expérience empirique comme de l'enseignement du Nouveau Testament, la conclusion est identique : l'intention est aussi nécessaire que fragile.

Le récit de Mt 25, 31-46 demande d'aller plus loin dans l'analyse, car il met en scène une réelle limite : il y a quelque chose qui échappe à tous comme par une autre nécessité ; on doit donc en conclure à une incapacité structurelle. Même s'ils connaissent l'Évangile, il n'appartient pas aux hommes de déterminer comment ce qu'ils font ou ne font pas à autrui atteint le Fils de l'homme, alors qu'ils peuvent comprendre par eux-mêmes la haute valeur morale des œuvres de miséricorde.

C. Les limites de l'intention éthique.

Cette tension entre la nécessité et les limites de l'intention doit être regardée avec beaucoup d'attention car, non seulement elle est essentielle à la lecture de notre texte, mais elle est l'objet d'un intérêt particulier dans la réflexion contemporaine. La tradition classique l'analysait dans un cadre assez figé, décomposant des éléments comme on démonte une mécanique ou comme on dissèque un cadavre [9]. Elle n'est donc pas en

9. Saint THOMAS D'AQUIN est un bon exemple de cette manière de faire. S. Pinckaers la présente ainsi dans l'Introduction de la Ia IIae, à propos des actes humains : « Ainsi va-t-elle décomposer l'agir humain pour en découvrir et en exposer les éléments, un peu comme on démonte un mécanisme et en étale les pièces une à une », et plus loin : « l'exposé de saint Thomas sur l'acte humain, parce qu'il veut être scientifique, sera nécessairement à dominante analytique, comparable à un cours d'anatomie étudiant un à un les organes du corps humain. » Le présupposé mécaniste est clairement explicité par le commentateur (*Somme théologique,* t. II, Paris, Éd. du Cerf, 1984, p. 63 et 64).

bonne situation pour saisir le mouvement qui la caractérise. C'est une approche de type intellectualiste comme le montre par exemple la question 19 de la Ia IIae : les rapports de la volonté et de la raison sont considérés en fonction de la vérité et du bien définis en eux-mêmes. En conséquence, la question formalisée concerne la raison erronée, et ne s'interroge guère pour savoir quelle connaissance réelle on peut avoir de cette intention elle-même.

Une caractéristique des approches contemporaines est de renverser les points de vue en accordant à la subjectivité un rôle beaucoup plus déterminant. Les changements intervenus dans l'analyse des œuvres de miséricorde en sont un témoignage éclairant : d'une problématique formelle de la définition du bien et du vrai, on passe à une problématique de la personne avec ses droits et ses devoirs. L'attention se porte donc sur la manière dont elle fait des choix moraux qu'elle peut pratiquement réaliser. Moins que de les qualifier en fonction de conceptions du bien et du mal définies en elles-mêmes, il s'agit d'établir les conditions de possibilité d'une manière éthique d'agir.

La démarche se fait donc « critique ». C'est ainsi que, par exemple, de nos jours, l'attention se porte largement sur *« the decision-making »* pour reprendre l'expression courante chez les moralistes anglo-saxons dont les travaux sont très révélateurs de cette évolution. En fait toutes les réflexions et les pratiques éthiques en sont désormais marquées, y compris celles qui sont restées les plus proches des problématiques casuistes traditionnelles. Les débats en cours aux États-Unis au sujet du principe du « double effet » ou du « proportionnalisme » en sont de claires illustrations.

La grande attention portée à l'intention est donc critique et soupçonneuse : il s'agit de préciser la capacité de chacun à connaître ce qu'il en est vraiment de ses intentions. On s'attache, de divers points de vue, à mesurer cette part d'involontaire qui est présente en chacun, au sein et au-delà de la corporéité, dans la structure du psychisme lui-même, à savoir l'inconscient. Que peut-on savoir de la bonté de son intention, si ce qu'on peut en dire n'est que la partie visible d'un iceberg ? s'il n'y a pas la possibilité d'être au clair avec son désir ? La conscience que les divers conditionnements de la liberté rendaient illusoires toutes les tentatives de maîtrise et de transparence totales est très ancienne, les *Confessions* de saint Augustin en sont un des témoignages les plus profonds. Toutefois cette incertitude sur la valeur dernière des intentions d'agir est devenu un trait important des morales contemporaines [10].

La limite révélée par la surprise eschatologique en Mt 25, 31-46 n'est pas de l'ordre du soupçon ou de la déception consécutive à une exaltation disproportionnée. Elle ne suggère aucune amputation, mais invite à tirer les conséquences de l'autocompréhension de l'homme en les mettant face au mystère de Dieu. D'un côté, l'anthropologie analyse les conséquences de la finitude de l'homme dont la figure élémentaire et déterminante est son corps. La transcendance de la liberté et de la raison ne leur confère aucune toute-puissance. La liberté reconnaît la force des pulsions et tente de les soumettre à sa visée ; sans ces pulsions, elle ne serait qu'énergie sans objet. La raison les analyse, en évalue la puissance et se mobilise pour en satisfaire les besoins vitaux ; sans les exigences corporelles, elle n'aurait guère contact avec le réel. L'intention de la conscience morale émerge de cette corporéité mais ne la quitte jamais : celle-ci est autant lieu de contraintes que condition de possibilité.

D'un autre côté, la surprise eschatologique pose une limite définitive à l'intention humaine qui est d'une autre nature, car ce qu'elle révèle comme inaccessible, y compris au croyant, c'est que la dimension théologale de toute existence humaine transcende tout ce que l'homme peut dire de lui-même ; et pourtant ce qu'il en dit est définitivement acquis dans le mystère du Christ. La limite de l'intention humaine consiste ici à tendre, sans jamais pouvoir la conquérir, vers la justice du Royaume en empruntant les voies de l'humanité dans sa visée éthique fondamentale et selon la surabondance de l'*agapè*. Cette limite ne pourra être concrètement annoncée que par le Fils de l'homme en gloire. Au-delà, c'est le mystère de Dieu. Cette limite de l'intention de l'homme est un infini vers lequel il tend, mais auquel il ne peut avoir accès par lui-même.

Le premier type de limite de l'intention auquel renvoie la surprise eschatologique est donc la condition de créature elle-même. Ce type qui assume les deux dimensions qui viennent d'être rappelées récuse la double négation excessive que seuls le

10. Elle contribue à aggraver le relativisme éthique que suscitait déjà l'inflation actuelle du subjectivisme, et ses conséquences déstabilisantes pour la formation des personnalités qui se trouvent ainsi livrées à elles-mêmes, sans repères ni points d'appui. Le fait qu'après « la crise de la morale » on assiste à un « retour de la morale », pour employer le langage des médias, montre que l'on perçoit les conséquences négatives d'une insistance trop unilatérale.

dépit ou la dureté des épreuves peuvent expliquer. Négation que l'émergence de la corporéité soit une simple illusion, ce qui fonde les diverses tentations de déterminisme. Négation que la tension vers un au-delà soit un redoublement de cette illusion, ce qui suscite la tentation du nihilisme. Émergence et visée constituent les conditions dans lesquelles l'intention de la conscience devient elle-même en tant que créée. Plutôt que de décrire l'élément d'un mécanisme, il s'agit de saisir une énergie dont le mouvement participe du devenir de la personne libre et raisonnable, et donc de tous les combats dans lesquels cela se produit, affrontée qu'elle est à ses propres pesanteurs et à celle de la réalité.

Ces douloureux affrontements à la réalité découvrent un deuxième type de limite de l'intention, lui aussi profondément inscrit en Mt 25, 31-46 : l'expérience du mal sous toutes ses formes. À proprement parler le premier type de limite n'est pas en lui-même mal (ni bien) ; il en est la condition de possibilité et l'occasion. Que l'homme soit, dans et par son corps, un être de manque n'est pas le mal en soi. Notre récit montre que c'est dans la mesure où il ne peut être satisfait qu'il devient un mal mortel qui sollicite qu'on le soulage. Face au mal subi par autrui, chacun est appelé à ne pas rester indifférent. C'est à la fois justice et bienveillance. L'intention est convoquée ici à vouloir cette justice et cette bienveillance. S'y refuser, c'est devenir en quelque sorte complice du mal subi par autrui. De ce point de vue, l'expérience du mal est moins une limite-contrainte qu'une provocation à lutter contre lui.

Il est une autre collusion de l'intention avec le mal, plus intime et plus compromettante. C'est une de ses fragilités que de pouvoir se dissocier d'elle-même, que de vouloir le bien pour des raisons qui ne sont pas le bien. Ce faisant, il y a plus qu'une complicité, mais une manière de faire mal tout en (se) donnant l'impression que l'on fait le bien…

Le paradoxe va encore plus loin : de fait on peut avoir l'intention de faire le mal ou du mal… qu'à travers cela on cherche toujours plus ou moins quelque bien illusoire ou pervers ne change rien à la chose. L'homme est capable de choisir le mal et l'expérience montre que cette propension est terriblement puissante en lui, alors qu'il proclame haut et fort son désir de bonheur et de bien. Qu'est-ce à dire sinon que chacun est tiraillé entre ses divers pressentiments de ce qu'est le bien à faire ? que sa visée a beau être plus ou moins claire, sinon plus ou moins juste, elle est partagée entre le désir de son propre bien et la sollicitation d'autrui ?

Ce deuxième type de limite est donc intérieur à l'intention. Dans son émergence et sa visée, la liberté est confrontée à un réel qui la sollicite diversement, à commencer par ses propres exigences ; elle doit se déterminer, devenir… et, d'elle-même, elle n'est pas spontanément portée à faire ce à quoi sa visée profonde l'appelle.

Pour se mesurer, cette limite fait appel à un troisième type de limite grâce auquel elle pourra recevoir et s'approprier une échelle d'évaluation du bien à faire et du mal à ne pas faire ; du bien qu'elle doit avoir l'intention de faire, alors qu'elle peut ne pas le vouloir ; du mal qu'elle doit avoir l'intention de ne pas faire… À cause des limites liées à son état de créature et à cause de sa limite intérieure qui la laisse capable de — sinon portée à — choisir le mal, la conscience morale se donne une limite externe pour la guider dans un agir conforme aux exigences de sa liberté et de sa raison. C'est ici que la loi morale intervient dans une double position par rapport à la conscience morale : elle est produite par la conscience morale et elle lui permet de se structurer par rapport à la moralité. Ce troisième type de limite de l'intention n'est qu'implicitement présent dans notre récit ; mais cet implicite est tellement puissant qu'il détermine une fracture sans nuance entre ceux qui auront fait et ceux qui n'auront pas fait.

L'anthropologie des œuvres de miséricorde a suffisamment montré à quel point il ne s'agit pas d'une problématique individualiste pour qu'il ne soit pas nécessaire de développer plus longuement combien ce troisième type de limite engage spécialement la dimension sociale de toute personne et de toute conscience. Si l'intentionnalité de la conscience souligne très fortement la subjectivité fondamentale de toute démarche éthique, la dimension normative de la morale manifeste que celle-ci ne peut devenir elle-même dans une attitude autarcique. La dialectique de la conscience et de la loi signifie que cette troisième limite de l'intention a, comme les deux autres, un double caractère de contrainte qui s'impose (ici par l'acceptation) et de suscitation à réaliser la visée que chacun se donne à soi-même.

Cette analyse de trois types de limites de l'intention éthique suppose que celle-ci soit intention de faire le bien, ce en quoi consiste la moralité ; en conséquence que la possibilité de faire le mal existe et qu'on y engage sa responsabilité ; que finalement il est nécessaire de se donner les moyens de tenir un jugement sûr au sujet de la moralité de ce qui est à faire et donc des normes qui permettent de le déterminer.

Du récit de Mt 25, 31-46 qui n'est pas directement normatif, nous avons pu dégager ce qui est le critère premier de l'éthique : tout accomplissement de soi est ici envisagé selon la plénitude de l'héritage du Royaume, ce qui ne le dévalue pas par rapport à un point de vue anthropologique puisqu'il se réalise dans la moralité des œuvres de miséricorde reconnue comme une ouverture active à la sollicitation d'autrui et de sa détresse ; c'est-à-dire la limite corporelle est affirmation de soi dans et par l'ouverture à autrui dans son propre besoin. Cela revient à reconnaître à autrui une valeur en lui-même, et c'est le fondement de toute justice. C'est ce que démontre Kant dans la deuxième section des *Fondements de la métaphysique des mœurs,* dans une démarche qui a guidé de manière permanente l'ensemble de l'interprétation proposée ici.

En recherchant le « principe suprême de la moralité [11] », Kant met au centre de sa philosophie morale le concept de devoir, car lui seul permet de fonder « l'absolue nécessité » dont la loi morale a besoin pour s'imposer. La moralité consiste d'abord à agir selon une volonté bonne en elle-même, c'est-à-dire déterminée par le seul fondement possible de cette bonté, à savoir la « conformité » à la loi morale. Cette définition est une conséquence directe de la révolution copernicienne au niveau éthique : le fondement n'est pas dans une déduction toujours hypothétique au sujet de la nature de l'homme, mais dans la seule nécessité des concepts de la raison pure.

Parce que Kant essaie de trouver un fondement qui échappe aux ambiguïtés de l'expérience empirique, il cherche à résoudre une difficulté première : le concept de « bonne volonté » est pris en tenaille entre les exigences du devoir et les incertitudes de l'intention que nous avons déjà évoquées. Aussi, pour assurer la bonté de la volonté au-delà de ces incertitudes, il surdétermine le concept de devoir. Puisqu'il n'est jamais aisé de distinguer, dans l'accomplissement formel du devoir, quelle est l'intention réelle, il faut poser que la moralité ne peut consister qu'à vouloir le devoir parce qu'il est devoir [12]. Mais cela permet-il de dépasser ce dilemme : d'une part, une règle claire (la volonté est moralement bonne en ce qu'elle veut la loi morale

11. E. KANT, *Fondements de la métaphysique des mœurs,* Paris, Gallimard, coll. « Bibliothèque de la Pléiade », 1984, p. 249 (IV, 392).

12. Cette définition très formelle est classique. Par exemple : « pour qu'elle soit une volonté bonne, il faut que son objet soit le bien sous la raison de bien, c'est-à-dire qu'elle veuille le bien, et en vue du bien » (Saint THOMAS D'AQUIN, *Somme théologique,* Ia IIae q. 19, art. 7, sol. 3).

pour elle-même) et, d'autre part, une intention qui ne cesse de susciter des jeux de masques qui interdisent toute certitude ?

Le dilemme n'est pas dépassable au sens strict. En revanche, la seule possibilité qui s'ouvre raisonnablement est de lever toute ambiguïté sur ce qui s'impose (d'où la nécessité de l'impératif catégorique) et de s'appuyer sur la seule intention qui vaille, même si on ne peut en pénétrer tous les secrets, c'est-à-dire celle qui veut ce qui s'impose en raison. Il en résulte un premier élément qui permet de comprendre lė statut de l'intention dans le récit de Mt 25, 31-46 : les œuvres de miséricorde s'imposent au nom de ce que nous avons appelé leur consistance anthropologique. Ce que nous en avons dit fonde un devoir à les mettre en œuvre et à les vouloir, tant au niveau de la justice qu'à celui de l'amour. Qu'une autre dimension, théologale, nous échappe par principe, ne leur enlève rien au strict niveau de leur moralité. Cela est profondément en accord avec le message des antithèses du Sermon sur la Montagne.

Cependant, l'opacité sur la qualité effective de l'intention qui les réalise n'est pas levée concrètement. Ce n'est sans doute pas possible : « il est impossible d'établir par expérience avec une entière certitude un seul cas où la maxime de l'action d'ailleurs conforme au devoir ait uniquement reposé sur des principes moraux et sur la représentation du devoir [13]. »

En revanche, la détermination de « l'absolue nécessité » du devoir est fondamentale. D'où la nécessité de dégager des maximes qui échappent à la contingence des morales historiques et aux incertitudes de l'intention : c'est l'impératif catégorique. Avec lui, Kant établit les conditions de validité des normes en tant que morales [14]. La troisième formule est la « forme pratique » des précédentes : « Agis de telle sorte que tu

13. E. Kant, p. 267 (IV, 407).

14. L'expérience ne peut rien nous apprendre non seulement pour des raisons de principe de la connaissance (distinction empirique-métaphysique) mais aussi parce qu'au sein même de l'empirie il y a une impossibilité qui a une double racine. D'une part les conclusions de l'introspection (« le plus scrupuleux examen de nous-même ») ne sont pas sûres. Peut-être peuvent-elles ne percevoir aucune « secrète pulsion de l'amour-propre » qui ait pu altérer la volonté d'agir uniquement selon le devoir. Mais rien ne garantit que l'on puisse ainsi « pénétrer entièrement jusqu'aux mobiles secrets ». Cette impossibilité de fonder un jugement est donc d'abord une incertitude : aucune démonstration ne peut prouver que l'on soit allé jusqu'au fondement. Plus, il y a à cela une raison théorique, le caractère apodictique des maximes de la volonté tient à ce qu'elles échappent aux contingences historiques. Ce que l'on cherche ne peut se trouver dans l'expérience, mais dans la seule raison pratique. Aussi conclut-il : « quand il s'agit de la valeur morale l'essentiel n'est

traites l'humanité aussi bien dans ta personne que dans la personne de tout autre toujours en même temps comme une fin, et jamais seulement comme un moyen [15]. »

Le fondement de la nécessité de la loi morale ne peut être qu'universel ; il ne peut donc s'arrêter qu'à une réalité qui ait une « valeur absolue », c'est-à-dire une valeur en soi qui justifie qu'elle soit une fin en soi : « Or je dis : l'homme, et en général tout être raisonnable, existe comme une fin en soi, et non pas seulement comme un moyen dont telle ou telle volonté puisse user à son gré [16]. »

De cette conception du fondement de toute moralité, on ne retiendra ici que l'aspect selon lequel il s'applique pleinement à nos développements précédents concernant la justice des œuvres de miséricorde.

Ce qui compte d'abord pour qu'une relation avec autrui soit juste n'est pas ce que j'ai l'intention de lui faire, mais ce que, concrètement, je lui fais ; c'est donc ce qu'il peut mesurer de son point de vue, qui, par principe, est autre que le mien. L'impératif catégorique permet de bien saisir combien la justice des relations ne peut se contenter de la seule bonne intention, alors que le subjectivisme se défend spontanément derrière l'argument qui prend forme d'excuse : « ce n'est pas ce que j'ai voulu faire. » Mais le problème pour autrui, c'est ce qui lui a été fait, dont il se réjouit ou pâtit. C'est pour cela que l'intention ne peut être vraiment bonne que si elle veut ce qui sera vraiment bon pour autrui.

---

point dans les actions, que l'on voit, mais dans ces principes intérieurs, que l'on ne voit pas. » Son raisonnement est sous-tendu par une autre conviction : l'impossibilité tient à l'empirie comme telle, et le pessimisme piétiste de Kant pointe discrètement : « on doute que quelque véritable vertu se rencontre réellement dans le monde » (p. 268 ; IV, 407). Si le philosophe des Lumières a largement montré sa confiance dans la capacité de l'humanité à penser la morale, l'observateur « mûr et aiguisé » est autrement sceptique sur les capacités des individus. Il doute qu'un seul acte moral authentique ait pu être accompli depuis les origines, et son commentaire de Mc 10, 18 ne semble pas faire d'exception pour le Christ, puisqu'il se sert de sa parole pour renvoyer de lui qui se voit (et qui ne peut être dit bon) à Dieu qui ne se voit pas (et qui est le type du bien) (p. 269 ; IV, 408). Le principe de ce pessimisme sera développé ultérieurement par Kant, c'est la théorie du mal radical, qui jette une suspicion sur tout l'agir humain : l'amour de soi est la règle de conduite qui régit de fait l'humanité, et non la représentation du devoir ; c'est pourquoi l'objet de l'introspection, citée plus haut comme vouée à l'échec, était de savoir si ce n'est « une secrète impulsion de l'amour-propre qui […] ait été la vraie cause déterminante de la volonté » (p. 267 ; IV, 407).

15. E. KANT, p. 295 (IV, 429).

16. *Ibid.*, p. 293 (IV, 428).

La moralité des œuvres de miséricorde repose donc sur le fait qu'à travers ces gestes élémentaires « tout autre » est considéré, d'abord et avant tout, comme une « fin en soi ». Qu'aucune réciprocité dans l'échange des biens ne soit envisageable souligne qu'il ne s'agit pas d'utiliser ce geste à une autre fin que le soulagement du besoin d'autrui. Si un « retour » ne manque pas de se produire, c'est le fruit de la moralité elle-même, reçue non comme le résultat d'un calcul, ce qui traduirait une intention détournée, mais comme la fécondité propre de la moralité. En effet une telle conception eudémoniste de la moralité ne peut se résumer à un héroïsme formaliste du devoir pour le devoir, comme si celui qui faisait son devoir n'était pas en train de se construire à travers ses faits et gestes ; s'il y a une « récompense », elle n'est pas hétérogène au sujet moral en tant qu'acteur, mais elle n'est proprement éthique que si elle n'est pas voulue pour elle-même, mais reçue par surcroît. Ainsi c'est la logique profonde de l'économie de l'*agapè* qui se retrouve ici, fondée d'une nouvelle façon.

L'interrogation à laquelle nous a conduit la surprise eschatologique au sujet de l'intention de l'acte volontaire supposait une conviction préalable : celle de la nécessité de cette intention malgré ou à cause de la fragilité dont elle fait preuve dans l'expérience quotidienne. À cause de cette fragilité, nous avons dû pousser plus avant la réflexion pour en chercher la racine dans les limites inhérentes à la condition humaine. Ces limites peuvent être l'occasion d'un soupçon assez systématique : le désir d'une certaine maîtrise de soi et de ses intentions n'est-il pas qu'une vaste illusion ?

La lecture de Mt 25, 31-46 ne nous a pas conduit à un tel soupçon, mais à l'évaluation des conséquences de la corporéité humaine. Lieu du manque et de la relation, le corps est toujours opacité. De lui surgissent des contraintes qui déterminent autant de devoirs envers soi-même et qui fondent les devoirs envers autrui. Le principe de ces devoirs est le respect d'autrui pour lui-même, comme « fin en soi », quelle que puisse être la qualité de mes bonnes intentions à son endroit, seul compte, finalement, ce qui est fait.

Au total, si la limite de l'intention s'enracine dans la corporéité, elle n'a de sens que parce que le corps met en relation avec autrui. Les œuvres de miséricorde par elles-mêmes sont ainsi une limite à l'intention : elles s'imposent aux confins de la justice et de l'amour à cause de la sollicitation d'autrui ; elles n'ont leur valeur éthique qu'à travers cette sollicitation [17] et elles l'y ont pleinement. La surprise eschatologique n'est pas une suspicion sur la nature de l'intention de l'acte volontaire et la valeur théologale n'est pas une confirmation supplémentaire de leur valeur éthique. Les deux dimensions ne sont ni en concurrence ni en stricte complémentarité. Elles s'articulent l'une à l'autre, chacune selon son point de vue ; le théologal est par principe plus englobant, mais n'est réellement accessible qu'au croyant. Il est donc nécessaire de fonder l'éthicité des œuvres de miséricorde pour en esquisser la valeur théologale, comme il est nécessaire de préciser les limites de l'intention éthique pour mesurer la nature des conséquences de la surprise eschatologique.

Le genre littéraire de ce récit comporte en lui-même un message eschatologique qui marque tous ses éléments : au terme de cette histoire l'humanité recevra une autre vérité sur son agir. Cette nouveauté est narrativement indiquée par la surprise générale. Celle-ci implique que l'on réfléchisse sur ce qu'il en est de l'intention de l'acte volontaire, en quoi se joue la moralité de nos actes. Nous en concluons, dans un paradoxe surtout apparent, que la responsabilité éthique de l'homme est confirmée dans une densité insoupçonnable et qu'il y a un « point aveugle » indépassable inscrit dans tout acte, qui est une ouverture sur un infini dont autrui est le signe concret.

Puisqu'elle implique une intentionnalité éthique et qu'elle la respecte en tant que telle, la surprise eschatologique ne signifie en rien une méfiance à son égard. Elle en assume la nécessité et les limites. Ce dont elle est porteuse n'est ni une intentionnalité supplémentaire qui viendrait en addition ni une intentionnalité supplétive qui viendrait pallier une défaillance. C'est beaucoup plus une mise en évidence de ses exigences en fonction de l'herméneutique de la loi proposée par Jésus. La spécification chrétienne de l'intention éthique se présente donc comme un appel à la conversion pour qu'elle soit fidèle à ce qu'elle est appelée à accomplir : l'esprit de la Loi, qui est loi de l'Esprit de vie et d'amour, ce qui est son véritable devoir.

17. L'écart que cette analyse pose avec les questions classiques sur la qualité des destinataires montre à quel point la problématique s'est déplacée.

Cela ne se comprend que dans la dynamique de tout le mystère chrétien. L'articulation amour de Dieu - amour du prochain n'est pas une simple juxtaposition. C'est au sein du second que s'incarne le premier. Cette incarnation ne se comprend qu'analogiquement à la lumière de l'Incarnation du Fils unique qui manifeste l'amour de Dieu dans son amour d'homme pour nous apprendre à aimer Dieu en aimant les hommes comme lui les a aimés.

Telle est la révélation de notre récit : il s'agit d'un principe, mais la manière dont concrètement cela se joue nous échappe nécessairement, puisque c'est le mystère de l'Esprit. Il nous est d'ores et déjà donné de pressentir qu'en tout geste d'amour selon la justice du Royaume nous faisons d'autrui notre prochain, bien que la modalité nous échappe toujours quelque peu. Mais nous échappe totalement, car il ne nous appartient pas encore de le savoir, quand et comment ce que nous aurons fait à l'un de ces plus petits, nous l'aurons fait au Seigneur. Il ne nous est guère possible de dire avec sûreté : en celui-là, c'est au Christ que je l'ai fait. La seule certitude est peut-être que c'est dans ce cas-là qu'on ne l'a pas fait… Seul le Christ peut dire : « c'est à moi » puisque c'est de lui qu'il s'agit dans la plénitude de son mystère. Pour nous prévenir de toute tentation, ne met-il pas en garde dès le début du discours eschatologique : « si quelqu'un vous dit : “ le Messie est ici ” ou bien “ il est là ”, n'allez pas le croire. […] Voilà, je vous ai prévenus » (Mt 24, 23.25) ?

Souverain Juge, il nous conforte ainsi dans notre humaine responsabilité, purifiés par l'Esprit de certaines illusions et appelés à une fidélité qui nous renvoie à la tâche quotidienne et aux exigences de son devenir éthique.

CHAPITRE XIII

ÉTHIQUE ET JUGEMENT ESCHATOLOGIQUE EN MATTHIEU 25, 31-46

La proclamation des sentences du Jugement eschatologique se caractérise par un écart entre les motivations éthiques et le motif théologique qui suscite une universelle surprise. Cet écart ne disqualifie pas, de lui-même, la capacité de la liberté humaine à s'engager dans ses décisions, et ses conséquences doivent être évaluées en fonction du cadre où il est révélé : le Jugement eschatologique. L'interrogation peut être formulée de plusieurs façons : d'une manière générale, qu'en est-il de la responsabilité de l'homme quand il prononce un jugement éthique si, en dernière instance, il est dépossédé du Jugement ? ou, pour le dire autrement, à quoi correspond cette révélation qui fait occuper par un Jugement de Dieu l'espace laissé libre par une incapacité reconnue à savoir ? N'est-ce pas repousser d'un cran la difficulté inévitable qu'il y a à mesurer les conséquences de la finitude ?

D'autre part, l'analyse des œuvres de miséricorde comme la structure d'ensemble du récit conduit à conclure à la consistance de la démarche éthique sous-jacente. Est-ce qu'un autre jugement, nouveau dans une partie de ses attendus, ne relativise pas dangereusement le jugement éthique proprement dit ? Quelle confiance peut-on faire aux évaluations élaborées

« rationnellement » si une autre raison, que nous ne connaissons pas, les estime par ailleurs et de manière définitive ?

Aussi, avoir conclu à la consistance des œuvres de miséricorde en Mt 25, 31-46 conduit à articuler ces deux dimensions dont la légitimité est par là reconnue. Articuler implique qu'aucune des deux ne cherche à absorber ni à récuser l'autre. Finalement la question devient : qu'est-ce à dire, et à ne pas dire, du Jugement eschatologique ? Le cadre théologique a déjà été décrit au chapitre v. Nous en reprenons les conclusions concernant la prétention de l'homme à formuler des jugements éthiques : que signifie, pour le jugement éthique, être placé sous le signe (l'horizon) d'un Jugement eschatologique ?

A. La responsabilité éthique face au Jugement eschatologique.

La surprise eschatologique a permis de mesurer comment la responsabilité concrète des hommes s'exerçait au carrefour de deux démarches complémentaires : la valeur éthique des œuvres de miséricorde est un reflet de ce que sont les droits et les devoirs de l'homme pris entre ses contraintes personnelles et les nécessaires sollicitations de la vie sociale. Cette affirmation n'a de sens que dans la mesure où elle est concrètement mise en pratique. Cela suppose une autre démarche, celle par laquelle elles seront voulues pour elles-mêmes, pour ce qu'elles permettent et signifient. Ces deux démarches, l'une plus objective, l'autre plus subjective relaient la dialectique de la conscience et des lois morales ; elles nécessitent chacune pour sa part un jugement éthique, un sur ce qui doit être fait et un sur ce que je décide de faire.

La surprise eschatologique souligne de manière aiguë la difficulté qu'il y a à connaître les motivations des décisions. Les intentions réelles sont rarement claires, plus souvent ambiguës, en général difficiles à évaluer avec précision. Nous avons ainsi parlé d'un « point de fuite » qui laisse dans une incertitude indépassable sur la détermination effective des motivations.

L'incertitude est-elle le destin tragique de la responsabilité humaine ? Il est vrai qu'il n'y a pas de responsabilité sans prise de risques, pour soi et pour les autres ; et des risques à prendre en toute lucidité. Tout le reste n'étant que discours consolateurs ou anesthésiants. Une telle lucidité suscite un vertige qui ne laisse pas d'être fascinant, mais est-ce nécessairement le seul dernier mot possible ? Au-delà du nihilisme contemporain, le oui nietzschéen à la vie, toujours en devenir et toujours en « éternel retour », n'est pas spontané ; il naît de la métamorphose et engendre un « rire qui éclate du fond de l'entière vérité [1] ». Mais ce rire n'est-il pas finalement désespéré et inhumain : « Ô mes frères, j'ai entendu un rire qui n'était pas un rire d'homme — et maintenant une soif me dévore, un désir qui ne s'apaisera jamais [2]. »

L'annonce du Jugement eschatologique est, au contraire, porteuse d'une ouverture et d'une espérance qui ne sont pas consolations faciles pour des êtres faibles ou déshérités. Elle est une provocation ultime à ce que les hommes prennent leurs responsabilités vis-à-vis d'eux-mêmes, des autres et finalement de Dieu.

Dans la tradition biblique, le Jugement eschatologique est l'objet d'une proclamation et d'une promesse ; en cela il suscite foi et espérance. Dieu s'y révèle Sauveur de sa Création ; aussi les « événements à venir » doivent-ils être compris autant en fonction de celle-ci que de la Pâque du Christ dans laquelle la médiation s'effectue une fois pour toutes. La Croix de Jésus de Nazareth est déjà à sa manière un Jugement sur le péché qui condamne injustement le « seul Juste ». Le Jugement participe de cette proclamation kérygmatique. Dans la foi, il a sens dans la promesse qui l'englobe ; « dans les limites de la simple raison », il ne peut être l'objet de démonstration. Par déduction, on peut en établir la vraisemblance ou la possibilité, sans qu'il en découle une nécessité contraignante, comme dans la problématique kantienne.

C'est à la pointe de la réflexion morale de Kant que se trouvent quelques allusions et quelques développements au sujet de Dieu comme souverain Juge et du Jugement dernier [3]. De la *Critique de la raison pratique,* Kant conclut à l'impossibilité pour quiconque de juger, en dernière instance, de la moralité de

1. F. NIETZSCHE, *Le Gai Savoir,* Paris, Gallimard, 1950, t. I.

2. F. NIETZSCHE, *Ainsi parlait Zarathoustra,* « De la vision et de l'énigme », Paris, Bourgois, 1958, t. II.

3. Cet aspect de sa philosophie n'est pas très simple à mettre au clair, car il faut démêler, des circonstances qui président à l'élaboration des textes, la nature exacte de son propos. Pour faire bref, il nous paraît indispensable de distinguer deux niveaux d'analyse qui ne correspondent pas aux mêmes préoccupations. D'une part, il y a tout ce qui relève de la critique proprement dite : l'affirmation de Dieu s'y donne comme un concept de la raison pratique, c'est-à-dire qu'il n'apprend rien sur Dieu lui-même, mais qu'il rend intelligibles les principes de la moralité. D'autre part, il y a plusieurs écrits dans lesquels Kant essaie de concilier la foi chrétienne dans laquelle il a grandi (et

ses actes, et, pour tout un chacun, de savoir ce qu'il en est, en fin de compte, de la moralité d'autrui. La conscience ne peut sortir de son incertitude que par la considération du devoir moral, dont les formulations dans l'impératif catégorique sont établies en raison. La considération du devoir n'est elle-même possible que par une série de postulats de la raison pratique qui sont autant de conditions pour que le monde soit intelligible. Qu'il le soit assure la pertinence des postulats, sans pour autant en être une démonstration au sens strict.

Le postulat de l'existence de Dieu se rattache logiquement à « la possibilité du second élément du souverain Bien, à savoir au bonheur proportionné à cette moralité et cela d'une manière aussi désintéressée que précédemment [4] ». Le bonheur est l'état de l'être raisonnable qui vit dans l'harmonie « de son désir et de sa volonté » ; or cette harmonie n'est pas donnée spontanément car la loi morale ne se détermine pas en fonction de la subjectivité de chacun, mais au nom d'un impératif rationnel qui explique la tension fondamentale par laquelle chacun tend vers une moralité qu'il n'est jamais certain d'atteindre et qui n'est sans doute pas accessible de fait. Seul Dieu rend possible la réalisation du souverain Bien en tant que, seul, Il peut être « la Cause suprême de la nature » et que, seul, Il peut être la connexion indubitable de l'entendement et de la volonté. En conséquence Dieu, auteur de la nature, se trouve être « le fondement de toute obligation en général », fondement qui a été établi sur la seule autonomie de la raison et non sur une hétéronomie qui ne peut être vraiment rationnelle.

C'est dans la finale de son exposé que Kant entrouvre la perspective d'un autre type d'intervention de Dieu. La moralité nous apprend « comment nous devons devenir dignes du bonheur [5] ». Qui peut juger de cette dignité sinon Celui qui est l'auteur de la nature et le fondement de la moralité ? Deux incises, au moins, orientent bien dans la direction d'un Jugement par Dieu lui-même : « [la moralité] seule renferme la mesure d'après laquelle ils [les hommes] peuvent espérer, par la main

---

que la censure prussienne cherche à protéger énergiquement) avec la philosophie morale dont il a jeté les bases dans les *Critiques*. Cette distinction signifie que la critique kantienne cherche à fonder philosophiquement sa tradition religieuse. En ce qui concerne le Jugement dernier de Dieu, il est nécessaire de ne pas confondre les deux niveaux pour ne pas perdre de vue la pointe de son système.

4. E. KANT, *Critique de la raison pratique*, Paris, Gallimard, coll. « Bibliothèque de la Pléiade », 1984, t. II, p. 759 (V, 124).

5. *Ibid.*, p. 766 (V, 130).

d'un sage auteur du monde, avoir part au bonheur [6] » ; « quand vient s'y ajouter son merveilleux dessein de couronner un ordre si beau par un bonheur proportionné [7]. »

Du souverain bien comme de Dieu, il n'est pas possible d'avoir une connaissance autre que par la raison pratique et ses postulats. Il est aussi inscrit nécessairement dans ces postulats que l'être raisonnable est doublement incapable d'être son propre juge en dernière instance, pour des raisons de principe (il n'en sait pas assez sur le souverain bien pour cela) et pour des raisons pratiques (l'imparfait n'est pas apte à se comparer à la perfection). Un jugement venant de Dieu est donc postulé avec beaucoup de discrétion dans la *Critique de la raison pratique* : il est de l'ordre de l'espérance, de l'attente, et il consistera à évaluer la dignité de chacun à « avoir part au bonheur ». Mais que du désir on passe à l'ordre de l'espérance manifeste que la philosophie critique atteint ici sa limite.

C'est donc vraiment à la fine pointe de sa réflexion sur le bonheur que ce jugement se profile. Comme le bonheur n'est pas recherché pour lui-même dans la moralité, il ne peut venir comme un résultat immédiat. En revanche, lorsque la critique de la raison pratique arrive au terme de sa démarche, « lorsque le pas vers la religion a été franchi, alors seulement » le désir de bonheur peut devenir un espoir de l'obtenir. Kant marque soigneusement la limite entre le contenu proprement philosophique du postulat de la raison pratique et son prolongement sur un autre mode, la religion.

En conséquence Kant développe avec plus d'abondance ses considérations sur le souverain juge dans les textes qui ont trait directement à la religion, en particulier dans *La Religion dans les limites de la simple raison* et dans *La Fin de toutes choses*.

Kant s'appuie sur la croyance universelle des hommes de toutes les époques, qui doit, de ce fait, « entrer, de manière merveilleuse, dans la trame de la raison humaine universelle [8] » ; le temps aura une fin. Il y aura donc un dernier jour, jour charnière, paradoxal et inimaginable qui « marque la véritable fin de toutes choses et, simultanément, le commencement de l'éternité [9] », même s'il est impropre de parler de commencement pour l'éternité ! Selon les mêmes croyances populaires, ce sera

6. *Ibid.*, p. 767 (V, 130).
7. *Ibid.*, p. 768 (V, 131).
8. E. KANT, *La Fin de toutes choses,* Paris, Gallimard, coll. « Bibliothèque de la Pléiade », 1986, t. III, p. 310 (VIII, 327).
9. *Ibid.*, p. 310 (VIII, 328).

un jour de jugement : « ce dernier jour renferme également le jugement dernier [10]. » De ce jugement résultera une sentence de béatitude ou de damnation. Il se refuse à penser que tous doivent avoir accès par principe à la béatitude, aussi difficile que soit le fait d'envisager qu'une créature puisse ainsi se perdre dans la damnation éternelle ; la raison de ce refus est éminemment morale. Autant il n'est pas possible à la raison humaine de déterminer par elle-même « le destin qui l'attend dans l'autre monde », car cela excède ses capacités, autant elle ne peut que conclure d'un point de vue pratique qu'un jugement est nécessaire : « à savoir que les principes [bons ou mauvais] qui auront prévalu dans notre vie continuent de le faire après la mort, sans que rien nous autorise à supposer qu'ils changeront dans notre existence future [11]. »

Cette impossibilité de savoir a deux conséquences éthiques : d'une part, elle suggère une attitude prudentielle, donc hypothétique, selon laquelle « il est sage d'agir comme s'il y avait une autre vie » ; d'autre part, elle pousse à l'extrême la responsabilité éthique de chacun puisque ce jugement implique la pérennisation des choix moraux et de leurs conséquences dans l'éternité.

La notion du Jugement dernier est donc au croisement des deux postulats de la raison pratique que sont l'immortalité de l'âme et l'existence de Dieu. Elle est aussi de l'ordre du postulat. Le jugement suppose un juge qui soit susceptible de le porter en fonction du souverain bien. Le postulat implique que Dieu seul le peut. Dans *La Religion dans les limites de la simple raison,* il expose les modalités, en faisant une réinterprétation, selon la raison pratique, de la trinité chrétienne, qui n'est pas sans rappeler les trois pouvoirs définis par Montesquieu :

> Conformément à ce besoin de la raison pratique, la véritable foi religieuse universelle est croyance en Dieu, 1° en tant que tout-puissant Créateur du Ciel et de la Terre, c'est-à-dire moralement comme saint législateur, 2° en Lui, conservateur du genre humain, comme en son bienveillant Souverain et son Protecteur moral, 3° en Lui, administrateur de ses saintes lois, c'est-à-dire comme Juge intègre [12].

L'intégrité du Juge exclut toute perspective d'indulgence de sa part : puisqu'il est à la fois le saint législateur qui a promul-

---

10. E. KANT, p. 310 (VIII, 328).
11. *Ibid.*, p. 313 (VIII, 330).
12. E. KANT, *La Religion dans les limites de la simple raison,* Paris, Gallimard, coll. « Bibliothèque de la Pléiade », 1986, t. III, p. 170 (VI, 139).

gué la Loi dans toute sa rigueur, il ne peut l'appliquer *in fine* que selon cette même rigueur.

La doctrine d'un Jugement dernier fait donc totalement partie de la philosophie de la religion de Kant. Même si elle ne relève pas du corpus central de la doctrine transcendantale, elle lui est intimement articulée en finale de la *Critique de la raison pratique*.

Le Jugement dernier prend tout son sens dans ce contexte : la *Critique de la raison pratique* fonde toute moralité dans l'autonomie de la volonté en même temps qu'elle pose les limites de la connaissance, et cela en fonction de ce que sont les pratiques et la philosophie populaires. Puisque le Jugement dernier découle des postulats de la raison pratique, il souligne l'enjeu fondamental de la responsabilité morale en même temps que ses limites.

Ainsi, d'un point de vue strictement philosophique, on peut répondre pour un premier aspect à la question posée dans ce dernier chapitre : le Jugement dernier, en tant que jugement divin, n'est pas une disqualification des prétentions éthiques des hommes, bien au contraire. Que l'homme n'ait pas le dernier mot sur lui-même, toute attention sur l'histoire personnelle et collective le découvre d'évidence. Qu'on en déduise qu'il n'en aurait plus aucun de pertinent est certainement un abus difficile à justifier en raison, car on en reviendrait au paradoxe du sceptique. Ce qu'il découvre en raison comme son devoir s'impose à lui en toute rigueur et il lui appartient de vivre selon les maximes du devoir comme telles, sans autres motivations que le fait qu'elles soient son devoir. C'est ainsi qu'il se rend digne d'un bonheur qu'il désire et ne connaît que formellement ; il ne peut donc l'attribuer par lui-même à quiconque. Loin d'être une démission, le Jugement dernier est donc le sceau par lequel l'exigence morale se pose dans toute sa rigueur puisque le dernier mot en revient à un tiers, à un autre qui est le fondement d'une existence rendue possible parce qu'il la donne dans des limites à assumer.

Le Jugement dernier ne peut être l'objet d'aucune autre « démonstration » philosophique que celle du type mis en œuvre par Kant : il participe des postulats grâce auxquels la raison humaine fonctionne. Par définition, en simple raison, nul ne peut avoir de connaissance empirique sur un événement doublement insaisissable en ce qu'il n'a pas encore eu lieu et en ce qu'il est éminemment paradoxal comme passage du temps à l'éternité, comme non-temps que nous ne pouvons « penser » qu'à partir de nos catégories temporelles. Il s'agit donc d'un postulat, qui rend possible de comprendre la finitude. Le premier soupçon sur la réalité de la responsabilité portait sur ses limites elles-mêmes. Assumer ces limites postule la perspective d'un infini qui ne peut se concevoir autrement qu'en fonction de — et comme — un face-à-face.

Ce postulat fonde la responsabilité humaine dans sa finitude pour souligner une consistance que les aléas de l'histoire personnelle et collective pourraient mettre en doute. Il est donc strictement articulé aux conclusions du chapitre précédent sur la signification de la surprise eschatologique : si elle n'invalide pas l'intentionnalité de l'homme mais en dit la finitude raisonnée, c'est que cette finitude n'existe qu'en rapport avec l'infini qui la fonde [13].

Comme postulat, le Jugement dernier se pose donc comme le point d'aboutissement de la responsabilité de l'homme dans sa finitude. Il ne s'agit pas d'abandonner des prérogatives, mais de tirer les conséquences rationnelles de limites peu contestables. Il ne s'agit pas davantage de se consoler de ces limites, mais d'assumer le fait qu'elles n'ont de signification que dans une responsabilité réaffirmée dans les limites qui en sont les conditions de possibilité.

---

13. La réflexion d'Hannah ARENDT sur les camps de concentration totalitaires se situe dans le prolongement du postulat kantien. Les camps ont montré que les hommes étaient capables de réaliser par eux-mêmes tout ce que leur imagination avait projeté jusqu'alors dans l'enfer : « l'enfer totalitaire ne prouve qu'une chose : que le pouvoir de l'homme est plus grand qu'ils n'eussent jamais osé l'imaginer ; que l'homme peut réaliser des visions d'enfer *[" hellish fantasies "]* sans que le ciel tombe ou que la terre s'ouvre. » Les deux passages principaux où H. Arendt évoque le Jugement dernier se trouvent dans : *The Origins of Totalitarianism,* p. 444-447 ; trad. française : *Les Origines du totalitarisme. Le Système totalitaire,* Paris, Éd. du Seuil, coll. « Points politiques », 1972, p. 182-184, et *The Human Condition,* p. 240 ; trad. française : *La Condition de l'homme moderne,* Paris, Calmann-Lévy, 1961 et 1983, p. 306. (Ici, *The Origins of Totalitarianism,* p.446.) Ce sont les survivants eux-mêmes qui évoquent ainsi l'enfer au moment où leurs contemporains ne croient plus en un Jugement dernier. Puisqu'il n'y a plus ni crainte ni espoir fondés sur cette croyance, c'est au sein de l'histoire que l'on se prend à imaginer ou à réaliser le paradis ou l'enfer. Cela ne serait pas trop lourd de conséquences si l'on ne passait pas de l'imagination à la volonté d'y parvenir par tous les moyens. En deçà de ces conséquences d'une douleur indicible, il y a aussi la dissolution « d'un critère absolu de justice s'alliant à la possibilité infinie de la grâce » (*The Origins of Totalitarianism,* p. 447). Cela va donc de pair avec une certaine désintégration de la conscience éthique par un retour à l'indifférencié du mal arbitrairement commis sur les victimes : « un tel châtiment peut être infligé à quiconque avec une égale justice ou injustice » *(ibid.).*

Comme promesse et comme kérygme, le Jugement eschatologique est aussi annoncé comme une reconnaissance et un renouveau de la responsabilité de tous les hommes sauvés dans le Christ. Les deux motivations des œuvres de miséricorde qui ressortent de la scène de Mt 25, 31-46 confortent chacune dans son ordre et l'une par rapport à l'autre. La signification que l'éthique leur reconnaît est assumée dans la Justice du Royaume où elles sont une manière privilégiée de vivre l'*agapè*. Elles ne sont ainsi assumées que parce qu'elles sont reçues telles qu'elles se donnent, selon leur valeur éthique. Le Jugement ne révèle pas une valeur qui manquait : il en dit la plénitude qui est d'ordre théologal.

La responsabilité éthique des hommes y est donc entière selon les conditions d'une existence corporelle et historique. Le Jugement eschatologique est un dernier mot, car il est celui du Verbe incarné, qui est aussi le premier mot, Alpha et Oméga. Il place l'homme responsable face au Dieu qui l'a créé pour qu'il s'épanouisse dans la perspective de ce face-à-face, dont il nous révèle qu'il est déjà mystérieusement commencé. C'est ce que vont confirmer trois aspects de ce récit qui sont directement liés avec le fait du Jugement.

B. La séparation eschatologique, figure de la responsabilité assumée.

Pendant longtemps, de la mise en scène de Mt 25, 31-46, la prédication et l'iconographie ont essentiellement retenu l'acte souverain de séparation opéré devant le Fils de l'homme assis sur son trône de gloire. Son relatif effacement à notre époque ne justifie pas qu'on conclue que, désormais, cette dimension soit désuète. L'attention accordée à la parénèse perd de sa vigueur si on la détache de son contexte : faire ou ne pas faire ne sont pas des options facultatives ; à travers les choix que cela implique, c'est une manière d'être qui se dessine, c'est le sens de toute une vie qui est déterminé : la séparation systématique lors du Jugement signifie aussi clairement que possible le fait que chacun est engagé de manière ultime par les choix effectués en toute responsabilité.

Pour être éthique, tout jugement implique un engagement de soi, de sa volonté, dans une prise de position personnelle. Cet engagement de soi n'est pas abstrait ; il se fait dans une délibération avec soi-même et au milieu des hommes. Il doit pouvoir répondre de lui-même tant au niveau des choix que des réalisations. C'est la sollicitation d'autrui dans les différentes formes de la vie sociale qui suscite cet engagement, et c'est devant lui comme devant soi-même, que chacun est convoqué à répondre de soi, de ce qu'il a fait ou n'a pas fait. Là où chacun serait tenté de s'autojustifier, la dimension sociale de la morale impose un autre mode d'évaluation et de sanction : la reconnaissance ou la réprobation ; la récompense ou le châtiment.

Le Jugement eschatologique est décrit en Mt 25, 31-46 comme un autre face-à-face auquel l'unique Médiateur entre Dieu et les hommes, dans sa gloire pascale, convoque toute l'humanité et qui déplace le point de vue. L'universalité du rassemblement est aussi celle des critères de la sentence et des sanctions qui s'ensuivent. Cette universalité, que nous avons établie en conclusion du débat exégétique, est ici la garantie que la recherche éthique des hommes est fondamentalement prise au sérieux dans la démarche croyante des disciples du Fils de l'homme. À travers elle, est reconnu ce que les hommes et les femmes deviennent par la réalisation de leur visée éthique qui s'effectue dans la motion de l'Esprit du Ressuscité et selon cet Esprit (de la loi de l'Esprit). Qu'il y ait sanction signifie qu'est conduit à son terme un processus qui ne saurait appartenir à des créatures qui ne peuvent se donner l'existence, mais qui appartient à Celui de qui vient toute vie et qui la sauve dans son Christ.

La séparation prend son sens, en effet, par rapport à l'ensemble de l'économie du salut. La liberté de l'homme est la capacité que lui donne son Créateur de répondre en vérité à son amour. Finalement, il doit répondre de sa réponse, c'est-à-dire de son amour et de ses refus. Dieu Créateur a pris ce risque du refus et du péché ; l'homme ne peut éviter d'avoir à assumer les conséquences de ses propres choix, d'autant moins que, face à la réalité du péché, l'Amour créateur s'est aussi fait Amour rédempteur.

Au tragique destin de l'humanité aux prises avec ses incertitudes, le kérygme du Jugement eschatologique substitue un drame ; on ne peut échapper au destin de sa liberté qui devra rendre compte d'elle-même sur ce qui la fonde et la fait vivre : l'amour du Dieu unique. Il est sans doute plus facile de considérer les conséquences premières de l'amour créateur de la liberté, car elles sont valorisantes dans leurs exigences ; il est cohérent de les assumer jusqu'à leur terme qui n'est pas la seule rigueur de l'équité mais qui est la force et la faiblesse de l'amour.

Le fait de la sanction eschatologique est donc la promesse que Dieu sera fidèle à son amour et que, selon des modalités que nous ne connaissons pas, nous aurons à répondre de ce que nous aurons fait ou n'aurons pas fait de cet amour déjà donné ; de ce que nous aurons fait de nous-mêmes en répondant à cet amour.

Que la responsabilité de l'homme soit ainsi conduite à son terme est assez facilement concevable ; cependant la simplicité de l'alternative n'est-elle pas stupéfiante ? D'un côté la responsabilité se révèle fragile, complexe et limitée au point de devoir renoncer à dire le dernier mot sur elle-même, et, d'un autre côté, elle s'ouvre sur une alternative trop simple pour ne pas être inquiétante : à droite ou à gauche ; le Royaume ou le feu éternel.

D'un point de vue théorique, on comprend qu'en fin de compte on puisse être amené à envisager des termes antagonistes : oui ou non ; bon ou méchant ; droite ou gauche. Mais est-ce si simple ? Toute existence humaine est un mixte d'un peu de bonté et de beaucoup de méchanceté ; en tout cas nécessairement un mixte. À ne considérer que les œuvres de miséricorde, on a vu comment elles expriment une anthropologie cohérente et fondent pratiquement une visée éthique ; et donc comment leur accomplissement est constitutif du devenir le plus positif de celui qui les accomplit. Or il est aussi impossible d'imaginer quelqu'un qui n'aurait jamais manqué de répondre aux sollicitations proches ou lointaines que quelqu'un qui aurait toujours refusé de le faire ; comment réduire une visée éthique et son accomplissement à un jeu de tout ou rien ? Il y a de tout dans une existence qui est une histoire, un devenir et on conçoit difficilement qu'on puisse en limiter l'appréciation globale en termes de solde comptable.

Par ce trait, Mt 25, 31-46 garde toute l'intransigeance de l'apocalyptique qui encourageait un peuple dominé et éprouvé ; polémique, elle était donc simplificatrice. Est-ce suffisant dans d'autres circonstances ? L'histoire subséquente a montré qu'il était d'autant plus difficile de s'en tenir là que l'inquiétude vis-à-vis de l'au-delà était plus grande. Ainsi la croyance au purgatoire comme « temps intermédiaire » rompt provisoirement la radicalité de l'alternative. Elle n'a aucun fondement dans ce récit. Ce n'est donc pas dans cette direction, qui est celle de la tradition ecclésiale, que nous pouvons poursuivre cette réflexion, mais en nous en tenant aux conséquences de cette redoutable image pour la théologie morale.

Le discours eschatologique met en garde les disciples contre toute spéculation au sujet de la fin des temps et de la venue glorieuse du Fils de l'homme. Les quelques indications qu'il fournit sont assez disparates pour que toute synthèse se révèle impossible. Le dévoilement en cache beaucoup plus qu'il n'en dit. Ce qui est vrai de l'ensemble du discours de Mt 24-25 l'est *a fortiori* de cette mise en scène particulière et originale à plusieurs titres.

Cette originalité concerne notamment les œuvres de miséricorde comme critères exclusifs du Jugement ; elle exprime une visée éthique beaucoup plus large qu'une simple énumération arbitraire de gestes d'aumônes ne pourrait le laisser entrevoir. Aux critères exaltant la fidélité explicite au Christ est substituée une prise en compte de toute l'existence humaine. Pour Matthieu, il n'y a pas de foi sans pratique de la foi ; ici, ce dernier aspect est mis en évidence de manière extraordinaire pour montrer comment la promesse du Royaume assume la totalité de l'existence humaine sauvée par le Christ qui l'a partagée sans réserve.

La signification de la séparation droite-gauche en est radicalement transformée. Au lieu d'une manifestation vindicative, il s'agit de rappeler à chaque disciple (tous les hommes sont appelés à le devenir) qu'une prise de position définitive ne peut porter que sur l'ensemble de la vie. Ce que le Nouveau Testament dit trois fois sur le langage humain peut être ici repris de toute la vie : « que votre langage soit oui-oui, non-non » (Mt 5, 37 ; voir 2 Co 1, 17 ; Jc 5, 12). Tout le reste viendrait du Mauvais, selon Matthieu, et ne peut que conduire au Jugement, selon Jacques. L'analogie permettrait de dire ceci : le Jugement révélera finalement comment, à travers « tout le reste », qui est la plus grande partie de la vie, il y a soit un oui, soit un non [14].

Moins que d'une opération comptable, d'une pesée ou d'un tri, la conjonction de l'image de la séparation avec le thème des œuvres de miséricorde devant le Fils de l'homme en gloire manifeste que cette évaluation définitive est un acte de salut qui n'appartient pas aux hommes. En conséquence, ce n'est pas d'abord une menace, mais une promesse et une bonne nouvelle.

14. Le concept classique en théologie morale d' « option fondamentale » pourrait utilement éclairer et prolonger notre réflexion nécessairement succincte : c'est en fonction du choix concernant le *« finis ultimus »* qu'elle est déterminée. D'une manière générale, dans un autre contexte, nous avons plutôt parlé de visée éthique, voir J. MARITAIN, *Raison et raisons,* Paris, 1947, p. 131-165 (« la dialectique immanente du premier acte de liberté ») ; plus récemment B. HÄRING, *Free and faithful in Christ,* New York, Crossroad, vol. I, p. 164-222.

À vues humaines, lucides et culpabilisées, qui pourrait dire de lui-même ou d'autrui qu'il mérite le Royaume ? Or voilà la Bonne Nouvelle que le Fils de l'homme proclame ici : malgré toutes les apparences de nos (fausses) humilités, il y a des justes qui hériteront du Royaume. La séparation suscite une espérance active fondée sur l'acte salvifique du Fils de l'homme : dans sa gloire pascale, il est le Médiateur entre Dieu et les hommes, et sa solidarité va jusqu'à s'attribuer les œuvres faites aux plus petits. S'il est vrai que de nous-mêmes, de la complexité de nos vies, on peut craindre le pire, il est aussi vrai que sa grâce n'est pas vaine. Elle œuvre en chacun dans le secret et elle connaît ce secret de chacun que nulle conscience ne peut percer.

Au total, l'intransigeance de la séparation signifie d'abord que ce qui est premier en ce récit c'est la souveraineté de Dieu et du salut dans le Christ, ce qui élimine toute tergiversation, tout compromis, toute échappatoire. Chacun se découvre responsable de ce qu'aura été sa visée éthique et de la manière dont il l'aura accomplie ; la sentence eschatologique n'a pas d'abord pour fonction de solder des comptes, mais d'ouvrir l'entrée dans la Promesse qui est l'accomplissement du don que Dieu fait de lui-même. Que cet accomplissement ménage une surprise est somme toute cohérent avec la surabondance annoncée ; plus facile à saisir en tout cas que la motivation théologale des œuvres de miséricorde ; néanmoins c'est dans le prolongement de cette dernière qu'il faut poser la première pour que la séparation eschatologique soit vraiment située dans la logique de ce récit.

L'annonce de la séparation eschatologique formule donc un principe sans que nous en connaissions les modalités d'application. Les images du Royaume et du feu éternels en disent concrètement le sens : d'un côté, il y a un mystère de vie dont la plénitude s'épanouit dans une communion d'amour, dont les œuvres de miséricorde sont une première esquisse historique ; d'un autre côté, il y a un mystère de consumation, de néantisation, que traduit si fortement l'érosion narrative qui caractérise les derniers versets (Mt 25, 41-45). De fait, on ne peut imaginer que ce qui n'est pas devenu puisse exister d'une quelconque manière. La séparation signifie l'accès définitif au salut ou non. De ce point de vue qui est celui du Sauveur, il ne saurait y avoir de moyen terme. La Parole du Juge est aussi tranchante (Hé 4, 12) que celle du Créateur : Il sépare et fait vivre ; Il sépare pour faire vivre ; Il fait vivre en séparant. En conséquence, la séparation ultime est l'accomplissement de la séparation primordiale : du « tohu-bohu » a surgi l'ordre cosmique, de la complexe histoire de ce cosmos le Jugement parousiaque fera surgir le Royaume de Justice.

Nous ne savons rien de plus tiré de cette péricope ; mais n'est-ce pas toute la logique du Royaume, si, du moins, il est légitime de transposer jusqu'ici ce que Mathieu dit de la connaissance des mystères par les paraboles : « car à celui qui a, il sera donné, et il y aura de la surabondance ; celui qui n'a pas, même ce qu'il a lui sera pris » (Mt 13, 12) ? Nous n'en savons pas plus, et c'est suffisant d'un point de vue éthique puisqu'il n'y a pas à chercher de motivations ailleurs que dans le service d'autrui aimé pour lui-même, selon ce qu'en dit l'anthropologie des œuvres de miséricorde. Voilà donc une première fois confirmée notre responsabilité fondamentale, sur laquelle nous serons « jugés » selon la Justice salvifique du Royaume : aimer en vérité.

C. Proportion des critères et de leurs enjeux.

Une deuxième confirmation de la reconnaissance de la responsabilité éthique des hommes dans le Jugement eschatologique est fournie par les réponses aux objections formulées au sujet des rapports entre les critères de la sentence et les sanctions. L'une concerne une apparente disproportion entre elles, l'autre le type de rapport.

Les œuvres de miséricorde sont effectivement bien peu de chose en regard du destin eschatologique d'une personne : gestes élémentaires qui correspondent d'abord aux besoins biologiques, ils sollicitent une bienveillance à laquelle ne peut répondre que celui qui en a les moyens et qui a auparavant satisfait à ses devoirs envers les siens. L'objection s'enracine dans une interprétation du type de celle des aumônes qui considère les gestes un à un, dans leur matérialité répétitive incapable de résoudre vraiment les problèmes (il y a toujours des nécessiteux) et difficile à négocier (envers qui les faire ?). Il s'agirait donc de peu de chose, et d'un aspect somme toute assez marginal de l'existence. En revanche, il y a un grand nombre d'autres gestes, attitudes ou choix dont on peut penser qu'ils sont beaucoup plus déterminants que les œuvres de miséricorde. Il n'est donc pas justifié de s'en tenir à elles seules. D'ailleurs n'est-ce pas ainsi qu'a procédé la tradition ecclésiale ?

comme manifestation d'une surabondance de charité, elles ont par rapport au Royaume une valeur que ce texte permet utilement de rappeler, mais on les a intégrées dans une vision beaucoup plus large de l'existence comme l'iconographie des tympans du Moyen Âge qui leur substitue les figures allégoriques des vertus et des vices.

La seconde question soulevée concerne le type même de rapport mis en jeu entre ces œuvres et le destin eschatologique : au fond il s'agit d'une double consolation facile pour tous les « ratés » de notre histoire puisqu'on leur promet dans le Royaume un bonheur qu'ils n'auront pas connu ici-bas (ils sont dits les « frères » du Roi) et puisqu'on encourage à les soulager dans leur incapacité à se procurer par eux-mêmes et selon des moyens « normaux » ce dont ils ont besoin. La perte que suppose le don est donc largement compensée. Ce serait, sous des aspects altruistes et bienveillants, une proclamation revancharde, pleine de ressentiment. Au lieu de promouvoir les personnes, les œuvres de miséricorde les enfermeraient dans leurs échecs et leur médiocrité, tout en culpabilisant inutilement ceux qui ont su par leurs efforts et leurs mérites trouver les chemins d'une certaine réussite… L'inversion des situations est peut-être moins systématique que dans d'autres textes, comme les Béatitudes, mais il s'agirait de la même mentalité qui se complaît dans une dénonciation morbide, car finalement inopérante… quelque chose comme une mélancolie maladive… De fait, ce texte est au centre du discours de ceux qui, « démagogiquement », prônent une « option pour les pauvres », qui n'est que la forme contemporaine du malaise traditionnel vis-à-vis de l'argent, de l'économie, et peut-être plus largement des principes de gestion de ce monde selon ses propres normes [15].

Cette dernière objection concerne avant tout une interprétation particulariste de Mt 25, 31-46. Il ne nous a pas semblé en effet qu'on puisse déduire de « mes frères » que quiconque puisse prétendre à cause de sa situation de « petit » à un « droit » éventuel au Royaume. Si la pointe est plus parénétique que consolatrice ou vindicative, le mouvement d'inversion est moins appuyé. Mais sa logique ne reste-t-elle pas à l'œuvre ?

Les conclusions au sujet des œuvres de miséricorde sont ici déterminantes. Les comprendre seulement en termes d'aumônes

15. Voir M. NOVAK, *Une éthique économique : les valeurs de l'économie de marché,* Paris, Éd. du Cerf - Institut La Boétie, 1987 ; J. PATERNOT et G. VERALDI, *Dieu est-il contre l'économie ? Lettre à Jean-Paul II,* Paris, Fallois - Éd. l'Âge d'homme, 1989.

ne permet pas de dépasser la critique, puisqu'elles sont alors circonscrites à un domaine marginal de l'existence. Si on les justifie en exaltant la miséricorde de Dieu qui choisit un critère aussi humble ou qui est le Père de toute miséricorde, on ne fait que durcir l'opposition. Il nous faut donc tirer les conséquences de notre propre hypothèse, non sans en avoir, auparavant, mesuré les limites des objections, en particulier de la seconde.

L'essentiel de l'argument consiste à dénoncer un altruisme mélancolique et désuet au nom d'un individualisme utilitariste bien compris qui, en exaltant la réussite personnelle et les moyens pour y parvenir, croit tenir le meilleur stimulant pratique, en vue du développement socio-économique le plus favorable pour le plus grand nombre, sinon pour tous [16].

Très lié aux modèles culturels dominants, cet utilitarisme

---

16. Parmi les nombreux exemples de ce type de position, outre les deux ouvrages cités précédemment, on pourrait mentionner l'ensemble des publications de A. RAND, en particulier *Philosophy : what needs it ?* Indianapolis et New York, The Bobbs Merril Company Inc., 1982. Elle développe une philosophie « naturaliste » et utilitariste violemment antikantienne dont voici quelques extraits : « *The primacy of existence [of reality] is the axiom that existence exists, i.e. that the universe exists independent of consciousness [of any consciousness], that things are what they are, that they possess a specific nature, an identity. The epistemological corollary is the axiom that consciousness is the faculty of perceiving that which exists* » (p. 29). « *Nature is the metaphysical given — i.e. the nature of nature is outside the power of any volition* » (p. 30). « *The best and briefest identification of man's power in regard to nature is Francis Bacon's " Nature, to be commanded, must be obeyed "* » (p. 31). « *It is obvious why the morality of altruism is a tribal phenomenon. Prehistorical men were physically unable to service without clinging to a tribe for leadership and protection against other tribes. The cause of altruism's perpetuation into civilized eras is not physical, but psycho-epistemological : the men of self arrested, perceptual mentality are unable to survivre without tribal leadership and " protection " against reality [...] They have no sense of self or personal value...* » (p. 61). « *Man's progress requires specialization. But a division of labor society cannot survivre without a rational philosophy — without a firm base of fundamental principles whose task is to train a human mind to be human, i.e. conceptual* » (p. 62). « *What is the moral code of altruism ? The basic principle of altruism is that man has no right to exist for his own sake, that service of others is the only justification of his existence, and that self-sacrifice is his hightest moral duty, virtue and value. Do not confuse altruism and kindness* » (p. 73-74). « *[Kant] was the philosopher who saved the morality of altruism, and who knew that what it had to do saved from was reason [...] He did not attack reason [...] he merely claimed that reason is " limited ", that it leads us to impossible contradictions, that everything we perceive is an illusion and that we can never perceive reality or " things as they are ". He claimed, in effect, that the things we perceive are not real, because we perceive them* » (p. 77). « *The ultimate monument to Kant and to the whole altruist morality is Soviet Russia* » (p. 79).

n'est pas sans développer ses propres contradictions. Qu'il ne conduise pas systématiquement à un hédonisme trivial ne peut cacher qu'il est plus fortement enclin à l'hédonisme qu'à un eudémonisme qui apparaît en comparaison plus rigoureux dans l'ampleur de sa visée. Or il n'y a pas à choisir entre les devoirs envers soi-même et les devoirs envers autrui. Cette alternative est à courte vue. Les deux se stimulent dialectiquement comme l'anthropologie des œuvres de miséricorde le montre clairement. La transcendance de la liberté est capable de renoncer à la satisfaction immédiate pour soi, y compris dans ses besoins vitaux, au nom de valeurs qui, dans leur altruisme, sont une manière supérieure de devenir soi-même, selon les critères de sa visée éthique. L'objection peut avoir pour elle l'apparence du bon sens, il est ici à trop gros grain.

Toute la réflexion sur l'eschatologie est tributaire d'une grande difficulté en ce qui concerne le langage ; les objections y trouvent une part de leur raison d'être. La sanction eschatologique en tout premier lieu, car elle a des implications immédiates considérables. Aussi faut-il toujours l'aborder en même temps sur le mode de la rupture et de la continuité. C'est la continuité que spontanément on imagine, et les renversements envisagés sont des indexations négatives de la continuité. En conséquence, la récompense eschatologique est représentée comme une plénitude de don, soit reconnaissance, soit compensation.

Le fait qu'il s'agisse de l'accomplissement ultime de la Pâque du Christ, comme la thématique de la venue glorieuse le manifeste, implique qu'il y ait rupture au niveau des représentations : à la bonté ne correspondra pas seulement la béatitude ; à la miséricorde faite, une miséricorde accordée sans commune mesure ; aux misères et aux épreuves, l'abondance et la sérénité… La promesse de l'héritage ou l'éviction définitive du Royaume portent d'abord sur le Royaume lui-même, en tant qu'il est Royaume de Dieu. Ce n'est donc pas à partir des projections humaines, aussi aimantes soient-elles, que l'on peut en saisir quelque chose, mais à partir de ce que Dieu révèle de Lui-même : le Royaume est promesse d'une communion d'amour où toutes nos représentations hypothétiques se perdent dans le pressentiment de l'infini et de l'absolu. Cette rupture est d'importance pour l'éthique, puisque c'est en elle que se concrétise un dépassement « des calculs de la simple équité ». La Justice du Royaume que les hommes cherchent en leur vie, et par laquelle ils peuvent construire leur vie pour la gloire de Dieu, s'exercera alors dans son double aspect de prise au sérieux de ce que sont les exigences morales dans leur consistance anthropologique et de transfiguration de ces exigences que l'éthique ne peut que percevoir « en creux » (traces de l'infini dans la rencontre d'autrui) ; ce qui en est révélé ne fournit qu'une orientation générale à cette perception.

Les représentations spontanées sont sans doute inévitables dans la mesure où elles sont les plus imagées, et donc les plus suggestives. Sur elles, plus que sur bien d'autres aspects de la révélation, la critique de l'analogie devra s'exercer pour que ne soit pas perdu de vue ce qui est dit à travers elles, dont la pauvreté serait évidente à la moindre réflexion, si l'on avait une autre symbolique à lui substituer.

En conséquence, les questions soulevées à propos des rapports entre les critères de la sentence et les sanctions appellent d'abord une réflexion théologique dans le prolongement de la réflexion faite au sujet de la séparation. D'un point de vue éthique, elles renvoient à ce qui est révélé dans l'accomplissement des œuvres de miséricorde, c'est-à-dire la visée éthique qu'elles promeuvent. Il a été clairement établi que, à partir de ce récit, elle est fragmentaire. Ce n'est pas la dévaloriser que l'affirmer. Deux conclusions s'en dégagent ici : il serait hasardeux de vouloir réduire toute l'eschatologie chrétienne, et donc tous les critères du Jugement, aux seules œuvres de miséricorde. Cependant elles se sont révélées avoir une suffisante consistance anthropologique pour en être un fondement valable, c'est-à-dire qu'à partir d'elles on peut comprendre et construire son existence ; en un mot elles peuvent structurer une visée éthique grâce à leur effet de système. Aussi, bien qu'elles ne parlent pas de tout, elles en disent assez pour servir de référence à un Jugement auquel nul n'échappe. Elles permettent à la fois de tracer les lignes selon lesquelles on peut choisir sa vie et en fonction desquelles on peut évaluer ce qui a été fait. Il est essentiel que ce soient des faits qui sont énoncés, et des faits signifiants par et pour eux-mêmes, car la seule générosité des intentions sans faits est inconsistante. Ces faits sont élémentaires : ils sont ainsi ouverts à tous et touchent à l'essentiel. Ils le font d'autant plus qu'on les appréhende dans leur effet de système. Et comme faits aux plus petits, en ce que ces derniers désignent en chacun une petitesse qui n'est pas symbolique, mais bien réelle. Petitesse qui exige aussi que, en ce qui concerne l'attitude envers les nécessiteux, tout geste de justice et de bienveillance soit accompli sans calcul.

Elles ne sont alors ni « si peu », ni vindicatives. Elles concrétisent ce que chacun devient à travers ce qu'il fait. Pour cela il n'a pas besoin d'autres références pour agir que de le faire selon ce que lui dicte sa visée éthique, dont il est doublement responsable dans son élaboration et dans son accomplissement, aujourd'hui au sein de son contexte social comme au Jugement dans la sentence qui, en définitive, ne lui appartient pas.

D. Le présent de la responsabilité éthique.

Une troisième confirmation de ce que la responsabilité éthique des hommes est fondamentalement attachée à l'annonce du Jugement eschatologique en Mt 25, 31-46 se trouve dans la manière selon laquelle il traite de la temporalité. L'annonce aujourd'hui du Jugement à venir concentre l'attention sur le temps où faire les œuvres de miséricorde, qui n'est autre qu'aujourd'hui même. En son nom, il est impossible de fuir ses responsabilités quotidiennes, sous prétexte qu'un futur aurait été promis.

L'insistance sur ce qui aura été fait (ou n'aura pas été fait) tient à ce que sont les œuvres de miséricorde dans la Justice du Royaume. Accomplir les œuvres de la loi d'amour selon l'Esprit de cette loi rend digne d'hériter de ce Royaume qui s'approche d'autant plus secrètement qu'on ne cherche pas à l'utiliser pour le substituer au seul visage qui nous en soit aujourd'hui accessible, celui du prochain. La dimension eschatologique de l'éthique manifeste ses virtualités essentielles dans cette densité qu'elle donne au présent dans une perspective d'avenir qui le transcende. La densité de ce présent lui donne une capacité de recul par rapport à lui-même qui le prémunit contre les risques d'enfermement sur soi et contre tous les systèmes qui peuvent tenter de l'enfermer à leur propre service. On réduit parfois les conséquences éthiques de l'eschatologie à une forme de recul telle qu'elle aboutit à un désengagement, voire à un mépris, des responsabilités présentes, sous prétexte que la véritable signification du présent se trouverait dans l'avenir de la promesse. C'est aussi insuffisant que d'essayer de faire de l'immédiat la seule réalité de l'éthique. Le recul que suscite la prise en compte de l'héritage de la promesse est un impératif sans équivoque (double commandement d'aimer). Il ne peut être honoré que dans un engagement effectif qui sait reconnaître à chaque chose sa valeur par rapport à la critériologie de la Justice du Royaume, qui assume et dépasse toute justice humaine. Ce dépassement suppose une mise en œuvre de la justice due aujourd'hui comme chaque jour à autrui. C'est un contresens que d'en faire la justification de quelque « escapisme » que ce soit.

Il s'agit d'une caractéristique de toute eschatologie qui n'assume les questions sur l'à-venir ou l'au-delà que pour mieux permettre à chacun de vivre. Cela se réalise de différentes manières ; sous cet aspect l'eschatologie chrétienne se distingue pour une part de sa matrice, l'apocalyptique. Cette dernière était d'abord une parole consolatrice dans les épreuves du moment qui semblaient mettre en cause l'existence du peuple élu. En conséquence, elle jouait à un double niveau, au nom de la fidélité de Dieu à ses promesses et de sa souveraine maîtrise de l'histoire : d'une part, elle avait tendance à surestimer l'éon à venir, car il effacerait et compenserait les misères subies. De cette façon, elle renouvelait et affermissait la tradition des promesses. Mais, d'autre part, elle ne le faisait que pour soutenir la fidélité et l'espérance quotidienne de ceux qui étaient dans les épreuves. Il ne s'agit pas d'une médiocre fuite en avant puisque la promesse consolatrice donnait à ces épreuves une autre dimension que la résignation dans l'attente passive de temps meilleurs. Elle impliquait une exaltation de la fidélité quand celle-ci était payée d'un lourd tribut, jusqu'au sang versé. Néanmoins cette fidélité était surtout une attente de l'intervention décisive de Dieu ou de son médiateur.

Comme nous l'avons déjà montré, le Nouveau Testament prend d'autant plus nettement ses distances avec cette attitude que, d'une part, il garde beaucoup de ses représentations et que, d'autre part, l'eschatologie reste le mode proprement chrétien de vivre et de penser la temporalité. Désormais elle est placée « sous le signe de la venue du Fils de l'homme » (Mt 24, 30), c'est-à-dire que, dans le Christ Jésus, les promesses sont déjà réalisées. Nous en rappelons simplement les conséquences pour la visée éthique du chrétien en fonction de Mt 25, 31-46.

L'eschatologie chrétienne donne au présent de tout un chacun une densité qui contraste avec le sentiment spontané du temps qui passe, de l'instant sans consistance. L'herméneutique de la Loi accorde à l'intention des actes faits une importance qui souligne leur enjeu éthique : c'est dans la mesure où ils sont voulus pour eux-mêmes, c'est-à-dire dans le service présent du prochain, que se trouve une bonne part de leur moralité. Tout rêve d'une intention cachée dans l'intention, d'une intention ou d'une valeur au-delà de celle qui est présentement accessible d'un point de vue éthique, dévalue cet enjeu car il perd de vue, ou au moins sous-estime, la mise en œuvre concrète qui ne peut être que présente. Le présent de l'intention et de la valeur éthiques résiste ainsi à l'évanescence fluide de la pure successivité ou à l'inconséquence d'une fuite en avant quelque peu imaginaire. Elle articule un héritage qui fait accéder à un monde déjà balisé, repéré, bref sensé, qu'est l'histoire de l'Alliance enracinée dans le projet créateur lui-même, et une promesse dont l'accomplissement est déjà partiellement acquis dans le seul fait de la recevoir et néanmoins à venir, ouvrant sans cesse un avenir tendu vers une plénitude encore à recevoir ; bref, l'héritage d'une promesse et la promesse d'un héritage. Le Jugement eschatologique n'est pas tant point final que relevailles pascales, où les cris de souffrance de l'enfantement laissent place aux cris des nouveau-nés, frères du Premier-Né d'entre les morts. Le présent, qui, en éthique, est le moment de la décision et du faire concrets, est ainsi la stase du temps où s'accomplit jour après jour le destin ultime de chacun. Quand le Jugement eschatologique renvoie toute la démarche éthique à prendre au sérieux son présent, il révèle la portée ultime de ce que toute éthique rationnelle pressent.

Telle est la densité eschatologique du présent : une fidélité à la parole reçue, à l'esprit de la Loi plus qu'à la lettre de la Loi, en référence à un passé vivifiant ; mais, comme mémoire, elle est porteuse de sens, elle n'enferme pas le présent sur lui-même, ni sur ce passé : elle ne peut que l'ouvrir à l'avenir qu'elle rend possible comme une chance à recevoir et à construire.

La proclamation du Jugement eschatologique est donc une exigence spécifique pour l'Église qui a reçu mission de cette proclamation : elle doit être éducatrice selon l'esprit du message dont elle est chargée. Elle doit donc proclamer l'intégralité de la Bonne Nouvelle de Jésus-Christ, y compris son herméneutique de la Loi. Cela ne peut se faire sans un corpus de lois morales qui doivent être explicitées en fonction des situations. Ces lois ont leur dimension évangélique dans la mesure où elles sont énoncées dans la dynamique qui caractérise la foi chrétienne : la Justice du Royaume qui assume la justice humaine dans l'économie de l'*agapè*, c'est-à-dire en faisant toujours prévaloir pour aujourd'hui l'esprit de la Loi.

Cette proclamation n'atteint son but que lorsqu'elle enfante, dans l'Esprit, des enfants de Dieu par la prédication et par la ritualité. La fidélité au message qu'elle proclame implique que la Loi soit suffisamment proposée selon cet esprit pour qu'elle structure en profondeur la visée éthique des disciples. Or, comme toute loi, celle-ci est menacée par le formalisme ; pour elle ce serait maladie mortelle, car elle ferait et voudrait faire faire le contraire de ce qu'elle annonce. C'est le « faire-présent » de l'Église que de se donner les moyens d'une effectivité telle qu'elle permette aux personnes d'accéder à la liberté de l'Esprit par une telle pédagogie de la loi morale. Ce fut une préoccupation constante dans l'histoire, comme en témoigne la foule des éducateurs chrétiens.

S'il s'agit de prendre au sérieux l'agir présent des disciples, cela implique que l'on tienne compte du double caractère historique et eschatologique de l'existence chrétienne. Le présent des disciples a sens dans une histoire personnelle, dans le devenir de chacun qui n'est jamais définitivement acquis. La radicalité évangélique ne saurait être confondue avec un simple rigorisme moral. La primauté de la fidélité à l'esprit de la loi suppose que ce soit cet esprit qui reste l'objectif premier de toute prédication et de toute pédagogie. De plus, c'est la meilleure attitude pour qu'elle soit assumée dans une visée éthique. Mais cette affirmation du primat de l'Esprit au nom du Royaume ne doit pas être envisagée comme un laxisme éventuel. L'exigence est à la mesure de la promesse et de l'enjeu, mais aussi à la mesure de la situation concrète des personnes.

La prédication et la pédagogie des chrétiens prendront nécessairement position par rapport aux conceptions des sociétés ambiantes. C'est aussi la mission de l'Église que d'affirmer, au nom du Royaume promis, la particularité de son message. Tout ce que nous avons dit jusqu'ici tend à affirmer avec force que, pour cela, elle ne peut s'enfermer dans une attitude de ghetto. C'est pour être vécu concrètement aujourd'hui que l'Évangile est annoncé ; à tous, car destiné à tous, pour que tous puissent en vivre, selon l'Esprit de Dieu, et non selon nos modes humains d'évaluation. Une relative perte d'influence sociale ne justifie pas plus que l'eschatologie chrétienne un catastrophisme quelconque. Ce serait une forme de l' « escapisme » que nous venons de dénoncer ; en fait, ce serait un renoncement et un aveu d'impuissance par rapport au présent, alors qu'on proclame que, dans le Christ, c'est « aujourd'hui » que tout se joue chaque jour.

Une chose est de proclamer et de faire apprendre les maximes de la Loi, une autre d'en faire percevoir l'esprit qui est vie, une troisième de prendre le temps des apprentissages dont, sous un certain aspect, on ne sort jamais. La sentence du Jugement en Mt 25, 31-46 convoque à assumer chaque jour ses responsabilités vis-à-vis de soi et des autres dans l'accomplissement des œuvres de miséricorde ; elle convoque ses prédicateurs à la même attitude dans l'accomplissement de leur mission. Ce sont des aspects complémentaires de la miséricorde qu'elle reçoit de la Pâque de son Seigneur ; ainsi elle annonce quel est « le chemin, la vérité et la vie » (Jn 14, 6), et elle y accompagne les hommes dans leurs démarches hésitantes et percluses.

E. La spécification chrétienne de la responsabilité éthique.

Le parcours que nous venons de proposer a fourni les éléments nécessaires pour répondre à la dernière question que cette thèse souhaitait aborder : d'après Mt 25, 31-46, que signifie, pour le jugement éthique, être placé sous l'horizon d'un Jugement eschatologique ? Il nous est apparu que, loin d'être humiliée ou dévaluée, la responsabilité qui s'y exprime est promue au plus haut de ce qui peut être conçu en regard de la condition finie de l'homme. S'il est susceptible d'être ainsi jugé, c'est parce que, en dernière instance, il est autant responsable de lui et des autres que cela lui est possible, c'est-à-dire à la fois « tout à fait », car la liberté ne se divise pas, et dans les ambiguïtés que l'existence corporelle et historique ne permet pas de dépasser.

Ce « tout à fait » est exprimé dans l'annonce d'une séparation sans nuance qui n'inquiète tant que parce que les fragilités ne laissent pas entrevoir qu'il puisse y avoir un tel dernier mot. Il se retrouve aussi dans la nature de ce sur quoi l'homme sera jugé, des œuvres qui sont d'autant plus à la portée de tous qu'elles sont constitutives de leur humanité, alors que la grandeur réelle de leur enjeu est obscurcie par leur simplicité. Enfin, l'homme est tout à fait responsable dans la mesure où tout se réalise *hic et nunc* : il n'y a pas à rêver d'un autre monde ou d'autres choses, même s'il est toujours difficile de tenir un juste équilibre entre l'évanescence de l'instant et la densité d'un présent riche de sa mémoire et tendu par une promesse.

Il n'a été possible de démontrer cela qu'en faisant une référence permanente à l'œuvre de grâce du Dieu de Jésus-Christ. N'est-ce pas là, en effet, le vrai principe herméneutique de tout ce récit, comme nous l'avons montré dans la deuxième partie ? Le Jugement eschatologique n'est pensable que par rapport à la personne du Créateur qui sauve sa création. Comme ce salut a été accompli dans le Fils de l'homme, mort et ressuscité, le

Jugement ne peut être que la plénitude de la manifestation de sa médiation : « Quand il viendra dans sa gloire. » La dimension christique fondamentale caractérise donc la spécification chrétienne de la responsabilité éthique d'après ce récit.

Autrement dit : devant qui l'homme est-il responsable ? La structure narrative de Mt 25, 31-46 montre l'homme responsable à deux niveaux indissociables. Tous les hommes sont rassemblés et séparés devant le Fils de l'homme en fonction de ce qu'ils auront fait aux nécessiteux durant cette existence, c'est-à-dire en fonction de la manière dont ils se seront montrés responsables d'autrui. La question est lancinante depuis les origines : « suis-je le gardien de mon frère ? » (Gn 4, 9) ; depuis lors, elle ne cesse d'être posée au nom de Dieu. Finalement, c'est devant Dieu que l'homme est responsable, parce qu'il n'y a de devenir homme que dans la responsabilité de soi et des autres, devant soi-même (sa conscience) et devant les autres (dimension sociale).

Qui est le Dieu devant qui être responsable ? Là où la critique philosophique conclut son analyse en postulant un Juge intègre [17], l'annonce évangélique du Jugement fait paraître le Fils de l'homme en gloire, c'est-à-dire comme Dieu qui sauve.

Jusqu'ici nous sommes resté fidèle à la pratique traditionnelle qui appelle cette scène eschatologique un jugement. Il est clair maintenant que ce langage est lui aussi analogique ; nous devons donc en poser les limites. Le vocabulaire juridique est très peu présent, contrairement à ce qu'il en est dans la plupart des autres péricopes matthéennes. C'est la mise en scène qui a orienté vers cette métaphore. L'acte souverain du Fils de l'homme n'est pas un simple renversement de sa situation personnelle (le condamné devient juge) ; c'est la manifestation éclatante de la Justice du Royaume qui dépasse la seule équité au nom de l'*agapè*. La comparution est autre chose qu'une remise de compte, c'est la reconnaissance de ce que chacun aura fait de l'image de Dieu qu'il est et que sont tous ceux avec lesquels il aura vécu ; de ce qu'il en aura fait, c'est-à-dire de ce que, dans l'Esprit, il sera devenu en servant les autres. Le procès du Nazaréen fut une injuste condamnation ; la rencontre

17. Ce juge garantit la justice pour soi et pour les autres : celle-ci ne peut donc être qu'une stricte équité, une rigueur sans faille. Tout autre caractère remettrait en cause sa fonction de garantie. En conséquence, pour suppléer les faiblesses des hommes, on lui demande d'être inhumaine, justice aux yeux bandés.

eschatologique sera une remise de grâces, car la miséricorde du Père, mieux qu'indulgence ou faiblesse, sera pardon.

La liberté de l'homme ne peut donc qu'être promue par la perspective d'un tel « jugement », mais ce n'est historiquement possible que dans la mesure où les œuvres de miséricorde se sont révélées capables de fonder une anthropologie consistante, c'est-à-dire universelle. L'œuvre du salut qui est pure grâce assume ainsi en totalité le devenir de l'homme qui n'est vraiment lui-même que lorsqu'il se laisse grandir dans la dynamique de l'*agapè* du Royaume. En conclusion, la spécification chrétienne de la responsabilité éthique de l'homme selon Mt 25, 31-46 sera résumée en fonction des trois vertus théologales.

Foi. Le débat de fond à propos de ce récit n'est donc pas de savoir comment se situer par rapport au salut par la foi ou par les œuvres. Cette problématique paulinienne, durcie par les polémiques des derniers siècles, n'est pas celle de Matthieu qui compose son évangile une génération après celle de Paul. Pour le premier évangile, la foi au Christ de Dieu est aussi déterminante que pour l'Apôtre des gentils. Tout homme est finalement responsable devant le Fils de l'homme, Juif ou Grec, esclave ou homme libre, chrétien ou non. Mais ce n'est pas sur la profession extérieure de la foi que peut être établie la droiture du cœur des hommes, mais sur leur fidélité à l'esprit de cette loi, inscrite dans le cœur de chacun et interprétée explicitement par Jésus de Nazareth (Mt 7, 21). L'accomplissement des œuvres de miséricorde est le signe concret de cette fidélité qui n'est pas nécessairement voulue comme une fidélité à Dieu, car elle a sa valeur en elle-même, comme service d'autrui. Pour le croyant, n'est-ce pas là une des formes suprêmes de l'épreuve de la foi ? Renoncer, au nom de ce qu'il apprend dans la Révélation, à déduire de ce savoir quoi que ce soit sur la réalité de sa fidélité, car elle ne peut aller sans ce renoncement ; croire qu'il n'y a pas d'autre attitude que celle de la foi qui, par définition, n'est pas de l'ordre des évidences ou des démonstrations tangibles. Croire que sa foi lui interdit de savoir et de chercher à savoir.

Un tel renoncement est la provocation la plus radicale à faire ce qui est inscrit dans le cœur de tout homme et dans la loi de Dieu, non pour la récompense qu'on peut en espérer mais pour le service nécessaire à rendre à celui qui en a besoin. À le faire pour l'autre et non pour soi... condition pour que cela soit rendu au centuple (Mt 19, 29). La spécification chrétienne de la responsabilité éthique enjoint donc d'agir selon ce que la conscience dicte de faire pour la seule raison que celle-ci le dicte en raison, quelle que soit la manière dont elle est éclairée. La double tentation du croyant est d'agir pour soi ou pour Dieu : dans le cas de la première, « ils ont déjà leur récompense » (Mt 6, 2.5.16) ; dans la seconde, ce n'est pas Lui qui est dans le besoin… Mais à celui qui agit pour le service d'autrui et qui renonce à toute satisfaction immédiate ou lointaine, le Fils de l'homme dira comment c'est à Lui qu'il l'a fait et qu'il peut entrer dans le Royaume : n'est-ce pas davantage que le centuple [18] ?

« Agapè ». La foi convoque à vivre selon l'esprit de la Loi que récapitule l'*agapè* sur les deux modes que sont les énoncés de la Loi et la manière de les mettre en œuvre. C'est ce que signifie le fait que l'accomplissement des œuvres de miséricorde, et tout ce qu'implique leur anthropologie, soit le critère de ce jugement avec ses deux niveaux de motivation, éthique et théologal. Il s'agit de servir autrui qui en a besoin selon une surabondance qui ouvre la justice à une forme d'amour. Ce faisant, il s'agit bien d'aimer autrui pour lui-même et non soi-même (pour sa récompense) ou Dieu sous couvert d'autrui, c'est-à-dire de l'aimer vraiment.

Mt 25, 31-46 promet ainsi que l'humanité sera jugée sur ce qu'elle sera devenue en aimant ; une telle promesse n'a de sens que parce que Celui qui juge le fera par amour : ultime acte de salut, ultime don gracieux. La spécificité chrétienne de la responsabilité éthique est donc doublement sous le signe de l'*agapè* : d'une part, elle doit répondre de sa manière d'aimer concrètement dans sa mise en œuvre de l'esprit de la Loi ; d'autre part, être responsable, c'est aimer ; c'est refuser l'indifférence et l'isolement. Autrement dit, être responsable devant Dieu, c'est être cette créature particulière voulue pour elle-même, pour qu'elle puisse répondre à l'amour d'où elle vient et

18. Tout Matthieu, au nom de ce qu'est le salut dans le Christ, appelle à un tel renoncement au moment même où il renouvelle les exigences de l'accomplissement de la loi selon l'Esprit. Comme nous l'avons déjà montré, le récit de Mt 19, 16-30 est très typique de cette tension et forme une impressionnante illustration de notre interprétation de Mt 25, 31-46. À la même question : « Que dois-je faire de bon pour avoir la vie éternelle », Jésus répond par la pratique des commandements dont les « aumônes » envers les pauvres sont le signe de la surabondance. Cette réponse suscite une nouvelle question de la part des disciples : « qui donc peut être sauvé ? » (25), à laquelle Jésus répond par un mot que Paul ne récuserait pas : « aux hommes c'est impossible, mais à Dieu tout est possible » (26).

vers lequel elle va dans la seule attitude qui convienne, en aimant en retour : « mes bien-aimés, aimons-nous les uns les autres, car l'amour vient de Dieu, et quiconque aime est né de Dieu et parvient à la connaissance de Dieu » (1 Jn 4, 7).

Espérance. Tout le récit oriente le regard vers le futur ; plus exactement, par le futur qu'il promet, il donne au présent une densité que l'écoulement du temps ne saurait lui donner. Si la révélation de ce texte au sujet de l'éthique consiste à provoquer la responsabilité à renoncer à connaître ce futur pour mieux s'attacher à vivre son présent, c'est que ce futur charge le présent de toute sa force d'attraction. La responsabilité éthique est ainsi ouverte à autre chose que la tâche quotidienne dans la mesure où la tâche quotidienne est vécue comme le lieu du devenir homme de tous et de chacun.

Il peut sembler épuisant et ingrat de renouveler sans cesse la mobilisation de ses énergies pour l'accomplissement de son « métier d'homme ». La promesse de Mt 25, 31-46 n'est pas une simple consolation qui y serait attachée malgré tout, ni une compensation de l'aridité de la fidélité. Elle rappelle qu'il n'y a pas d'autres chemins possibles. La grâce qui nous est faite et promise est celle de savoir et de pouvoir vivre en homme même si les apparences sont douloureusement adverses. Celui qui nous la transmet et nous en fait vivre n'est-il pas ce Fils de l'homme crucifié qui, du trône de sa gloire, invite ceux qui en Lui sont devenus justes de la Justice de son Royaume ? Lui qui s'efface devant l'amour qui fait tout exister : « Venez les bénis de mon Père. »

CONCLUSION GÉNÉRALE

À l'origine de cet ouvrage, il y a une multitude de pratiques qui, depuis les premiers temps de l'Église, ont trouvé dans la péricope matthéenne un point d'appui pour leur espérance et leur existence chrétienne. Aujourd'hui, ce récit se trouve au carrefour de plusieurs débats classiques ou contemporains, et celui qui le concerne directement prend sens parmi eux : on notera en particulier le débat au sujet du caractère spécifique de la morale en régime chrétien, ici eschatologique, et le débat au sujet de la référence concrète aux textes bibliques dans cette élaboration.

Établir le bilan de cette « leçon de choses », c'est aussi mettre en évidence la validité des principes méthodologiques et épistémologiques qui l'ont permise, et souligner comment on a pu, modestement, contribuer à des débats qu'on n'a pas cherché à traiter pour eux-mêmes. Ce texte apporte un éclairage particulier et fragmentaire qui, renonçant à vouloir tout dire, est suffisamment essentiel pour que ses conclusions ne puissent jamais être négligées.

1. La première intention qui a déterminé cette recherche fut et reste d'analyser la dimension éthique de ce récit. Le projet n'est pas arbitraire puisqu'il s'agit de vérifier la pertinence de tout un pan de l'histoire de son interprétation. Pour ce faire, il est nécessaire d'aller au-delà de la seule analyse littéraire afin d'en situer les conclusions dans le contexte de l'interrogation : la théologie morale. Cependant, un tel dépassement n'est pos-

sible que dans la mesure où on s'en tient aux limites imparties par le récit, et où, en conséquence, on ne fait appel à d'autres considérations que lorsqu'elles sont indispensables à sa bonne compréhension. Le premier principe est donc : s'en tenir au texte.

On se devait, par conséquent, de commencer par présenter et analyser le débat herméneutique, pour y soutenir une hypothèse, quelque difficile que soit ce débat. L'histoire a montré combien étaient lointaines les racines des oppositions contemporaines : le renouvellement des méthodologies n'a pas totalement bouleversé les problématiques. Depuis l'époque patristique, les commentateurs opèrent une sorte d'éclatement du texte : soit ils privilégient l'aspect « jugement à venir », et les critères de ce jugement sont cherchés ailleurs que dans la liste des œuvres de miséricorde ; soit ils développent une parénèse à partir de cette liste dont le genre littéraire n'est évoqué que comme un argument complémentaire.

Ces deux tendances se retrouvent, sous des formes et avec des argumentaires plus ou moins modifiés, dans les deux grands courants qui divisent les exégètes contemporains : soit l'interprétation est de type « paraclétique et particulariste », soit elle est « parénétique et universaliste ». Les deux positions sont tellement pensées en termes antagonistes que la seule attitude désormais possible serait de choisir entre l'une et l'autre.

Or, à s'en tenir au texte dans sa rédaction canonique, on a pu dégager qu'il y avait derrière cette manière de procéder un certain nombre de présupposés qui méritaient d'être explicités, car ils faussent son approche : le plus déterminant, du point de vue méthodologique, consiste à réduire l'essentiel de la recherche à un jeu d'identification des « personnes » mises en scène. Ce traitement allégorique du récit est doublement erroné : le récit n'est pas une parabole, mais un récit eschatologique qui n'appelle pas, de lui-même, une telle allégorisation qui existe ailleurs dans le premier évangile. Matthieu ne l'a pas fait ici ; rien n'autorise ou ne nécessite qu'un tel commentaire soit ajouté à cette péricope.

Concrètement, ce premier principe a été mis en œuvre dans la proposition d'une analyse de la narrativité du texte. De cette analyse, les axes de la réflexion ultérieure se sont imposés, et ils furent traités autant que possible en fonction de la manière dont ils s'imposaient. Ils s'organisent en fonction de la notion de « surprise eschatologique » : elle est au cœur de la narrativité, et tous les aspects du récit en sont finalement marqués.

2. La légitimité de l'interrogation au sujet de la dimension éthique de ce récit s'enracine autant dans sa structure propre que dans l'histoire de son interprétation : la parénèse chrétienne s'est toujours intéressée à lui. C'est pourquoi cette « leçon de choses » a pour visée première d'établir la pertinence de ces pratiques ecclésiales. En ce sens, il s'agit d'une démarche « critique ».

Au temps où l'essentiel de la référence à l'Écriture était d'y puiser un certain nombre d'arguments ou de citations pour la prédication ou le commentaire du Symbole de la foi, Mt 25, 31-46 fournit, avec sa liste, une source pérenne à l'exhortation de la pratique de la charité fraternelle. Comme la logique du récit retenait moins l'attention que la constitution d'un discours d'ensemble, les œuvres étaient intégrées à des synthèses plus vastes. La liste classique des œuvres de miséricorde comportait en outre la mention des soins à donner aux cadavres humains, ce qui faisait qu'elle prenait en compte tous les besoins corporels de l'homme dont la charité devait se préoccuper. À partir de là, elle pouvait être absorbée dans les synthèses de la théologie morale contemporaine.

Une herméneutique qui veut s'en tenir au texte pour en dégager les « implications éthiques » doit respecter un second principe concernant le passage à une autre méthodologie que la critique littéraire. Les implications éthiques ne peuvent donc être dégagées qu'en fonction du fait qu'il s'agit d'un texte théologique. Il doit être analysé comme tel. En conséquence la dissociation habituelle entre les dimensions eschatologique et éthique se révèle non seulement évitable, mais néfaste.

Son genre littéraire ne permet pas de réduire l'interprétation de ce récit à un simple motif parénétique : la situation décrite suppose une rupture définitive avec celle que nous vivons encore. À proprement parler, il n'y aura plus alors de modèle à imiter.

Une autre conception du récit a été nécessaire à travers son « intrigue » c'est-à-dire que la logique narrative est plus déterminante que la recomposition de certaines « attitudes exemplaires ». Il y a donc une autre dissociation constitutive entre les œuvres de miséricorde qui sont à faire dans cette histoire et la « surprise » qui manifestera qu'en faisant ces œuvres, ils posaient des actes dont un aspect essentiel de la signification ultime ne pouvait que leur échapper.

En conséquence, la question éthique doit être posée d'une manière nouvelle : que signifie pour la responsabilité de l'homme qui sait qu'il doit accomplir ces œuvres devoir être ainsi surprise par le Jugement ? Dégager les implications éthiques de ce récit ne saurait donc se réduire à préciser les normes qu'il implique. La logique narrative sollicite d'abord du lecteur une attitude croyante.

3. L'analyse littéraire conduit à conclure que le message théologique de ce récit opère d'abord sur le mode de l'articulation, c'est-à-dire que, s'il opère des distinctions bien repérables, il n'est pas possible de traiter isolément les différents aspects. Ainsi, la figure première du récit est celle du Fils de l'homme qui préside, dans sa gloire, le Jugement : la christologie n'épuise pas toute la réflexion sur Dieu, Juge eschatologique ; néanmoins, ici, les deux questions sont indissociables. De même l'analyse de l'imputation par le Roi des œuvres de miséricorde ne permettait pas de les ignorer en étudiant le sens de « c'est à moi… » ; néanmoins, il n'a été possible de préciser leur valeur « christologale » que dans la mesure où on a pu reconnaître leur valeur « théologale ».

De cette analyse littéraire et théologique, un autre principe méthodologique apparaît : ne pas se laisser enfermer dans des alternatives étrangères au récit. De toute manière, en se durcissant, elles finissent par stériliser la réflexion. Ce faisant, on se coule dans le projet théologique matthéen, qui ne cesse de trouver, dans la christologie, les raisons de dépasser les antagonismes qui traversaient sa communauté. Ce n'est pas une attitude simplement conjoncturelle : faire tenir ensemble, au nom d'un horizon qui n'appartient à personne dans cette histoire, ceux qui, jour après jour, vivent dans la fidélité à leur Seigneur au milieu d'une société composite et hostile.

Ce récit est à la fois fragmentaire (il ne dit pas tout) et synthétique (il fait tenir ensemble beaucoup de thèmes majeurs du premier évangile). À cela tient que son interprétation ne soit pas facile, et qu'elle suggère de se mettre dans la disposition d'esprit général de son auteur.

L'aporie qui oppose le « salut par les œuvres » et le « salut par la foi » est l'une des plus importantes à cause de ses conséquences confessionnelles. La problématique matthéenne assume celle de Paul tout en assurant un équilibre que les polémiques de l'Apôtre des gentils ne fournissent pas toujours. Pour ces deux apôtres, il n'y a pas de foi qui n'appelle les œuvres de la foi ; est toujours première la foi au Christ paulinien ou au Seigneur matthéen. Rien ne peut être posé en préalable ni en concurrence à l'œuvre salvifique du Christ Jésus et c'est en fonction de Lui qu'on peut comprendre ce qu'il en est, désormais, de la Loi.

Une autre alternative susceptible d'être dépassée concerne l'universalisme ou le particularisme de ce récit. Telle qu'elle est formulée de nos jours, cette problématique ne correspond pas aux préoccupations du Ier siècle. En revanche, elle est révélatrice des nôtres et, plutôt que de la figer, ce récit permet d'en saisir les enjeux. L'évangile matthéen est clairement destiné à toutes les nations (Mt 28, 19), même si, depuis l'origine, on sait quelles résistances il rencontrera (voir Mt 24) ; il est tout autant destiné aux croyants dont il veut confirmer la foi et assurer les conditions d'une vie communautaire tenant compte des diverses sensibilités qui la composent.

Ainsi universalisme et particularisme sont articulés de manière dynamique dans ce récit : le message s'adresse à toutes les nations ; à la souveraine universalité du Juge eschatologique correspond l'universalité des critères de la sentence. Cela n'efface pas que cet universalisme prend tout son sens dans la référence au Christ ni que les auditeurs habituels seront surtout des chrétiens qui y entendront une exhortation très suggestive. Si l'ecclésiologie est peu présente dans la lettre de notre récit, elle est déterminante dans toute la démarche qui l'a produit.

Ainsi, « articuler » ne pouvait pas être étranger au projet ni à l'organisation de ce travail qui a cherché à établir des « implications ».

4. Pour Matthieu, avec ce dernier récit proclamé par Jésus, en quelque sorte tout est dit. Les récits qui suivent racontent comment tout ce qui a été annoncé jusqu'alors a été réalisé dans la Passion et la Résurrection.

L'axe de la narration de Mt 25, 31-46 est constitué par la figure transfigurée du Fils de l'homme dans la gloire eschatologique et par la face humiliée du Fils de l'homme jugé, injustement condamné et crucifié. Seule cette dualité indissociable permet de saisir quelque chose de la solidarité inouïe affirmée dans les sentences : « c'est à moi que vous [ne] l'avez [pas] fait. » Elle en est la pointe extrême, tellement extrême qu'elle renverse la logique de la médiation (le Christ représente tous les hommes) dans un mouvement nouveau (le Roi se dit concerné par ce qui aura été fait aux plus petits) ; la plénitude n'en sera accessible que dans la contemplation du Christ total, quand la récapitulation de toutes choses en lui rendra dérisoires nos évaluations et nos calculs au sujet du plus grand et du plus petit. C'est pourquoi sa perception ne nous est possible que sous forme d'« arrhes » que synthétise l'herméneutique de la Loi par Jésus : toute la Loi est récapitulée dans le double commandement d'aimer. Les œuvres de miséricorde y trouvent leur signification théologale, c'est-à-dire « christologale », puisque, à travers les plus petits, elles conduisent au Christ par qui elles sont offertes au Père ; signification théologale qui ne fait que confirmer leur valeur anthropologique.

On pourrait résumer ainsi notre commentaire : le Roi peut dire que les œuvres de miséricorde lui sont faites, d'une part, parce qu'elles traduisent dans les faits l'herméneutique de la Loi proposée par Jésus et, d'autre part, parce que cette conjonction du Fils de l'homme humilié et du Fils de l'homme glorieux n'a de sens que dans l'événement eschatologique commencé au matin de Pâque.

C'est à partir de cette interprétation eschatologique de l'activité des hommes que les implications proprement éthiques ont pu être dégagées : comment articuler l'universalité proclamée du mystère du Salut et l'universalité recherchée par toute démarche éthique ?

Pour ce faire, il fallait, encore et toujours, s'en tenir au plus près du texte et de sa structure narrative. D'abord pour préciser ce que devait être le cadre de la réflexion : une démarche dont les limites sont strictement données par le texte lui-même. Ensuite en montrant quelle était la consistance anthropologique de cette liste d'œuvres, ce qui a été possible dans la mesure où on l'a considérée comme une liste structurée. Cette consistance est telle qu'elle exprime une vision d'ensemble des relations de l'homme avec son environnement par la médiation de sa condition corporelle ; aussi les accomplir est une manière d'honorer les différents droits et devoirs des hommes entre eux, en tenant compte de la complexité des mises en œuvre concrètes. Situées à la charnière de la justice et de l'amour, selon la dynamique de la justice du Royaume, qui n'est autre que l'*agapè,* elles sont une manière d'ouvrir à tout homme sollicité par autrui les voies qui, aujourd'hui, conduisent chacun à son épanouissement et, dans le mystère du Fils de l'homme en gloire, à un héritage sur lequel il ne peut faire prévaloir aucun droit par lui-même. Ainsi la consistance de l'anthropologie sous-jacente aux œuvres de miséricorde fonde les devoirs que tout homme se doit d'accomplir pour faire et réussir « son métier d'homme ».

Il est essentiel, d'un point de vue éthique, que la surprise eschatologique ne porte pas sur l'accomplissement des œuvres de miséricorde, donc sur leur valeur anthropologique, mais sur leur signification théologale. L'écart entre les deux, qui est le lieu de la surprise eschatologique, désigne, dans cette histoire, le lieu de l'espérance et de la foi. Elle dit, en effet, que chacun est tenu de faire son devoir d'homme parce que c'est son devoir. Aucune récompense ne peut en être attendue, au sens où elle pourrait être calculée. S'il y en a une, et elle est promise, elle interviendra « là où on ne l'attend pas » (voir Mt 24, 50), tant il est nécessaire de garder à l'esprit la nature essentiellement eschatologique du « c'est à moi » du Roi. Finalement la surprise est une confirmation de la valeur anthropologique propre des œuvres de miséricorde : non seulement la signification théologale n'est pas nécessaire pour la fonder, mais, en plus, chaque fois que les hommes essaient de la déterminer par eux-mêmes, elle leur échappe. En conséquence, l'intention de la conscience morale est renvoyée à son propre horizon et à sa responsabilité, car c'est uniquement là qu'elle peut, malgré ses fragilités, être effective.

Qu'un autre jugement que celui de la conscience morale soit alors nécessaire pour recevoir cette plénitude est donc cohérent. Il n'enlève rien à la responsabilité humaine, il la reconnaît dans son domaine où elle est suffisante puisque les œuvres humaines ont leur consistance. Le temps de la responsabilité humaine est le présent dans lequel elle est effective, présent riche de la mémoire qui la nourrit et orienté vers une promesse qui n'est ni un complément, ni un supplément, mais l'indication d'une autre présence, secrète, qui excède toutes nos représentations, jusques et y compris dans le jugement que chacun porte sur lui-même.

Cette articulation entre deux types de motivations, entre deux manières de se référer à l'universel, nous l'avons appelée la spécification chrétienne de la morale. Il importe de respecter les deux dimensions pour sauvegarder la narrativité de Mt 25, 31-46. Celle-ci se révèle finalement chrétienne sous cet autre aspect : c'est ainsi que la tradition de foi a conçu l'incarnation du Fils unique. Le respect des deux natures dans une personne est le paradigme de toute relation entre Dieu et les hommes.

5. De l'ensemble des débats abordés dans cette étude, et de l'hypothèse qu'elle propose, on ne saurait tirer de conclusions trop générales. Une « leçon de choses » est une démarche pra-

tique et ponctuelle. C'est donc aussi une prise de position pratique sur diverses questions, sans que celles-ci soient traitées de manière systématique.

Il en va ainsi des rapports entre la Bible et la théologie morale. Des conclusions comme de la méthode retenue, on retiendra que ces rapports sont à envisager davantage comme une dialectique que comme un dilemme. J. M. Gustafson écrit à ce propos : « il y a une dialectique entre les jugements moraux plus intuitifs et les principes et valeurs scripturaires et non scripturaires (en reconnaissant que ces deux derniers ne sont pas exclusifs l'un de l'autre) ; il y a une dialectique entre des principes de jugement qui ont une justification purement rationnelle et ceux qui font appel à la tradition exprimée dans l'Écriture et développée dans la communauté chrétienne [1]. » Il n'y a pas à choisir entre la Bible ou la raison, mais à articuler les deux dans cette matrice englobante qu'est la foi ecclésiale. C'est ainsi qu'on a refusé de choisir entre autonomie et hétéronomie de la morale, et proposé à la place un processus à la fois intellectuel et existentiel, appelé spécification chrétienne de la morale.

En outre, ce que la Bible, dans la particularité de ses récits comme dans son « histoire » d'ensemble, donne, n'est point tant le contenu précis de normes morales que l'esprit avec lequel Jésus a interprété toute loi, y compris et d'abord la Torah. Ce sont des principes de type « formel » qui se dégagent alors. La sagesse de l'humanité, à laquelle la sagesse biblique n'est pas étrangère, élabore par elle-même des normes et des valeurs que la réflexion comme l'expérience se chargent déjà de critiquer et d'affiner en fonction de situations historiques. Quand ils sont assumés dans la tradition de foi chrétienne, ils sont, d'une autre manière, soumis à la critique au nom de principes élaborés à partir des textes bibliques. Qu'ils soient d'abord « formels », et non immédiatement opératoires, les préserve de la contingence du moment ou du légalisme fondamentaliste contraire à l'herméneutique évangélique. Ils sont alors d'autant plus capables d'exercer une puissance critique sur toutes les normes et toutes les pratiques au nom de « Celui qui vient ». L'eschatologie n'est pas seulement un motif théologique parmi d'autres ; elle informe toutes les dimensions de l'agir et de la réflexion chrétienne.

1. Dans : Ch. E. CURRAN et R. A. MCKORMICK (éd.), *The Use of Scripture in Moral Theology,* « Readings in Moral Theology », 4, New York-Ramsey, Paulist Press, 1984, p. 171-172.

Que la dimension eschatologique de l'éthique ne donne pas lieu à un débat semblable est moins le signe d'un accord général que d'une certaine indifférence, sinon d'une gêne. Il n'est pas simple aujourd'hui de prendre la parole sur un tel sujet et de tenir un discours équilibré. Il convient, en effet, de se prémunir contre trois déviations : soit un catastrophisme « apocalyptique » sans cesse renaissant, soit un quiétisme qui pourrait vite n'être qu'une nonchalance, soit un sécularisme prométhéen qui oublie « Celui qui vient ». Les deux premières sont des formes d' « escapisme » qui dévaluent les conditions concrètes de l'existence ; la troisième en néglige la dimension spirituelle.

L'eschatologie ne doit pas être reléguée dans les marges de la réflexion théologique, soit qu'on la cantonne à un traité isolé et mineur, soit qu'on l'ignore. Il s'agit d'une dimension constitutive, et pour une part spécifique, de la foi chrétienne. À partir des données de ce récit, on peut relever trois traits caractéristiques de la spécification chrétienne de l'éthique dans sa dimension eschatologique.

A. Fonction critique de l'altérité révélée dans le Jugement eschatologique.

Dans le solennel face-à-face entre le Fils de l'homme et tous les hommes assemblés, le Fils de l'homme passe de l'incognito le plus mystérieux à la gloire la plus éclatante. Son altérité glorieuse renvoie donc à celle qui se fond dans la multitude des face-à-face quotidiens. Ceux-ci s'en trouvent investis d'une densité insoupçonnée, insoupçonnable et, néanmoins, très réelle.

Il en découle une dénonciation de toutes les tentations ou de toutes les dérives vers le légalisme ou le formalisme ; de ce point de vue, l'enseignement du Sermon sur la Montagne est éminemment eschatologique puisqu'il interprète toute la Torah selon l'esprit de l'*agapè*.

B. L'eschatologie chrétienne souligne la densité des réalités de ce monde au nom de l'altérité de Dieu.

Ce monde ne peut être méprisé, car il est créature de Dieu : le lien qui unit les deux pôles de l'histoire du salut interdit de dévaluer les créatures au nom de l'eschatologie, sauf à aller vers un dualisme païen. La redoutable et omniprésente épreuve du péché ne le justifie pas davantage, car la création n'en continue pas moins à n'exister que par et comme œuvre de Dieu. Cette œuvre est déjà rachetée par le Christ qui permet de vivre et y invite d'une manière nouvelle, en enfants de Dieu : cela ne veut pas dire ailleurs ou à côté.

En conséquence, l'eschatologie chrétienne reconnaît la valeur intrinsèque de la sagesse humaine, y compris éthique. En particulier, elle ne justifie aucune « anomie » qui ignore la condition réelle de l'homme. La Loi est une expérience essentielle d'altérité ouverte sur l'infini. Elle ne peut, comme telle, être abolie, et, pour produire ses fruits, elle ne doit être ni dévoyée, ni réifiée.

C. La dimension historique de l'existence humaine y trouve sa véritable signification.

L'émergence de l'histoire dans la culture occidentale a été perçue comme une remise en cause de la stabilité des représentations traditionnelles dans lesquelles la foi avait été formulée. De fait, elle a une dimension contestatrice ; on ne peut en conclure à une incompatibilité avec la foi chrétienne. La conception chrétienne de l'histoire est placée sous le signe de l'eschatologie. Par le fait même, elle prend ses distances avec le relativisme qui s'y rattache assez spontanément et qui conduit au scepticisme ou au nihilisme. L'eschatologie ouvre cette histoire sur un avenir qui la sollicite et qu'elle ne produira pas par elle-même : c'est le Christ qui vient. S'il y a une relativisation, c'est dans l'affirmation d'une relation fondamentale avec le Christ. En lui, rien n'est jamais définitivement acquis, même si tout est déjà donné ; en corollaire, rien n'est définitivement perdu.

Les conséquences sont considérables pour l'éthique : l'élaboration des principes, des valeurs ou des normes est soumise aux contraintes des conditions historiques et à leur contingence. Loin de les dévaluer, la spécification chrétienne de l'éthique souligne que rien ne peut échapper à cette situation et que toute remise en cause est orientée vers un avenir qui lui sera donné. Quant aux personnes, leur rapport à l'éthique sera toujours considéré dans leur histoire personnelle qui est tendue vers cet avenir. Cela ouvre l'éthique à une miséricorde qui serait laxiste si elle n'était celle révélée dans le Christ et si le chemin vers Celui qui vient n'était pas celui qu'il prit lui-même dans sa Pâque.

L'eschatologie chrétienne de Mt 25, 31-46 place l'existence croyante dans un jeu complexe de tensions qui se croisent dans le présent du moment historique de la réponse à la sollicitation de l'autre, qui est le présent de l'acte de foi, d'espérance et d'amour. Elle n'enferme pas dans la problématique desséchante du devoir pour le devoir ; elle postule que faire son devoir d'homme, simplement parce que, par ce devoir, on sert autrui pour lui-même, est porteur du seul dynamisme qui fasse vivre parmi les hommes et devant Dieu, celui de l'*agapè*. Dans ce renoncement à contrôler les récompenses, chacun est renvoyé à vivre une mort de son désir qui est source pascale : « si le grain tombé en terre ne meurt pas, il reste seul ; mais s'il meurt, il porte beaucoup de fruits » (Jn 12, 24). Entrer dans le mouvement de la Pâque n'est possible qu'en rejoignant la logique de toute vie, qui est celle du cosmos tout entier, qui est celle de la création du Dieu, aujourd'hui et toujours.

L'espérance du Royaume, dont le Fils de l'homme est seul habilité à désigner les héritiers, n'a de consistance que parce qu'elle s'incarne dans les « faits » que l'éthique sert à baliser. Les implications éthiques de Mt 25, 31-46 peuvent alors être résumées ainsi : d'avoir fait son métier d'homme sans arrière-pensée aura fait dans le Christ l'homme héritier d'un Royaume préparé pour lui depuis la fondation du monde.

Bibliographie

ACFEB, *Apocalypses et théologie de l'espérance,* Paris, Éd. du Cerf, 1977, 477 p.

AGBANOU V. K., *Le Discours eschatologique de Mt 24-25, tradition et rédaction,* Paris, Gabalda, 1983.

ARENDT H., *The Human Condition,* Chicago et Londres, The University of Chicago Press, 1958, 333 p. Trad. française : *La Condition de l'homme moderne,* Paris, Calmann-Lévy, 1961 et 1983, Préface de Paul Ricœur.

—, *The Origins of Totalitarianism,* New York, Harcourt Brace Jovanovich, 1973, 5e éd., 527 p. Trad. française : *Les Origines du totalitarisme,* Paris, Éd. du Seuil, coll. « Points politiques », 53, 1972.

ARGYLE A. W., *The Gospel according to Matthew,* Cambridge, « The Cambridge Bible Commentary », 1963.

ARIES Ph., *Essais sur l'histoire de la mort en Occident du Moyen Âge à nos jours,* Paris, Éd. du Seuil, 1975, 237 p.

AUBERT J.-M., *Abrégé de la morale catholique, la foi vécue,* Paris, Desclée, 1987, 443 p.

BALTHASAR H. Urs VON, *Dieu et l'homme d'aujourd'hui,* Paris, Desclée de Brouwer, 1966, 340 p.

—, *L'amour seul est digne de foi,* Paris, Aubier-Montaigne, 1966, 200 p.

—, *Cordula ou l'épreuve décisive,* Paris, Beauchesne, 1967, 124 p.

—, *De l'intégration. Aspects d'une théologie de l'histoire,* Paris, Desclée de Brouwer, 1970, 340 p.

BEAUCHAMP P., *Création et séparation,* Paris, BSR, 1969, 417 p.

—, *L'Un et l'Autre Testament,* Paris, Éd. du Seuil, 2 vol., 1976, 318 p., et 1990, 446 p.

BENOIT P., « La Loi et la Croix d'après saint Paul », *Revue biblique,* 1938, p. 481-509.

BERNARD J., « Le Saliah : de Moïse à Jésus-Christ et de Jésus-Christ aux Apôtres », *La Vie de la Parole, Mélanges P. Grelot,* 1987, p. 409-420.

Bible Studies, Seventh Assembly Lutheran World Federation, Budapest, Hongrie (22 juillet-5 août 1984), Genève, LWF Documentation, 1984, 14, p. 1-91.

BIGUZZI G., « Ortodossia et ortoprassi nel vangelo di Matteo », *Euntes Docete,* 40, 1987, p. 167-187.

BOCKEL P., *Accueillir la Parole, homélies pour l'année A,* Mulhouse, Salvator, 1983.

BOECKLE F., *Fundamental Moral Theology,* trad. N. D. Smith, New York, Pueblo Publishing Company, 1980, 321 p.

BONNARD P., *L'Évangile selon saint Matthieu, commentaire du Nouveau Testament,* t. I, Neuchâtel, Delachaux et Niestlé, 2e éd., 1970, 463 p.

—, « Questions de lectures et d'interprétation », *Cahiers bibliques,* 16, 1977, p. 81-87.

—, *Anamnésis. Recherches sur le Nouveau Testament,* Genève-Lausanne-Neuchâtel, Cahiers de la *Revue de théologie et de philosophie,* 1980.

BOURGEOIS H., *L'Espérance, maintenant et toujours,* Paris, Desclée, 1985, 319 p.

BRAATEN C. E., *Eschatology and Ethics,* Minneapolis, 1974.

BRÄNDLE R., « Jean Chrysostome. L'importance de Mt 25, 31-46 pour son éthique », *Vigiliae Christianae,* 31, 1977, p. 47-52.

—, *Mt 25, 31-46 im Werk des Johannes Chrysostomos, ein Beitrag zur Auslegungsgeschichte und zur Erforschung des Ethik der griechischen Kirche um die Wende vom 4. zum 5. Jarhundert,* Tübingen, J. C. B. Mohr, 1979, 386 p.

—, « Zur Interpretation von Mt 25, 31-46 im Matthäuskommentar des Origenes », *Theologische Zeitschrift,* 36, 1980, p. 17-25.

BRANDT W., « Die geringsten Brüder. Aus dem Gespräch der Kirche mit Mt 25 », *J. Th. S. B.,* 8, 1937, p. 1-28.

BRETON S., *Le Verbe et la Croix,* Paris, Desclée, coll. « Jésus-Jésus-Christ », 14, 1981, 200 p.

BRIEND J., « Honore ton père et ta mère », *Christus,* 122, 1984, p. 203-216.

—, « Anthropologie du Décalogue », *La Catéchèse en morale,* Paris, Desclée, 1988, p. 39-51.

—, art. « Sabbat », *Dictionnaire de la Bible, supplément,* t. X, 1984, col. 1148-1157.

BRIEND J. *et alii, La Morale en catéchèse,* Paris, Desclée, 1988, 115 p.

BROWN R. E. et MEIER J. P., *Antioche et Rome, berceaux du christianisme,* Paris, Éd. du Cerf, 1988, 324 p.

BROWN S., « The Matthean Apocalypse », *Journal for the Study of the New Testament,* 4, 1979, p. 2-27.

BRUNOT A., *Nouvelles homélies pour l'année A,* Mulhouse, Salvator, 1980.

BULTMANN R., « History and Eschatology in the New Testament », *New Testament Studies,* 1954-1955, vol. I, p. 5-16.

—, *Histoire de la tradition synoptique,* Paris, Éd. du Seuil, 1973.

BURNEY C. F., « St Matthew 25, 31-46 as a hebrew Poem », *Journal of Theological Studies,* 1913, p. 414-424.

BYRON W. J., « Protection and Promotion of the Right to Food ; an Ethical Reflection », *Theological Studies,* 49, 1988, p. 299-334.

CADOUX A. T., « The Parable of the Sheep and the Goats (Mt 25, 31-46) », *The Expository Times,* 41, 1929-1930, p. 559-562.

CATCHPOLE D., « The Poor on the Earth and the Son of Man in Heaven », *Bulletin of John Rylands Library,* 61/2, 1979, p. 355-397.

CAZELLES H., « Le Jugement des morts en Israël », *Le Jugement des morts,* coll. « Sources orientales », IV, Paris, Éd. du Seuil, 1961, p. 103-143.

CERFAUX L., « La Charité fraternelle et le Retour du Christ », *Recueil L. Cerfaux,* Gembloux, t. II, 1954, p. 27-40.

CHEVALLIER M.-A., « Condition et vocation des chrétiens en diaspora. Note à propos de l'exégèse de Mt 25, 31-46 », *Revue des sciences religieuses,* 1974, p. 398-400.

CHRISTE Y., *Les Grands Portails romans. Étude sur l'iconologie des théophanies romanes,* Genève, Droz, 1969, 155 p.

CHRISTOPHE P., *Les Pauvres et la Pauvreté,* première partie, « Des origines au XVe siècle », Paris, Desclée, 1985, 151 p.

COLLANGE J.-F., *De Jésus à Paul, l'éthique du Nouveau Testament,* Genève, Éd. Labor et Fides, 1980, 313 p.

—, « Foi, espérance, amour et éthique », *Initiation à la pratique de la théologie,* t. IV, Paris, Éd. du Cerf, 1983, p. 13-57.

COPE L., « Mt 25, 31-46, the Sheep and the Goats reinterpreted », *Novum Testamentum,* XI/1-2, 1969, p. 32-44.

COURT J. M., « Right and Left : the Implications for Mt 25, 31-46 », *New Testament Studies,* 31, 1985, p. 223-233.

COUSINS E. H. (éd.), *Hope and the Future of Man,* Philadelphie, Fortress Press, 1972.

CULLMANN O., *Christologie du Nouveau Testament,* Neuchâtel, Delachaux et Niestlé, 1955, 300 p.

CURRAN Ch. E. et MCCORMICK R. A., *The Distinctiveness of Christian Ethics,* « Readings in Moral Theology », 2, New York-Ramsey, Paulist Press, 1980, 304 p.

—, *The Use of Scripture in Moral Theology,* « Readings in Moral Theology », 4, New York-Ramsey, Paulist Press, 1984, 384 p.

DELCOR M., « Le Dieu des apocalypticiens, la notion biblique de Dieu », *Éphemerides theologicae lovanienses,* 46, 1976, p. 211-228.

—, *Études bibliques orientales de religions comparées,* Leyde, Brill, 1979.

DELUMEAU J., *La Peur en Occident,* Paris, Fayard, 1978, 599 p.

DEMAISON M., « Les Sentiers de l'utopie chrétienne », *Lumière et vie,* 95, 1969, p. 87-110.

DIDIER G., Désintéressement du chrétien, la rétribution dans la morale de saint Paul, Paris, Aubier, 1955, 254 p.

DONAHUE J. R., « The " Parable " of the Sheep and the Goats : a Challenge to Christian Ethics », *Theological Studies,* 47, 1986, p. 3-31.

DONFRIED K. P., « Justification and Last Judgment in Paul », dans : COPPENS J. (éd.), *La Notion biblique de Dieu,* Gembloux, Duculot, p. 293-313.

DUCARROZ L., *Aujourd'hui dimanche,* Paris, Éditions saint Paul, 1980.

DUMONT C., « De trois dimensions retrouvées en théologie », *Nouvelle revue de théologie,* 92, 1970, p. 580-588.

DUPONT J., « L'Église et la Pauvreté », *Église de Vatican II : études autour de la constitution sur l'Église,* Paris, Éd. du Cerf, coll. « Unam sanctam », 51b, 1966, p. 339-372.

—, *Les Béatitudes,* 3 vol., 2e éd., Gabalda, Paris, 1958-1969.

—, *Les Trois Apocalypses synoptiques,* Paris, Éd. du Cerf, 1985, 149 p.

DUPONT-SOMMER A. et PHILONENKO M. (éd.), *La Bible, écrits intertestamentaires,* Paris, Gallimard, coll. « Bibliothèque de la Pléiade », 1987, 1 903 p.

DUPREZ A., « Le Jugement dernier », *Assemblées du Seigneur,* 65, 1973, p. 17-28.

DUQUOC Ch., *Christologie,* t. I, Paris, Éd. du Cerf, coll. « Cogitatio fidei », 29, 1971, 336 p.

—, *Christologie,* t. II, Paris, Éd. du Cerf, coll. « Cogitatio fidei », 67, 1974, 352 p.

ELIOT T. S., *Meurtre dans la cathédrale,* Paris, Éd. du Seuil, 1946, 146 p.

FEDER J. et GORIUS A., *Pour la célébration de l'Eucharistie, Année A,* Tours, Mame, 1974.

FEUILLET A., « Le Caractère universel du Jugement et la Charité sans frontières », *Nouvelle revue de théologie,* 102, 1980, p. 179-196.

Fondements de l'éthique, « Recherches de science religieuse », 59, 1971.

FRAHIER L.-J., « La Prédication de Luther sur Mt 25, 31-46. Note sur l'interprétation de ce récit », *Revue de l'Institut catholique de Paris,* 19, 1986, p. 101-118.

—, « L'Interprétation du Jugement dernier (Mt 25, 31-46) dans

l'œuvre d'Augustin », *Revue des études augustiniennes,* 33, 1987, p. 70-84.
FRAINE J. DE, *Adam et son lignage,* Louvain, Desclée, 1959, 319 p.
FRIEDRICH J., *Gott im Bruder,* Stuttgart, Calwer Verlag, 1978, 315 p.
FUCHS J., *Personal Responsability and Christian Morality,* Washington, Georgetown University Press, 1983, 228 p.
—, *Christian Ethics in Secular Arena,* Washington, Georgetown University Press, 1984, 153 p.
FURNISH V. P., *The Love Command in the New Testament,* Nashville-New York, 1972.

GAUTHIER P., *« Consolez mon peuple », le concile et l'Église des pauvres,* Paris, Éd. du Cerf, 1965.
GEWALT D., « Matthaüs 25, 31-46 im Erwartungshorizont heutiger Exegese », *Linguistica biblica,* 25-26, 1973, p. 9-21.
GIBERT P., *Bible, mythes et récits de commencement,* Paris, Éd. du Seuil, 1986, 280 p.
GLASSON T. F., « What is Apocalyptic ? », *New Testament Studies,* 27, 1981, p. 98-105.
GOULDER M. D., *Midrash and Lection in Matthew,* Londres, 1974.
GRASSI J., « I was hungry and you gave me to eat ». The divine identification Ethic in Matthew », *Biblical Theology Bulletin,* XI, 1981, p. 81-84.
GRAY S. W., *The Least of my Brothers, Mt 25, 31-46. A History of Interpretation,* Atlanta, 1989.
GRELOT P., *Le Monde à venir,* Paris, Éd. du Centurion, 1974, 132 p.
—, *L'Espérance juive à l'heure de Jésus,* Paris, Desclée, 1978, 278 p.
—, *Problèmes de morale fondamentale, un éclairage biblique,* Paris, Éd. du Cerf, 1982, 289 p.
GUSTAFSON J. M., *Ethics from a Theocentric Perspective,* vol. I : « Theology and Ethics », Chicago, The University of Chicago Press, 1981, 244 p. ; vol. II : « Ethics and Theology », 1984, 322 p.

HAMEL Éd., « L'Écriture, âme de la théologie morale ? », *Gregorianum,* 54, 1973, p. 417-444.
—, « La Théologie morale entre l'Écriture et la raison », *Gregorianum,* 56, 1975, p. 273-319.
HARE D. R. A. et HARRINGTON D. J., « Makes disciples of all the Gentiles, Mt 28, 19 », *The Catholic Biblical Quarterly,* 37, 1975, p. 359-369.
HÄRING B., *La Loi du Christ,* t. I : « Théologie morale générale », 6e éd., Paris, Desclée, 1964, 637 p. ; t. II : « Théologie morale spéciale, la vie en communion avec Dieu », 1957, 381 p. ; t. III : « Théologie morale spéciale, la vie en communion fraternelle », 1959, 761 p.
—, *Free and Faithful in Christ,* vol. I : « General Moral Theology », New York, Crossroad, 1984, 492 p.

HAUERWAS St., *A Community of Character, toward a Constructive Christian Social Ethic,* University of Notre Dame Press, Notre Dame, Indiana, 1981, 292 p.

—, *The Peaceable Kingdom,* University of Notre Dame Press, Notre Dame, Indiana, 1983, 173 p.

HAUERWAS St. et MCINTYRE A. (éd.), *Révisions, Changing Perspectives in Moral Philosophy,* University of Notre Dame Press, Notre Dame, Indiana - Londres, 1983, 286 p.

HAÜFF G., « Soviel ihr getan habt einem dieser meiner geringsten Brüder... », *Ruf und Antwort. E. Fuchs Festgabe,* 1964, p. 484-493.

HAUGHEY J. C., *The Faith that does Justice,* New York, Paulist Press, 1977, 290 p.

HOUILLOT R., *Elle est vivante la Parole de Dieu, année liturgique,* Tours, Mame, 1980.

INGELAERE J.-C., « La " parabole " du Jugement dernier », *Revue d'histoire et de philosophie religieuses,* 50, 1970, p. 23-60.

JANKÉLÉVITCH V., *Le Sérieux de l'intention,* Paris, Flammarion, 1983, 275 p.

JÉRÉMIAS J., *Les Paraboles de Jésus,* Paris, Éd. du Seuil, coll. « Le livre de vie », 85-86, 1968.

—, *Théologie du Nouveau Testament,* t. I : « La Prédication de Jésus », Paris, Éd. du Cerf, 1973, 415 p.

JOSSUA J.-P., « L'Enjeu de la recherche théologique actuelle sur le salut », *Revue des sciences philosophiques et théologiques,* 54/1, 1970, p. 24-45.

KANT E., *Critique de la raison pratique,* trad. L. Ferry et H. Wismann, Paris, Gallimard, coll. « Bibliothèque de la Pléiade », t. II, 1984, p. 609-804.

—, *Fondements de la métaphysique des mœurs,* trad. V. Delbos, Paris, Gallimard, coll. « Bibliothèque de la Pléiade », t. II, 1984, p. 243-337.

—, *La Religion dans les limites de la simple raison,* trad. A. Philonenko, Paris, Gallimard, coll. « Bibliothèque de la Pléiade », t. III, 1986, p. 15-242.

—, *La Fin de toutes choses,* trad. H. Wismann, Paris, Gallimard, coll. « Bibliothèque de la Pléiade », t. III, 1986, p. 307-325.

KASPER W., *Jésus le Christ,* Paris, Éd. du Cerf, 1976, 421 p.

—, *Le Dieu des chrétiens,* Paris, Cerf, 1985, 470 p.

—, « L'Espérance du retour glorieux », *Communio,* X/1, 1985, p. 17-33.

KLEIN L., « Who are the " Least of the Brethen " ? », *Dialog,* 21, 1982.

KNOCKAERT A., « Redécouvrir le discours sur la " fin des temps " (Mt 24-25) », *Lumen Vitae,* XXXIX, 1984, p. 407-418.

KOCH R., « L'Eschatologie dans la théologie catholique contemporaine. Son importance pour la théologie morale », *Studia moralia,* VIII, 1970, p. 271-317.

LABARRIERE P.-J., *Le Christ avenir,* Paris, Desclée, coll. « Jésus-Jésus-Christ », 19, 1983, 178 p.
—, *Les Visages de Dieu,* Paris, Desclée de Brouwer, 1986, 109 p.
LADD G. E., « The Parable of the Sheep and the Goats in Recent Interpretation », dans : LONGENECKER R. N. et TENNEY M. C. (éd.), *New Dimensions in New Testament Study,* Grand Rapids, 1974, p. 191-199.
LAFON G., *Le Dieu commun,* Paris, Éd. du Seuil, 1982, 155 p.
—, *Croire, espérer, aimer,* Paris, Éd. du Cerf, 1983, 165 p.
—, *L'Autre Roi,* Paris, Nouvelle cité, 1987, 202 p.
LAMBRECHT J., « The Parousia Discourse, Composition and Context in Mt 24-25 », dans : DIDIER M. (éd.), *L'Évangile selon Matthieu,* Gembloux, Duculot, 1972.
LAURET B. et REFOULÉ F., *Initiation à la pratique de la théologie,* t. IV, Paris, Éd. du Cerf, 1983, 701 p.
LÉGASSE S., *Jésus et l'enfant,* Paris, Gabalda, 1969, 371 p.
—, *Les Pauvres en esprit,* Paris, Éd. du Cerf, 1974, 118 p.
—, *« Et qui est mon prochain ? », étude sur l' « agapè » dans le Nouveau Testament,* Paris, Éd. du Cerf, 1989, 183 p.
LÉON-DUFOUR X. *et alii, Mort pour nos péchés,* Bruxelles, Publications des facultés universitaires Saint-Louis, 1979, 172 p.
LÉVINAS E., *Totalité et infini,* La Haye, M. Nijhoff, 1971, 284 p.
—, *Autrement qu'être ou au-delà de l'essence,* La Haye, M. Nijhoff, 1978, 233 p.
—, *Éthique et infini,* Paris, Fayard, 1982, 121 p.
—, *De Dieu qui vient à l'idée,* Paris, Vrin, 1986, 270 p.
Le « Livre des morts » des anciens Égyptiens, Introduction, Traduction et Commentaire de Paul BARGUET, Paris, Éd. du Cerf, 1967, 307 p.
LOISY A., *Les Évangiles synoptiques,* Ceffonds, 1908.
Lumière et Vie, 183, 1987, « Et moi, je vous dis… » Mt 5-7.
Lumen Vitae, XXXIX/4, 1984, « La Fin du monde, relire l'Apocalypse ».

MCCORMICK R. A., *Notes on Moral Theology,* t. I : « 1965 through 1980 », Lanham University Press of America, 1981, 892 p. ; t. II : « 1981 though 1984 », 1984, 233 p.
MCDONAGH E., *Doing the Truth, the Quest for Moral Theology,* Notre Dame, Indiana, University of Notre Dame Press, 1979, 217 p.
MCINTYRE A., *After Virtue, a Study in Moral Theory,* Notre Dame, Indiana, University of Notre Dame Press, 1984, 281 p.
MADDOX R. J., « Who are the " Sheep " and the " Goats " ? Study of the Purpose and Meaning of Mt 25, 31-46 », *Australian Biblical Review,* 13, 1965, p. 19-28.

MAERTENS Th. et FRISQUE J., *Guide de l'assemblée chrétienne,* t. III, Tournai, Casterman, 1969 ; t. VII, 1970.

MAILLOT A., « Les Brebis et les Boucs », *Le Christianisme au* XXe *siècle,* 6 février 1969, p. 83.

MALE E., *L'Art religieux au* XIIe *siècle en France,* Paris, A. Colin, 1966, 768 p.

—, *L'Art religieux au* XIIIe *siècle en France,* Paris, A. Colin, 1958, 424 p.

MANEK J., « Mit wem identifiziert sich Jesus ? Eine exegetische Rekonstruktion ad Matt 25, 31-46 », *Christ and Spirit in the New Testament ; Studies in honour of Charles Francis Digby Moule,* Cambridge, Cambridge University Press, 1973, p. 15-25.

MARCEL G., *Structure de l'espérance,* Paris, Éd. du Seuil, coll. « Dieu vivant », 19.

MARGUERAT D., *Le Jugement dans l'évangile de Matthieu,* Genève, Éd. Labor et Fides, 1981, 598 p.

MARLE R., « Peut-on encore parler de la vie éternelle ? » *Études,* 362, février 1985, p. 245-256.

MARTIN F., « Le Signe du Fils de l'Homme, analyse des chapitres 24-25 de l'évangile de Matthieu », *Lumière et vie,* 160, 1982, p. 61-77.

MENGUA Y. DE, *Toutes les homélies pour l'année A,* Montsurs, Resiac, 1980.

METZ J.-B., *Pour une théologie du monde,* Paris, Éd. du Cerf, 1971, 180 p.

—, *La Foi dans l'histoire et dans la société,* Paris, Éd. du Cerf, 1979, 264 p.

MICHAELS J. R., « Apostolics Hardships and Righteous Gentiles. A Study of Mt 25, 31-46 », *Journal of Biblical Litterature,* 84, 1965, p. 27-37.

MIETH D., « Le Sens de l'expérience humaine », *Concilium,* 120, 1976, p. 25-47.

MILET J., « Le Jugement de Dieu, mythe ou réalité ? », *Esprit et vie,* 28, 14 juillet 1988, p. 401-411 ; 29, 21 juillet 1988, p. 417-426.

MINEAR P., *Matthew, the Teacher's Gospel,* New York, Pilgrim Press, 1982.

MOLTMANN J., *Théologie de l'espérance,* Paris, Éd. du Cerf, 1970, 415 p.

—, *L'Espérance en action,* Paris, Éd. du Seuil, 1973.

—, *Le Dieu crucifié,* Paris, Éd. du Cerf, 1978, 385 p.

MONTSARRAT V., « Matthieu 24-25 : du Temple aux démunis », *Foi et vie,* Cahiers bibliques, 5, octobre 1977, p. 67-80.

MOTTE G., *Homélies pour une année (A),* Mulhouse, Salvator, 1971.

NEUHAUSLER E., *Exigence de Dieu et morale chrétienne,* Paris, Éd. du Cerf, 1971, 365 p.

NIETZSCHE F., *Le Gai Savoir,* Paris, Gallimard, 1950.

—, *Ainsi parlait Zarathoustra,* Paris, Ch. Bourgois, 1958.

NOVAK M., *Une éthique économique. Les valeurs de l'économie de marché,* Paris, Éd. du Cerf-Institut La Boétie, 1987.

OLIVIER P., « L'Être et le Temps chez Emmanuel Lévinas », *Recherches de science religieuse,* 71, 1983, p. 337-380.

ORIGENE, *In Matthaeum,* PG, col. 1711-1718.

OSIEK C., « The Ransom of Captives : Evolution of a Tradition », *The Harvard Theological Review,* 74, 1981, p. 365-386.

OUDERSLUYS R. C., « The Parable of the Sheep and the Goats (Mt 25, 31-46). Eschatology and Mission, then and now », *Reformed Review,* 26/3, 1973, p. 151-161.

OURSEL R., *Révélation de la peinture romane,* La Pierre qui vire, Zodiaque, 1980, 458 p.

PANNENBERG W., *Theology and the Kingdom of God,* Philadelphie, 1969.

—, *Esquisse d'une christologie,* Paris, Éd. du Cerf, coll. « Cogitatio fidei », 62, 1971, 511 p.

—, *Ethics,* trad. K. Crim, Philadelphie, The Westminster Press, 1981, 220 p.

PAUTREL R. et MOLLAT D., art. « Jugement », *Supplément du Dictionnaire de la Bible,* t. IV, col. 1321-1394.

PELLAND G., « Que faut-il attendre de l'histoire de l'exégèse ancienne ? », *Gregorianum,* 69/4, 1988, p. 617-628.

PERRON J., *Au fil de l'année : l'Évangile,* Paris, Éd. du Cerf, 1980.

PERROT Ch., *Jésus et l'histoire,* Paris, Desclée, coll. « Jésus-Jésus-Christ », 11, 1979, 333 p.

—, *L'Épître aux Romains,* Paris, Éd. du Cerf, coll. « Cahiers Évangile », 65, 1988.

PERROT Ch. *et alii, Le Retour du Christ,* Bruxelles, Publications des facultés universitaires Saint-Louis, 1983, 190 p.

PIEPER J., *The Four Cardinal Virtues,* Notre Dame, Indiana, University of Notre Dame Press, 1980, 206 p.

—, *La Fin des temps,* Fribourg, Éditions universitaires, 1982, 200 p.

PIKAZA X., « Dios, hombre y Cristo en el mensaje de Jesus (introduccion al tema de la autenticidad jesuanica de Mt 25, 31-46) », *Salmanticensis,* XVI, 1979, p. 5-50.

—, « Salvacion y condena del Hijo del Hombre (Trasfondo Veterotestamentario y Judio de Mt 25, 31-46) », *Salmanticensis,* XXVII, 1980, p. 419-438.

—, « La estructura de Mt et su influencia en 25, 31-46 », *Salmanticensis,* XXX, 1983, p. 11-40.

PINCKAERS S. Th., *Les Sources de la morale chrétienne. Sa méthode, son contenu, son histoire,* Éd. du Cerf - Éd. universitaires de Fribourg, 1985, 515 p.

PREISS Th., « Le Mystère du Fils de l'homme », *La Vie en Christ,* Neuchâtel, Delachaux et Niestlé, 1948, p. 74-90.

PUIG I TARRECH A., « Temps i historia en Mt 24-25 », *Revista Catalana de Teologia,* 6, 1981, p. 299-335.

QUELQUEJEU B., « De deux formes autoritaire et autonome de la conscience morale », *Revue des sciences philosophiques et théologiques,* 65, 1981, p. 233-249.

QUESNEL M., *Jésus-Christ selon saint Matthieu, synthèse théologique,* Paris, Desclée, coll. « Jésus et Jésus-Christ », 47, 1991.

RAD G. VON, *Théologie de l'Ancien Testament,* t. I, 3e éd., Genève, Éd. Labor et Fides, 1971, 442 p. ; t. II, 2e éd., 1972, 405 p.

—, *Israël et la sagesse,* Genève, Éd. Labor et Fides, 1971, 387 p.

RADERMAKERS J., *Au fil de l'évangile selon saint Matthieu,* t. II : « Lecture continue », Institut d'études théologiques, Louvain, 1972, 398 p.

RAHNER K., « Au service des plus pauvres », *Mission et grâce,* t. III, Mame, 1965, p. 83-112.

—, « Le Commandement de l'amour parmi les autres commandements », *Écrits théologiques,* 7, Desclée de Brouwer, 1967, p. 95-120.

—, « Principes théologiques relatifs à l'herméneutique des affirmations eschatologiques », *Écrits théologiques,* 9, Desclée de Brouwer, 1968, p. 139-170.

—, « Faute, responsabilité, châtiment », *Écrits théologiques,* 12, Desclée de Brouwer, 1970, p. 15-44.

—, *Je crois en Jésus-Christ,* Paris, Desclée de Brouwer, 1971, 114 p.

—, *Traité fondamental de la foi,* Paris, Éd. du Centurion, 1983, 506 p.

RENNES J., « À propos de Mt 25, 31-46 », *Études théologiques et religieuses,* 44, 1969, p. 233-234.

REY-MERMET Th., *Croire,* t. IV : « Pour une redécouverte de la morale », Paris, Droguet et Ardant, 1985, 536 p.

RICŒUR P., *Philosophie de la volonté,* t. I : « Le Volontaire et l'Involontaire », Paris, Aubier-Montaigne, 1967, 460 p. ; t. II : « Finitude et culpabilité », 1968, 332 p.

—, *Le Conflit des interprétations,* Paris, Éd. du Seuil, 1969, 500 p.

—, *Temps et récit,* t. I, Paris, Éd. du Seuil, 1983, 320 p. ; t. II : « La Configuration dans le récit de fiction », 1984, 234 p. ; t. III : « Le Temps raconté », 1985, 427 p.

—, « Avant la loi morale : l'éthique », *Encyclopaedia Universalis,* Supplément II, « Les enjeux », Paris, 1985, p. 42-45.

—, *Du texte à l'action,* Paris, Éd. du Seuil, 1986, 410 p.

—, *Soi-même comme un autre,* Paris, Éd. du Seuil, 1990, 425 p.

« Paul Ricœur », *Esprit,* juillet-août 1988.

ROBINSON J. A. T., « The Parable of the Sheep and the Goats », *New Testament Studies,* 2, 1955, p. 225-237.

ROQUEPLO Ph., *Expérience du monde : expérience de Dieu,* Paris, Éd. du Cerf, 1968, 400 p.

SABOURIN L., « Il discorso sulla parousia e le parabole della vigilanza (Matteo 24-25) », *Biblia e Oriente,* 20, 1978, p. 193-211.

SCHILLEBEECKX E., « Quelques réflexions herméneutiques sur l'eschatologie », *Concilium,* 41, 1969, p. 39-51.

SCHNACKENBURG R., *Règne et Royaume,* Paris, Éd. de l'Orante, 1965, 325 p.

SESBOÜÉ B., « Karl Rahner et les " chrétiens anonymes " », *Études,* 361/5, 1984, p. 521-535.

—, *Jésus-Christ l'unique médiateur,* Paris, Desclée, coll. « Jésus-Jésus-Christ », 33, 1988, 392 p.

SEVE A., Un rendez-vous d'amour, Paris, Éd. du Centurion, 1983.

SEVIN M., *Les Évangiles du dimanche, année A,* Paris, Éd. du Cerf, t. II, 1981.

SIMON R., « Éléments pour une éthique selon l'espérance », dans : DUMAS A. et SIMON R., *Vivre et croire, chemins de sérénité,* Paris, 1974, p. 115-153.

SMITH T. C., BARTLETT D. L., BOOTH C. E., NAGANO P. M., « The Parable of the Sheep and Goats », *Foundations, A Baptist Journal of History and Theology,* 19, 1976, p. 205-222.

SPICQ C., *« Agapè » dans le Nouveau Testament,* t. I, Paris, Gabalda, 1958, 333 p. ; t. II, 1959, 407 p. ; t. III, 1959, 367 p.

SPOHN W. C., « Parable and Narrative in Christian Ethics », *Theological Studies,* 51, 1990, p. 100-114.

STENDAHL K., « On Earth as it is in Heaven — Dynamics in Christian Eschatology », dans : PAPIN J. (éd.), *The Eschaton : a Community of Love,* Villanova, Pennsylvanie, 1971.

STOTTS J. L., « The Ethics of Hope », *Chicago Studies,* 1974, p. 133-145.

STRACK H. et BILLERBECK P., *Kommentar zum Neuen Testament aus Talmud und Midrash,* vol. IV, I, Munich, 1928.

TENENTI A., *La Vie et la Mort à travers l'art du* XVe *siècle,* Paris, Serge Fleury, 1983, 130 p.

THEBEAU D. J., « On separating Sheep from Goats », *Christ Today,* 16, 1972, p. 1040-1041.

THEISSEN G., *Le Christianisme de Jésus,* Paris, Desclée, 1978, 161 p.

THEVENOT X., *Repères éthiques pour un monde nouveau,* Mulhouse, Salvator, 1982, 165 p.

THOMAS D'AQUIN, *Commentaire de saint Matthieu.*

TINLAND F., *La Différence anthropologique, essai sur les rapports de la nature et de l'artifice,* Paris, Aubier-Montaigne, 1977, 452 p.

TURNER H. E. W., « Expounding the Parables, VI the Parable of the Sheep and the Goats (Mt 25, 31-46) », *Ephemerides theologicae lovanienses,* 77/8, 1966, p. 243-246.

VALADIER P., *Nietzsche et la critique du christianisme,* Paris, Éd. du Cerf-Desclée, 1975, 607 p.

—, *Des repères pour agir,* Paris, Desclée de Brouwer-Bellarmin, 1977, 107 p.
—, *L'Église en procès,* Paris, Calmann-Lévy, 1987, 238 p.
—, *Inévitable morale,* Paris, Éd. du Seuil, 1990, 221 p.
VIA D. O., « Ethical Responsability and Human Wholeness in Mt 25, 31-46 », *Harvard Theological Review,* 80, 1987, p. 79-100.
VIDAL M., *Moral de actitudes,* t. I : « Moral fundamental », Madrid, PS Editorial, 5e éd., 1984, 690 p.
VITRANT J.-B., *Théologie morale,* Paris, Beauchesne, 1944, 611 p.
VOUGA F., *Jésus et la Loi selon la tradition synoptique,* Genève, Éd. Labor et Fides, 1988, 323 p.

WEIL E., art. « Morale », *Encyclopaedia Universalis,* vol. XI, 1968.
—, *Philosophie morale,* Paris, Vrin, 3e éd., 1981, 222 p.
—, *Problèmes kantiens,* Paris, Vrin, 2e éd., 1982, 175 p.
—, *Philosophie et réalité,* Paris, Beauchesne, coll. « Bibliothèque des archives de philosophie », 37, nouvelle série, 1982, 402 p.
—, *Philosophie politique,* Paris, Vrin, 4e éd., 1984, 261 p.
WICKENHAUSER A., « Die Liebeswerke in dem gerichtsgemälde Mt 25, 31-46 », *Biblische Zeitschrift,* 20, 1932, p. 366-377.
WINANDY J., « La Scène du Jugement dernier », *Sc. Eccl.,* XVIII, 1966, p. 169-186.

ZUMSTEIN J., *La Condition du croyant dans l'évangile selon Matthieu,* Fribourg-Göttingen, Orbis biblicus et orientalis, 1977.

Table des matières

TROISIÈME PARTIE : IMPLICATIONS ÉTHIQUES

RECHERCHES MORALES

Collection dirigée par Xavier Thévenot et Jean-Paul Durand

SYNTHÈSES

1. **Divorce et indissolubilité du mariage.** Mgr L'Huillier, J. Bernhard, J.-P. Jossua, E. Lemaire, P. de Locht, M. Oraison, Y. Pellé-Douel, A. Petitcolas, F. du Plessis, R. Simon, R. Voeltzel, D. Widlöcher. Congrès de l'Association des théologiens pour l'étude de la morale (septembre 1970).
2. **Peut-on changer la morale ?** J. Gründel, traduit de l'allemand par Ch. Guillard.
3. **Sexualité et foi. Synthèse de théologie morale.** G. Durand.
4. **Par devoir ou par plaisir ?** A. Plé.
5. **Agir en politique.** P. Valadier.
6. **Problèmes de morale fondamentale. Un éclairage biblique.** P. Grelot.
7. **La Peine, quel avenir ? Approche pluridisciplinaire de la peine judiciaire.** M. Anquetil, S. Buffard, Y. Castan, P. Poncela, L.-M. Raingeard de la Blétière, P. Robert. Colloque du Centre Thomas More (23-24 mai 1981).
8. **L'Institution du mariage. Essai d'éthique fondamentale.** R. Grimm.
9. **Homosexualités masculines et morale chrétienne.** X. Thévenot.
10. **Guérir et sauver, entendre la parole des malades.** L. Perrin.
11. **L'Exil féminin. Féminisme, anti-féminisme et christianisme.** J.-M. Aubert.
12. **Théologie des droits de l'homme.** J.-F. Collange.
13. **Éthique et humanisme.** A. Clair.
14. **Le Désir dans l'expérience religieuse.** L'homme réunifié. Relecture de saint Bernard. Lode Van Hecke.
15. **Le Fondement de la morale. Essai d'éthique philosophique générale.** Mgr André Léonard.
16. **La Théologie morale.** Idées maîtresses. Bernhard Häring. Préface de François Vial.
17. **Le Jugement dernier. Implications éthiques sur le bonheur de l'homme, Mt 25, 31-46.** Louis-Jean Frahier. Préface de Mgr Pierre Eyt.

DOCUMENTS

- **Les Églises contre la bombe ?** Les Églises chrétiennes et les armements nucléaires. Documents présentés par B. Quelquejeu et F. Vaillant.
- **15/19. Des jeunes à découvert.** G. Lescanne et T. Vincent.
- **Soigner à domicile des malades en fin de vie.** Dr J.-M. Gomas. Préface Dr Michèle-Hélène Salamagne.
- **Médecine et éthique.** Le devoir d'humanité. E. Hirsch. Préface Dr Louis René. Avant-propos Pr P. Milliez.

POSITIONS

- **Engendrés par la science. Enjeux éthiques des manipulations de la procréation.** E. Boné et J.-F. Malherbe.
- **Pour une politique de la famille.** R. Théry.
- **Citoyens et chrétiens dans la vie publique.** J. Moussé et J. Régnier.
- **Union et procréation. Développements de la doctrine des fins du mariage.** A. Matthews.
- **Le Mariage, un sacrement pour les croyants ?** Henri Denis (éd.).`
- **Les Valeurs familiales.** Paul Moreau. Préface François Chirpaz.
- **La Non-Violence.** François Vaillant.
- **Les Religions et la Guerre. Judaïsme, christianisme, islam.** Pierre Viaud (dir.).
- **L'Afrique va-t-elle mourir ? Essai d'éthique politique.** Kä Mana.
- **Compter sur Dieu. Études de théologie morale.** X. Thévenot.

GRANDS ENTRETIENS AVEC EMMANUEL HIRSCH

- **Des motifs d'espérer ? La procréation artificielle.** Dr M.-L. Briard, C. Bruaire, J. Gélis, Mgr J. Jullien, C. Labrusse-Riou et X. Thévenot.
- **Le SIDA. Rumeurs et faits.** M. Caraël, B. Félix, Dr J.-F. Mettetal, C. Herzlich, Pr C. Jasmin, D. Laaroussi, J. Pierret, M. Pollak, Dr D. Seux, Pr G. de Thé, Père X. Thévenot. Préface d'Alain Pompidou.
- **Racismes. L'autre et son visage.** Mgr G. Defois, Pr J. Delumeau, Pr A. Dumas, Pr A. Jacquart, Mme B. Klarsfeld, Pr E. Lévinas, Pr Y. Pélicier, Pr J. Robert. Préface du P. X. Thévenot et postface du député M. Hannoun.
- **La Joie austère.** Grand Rabbin René Samuel Sirat.

La composition et l'impression de cet ouvrage
ont été réalisées par CLERC S.A.
18200 SAINT-AMAND - Tél. : 48-96-41-50
pour le compte des ÉDITIONS DU CERF
29, boulevard Latour-Maubourg - PARIS
Éditeur n° 9339 - Imprimeur n° 4918
Achevé d'imprimer en septembre 1992